TAXNET
세무/회계 전문 재경비즈니스 포털 서비스

재무제표분석과 경영관리

공인회계사 오 세 훈 저

개정 5판

조세통람

PREFACE

세무 · 회계 지식서비스 분야의 선두주자 **조세통람**

국내 재경실무분야를 선도하는 No 1. Knowledge Provider

개정5판을 발간하며

저자가 강의를 시작한 지 35년이 지나갔고 본서를 출판한 것도 벌써 18년이 훌쩍 지나갔다. 저자가 처음 저서를 출간한 이후 회계분야는 한국채택국제회계기준, 일반기업회계기준 및 중소기업회계기준 등이 제정되어 시행되었고 회계분야도 여러 분야에서 많은 변화가 있었다. 이에 따라 저자의 저서도 몇 차례 개정이 되었으며 이번에는 "재무제표분석과 경영관리" 개정5판을 출간하게 되었다.

저자가 실무와 강의를 하면서 만났던 많은 분들 중 계정과목에 대한 구체적인 이해보다는 재무제표를 통하여 기업 전체를 어떻게 이해하고 분석할 것인가에 관심을 갖는 분들이 많았다. 이는 회계부서에 근무하는 분들뿐 아니라 기획, 구매, 생산, 영업 등 비회계부서에 근무하는 분들의 경우에도 마찬가지였다. 하지만 재무제표를 이해하기 위하여 많은 분들이 계정과목 하나하나부터 시작하고 이해하려고 하니 이해하는 과정의 시간뿐 아니라 난이도 등으로 인하여 어려움을 겪는 경우가 많은 것 같다.

따라서 본서는 보통의 회계관련 책자와는 달리 공시된 재무제표를 이해하는 과정에 집중하고자 1편에서 제일 먼저 재무제표부터 설명하였다. 그리고 재무제표 전반에 대해서는 어느 정도 이해하지만 구체적 회계처리를 잘 모르시는 분들을 위하여 회계의 기초과정과 몇 개의 주제를 선정하여 설명하였다.

그리고 본서의 가장 중요한 내용이라고 할 수 있는 재무제표를 분석하는 방법, 즉 재무비율분석을 이용하여 기업의 재무분석을 할 수 있는 방법을 2편에서 제시하였다.

또한 재무제표만 이해하는 것이 기업을 이해하는 과정에 부족할 수도 있기에 원가회계분야와 의사결정 및 성과평가와 관련된 관리회계분야에 대해서도 3편에서 설명을 하였다.

본서의 특징을 언급하면

- 총 3편의 내용 중 1, 2편에서는 재무제표분석을 중심으로 3편에서는 경영관리를 위한 원가회계중심으로 설명하였다.
- 1편에서는 재무제표에 대한 기본적인 설명과 회계의 기초과정 및 주요 회계처리내용 등을 언급하였다.
- 2편에서 재무비율분석(financial ratio analysis)을 중심으로 기업의 안정성, 수익성, 성장성, 활동성, 생산성 등을 설명하였고 이를 종합하여 기업을 평가할 수 있는 방법을 제시하였다.
- 재무비율에 대해서는 2013년부터 2022년까지 10년간 제조업 전체의 재무비율을 그래프를 이용하여 설명하였다.
- 또한 재무비율에 대한 설명을 위하여 우리나라 경제를 이끌어가고 있는 제조업 3대 기업의 재무비율을 2013년부터 2023년까지 11년간의 자료를 제시하였다.
- 3편에서는 많은 재무분석 책들이 설명하지 않는 경영관리를 위한 원가회계분야에 대하여 여러 가지의 원가계산방법을 중심으로 설명하였고 또한 관리회계분야에서 가장 많이 다루어지는 CVP분석에 대하여 설명하였다.

본서는 기업의 회계관련 실무자들뿐만 아니라 재무제표를 이해하고자 하는 비회계부서 분들에게도 도움이 될 수 있으리라 생각한다. 또한 기존의 회계원리나 중급회계분야의 여러 책들과는 다른 시각의 내용을 제시하고 있으므로 대학에서도 충분히 교재로 활용할 수 있을 것이다. 다만 본서는 일반 회계관련 책들과는 달리 재무제표에 나타나는 계정과목에 대하여 순서대로 하나하나 설명하고 있지는 않다. 이는 본서 접근방식이 기존의 책자와는 다르기 때문이다.

저자가 인용한 10여 년간의 제조업 재무비율 및 원기관련정보는 한국은행에서 발간하는 "기업경영분석"을 참조한 것임을 밝혀둔다.
본서에서 제시하고 있는 제조업 3대 기업의 재무비율은 2013년부터 2023년까지 한국채택국제회계기준이 적용된 별도재무제표에서 산출된 재무비율이다. 한국채택국제회계기준에서 연결재무제표가 주재무제표이기는 하지만 실무적 재무비율의 이해는 별도재무제표를 이용하는 것이 용이하기 때문에 별도재무제표를 분석대상으로 하였다.
본서의 출판에 많은 노력을 하신 ㈜조세통람의 서원진 대표님, 류현수 팀장님 등 출판팀 직원분들께 감사드리고 한국생산성본부의 권성훈 위원, 최동덕 위원, 노재훈 위원, 구인모 위원에게도 항상 감사드린다. 또 언제나 사랑으로 감싸주는 아내와 두 아이에게도 고마움을 전하고 싶다.

2024.5.

저자 씀

CONTENTS

제1편 재무제표와 회계의 이해

CONTENTS

CONTENTS

제2편 재무제표분석

CONTENTS

제3편 경영관리를 위한 원가관리회계

CONTENTS

CONTENTS

제 1 편

재무제표와 회계의 이해

financial statements analysis & business management

CHAPTER 01

재무제표의 이해

제1절 회계시스템

회계시스템(accounting system)이란 기업에서 일어나는 거래사항을 측정, 분류, 요약하여 기업의 이해관계자에게 보고하는 정보제공시스템을 말한다. 이러한 회계시스템은 정보보고의 대상인 이해관계자에 따라 다음과 같이 2가지의 분야로 구분된다.

1. 재무회계(financial accounting)

재무회계는 기업의 외부 이해관계자인 투자자나 채권자 등에게 경제적 의사결정에 유용한 재무정보를 측정·보고하는 것을 목적으로 한다. 재무회계시스템을 통하여 작성되는 재무제표(financial statements : 재무상태표, 포괄손익계산서, 자본변동표, 현금흐름표)는 광범위한 이용자를 대상으로 하고 있다는 점에서 일반목적회계(general purpose accounting)라고도 한다.

2. 관리회계(managerial accounting)

관리회계란 기업의 내부 이해관계자인 경영자가 경영의사결정을 하는 데 필요한 회계정보를 제공하는 내부보고목적의 회계분야를 말하며, 보통 원가회계, 의사결정회계, 성과평가회계 등을 포함한다.

일반적으로 재무제표분석(financial statements analysis)은 재무제표를 중심으로 기업을 분석하므로 제1,2편에서는 재무회계시스템을 중심으로 재무제표분석에 대하여 살펴보고 제3편에서는 원가관리회계를 중심으로 살펴보도록 한다. 재무회계와 관리회계의 특징은 다음과 같다.

구 분	재 무 회 계	관 리 회 계
1. 의의	* 기업의 재무상태, 경영성과, 현금흐름의 변동을 측정·보고하는 회계 * 외부보고 목적회계	* 경영계획 및 통제 등 경영의사결정을 위한 정보를 제공하기 위한 회계 * 내부보고 목적회계
2. 이해관계자	주주, 채권자, 정부, 노조 등 불특정 다수의 외부 이해관계자	내부 이해관계자인 경영자
3. 회계원칙	일반적으로 인정된 회계원칙(GAAP)	통일적 기준이 없음
4. 정보성격	과거정보, 화폐적 정보 지향 신뢰성을 강조	과거·미래, 화폐적·비화폐적 정보 지향 목적적합성 강조
5. 보고서	재무상태표, 손익계산서, 자본변동표, 현금흐름표 등의 재무제표	일정한 양식이 없음
6. 보고주기	보통 1년 단위(혹은 반기, 분기)	년, 분기, 월, 주, 일 단위 등
7. 회계단위	기업전체가 하나의 단위	기업전체, 사업부별, 제품별 보고가능

제2절 회계기준

기업회계기준은 다음과 같이 적용대상기업에 따라 3가지로 구분된다.

기업회계기준

한국채택국제회계기준	일반기업회계기준	중소기업회계기준
"주식회사 등의 외부감사에 관한 법률"에서 정하고 있는 주권상장법인 등에 적용	"주식회사 등의 외부감사에 관한 법률" 적용대상기업 중 K-IFRS를 적용하지 않는 기업에 적용	"주식회사 등의 외부감사에 관한 법률" 적용대상기업이 아닌 비상장중소기업에 적용

1. 국제회계기준

자본시장의 국제화에 따라 전 세계적으로 통용될 수 있는 단일의 회계기준에 대한 필요성이 대두되었고 국제회계기준 제정을 위한 국제회계기준위원회(IASB, International Accounting Standards Board)가 1973년 설립되었다. 국제회계기준위원회는 국제회계기준서(Standards)와 국제회계기준해석서(Interpretations)를 제정하였는데 통상 이를 국제회계기준이라고 한다.

(1) 국제회계기준서(IFRS와 IAS)

가. IASB의 국제재무보고기준(IFRS, International Financial Reporting Standards)

나. IASC의 국제회계기준(IAS, International Accounting Standards)

※ IASC : International Accounting Standards Committee

(2) 국제회계기준해석서(Interpretations)

가. 국제재무보고기준해석(IFRIC Interpretations)

나. 국제회계기준해석(SIC Interpretations)

※ IFRIC : International Financial Reporting Interpretations Committee
SIC : Standing Interpretations Committee

2. 한국채택국제회계기준(K-IFRS)

한국채택국제회계기준(K-IFRS, Korean International Financial Reporting Standards)은 국제회계기준의 도입에 따라 제정되어 대한민국에서 적용되는 국제회계기준이다. 따라서 한국채택국제회계기준을 준수하면 국제회계기준을 준수하는 것으로 인정된다. 한국채택국제회계기준은 2011년부터 적용(일부 조기적용기업 제외)되지만 비교표시 공시를 감안하면 실질적으로는 2010년부터 적용되었다.

한국채택국제회계기준은 국제회계기준에 대응하기 위하여 국제회계기준과 동일한 구성체계를 가지고 있는바 기업회계기준서와 기업회계기준해석서로 구성된다.

(1) 기업회계기준서(Standards)

IAS와 IFRS에 대응하는 기준서로 구성되어 있으며 목적, 적용범위, 회계처리방법, 공시, 부록 등으로 구성된다. IAS에 대응하는 K-IFRS는 일련번호 1001호에서 1099호까지, IFRS에 대응하는 K-IFRS는 일련번호 1101호에서 1999호까지 사용한다.

(2) 해석서(Interpretations)

IFRIC Interpretations와 SIC Interpretations에 대응하는 해석서로 구성되어 있으며 기업회계기준서에 대한 적용지침 등을 제공한다. SIC Interpretations에 대응하는 K-IFRS는 일련번호 2001호에서 2099호까지, IFRIC Interpretations에 대응하는 K-IFRS는 일련번호 2101호에서 2999호까지 사용한다.

(3) 한국채택국제회계기준의 적용

한국채택국제회계기준은 "주식회사 등의 외부감사에 관한 법률"에서 정하고 있는 다음의 회사들에 적용된다.

- 주권상장법인
- 해당 사업연도 또는 다음 사업연도 중에 주권상장법인이 되려는 주식회사
- 금융지주회사법에 따른 금융지주회사
- 은행법에 따른 은행

- 자본시장과금융투자업에관한법률에 따른 투자매매업자, 투자중개업자, 집합투자업자, 신탁업자 및 종합금융회사
- 보험업법에 따른 보험회사
- 여신전문금융업법에 따른 신용카드업자

(4) 한국채택국제회계기준의 특징

한국채택국제회계기준은 국제회계기준을 도입한 것이므로 국제회계기준의 특징을 그대로 가지고 있다.

한국채택국제회계기준의 특징은 ① 원칙중심의 기준체계(Principle-based standards), ② 연결재무제표중심(Consolidated financial statements), ③ 공정가치평가(Fair value accounting) 등을 들 수 있다.

3. 일반기업회계기준

일반기업회계기준은 '주식회사 등의 외부감사에 관한 법률' 적용대상기업 중 K-IFRS에 따라 회계처리하지 않는 기업에 적용되는 회계기준을 말한다. 일반기업회계기준은 2011년 1월 1일 이후 최초로 개시하는 회계연도부터 적용한다.

일반기업회계기준은 K-IFRS를 적용하기에는 실무적인 어려움을 갖는 비상장기업 등을 위한 회계기준으로서 주제별 33장으로 구성되어 있으며, 종전의 기업회계기준서 내용과 유사하고 일부는 한국채택국제회계기준과 동일한 내용을 가지고 있다.

4. 중소기업회계기준

중소기업회계기준은 '주식회사 등의 외부감사에 관한 법률' 적용대상기업이 아닌 비상장중소기업에 적용되는 회계기준이며 2014년 1월 1일 이후 최초로 개시하는 회계연도부터 적용한다.

제3절 재무제표

만약 기업에 관한 재무정보를 파악하려면 어떻게 해야 할까? 해당 기업의 홈페이지를 방문한다든가 신문 등에서 정보를 파악할 수도 있으며, 증권회사의 주식투자프로그램에서 기업공시내용을 보고 기업에 관한 정보를 파악할 수도 있다. 이러한 경로를 통하여 얻게 되는 정보들도 물론 도움이 될 수 있지만 때로는 정확하지 않은 정보일 수도 있다. 따라서 기업이 공시하는 재무정보를 좀 더 정확하게 파악하려면 금융감독원 전자공시시스템(DART : Data Analysis, Retrieval and Transfer system)(http://dart.fss.or.kr)을 이용할 수도 있다. 금융감독원 전자공시시스템에서는 정기공시, 수시공기, 외부감사관련공시, 지분공시, 특수공시, 발행공시 등 기업에 관한 거의 모든 정보를 망라하고 있다고 보아도 과언이 아니다. 따라서 '주식회사 등의 외부감사에 관한 법률'의 대상이 되는 기업이라면 어느 회사의 재무제표라도 전자공시시스템을 통하여 얻을 수 있다. 다만, 현재 '주식회사 등의 외부감사에 관한 법률'에서 정하는 외부감사대상기업은 일반적으로 자산규모 120억 원 이상의 기업(주식회사 및 유한회사)을 말한다.

그렇다면 이러한 경로를 통하여 얻은 재무정보 중 본서에서 다루는 가장 기본적인 분석의 대상이 되는 재무제표는 어떠한 것들이 있고 어떠한 내용을 포함하고 있을까?

재무제표(Financial Statements)란 기업의 거래를 측정·기록·분류·요약하여 작성되는 회계보고서로 주주·채권자·정부·종업원 등 불특정다수의 이해관계자에게 그들이 합리적 의사결정을 할 수 있도록 기업의 재무상태, 경영성과 및 현금흐름 등에 대한 정보를 전달하는 보고서이다. 재무제표는 상장기업의 경우에는 회계연도말, 반기말, 분기말을 기준으로 통상 3개월에 한 번씩 작성되어 공시되며 비상장회사의 경우에는 회계연도말 기준으로 1년에 한 번 공시된다. 물론 회사내부에서는 월차결산을 통하여 매달 작성되고 경영진에게 보고되기도 한다.

1. 재무제표의 종류

회계기준의 종류	재무제표의 종류	
한국채택국제회계기준 (K-IFRS)	재무상태표(Statement of Financial Position)	
	포괄손익계산서(Comprehensive Income Statement)	
	자본변동표(Statement of Changes in Equity)	
	현금흐름표(Statement of Cash Flows)	
일반기업회계기준	재무상태표(Statement of Financial Position)	
	손익계산서(Income Statement)	
	자본변동표(Statement of Changes in Equity)	
	현금흐름표(Statement of Cash Flows)	
중소기업회계기준	대차대조표	
	손익계산서	
	자본변동표	(선택 작성)
	이익잉여금처분계산서(결손금처리계산서)	

재무제표에는 위의 4가지 재무제표 외에 주석을 포함한다. 주석은 재무제표에 표시된 항목을 구체적으로 설명하거나 세분화하고, 재무제표 인식요건을 충족하지 못하는 항목에 대한 정보를 제공한다.

한국채택국제회계기준과 일반기업회계기준에서는 종전에 재무제표로 인정되던 이익잉여금처분계산서(결손금처리계산서)는 재무제표의 종류에서는 삭제되었으나, 주석을 통하여 공시된다.

제4절 재무상태표(FP; Statement of Financial Position)

1. 재무상태표의 의의

일정시점(회계연도말, 반기말, 분기말)의 재무상태를 표시하는 재무제표로 재무상태는 자산, 부채, 자본으로 구성된다. 2008년까지는 대차대조표(Balance Sheet)라는 명칭으로 사용되었으나 2009년부터 현재의 명칭이 사용되고 있다. 다만, 중소기업회계기준과 상법 등 관련법률에서는 여전히 대차대조표라는 용어를 사용하고 있다.

(1) 자산(assets)

현금, 예금, 유가증권, 매출채권, 재고자산, 토지, 건물, 기계장치 등 기업이 보유하고 있는 일체의 재화와 청구권을 말하며 자산으로 인식되기 위해서는 미래의 경제적 효익을 갖추고 있어야 한다. 경영분석에서는 자산은 부채와 자본에 의하여 조달된 자금이 투자된 결과를 말하므로 투자(investment)활동을 말하게 되며 일부는 영업(operating)활동과 관련된 결과이기도 하다.

(2) 부채(liabilities)

매입채무, 미지급금, 선수금, 차입금, 사채, 퇴직급여부채 등 기업이 미래에 제3자에게 제공하여야 하는 경제적 가치를 말한다. 경영분석에서는 부채를 '타인자본(他人資本)'이라고도 한다. 부채는 기업의 자금조달(financing)활동을 말하며 일부는 영업활동과 관련된 결과이기도 하다.

(3) 자본(capital, shareholders' equity)

자본금, 자본잉여금, 자본조정(기타자본), 기타포괄손익누계액, 이익잉여금 등 주주가 출자한 금액과 영업활동에서 창출된 이익 등으로서 기업의 순자산(net asset)이 된다. 경영분석에서는 자본을 '자기자본(自己資本)'이라고도 한다. 자본은 부채와 마찬가지로 기업의 자금조달(financing)활동을 말한다.

재무상태표

자 산	부 채(=타인자본) 자 본(=자기자본)
자산총계(=총자산)	부채와 자본총계(=총자본)
⇧	⇧
투자활동(자금의 운용)	재무활동(자금의 조달)

회계의 기본논리상 자산총액은 부채와 자본의 합계와 일치하므로 다음과 같은 간단한 공식을 사용하기도 한다.

> 자산 = 부채 + 자본
> 자산 − 부채 = 자본

2. 일반기업회계기준에 의한 재무상태표 표시

재무상태표는 일정시점 현재 기업이 보유하고 있는 경제적 자원인 자산과 경제적 의무인 부채, 그리고 자본에 대한 정보를 제공하는 재무보고서로서, 정보이용자들이 기업의 유동성, 재무적 탄력성, 수익성과 위험 등을 평가하는 데 유용한 정보를 제공한다.

참고로 일반기업회계기준에 의한 재무상태표는 한국채택국제회계기준이 적용된 재무상태표보다 좀 더 상세하게 자산·부채·자본의 분류체계를 제시하는 특징을 갖고 있다. 일반기업회계기준에서 선택하고 있는 재무상태표의 표시는 유동성배열법을 사용하고 있는데 기본구조는 다음과 같다.

재무상태표

<table>
<tr><td rowspan="2">유동자산
(current asset)</td><td>당좌자산
(quick asset)</td><td rowspan="2">부채
(liability)</td><td>유동부채
(current liability)</td></tr>
<tr><td>재고자산
(inventory)</td><td>비유동부채
(non-current liability)</td></tr>
<tr><td rowspan="20">비유동자산
(non-current asset)</td><td rowspan="5">투자자산
(investment)</td><td rowspan="20">자본
(shareholders' equity)</td><td rowspan="4">자본금
(capital stock)</td></tr>
<tr></tr>
<tr></tr>
<tr></tr>
<tr><td rowspan="4">자본잉여금
(capital surplus)</td></tr>
<tr><td rowspan="5">유형자산
(tangible asset)</td></tr>
<tr></tr>
<tr></tr>
<tr><td rowspan="4">자본조정
(capital adjustment)</td></tr>
<tr></tr>
<tr><td rowspan="5">무형자산
(intangible asset)</td></tr>
<tr></tr>
<tr><td rowspan="4">기타포괄손익누계액
(other accumulated comprehensive income)</td></tr>
<tr></tr>
<tr></tr>
<tr><td rowspan="5">기타비유동자산
(other non-current asset)</td></tr>
<tr><td rowspan="4">이익잉여금(결손금)
[retained earnings (deficit)]</td></tr>
<tr></tr>
<tr></tr>
<tr></tr>
<tr><td colspan="2">총자산</td><td colspan="2">총자본</td></tr>
</table>

↑ 투자(investment)활동　　　↑ 재무(finance)활동

자산은 1년을 기준으로 유동자산과 비유동자산으로 분류한다. 다만, 정상적인 영업주기 내에 판매되거나 사용되는 재고자산과 회수되는 매출채권 등은 보고기간종료일로부터 1년 이내에 실현되지 않더라도 유동자산으로 분류한다.

부채는 1년을 기준으로 유동부채와 비유동부채로 분류한다. 다만, 정상적인 영업주기 내에 소멸할 것으로 예상되는 매입채무와 미지급비용 등은 보고기간종료일로부터 1년 이내에 결제되지 않더라도 유동부채로 분류한다.

(1) 자산의 분류

가. 당좌자산

현금성이 높은 자산을 의미하며 주로 현금·예금, 매출채권 등을 말한다.

나. 재고자산

판매 혹은 제조의 목적을 위하여 보유하는 자산으로 상품, 제품, 원재료 등을 말한다.

다. 투자자산

투자의 목적을 위하여 보유하는 자산으로 장기성 예금 및 유가증권 관련 항목들로 구성된다.

라. 유형자산

장기간 보유하는 자산 중 형태가 있는 자산으로서 정상적 경영활동을 위하여 보유하는 자산을 말한다. 토지, 건물, 기계장치 등이 있다.

마. 무형자산

장기간 보유하는 자산 중 형태가 없는 자산으로서 각종 법적 권리를 의미하는 산업재산권, 개발비, 영업권 등으로 구성된다.

바. 기타비유동자산

비유동자산 중 위의 투자자산, 유형자산, 무형자산에 속하지 않는 기타의 자산을 말한다.

(2) 부채의 분류

가. 유동부채

만기가 1년 이내에 도래하는 부채로서 매입채무, 미지급금, 단기차입금 등이 있다.

나. 비유동부채

만기가 1년 이후에 도래하는 부채로서 사채, 장기차입금, 퇴직급여충당부채 등이 있다.

(3) 자본의 분류

가. 자본금

기업이 발행한 주식의 액면총액으로서 "주당액면×주식수"로 계산된다.

나. 자본잉여금

증자, 감자 등 자본거래에서 발생한 잉여금을 말하며 주식발행초과금, 감자차익 등이 있다.

다. 자본조정

자본거래에서 발생하는 기타의 항목을 말하며 주식할인발행차금, 자기주식 등이 있다.

라. 기타포괄손익누계액

기업이 소유주와의 자본거래를 제외한 모든 거래에서 인식한 자본의 변동액을 말하며 매도가능증권평가손익, 해외사업환산손익 등이 있다.

마. 이익잉여금

영업활동을 통하여 벌어들인 이익의 누계액을 말하며 손실이 누적되는 경우 결손금이라고 한다.

(4) 재무상태표 계정과목의 분류와 예시

<table>
<tr><td rowspan="6">자산</td><td rowspan="2">유동
자산</td><td>당좌자산</td><td>현금 및 현금성 자산, 단기금융상품, 단기매매증권, 매출채권, 단기대여금, 미수금, 미수수익, 선급금, 선급비용, 이연법인세자산 등</td></tr>
<tr><td>재고자산</td><td>상품, 제품, 재공품, 원재료, 저장품 등</td></tr>
<tr><td rowspan="4">비유동
자산</td><td>투자자산</td><td>장기금융상품, 지분법적용투자주식, 매도가능증권, 만기보유증권, 장기대여금, 투자부동산 등</td></tr>
<tr><td>유형자산</td><td>토지, 건물, 구축물, 기계장치, 차량운반구, 선박, 비품, 공기구, 건설중인자산 등</td></tr>
<tr><td>무형자산</td><td>영업권, 산업재산권, 라이선스와 프랜차이즈, 저작권, 컴퓨터소프트웨어, 임차권리금, 광업권, 어업권, 개발비 등</td></tr>
<tr><td>기타
비유동자산</td><td>이연법인세자산, 장기매출채권, 장기미수금, 보증금 등</td></tr>
<tr><td rowspan="2">부채</td><td colspan="2">유동부채</td><td>매입채무, 단기차입금, 미지급금, 선수금, 예수금, 미지급비용, 미지급법인세, 유동성장기부채, 선수수익, 이연법인세부채 등</td></tr>
<tr><td colspan="2">비유동부채</td><td>사채, 장기차입금, 장기성매입채무, 퇴직급여충당부채, 판매보증충당부채, 이연법인세부채 등</td></tr>
<tr><td rowspan="5">자본</td><td colspan="2">자본금</td><td>보통주자본금, 우선주자본금</td></tr>
<tr><td colspan="2">자본잉여금</td><td>주식발행초과금, 감자차익, 기타자본잉여금 등</td></tr>
<tr><td colspan="2">자본조정</td><td>주식할인발행차금, 배당건설이자, 자기주식, 주식선택권, 감자차손, 자기주식처분손실 등</td></tr>
<tr><td colspan="2">기타포괄손익
누계액</td><td>매도가능증권평가손익, 해외사업환산손익, 현금흐름위험회피 파생상품평가손익, 지분법자본변동 등</td></tr>
<tr><td colspan="2">이익잉여금</td><td>이익준비금, 임의적립금, 미처분이익잉여금</td></tr>
</table>

(5) 일반기업회계기준 재무상태표 예시

재 무 상 태 표

제×기 20××년 ×월 ×일 현재

제×기 20××년 ×월 ×일 현재

회사명 (단위 : 원)

과 목	당 기		전 기	
자 산				
유동자산		×××		×××
당좌자산		×××		×××
현금및현금성자산	×××		×××	
단기투자자산	×××		×××	
매출채권	×××		×××	
선급비용	×××		×××	
이연법인세자산	×××		×××	
……	×××		×××	
재고자산		×××		×××
제품	×××		×××	
재공품	×××		×××	
원재료	×××		×××	
……	×××		×××	
비유동자산		×××		×××
투자자산		×××		×××
투자부동산	×××		×××	
장기투자증권	×××		×××	
지분법적용투자주식	×××		×××	
……	×××		×××	
유형자산		×××		×××
토지	×××		×××	
설비자산	×××		×××	
(−) 감가상각누계액	(×××)		(×××)	
건설중인자산	×××		×××	
……	×××		×××	
무형자산		×××		×××
영업권	×××		×××	
산업재산권	×××		×××	
개발비	×××		×××	
……	×××		×××	
기타비유동자산		×××		×××
이연법인세자산	×××		×××	
……	×××		×××	
자 산 총 계		×××		×××

과 목	당 기		전 기	
부 채				
유동부채		×××		×××
단기차입금	×××		×××	
매입채무	×××		×××	
미지급법인세	×××		×××	
미지급비용	×××		×××	
이연법인세부채	×××		×××	
……	×××		×××	
비유동부채		×××		×××
사채	×××		×××	
신주인수권부사채	×××		×××	
전환사채	×××		×××	
장기차입금	×××		×××	
퇴직급여충당부채	×××		×××	
장기제품보증충당부채	×××		×××	
이연법인세부채	×××		×××	
……	×××		×××	
부 채 총 계		×××		×××
자 본				
자본금		×××		×××
보통주자본금	×××		×××	
우선주자본금	×××		×××	
자본잉여금		×××		×××
주식발행초과금	×××		×××	
……	×××		×××	
자본조정		×××		×××
자기주식	×××		×××	
……	×××		×××	
기타포괄손익누계액		×××		×××
매도가능증권평가손익	×××		×××	
해외사업환산손익	×××		×××	
……	×××		×××	
이익잉여금(또는 결손금)		×××		×××
법정적립금	×××		×××	
임의적립금	×××		×××	
미처분이익잉여금(또는 미처리결손금)	×××		×××	
자 본 총 계		×××		×××
부채 및 자본 총계		×××		×××

3. 한국채택국제회계기준에 의한 재무상태표 표시

한국채택국제회계기준에서는 자산·부채의 분류체계에 대해서만 설명을 할 뿐 재무상태표의 구체적 양식에 관하여는 제시하지 않고 있으므로 본서에서는 일반기업회계기준에서 사용하여 우리에게 익숙한 유동성배열법을 통하여 설명하도록 한다.

재무상태표

<table>
<tr><td rowspan="3">자 산
(Asset)</td><td rowspan="2">유동자산
(current asset)</td><td rowspan="2">부 채
(liability)</td><td>유동부채
(current liability)</td></tr>
<tr><td>비유동부채
(non−current liability)</td></tr>
<tr><td>비유동자산
(non−current asset)</td><td colspan="2">자 본
(shareholders' equity)</td></tr>
<tr><td colspan="2">총자산</td><td colspan="2">총자본</td></tr>
</table>

↑ 조달된 자금의 운용·투자(investment)활동

↑ 자금의 조달·재무(finance)활동

한국채택국제회계기준에서는 자산은 유동자산과 비유동자산, 부채는 유동부채와 비유동부채로 구분하여 표시하도록 하고 있다. 이를 유동성구분법이라 한다. 또한 유동성 순서에 따른 표시방법이 신뢰성이 있고 더욱 목적적합한 정보를 제공하는 경우에는 유동성배열법을 적용할 수 있다.

(1) 자산의 분류

가. 유동자산

① 기업의 정상영업주기 내에 실현될 것으로 예상하거나, 정상영업주기 내에 판매하거나 소비할 의도가 있다.

② 주로 단기매매목적으로 보유하고 있다.

③ 보고기간 후 12개월 이내에 실현될 것으로 예상한다.

④ 현금이나 현금성자산으로서 교환이나 부채상환목적으로의 사용에 대한 제한 기간이 보고기간 후 12개월 이상이 아니다.

나. 비유동자산

그밖의 모든 자산은 비유동자산으로 분류한다.

(2) 부채의 분류

가. 유동부채

① 정상영업주기 내에 결제될 것으로 예상하고 있다.

② 주로 단기매매목적으로 보유하고 있다.

③ 보고기간 후 12개월 이내에 결제하기로 되어 있다.

④ 보고기간 후 12개월 이상 부채의 결제를 연기할 수 있는 무조건의 권리를 가지고 있지 않다. 계약상대방의 선택에 따라 지분상품의 발행으로 결제할 수 있는 부채의 조건은 그 분류에 영향을 미치지 아니한다.

나. 비유동부채

그밖의 모든 부채는 비유동부채로 분류한다.

(3) 한국채택국제회계기준의 재무상태표 표시항목

한국채택국제회계기준은 재무상태표에 적어도 다음에 해당하는 금액을 나타내는 항목을 표시하도록 하고 있다.

자산	부채
(1) 유형자산	(1) 매입채무 및 기타채무
(2) 투자부동산	(2) 충당부채
(3) 무형자산	(3) 금융부채
(4) 금융자산	(4) 당기법인세부채
(5) 지분법회계처리 투자자산	(5) 매각예정부채
(6) 생물자산	(6) 이연법인세부채
(7) 재고자산	
(8) 매출채권 및 기타채권	**자본**
(9) 현금및현금성자산	(1) 비지배지분
(10) 매각예정자산	(2) 지배기업의 소유주에게 귀속되는 납입자본과 적립금
(11) 당기법인세자산	
(12) 이연법인세자산	

(4) 재무상태표의 예시

재 무 상 태 표

제×기 20××년 ×월 ×일 현재

제×기 20××년 ×월 ×일 현재

회사명 (단위 : 원)

과 목	제××(당)기		제××(전)기	
자산				
유동자산		×××		×××
현금및현금성자산	×××		×××	
단기금융상품	×××		×××	
매출채권	×××		×××	
기타채권	×××		×××	
재고자산	×××		×××	
기타유동자산	×××		×××	
비유동자산		×××		×××
장기금융상품	×××		×××	
공정가치금융자산	×××		×××	
종속기업, 관계기업 및 공동기업 투자	×××		×××	
투자부동산	×××		×××	
유형자산	×××		×××	
무형자산	×××		×××	
보증금	×××		×××	
이연법인세자산	×××		×××	
기타비유동자산	×××		×××	
자산총계		×××		×××

과 목	제××(당)기		제××(전)기	
부채				
유동부채		×××		×××
매입채무	×××		×××	
단기금융부채(차입금)	×××		×××	
당기법인세부채	×××		×××	
단기충당부채	×××		×××	
비유동부채		×××		×××
장기금융부채(차입금)	×××		×××	
퇴직급여부채	×××		×××	
장기충당부채	×××		×××	
이연법인세부채	×××		×××	
기타비유동부채	×××		×××	
부채총계		×××		×××
자본				
자본금	×××		×××	
자본잉여금	×××		×××	
기타자본	×××		×××	
기타포괄손익누계액	×××		×××	
이익잉여금	×××		×××	
자본총계		×××		×××
부채와 자본총계		×××		×××

4. 중소기업회계기준에 의한 대차대조표 표시

중소기업회계기준은 대차대조표로 표시되며 일반기업회계기준의 재무상태표와 거의 동일하지만 자본 중 기타포괄손익누계액은 별도 표시되지 않는다.

대 차 대 조 표

제×기 20××년 ×월 ×일 현재

제×기 20××년 ×월 ×일 현재

회사명 (단위 : 원)

과 목	제××(당)기		제××(전)기	
자 산				
유동자산		×××		×××
당좌자산		×××		×××
현금및현금성자산	×××		×××	
단기투자자산	×××		×××	
매출채권	×××		×××	
(−)대손충당금	(×××)		(×××)	
선급비용	×××		×××	
미수수익	×××		×××	
− − −	×××		×××	
재고자산		×××		×××
상품	×××		×××	
제품	×××		×××	
재공품	×××		×××	
원재료	×××		×××	
− − −				
비유동자산		×××		×××
투자자산		×××		×××
장기투자증권	×××		×××	
장기대여금	×××		×××	
− − −	×××		×××	

과 목	제××(당)기		제××(전)기	
유형자산		×××		×××
토지	×××		×××	
건물	×××		×××	
(−)감가상각누계액	(×××)		(×××)	
구축물	×××		×××	
(−)감가상각누계액	(×××)		(×××)	
기계장치	×××		×××	
(−)정부보조금	(×××)		(×××)	
(−)감가상각누계액	(×××)		(×××)	
건설중인자산	×××		×××	
− − −	×××		×××	
무형자산		×××		×××
지식재산권	×××		×××	
컴퓨터소프트웨어	×××		×××	
임차권리금	×××		×××	
영업권	×××		×××	
− − −	×××		×××	
기타비유동자산		×××		×××
임차보증금	×××		×××	
장기미수금	×××		×××	
− − −	×××		×××	
자산총계		×××		×××
부 채				
유동부채		×××		×××
단기차입금	×××		×××	
매입채무	×××		×××	
미지급비용	×××		×××	
미지급금	×××		×××	
미지급법인세	×××		×××	
선수금	×××		×××	
− − −	×××		×××	

과 목	제××(당)기		제××(전)기	
비유동부채		×××		×××
장기차입금	×××		×××	
사채	×××		×××	
퇴직급여충당부채	×××		×××	
― ― ―	×××		×××	
부채총계		×××		×××
자 본				
자본금		×××		×××
보통주자본금	×××		×××	
우선주자본금	×××		×××	
자본잉여금		×××		×××
주식발행초과금	×××		×××	
자기주식처분이익	×××		×××	
감자차익	×××		×××	
― ― ―	×××		×××	
자본조정		×××		×××
주식할인발행차금	×××		×××	
자기주식	×××		×××	
자기주식처분손실	×××		×××	
감자차손	×××		×××	
― ― ―	×××		×××	
이익잉여금(또는 결손금)		×××		×××
법정적립금	×××		×××	
임의적립금	×××		×××	
미처분이익잉여금 (또는 미처리결손금)	×××		×××	
자본총계		×××		×××
부채 및 자본총계		×××		×××

5. 재무상태표 계정과목

(1) 자산

① 현금및현금성자산

통화 및 타인발행수표 등과 당좌예금, 보통예금 등 요구불예금을 포함한다.

② 단기·장기금융상품

금융기관이 취급하는 정기예금, 정기적금, 기타 정형화된 금융상품을 말하며, 그 중 단기적 자금운용목적으로 소유하거나 기한이 보고기간종료일로부터 1년 이내에 도래하는 것을 단기금융상품, 기한이 보고기간종료일로부터 1년 이후에 도래하는 것을 장기금융상품이라 한다.

③ 유가증권

유가증권은 주식 등의 지분증권과 국·공채, 사채 등의 채무증권을 말한다. 보유하는 목적과 의도 등에 따라 당기손익인식금융자산(단기매매증권), 매도가능금융자산(매도가능증권), 만기보유금융자산(만기보유증권), 관계기업투자주식(지분법적용투자주식) 등으로 구분된다.

④ 매출채권

재화나 용역을 판매하고 장래에 거래처로부터 현금을 받을 수 있는 채권을 말한다. 다만, 재화나 용역은 회사가 영업목적으로 표방하는 것이어야 한다. 실무적으로는 외상매출금, 받을어음으로 구분하여 회계처리하나 재무제표를 공시할 때에는 매출채권이라는 과목으로 통합하여 표시한다.

⑤ 대여금

임직원 혹은 타 회사에 자금을 대여한 것 중 회수기한이 1년 내에 도래하는 것을 단기대여금, 1년 이후에 도래하는 것을 장기대여금이라 한다. 임직원 등에 대한 주택구입자금 혹은 주택임차자금 등이 대표적이다.

⑥ 미수금

일반적인 상거래 이외에서 발생한 미수채권으로서 토지·건물을 매각하거나 유가증권 등을 처분하는 과정에서 발생하는 미수채권을 말한다.

⑦ 미수수익

당기에 속하는 수익 중 미수금액으로 정의되는데 수익은 실현주의에 의하여 인식하기 때문에 비록 현금으로 수취하지는 않았어도 기업이 수취할 권리가 있는 수익은 기간계산에 따라 미수수익으로 인식한다. 예금이자, 임대료 등의 기간경과분이 대표적인 미수수익에 해당한다.

⑧ 선급금

상품, 원재료 등의 매입을 위하여 선급한 금액을 말한다.

⑨ 선급비용

비용을 위하여 지출된 금액 중 선급된 금액을 말한다. 비용은 발생주의에 따라 인식하므로 이미 지출된 비용 중에서 기간미경과분은 선급비용으로 계상하는데 보험료, 이자비용, 리스료, 임차료 등의 기간미경과분이 대표적이다.

⑩ 상품

판매를 목적으로 구입한 상품, 미착상품, 적송품 등을 말하며, 부동산 매매업에 있어서 판매를 목적으로 소유하는 토지, 건물 기타 이와 유사한 부동산은 이를 상품에 포함한다.

⑪ 제품

판매를 목적으로 제조한 생산품, 부산물 등

⑫ 재공품

제품 또는 반제품의 제조를 위하여 재공과정에 있는 것

⑬ 원재료

원료와 재료, 매입부분품, 미착원재료 등

⑭ 관계기업투자주식

지분법투자주식 등을 말하는데 다른 회사에 대한 유의적인 영향력을 행사할 수 있는 주식을 말한다. 일반적으로 유의적 영향력이란 지분의 20% 이상을 보유하는 경우를 말한다.

⑮ 토지

대지, 임야, 전답, 잡종지 등 토지로 분류되는 것들이 포함된다. 다만, 부동산 매매업에 있어서 판매를 목적으로 소유하는 토지는 재고자산 중 '상품'으로, 건설회사 등이 아파트 건설 등을 위하여 보유하고 있는 토지는 재고자산 중 '용지(用地)'의 과목으로 처리하며, 가격상승에 따른 양도차익을 목적으로 소유하는 토지는 투자자산 중 '투자부동산'으로 처리한다.

⑯ 건물

건물과 냉난방, 전기, 통신 및 기타의 건물부속설비 등을 말한다. 부동산 매매업에 있어서 판매를 목적으로 소유하는 건물은 상품에 포함한다.

⑰ 구축물

교량, 궤도, 갱도, 정원설비 및 기타의 토목설비 또는 공작물 등을 말한다.

⑱ 기계장치

기계장치·운송설비(콘베이어, 호이스트, 기중기 등)와 기타의 부속설비 등을 말한다.

⑲ 차량운반구

기업이 업무용으로 사용하는 승용차, 트럭 등을 말한다.

⑳ 비품

컴퓨터, 프린터, 에어컨, 책상, 복사기, 칸막이 등 집기비품을 말한다.

㉑ 산업재산권

특허권, 실용신안권, 상표권 등을 말한다.

㉒ 영업권

합병 등의 과정에서 취득한 순자산의 순공정가치를 초과하여 지급한 대가를 말한다.

㉓ 개발비

신제품 개발 등을 위하여 지출한 재료비, 인건비, 기타 경비 등을 말한다.

㉔ 보증금

임차계약보증금, 영업거래보증금 등을 말한다.

㉕ 이연법인세자산

이연법인세자산이란 회계상의 이익과 세법상 소득금액과의 일시적 차이로 인하여 미래에 납부하여야 할 법인세액이 감소하게 되는 경우 해당 금액을 말한다.

(2) 부채

① 매입채무

외상매입금과 지급어음으로 구성되는데 외상매입금(account payable)이란 상품이나 원재료 등을 구입하고 대금을 아직 지급하지 않은 외상대금을 말하며, 지급어음(note payable)은 매입대금을 지급하기 위해 거래처에 어음을 발행하였으나 아직 만기가 되지 않은 것을 말한다. 장부상으로는 외상매입금과 지급어음은 구분하여 기록하나 재무제표를 공시할 때에는 통합하여 매입채무로 표시한다.

② 차입금

회사가 은행 등으로부터 차입한 금액을 말하며 보고기간종료일로부터 1년 이내에 만기가 도래하는 경우 단기차입금으로, 보고기간종료일로부터 1년 이후에 만기가 도래하는 경우 장기차입금으로 표시한다.

③ 미지급금

상품이나 원재료 등 회사의 영업거래와 관련된 매입대금 이외의 외상대금을 말한다. 차량운반구나 비품 등을 매입하고 지불하지 아니한 채무의 경우 미지급금으로 처리한다.

④ 미지급비용

이미 제공받은 재화나 용역에 대한 대가를 지급하지 않은 경우 그 미지급액을 말한다. 미지급금은 자산 관련 부채이나 미지급비용은 비용 관련 부채라는 차이점이 있다. 예를 들어 결산기말에 지급하지 아니한 전력비, 임차료, 이자비용 등은 미지급비용으로 처리한다.

⑤ 선수금

선수금은 제품이나 상품의 주문계약과 관련하여 재화를 인도하기 전에 일정액을 계약금 혹은 중도금 등의 명목으로 미리 받아 놓은 것을 말한다. 일반적인 거래형태가 외상판매인 경우가 많은데 외상판매는 판매대금을 재화의 인도 이후에 받는 것에 비하여 선수금은 판매대금의 일부를 재화의 인도 이전에 받으므로 자금확보라는 측면에서는 아주 유리하다고 할 수 있다.

⑥ 선수수익

선수수익은 제공하지 아니한 용역 등의 대가를 미리 받은 것을 말한다. 임대료, 이자수익 등의 선수액이 대표적이다.

⑦ 예수금

일시적으로 자금을 보관하였다가 다른 곳에 지급하는 금액을 말하며 급여를 지급할 때 소득세, 국민건강보험료, 국민연금 등을 원천징수하게 되는데 이러한 원천징수액이 예수금의 대표적 사례라 할 수 있다.

⑧ 당기법인세부채

법인세 등의 경우 결산확정 후 납부할 세액이 산출되나 법인세의 납부기한은 결산일 이후 3개월 이내이므로 결산일 현재에는 미납부상태로 남아 있게 된다. 따라서 미지급된 법인세와 지방소득세 등을 말한다.

⑨ 유동성장기부채

기업이 금융기관에서 장기차입을 하였다 하더라도 시간이 경과함에 따라 장기차입금의 상환일이 보고기간종료일로부터 1년 이내에 도래하게 된다. 이 경우 상환일이 보고기간종료일로부터 1년 이내에 도래한 장기차입금은 '유동성장기부채'의 과목으로 하여 유동부채로 대체하여야 한다.

⑩ 이연법인세부채

이연법인세부채란 회계상의 이익과 세법상 소득금액과의 일시적 차이로 인하여 미래에 납부하여야 할 법인세액이 증가하게 되는 경우 그 해당 금액을 말한다.

⑪ 사채

회사가 자금조달 목적으로 발행한 채권을 말하며 일반사채, 전환사채, 신주인수권부사채 등이 있다.

⑫ 퇴직급여부채(퇴직급여충당부채)

임직원이 퇴직하는 경우 지불하여야 할 채무의 현재가치(일반기업회계기준의 경우 보고기간종료일 현재 1년 이상 근속한 임직원이 일시에 퇴직할 경우 지급하여야 할 퇴직금추계액)를 말하며 사외적립자산의 공정가치는 차감한다.

⑬ 충당부채

당기의 수익에 대응하는 당기의 비용이나 지출은 미래에 이루어지는 부채를 말한다. 판매보증충당부채 등이 있다.

(3) 자본

① 자본금

회사가 발행한 주식의 액면총액을 말한다. 주식에는 보통주와 우선주가 있다.

② 주식발행초과금

주식의 발행가액이 액면금액을 초과하는 경우에 그 초과하는 금액을 말한다.

③ 감자차익

감소하는 자본금보다 감자대가가 적은 경우에 발생한다. 감자차익은 일반적으로 이월결손금을 보전하는 데 사용된다. 한편, 감소하는 자본금보다 감자대가가 많은 경우에 발생하는 것을 감자차손이라고 한다.

④ 자기주식

회사가 이미 발행한 주식을 주주로부터 취득한 경우 그 취득가액을 말하며 차감항목의 성격을 갖는다.

⑤ 주식할인발행차금

액면에 미달하여 주식을 발행한 때에 그 액면에 미달한 금액을 말하며 차감항목의 성격을 갖는다. 주식발행 관련비용은 주식의 발행가액에서 차감하므로 액면발행을 하는 경우에도 주식발행비로 인하여 주식할인발행차금이 발생하는 경우가 있다.

⑥ 법정적립금

각종 법규에서 정하고 있는 적립금으로 이익준비금이 있다. 이익준비금은 자본의 2분의 1에 달할 때까지 매 결산기에 금전에 의한 이익배당액의 10분의 1 이상의 금액을 계속적으로 적립해야 한다. 이익준비금은 상법 제458조에 따라 적립되는 법정적립금으로서 상법 제460조에 의하면 이익준비금은 자본의 결손보전에 충당하는 경우 외에는 처분하지 못하도록 하고 있다.

⑦ 임의적립금

임의적립금은 회사가 정관의 규정 또는 주주총회의 결의 등에 의하여 임의적으로 적립하는 적립금으로서 사업확장적립금·감채적립금·배당평균적립금·결손보전적립금 및 세법상 준비금 등이 있다.

⑧ 미처분이익잉여금

미처분이익잉여금이란 주주총회에서 처분되기 전의 이익잉여금을 말하는데, 전기이월이익잉여금과 당기순이익 등의 합계금액으로 계산된다.

제5절 손익계산서(IS : Income Statement)

1. 손익계산서의 의의

손익계산서는 일정기간(회계연도, 반기, 분기) 동안 기업의 경영성과에 대한 정보를 제공하는 재무보고서이다. 손익계산서는 당해 회계기간의 경영성과를 나타낼 뿐만 아니라 기업의 미래현금흐름과 수익창출능력 등의 예측에 유용한 정보를 제공한다.

일반기업회계기준의 경우 예전처럼 '손익계산서'라는 용어를 사용한다. 반면, 한국채택국제회계기준에서는 '포괄손익계산서'(CIS; Comprehensive Income Statement)를 사용한다.

손익계산서에 표시되는 경영성과는 수익, 비용, 순이익(순손실)으로 구성된다.

(1) 수익(revenue)

매출액, 이자수익, 배당금수익, 임대료, 외환차익, 외화환산이익, 유형자산처분이익 등으로 기업의 순자산을 증가(자본거래 제외)시키는 항목들을 말한다.

(2) 비용(expense)

매출원가, 급여, 복리후생비, 접대비, 이자비용, 대손상각비, 유형자산처분손실, 법인세비용 등으로 수익을 창출하기 위하여 희생된 경제적 가치를 말한다.

(3) 이익(income)

수익에서 비용을 차감한 금액을 말하며 기업의 경영성과를 측정하는 지표가 된다. (−)의 경우에는 손실(loss)로 표시된다.

2. 일반기업회계기준에 의한 손익계산서 표시

일반기업회계기준에 의한 손익계산서는 기업활동에 따른 경영성과를 구분표시하기 위하여 수익과 비용을 영업 관련 여부에 따라 구분하고 있다. 일반기업회계기준에서 포괄손익계산서는 주석으로 기재한다.

구분기준	수 익	비 용
영업성 ➡	영업수익	영업비용
	영업외수익	영업외비용

영업수익은 기업의 주된 영업활동에서 발생하는 수익으로 일반적으로는 매출액과 같은 의미이다. 영업비용은 기업의 주된 영업활동에서 발생하는 비용으로서 비용의 기능에 따라 매출원가와 판매관리비로 구분된다.

영업외수익은 기업의 주된 영업활동 이외에서 발생한 수익을 말하며 영업외비용은 기업의 주된 영업활동 이외에서 발생한 비용을 말한다.

예를 들어 제조업종의 회사가 영업활동을 하는 과정에서 금융거래를 하고 이자수익이 발생한다면 영업외수익으로 분류한다. 왜냐하면 이자수익은 제조업종 회사의 본연의 영업활동으로 인한 항목이 아니기 때문이다. 하지만 만약 은행이 대출을 하고 받은 이자수익이 있다면 은행은 금융업이므로 이자수익은 영업활동의 항목이 되어 영업수익으로 분류된다는 점을 유의하여야 한다.

손익계산서는 위에서 분류된 수익과 비용을 단계별로 대응시켜 다음과 같은 구조로 이익을 표시한다. 다만, 위의 구분에서 법인세는 고려되지 않았기 때문에 가장 마지막 단계에서 법인세비용과 중단사업손익을 고려하여 당기순이익을 계산한다.

(1) 중단사업손익이 없는 경우의 손익계산서 표시

일반기업회계기준에서 설명하는 손익계산서는 다음과 같이 구분하여 표시한다. 중소기업회계기준의 손익계산서 양식도 이와 동일한 방식을 취하고 있다.

다만, 제조업, 판매업 및 건설업 외의 업종에 속하는 기업은 매출총손익의 구분표시를 생략할 수 있다.

① 매출액

② 매출원가

③ 매출총손익

④ 판매비와관리비

⑤ 영업손익

⑥ 영업외수익

⑦ 영업외비용

⑧ 법인세비용차감전순이익

⑨ 법인세비용

⑩ 당기순손익

손 익 계 산 서

과　　목	금 액
Ⅰ. 매출액(sales)	×××
Ⅱ. 매출원가(cost of goods sold)	×××
Ⅲ. 매출총이익(gross profit)	×××
Ⅳ. 판매비와 관리비(selling and administrative expenses)	×××
Ⅴ. 영업이익(operating income)	×××
Ⅵ. 영업외수익(non-operating income)	×××
Ⅶ. 영업외비용(non-operating expense)	×××
Ⅷ. 법인세비용차감전순이익(income before income taxes)	×××
Ⅸ. 법인세비용(income taxes expense)	×××
Ⅹ. 당기순이익(net income)	×××

손익계산서에 표시되는 각 단계별 이익은 기업의 활동을 생산 및 판매활동, 재무 및 투자활동, 세무활동 등으로 구분하여 설명하고 있다.

손익계산서 각 단계별 활동내용

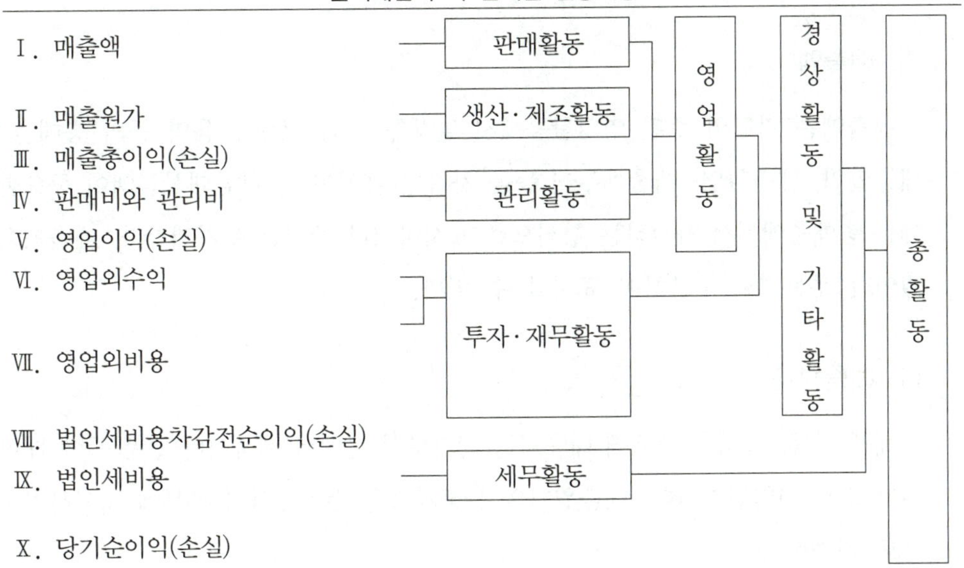

(2) 중단사업손익이 있는 경우의 손익계산서 표시

기업이 여러 사업을 영위하는 경우 일부 사업의 경우 회계기간 중 사업을 중단하는 경우가 있는데 이렇게 중단된 사업으로부터 발생한 손익은 위의 손익계산서에서 중단사업손익으로 하여 별도 표시된다.

손 익 계 산 서

과 목	금 액
Ⅰ. 매출액(sales)	×××
Ⅱ. 매출원가(cost of goods sold)	×××
Ⅲ. 매출총이익(gross profit)	×××
Ⅳ. 판매비와 관리비(selling and administrative expenses)	×××
Ⅴ. 영업이익(operating income)	×××
Ⅵ. 영업외수익(non-operating income)	×××
Ⅶ. 영업외비용(non-operating expense)	×××
Ⅷ. 법인세비용차감전 계속사업이익(continuing income before income taxes)	×××
Ⅸ. 계속사업이익 법인세비용(income taxes expense)	×××
Ⅹ. 계속사업이익(continuing income)	×××
ⅩⅠ. 중단사업손익(income/loss from discontinued operation)	×××
Ⅻ. 당기순이익(net income)	×××

(3) 손익계산서 항목의 분류

가. 매출액

매출액은 기업의 주된 영업활동에서 발생한 제품, 상품, 용역 등의 총매출액에서 매출할인, 매출환입, 매출에누리 등을 차감한 금액이다. 차감대상금액이 중요한 경우에는 총매출액에서 차감하는 형식으로 표시하거나 주석으로 기재한다. 매출액은 업종별이나 부문별로 구분하여 표시할 수 있다.

나. 매출원가

제품, 상품 등의 매출액에 대응되는 원가로서 판매된 제품이나 상품 등에 대한 제조원가 또는 매입원가이다. 매출원가의 산출과정은 손익계산서 본문에 표시하거나 주석으로 기재한다.

다. 매출총이익(손실)

매출총이익(손실)은 매출액에서 매출원가를 차감한 것으로 기업의 판매활동과 생산활동으로 인한 경영성과를 보여준다.

라. 판매비와관리비

제품, 상품, 용역 등의 판매활동과 기업의 관리활동에서 발생하는 비용으로서 매출원가에 속하지 아니하는 모든 영업비용을 포함한다. 판매비와관리비는 당해 비용을 표시하는 적절한 항목으로 구분하여 표시하거나 일괄 표시할 수 있다. 일괄표시하는 경우에는 적절한 항목으로 구분하여 이를 주석으로 기재한다.

마. 영업이익(손실)

영업이익(손실)은 매출총이익에서 판매관리비를 차감한 것으로 판매활동, 생산활동 및 관리활동으로 인한 경영성과를 보여준다. 기업가치평가 등의 과정에서 가장 중시되는 것이 영업이익으로서 기업 본래의 영업활동으로부터의 경영성과를 측정하는 데 많이 쓰인다.

바. 영업외수익과 영업외비용

영업외수익과 비용은 기업의 주된 영업활동이 아닌 활동으로부터 발생한 수익과 차익을 말한다.

사. 법인세비용차감전 계속사업이익(손실)

법인세비용차감전 계속사업이익(손실)은 영업이익에 영업외수익을 가산하고 영업외비용을 차감하여 계산한다. 영업활동의 결과에 재무활동과 투자활동 및 기타활동으로 인한 손익의 효과를 감안하여 기업의 경영성과를 보여준다. 영업이익과 함께 경영분석에서 매우 중시되는 항목이다.

아. 계속사업이익(손실)

계속사업이익(손실)은 기업의 계속적인 사업활동과 그와 관련된 부수적인 활동에서 발생하는 법인세비용 차감 후의 이익(손실)으로서 중단사업손익에 해당하지 않는 모든 손익을 말한다.

자. 중단사업손익

중단사업손익은 중단사업으로부터 발생한 영업손익과 영업외손익으로서 사업중단직접비용과 중단사업자산손상차손을 포함하며, 법인세효과를 차감한 후의 순액으로 보고하고 중단사업손익의 산출내역을 주석으로 기재한다.

차. 당기순이익(손실)

당기순이익(손실)은 계속사업손익에 중단사업손익을 가감하여 산출한다. 기업의 최종적인 경영성과를 표시하는 손익이라 할 수 있다.

당기순이익(손실)에 기타포괄손익을 가감하여 산출한 포괄손익의 내용을 주석으로 기재한다. 이 경우 기타포괄손익의 각 항목은 관련된 법인세효과가 있다면 그 금액을 차감한 후의 금액으로 표시하고 법인세효과에 대한 내용을 별도로 기재한다.

(4) 매출총이익의 표시생략

제조업, 판매업 및 건설업 이외의 기업에 있어서는 매출총이익의 구분표시를 생략할 수 있으므로 이익(손실)은 다음의 예와 같이 3단계로 표시할 수도 있다.

손 익 계 산 서

과 목	금 액
Ⅰ. 영업수익(operating revenue)	×××
Ⅱ. 영업비용(operating expense)	×××
Ⅲ. 영업이익(operating income)	×××
Ⅳ. 영업외수익(non-operating income)	×××
Ⅴ. 영업외비용(non-operating expense)	×××
Ⅵ. 법인세비용차감전순이익(income before income taxes)	×××
Ⅶ. 법인세비용(income taxes expense)	×××
Ⅷ. 당기순이익(net income)	×××

(5) 손익계산서 계정과목의 분류와 예시

일반기업회계기준에서 예시하는 손익계산서의 과목을 분류체계에 따라 열거하면 다음과 같다.

수익	매출액	상품매출액, 제품매출액 등
수익	영업외수익	이자수익, 배당금수익(주식배당액 제외), 임대료, 단기매매증권처분이익, 단기매매증권평가이익, 외환차익, 외화환산이익, 지분법이익, 매도가능증권손상차손환입, 투자자산처분이익, 유형자산처분이익, 사채상환이익, 자산수증이익, 채무면제이익, 보험차익 등
비용	매출원가	상품매출원가, 제품매출원가(제조원가) (제조원가 : 재료비, 노무비, 복리후생비, 임차료, 감가상각비, 세금과공과, 보험료, 전력비, 가스비, 용수비, 소모품비, 수선비 등)
비용	판매비와 관리비	급여(임원급여, 급료, 임금 및 제수당 포함), 퇴직급여, 복리후생비, 임차료, 접대비, 감가상각비, 무형자산상각비, 세금과공과, 광고선전비, 연구비, 경상개발비, 대손상각비 등
비용	영업외비용	이자비용, 기타의 대손상각비, 단기매매증권처분손실, 단기매매증권평가손실, 재고자산감모손실, 외환차손, 외화환산손실, 기부금, 지분법손실, 매도가능증권손상차손, 투자자산처분손실, 유형자산처분손실, 사채상환손실, 재해손실 등
비용	법인세비용	법인세비용

(6) 일반기업회계기준 손익계산서 예시

손 익 계 산 서

제×기 20××년 ×월 ×일부터 20××년 ×월 ×일까지

제×기 20××년 ×월 ×일부터 20××년 ×월 ×일까지

회사명 (단위 : 원)

과 목	당 기		전 기	
매출액		×××		×××
매출원가		×××		×××
기초제품(또는 상품)재고액	×××		×××	
당기제품제조원가	×××		×××	
(또는 당기상품매입액)				
기말제품(또는 상품)재고액	(×××)		(×××)	
매출총이익(또는 매출총손실)		×××		×××
판매비와관리비		×××		×××
급여	×××		×××	
퇴직급여	×××		×××	
복리후생비	×××		×××	
임차료	×××		×××	
접대비	×××		×××	
감가상각비	×××		×××	
무형자산상각비	×××		×××	
세금과공과	×××		×××	
광고선전비	×××		×××	
연구비	×××		×××	
경상개발비	×××		×××	
대손상각비	×××		×××	
……	×××		×××	
영업이익(또는 영업손실)		×××		×××

과 목	당 기		전 기	
영업외수익		×××		×××
이자수익	×××		×××	
배당금수익	×××		×××	
임대료	×××		×××	
단기투자자산처분이익	×××		×××	
단기투자자산평가이익	×××		×××	
외환차익	×××		×××	
외화환산이익	×××		×××	
지분법이익	×××		×××	
장기투자증권손상차손환입	×××		×××	
유형자산처분이익	×××		×××	
사채상환이익	×××		×××	
전기오류수정이익	×××		×××	
……	×××		×××	
영업외비용		×××		×××
이자비용	×××		×××	
기타의대손상각비	×××		×××	
단기투자자산처분손실	×××		×××	
단기투자자산평가손실	×××		×××	
재고자산감모손실	×××		×××	
외환차손	×××		×××	
외화환산손실	×××		×××	
기부금	×××		×××	
지분법손실	×××		×××	
장기투자증권손상차손	×××		×××	
유형자산처분손실	×××		×××	
사채상환손실	×××		×××	
전기오류수정손실	×××		×××	
……	×××		×××	
법인세비용차감전순이익(손실)		×××		×××
법인세비용		×××		×××
당기순이익(또는 당기순손실)		×××		×××

3. 포괄손익계산서(한국채택국제회계기준)

(1) 포괄손익계산서의 의의

한국채택국제회계기준의 손익계산서는 포괄손익계산서 방식을 취하고 있다. 포괄손익은 당기순손익과 기타포괄손익을 합한 것을 말한다.

당기순손익(NI; Net Income)은 수익과 비용에 의하여 산출된다. 반면, 당기순손익을 구성하지 않고 자본에 직접 반영되는 항목도 있는데 이를 기타포괄손익(OCI; Other Comprehensive Income)이라고 한다. 포괄손익이란 이러한 당기순손익과 기타포괄손익을 합한 것으로 자본거래를 제외한 모든 자본의 변동을 말한다.

당기순손익(NI)	당기에 발생한 수익에서 비용을 차감한 금액
기타포괄손익(OCI)	순손익에는 반영되지 않지만 자본에 직접 반영되는 미실현금액
총포괄손익(CI)	당기순손익+기타포괄손익

기타포괄손익에는 다음의 항목들이 속한다.

① 재평가잉여금의 변동

② 종업원 급여 관련 확정급여제도의 재측정요소

③ 해외사업장 재무제표 환산손익

④ 기타포괄손익-공정가치금융자산 재측정손익

⑤ 현금흐름위험회피의 위험회피수단 평가손익 중 효과적 부분

⑥ 당기손익-공정가치 측정항목으로 지정한 특정부채의 신용위험변동으로 인한 공정가치 변동 등

(2) 포괄손익계산서의 작성방식

포괄손익계산서의 작성방식에 있어서는 단일포괄손익계산서와 두 개의 보고서 중에서 선택적용이 가능하다.

- 단일포괄손익계산서
- 두 개의 보고서

가. 단일포괄손익계산서(a single statement of comprehensive income)

단일포괄손익계산서는 당기순손익과 기타포괄손익을 하나의 재무제표에 포함하여 표시하는 방식으로 다음과 같이 작성될 수 있다.

포괄손익계산서

제××기 20×2년 1월 1일부터 20×2년 12월 31일까지
제××기 20×1년 1월 1일부터 20×1년 12월 31일까지

회사명 (단위 : 원)

과 목	제××(당)기		제××(전)기	
매출액		×××		×××
매출원가		×××		×××
매출총이익		×××		×××
판매비와 관리비		×××		×××
영업이익		×××		×××
금융수익	×××		×××	
금융비용	×××		×××	
기타수익	×××		×××	
기타비용	×××		×××	
법인세비용차감전순이익		×××		×××
법인세비용		×××		×××
당기순이익		×××		×××
기타포괄손익		×××		×××
총포괄이익		×××		×××

나. 두 개의 손익계산서(two statements)

두 개의 손익계산서 방식은 손익계산서와 포괄손익계산서를 별도로 표시하는 방식으로서 당기순손익의 구성요소를 표시하는 보고서(별개의 손익계산서)와 당기순손익에서 시작하여 기타포괄손익의 구성요소를 표시하는 보고서(포괄손익계산서)의 2개의 손익계산서로 구성된다.

① 별개의 손익계산서

② 포괄손익계산서

손익계산서

제××기 20×2년 1월 1일부터 20×2년 12월 31일까지
제××기 20×1년 1월 1일부터 20×1년 12월 31일까지

회사명 (단위 : 원)

과 목	제××(당)기		제××(전)기	
수 익		×××		×××
―――	×××		×××	
―――	×××		×××	
비 용		×××		×××
―――	×××		×××	
―――	×××		×××	
당 기 순 이 익		×××		×××

포괄손익계산서

제××기 20×2년 1월 1일부터 20×2년 12월 31일까지
제××기 20×1년 1월 1일부터 20×1년 12월 31일까지

회사명 (단위 : 원)

과 목	제××(당)기		제××(전)기	
당 기 순 이 익		×××		×××
기 타 포 괄 손 익		×××		×××
―――	×××		×××	
―――	×××		×××	
총 포 괄 이 익		×××		×××

(3) 별개의 손익계산서

수익, 비용 및 당기순이익의 내용을 보여주는 별개의 손익계산서는 원가를 제조원가와 비제조원가로 구분하는 기능별 분류법을 적용하는 경우 다음과 같이 작성된다. 따라서 일반기업회계기준의 손익계산서표시방법과 실질적으로 동일하다고 할 수 있다.

손익계산서(기능별 분류법)

과 목	제 ××(당) 기		제 ××(전) 기	
매출액		×××		×××
매출원가		×××		×××
매출총이익		×××		×××
판매관리비		×××		×××
영업이익		×××		×××
금융수익	×××		×××	
금융비용	×××		×××	
기타수익	×××		×××	
기타비용	×××		×××	
법인세비용차감전순이익		×××		×××
법인세비용		×××		×××
당기순이익		×××		×××

다만, 손익계산서는 작성방식에 있어 성격별 분류법과 기능별 분류법을 선택 적용할 수 있으므로 성격별 분류법을 적용하는 경우 다음과 같이 작성된다.

손익계산서(성격별 분류법)

과 목	제 ××(당) 기		제 ××(전) 기	
매 출 액		×××		×××
제품과 재공품의 변동액		×××		×××
원재료와 소모품의 사용액		(×××)		(×××)
종 업 원 급 여 비 용		(×××)		(×××)
감가상각비와 기타 상각비		(×××)		(×××)
기 타 비 용		(×××)		(×××)
영 업 이 익		×××		×××
금 융 수 익	×××		×××	
금 융 비 용	×××		×××	
기 타 수 익	×××		×××	
기 타 비 용	×××		×××	
법인세비용차감전순이익		×××		×××
법 인 세 비 용		(×××)		(×××)
당 기 순 이 익		×××		×××

성격별 분류법을 선택하는 경우 손익계산서에서 제조원가와 비제조원가를 별도로 표시하지 않고 비용(원가)의 성격에 따라 구분하지만 '제품과 재공품의 변동액'을 표시하여야 하므로 기업 내부적으로는 제조원가와 비제조원가를 구분하여 제3편에서 설명하는 원가계산방식에 의하여 제품원가계산을 하여야 한다.

실무적으로는 상당수의 기업들이 일반기업회계기준에서 설명하는 손익계산서에 익숙하여 주로 기능별 분류법을 적용하고 있다.

4. 손익계산서 계정과목

(1) 수익

① 매출액

상품이나 제품의 매출액을 말한다.

② 이자수익

금융기관 등에 예치한 각종 예금이나 유가증권 등의 이자수익을 말한다.

③ 배당금수익

주식이나 출자금 등에서 이익을 분배받는 것을 말한다.

④ 외환차익

외화 관련 자산이나 부채가 회수되거나 상환될 때 발생하는, 즉 실현거래에서 발생하는 차익을 말한다.

⑤ 외화환산이익

결산기말에 환율변동으로 인하여 장부상 외화자산이나 부채의 장부금액에 대한 평가가 달라지는 경우에 발생하는, 즉 미실현거래에서 발생하는 평가이익을 말한다.

⑥ 임대료

부동산 등을 임대하고 일정기간마다 사용대가를 받는 경우에 이를 임대료라고 한다.

⑦ 지분법이익

관계기업투자주식을 지분법에 의하여 평가 후 피투자회사의 당기순이익 중 투자회사의 지분에 해당하는 금액을 말한다.

⑧ 투자자산처분이익

투자자산을 처분할 때 처분가액이 장부금액을 초과하는 경우 그 차액을 말한다.

⑨ 유형자산처분이익

토지, 건물 등 유형자산을 처분할 때 처분가액이 장부금액을 초과하는 경우 그 차액을 말한다.

⑩ 사채상환이익

사채를 상환할 때 상환금액이 사채의 장부금액보다 적은 경우 그 차액을 말한다.

⑪ 자산수증이익

회사가 주주·임원 등으로부터 자산을 무상으로 증여받는 경우 자산수증이익이라고 한다.

⑫ 채무면제이익

회사의 채권자들로부터 채무의 일부 또는 전부를 면제받는 경우 면제받는 금액을 채무면제이익이라고 한다.

(2) 비용

① 급여

임직원 등에게 지급되는 기본급, 제수당, 상여, 잡급 등을 말하며 '급여'라는 과목으로 통합하여 표시한다.

② 퇴직급여

결산일 현재 미래의 퇴직금 지불을 위한 부채인 퇴직급여부채(퇴직급여충당부채)를 인식하기 위하여 설정하는 금액을 말한다.

③ 복리후생비

복리후생비는 근로자에게 직접 지급되지는 않으나 근로환경의 개선이나 근로복지향상 등을 위하여 지출되는 것을 말한다. 복리후생비에는 건강보험료, 고용보험료, 직장체육비, 직장연예비, 사업주부담 국민연금부담액, 경조비, 우리사주조합의 운영비, 직장보육시설의 운영비 등이 포함된다.

④ 임차료

토지, 건물, 기계장치 등을 임차하는 경우 해당 임차료를 말한다.

⑤ 접대비

사업상의 목적을 위하여 지출한 식대, 주대, 선물비용 등 접대비용을 말한다.

⑥ 세금과공과

세금과공과는 국가나 지방자치단체가 부과하는 국세·지방세, 조합이나 협회 등의 공과금, 벌금·과태료 등을 말한다. 일반적으로 재산세, 자동차세, 매입부가가치세 중 불공제분, 조합비·협회비 등이 포함된다.

⑦ 연구비

연구활동은 새로운 과학적 또는 기술적 지식을 얻기 위하여 수행하는 독창적이고 계획적인 탐구활동을 말하는데 프로젝트의 연구단계에서는 미래경제적효익을 창출할 무형자산이 존재한다는 것을 입증할 수 없기 때문에 연구단계에서 발생한 지출은 무형자산으로 인식할 수 없고 발생한 기간의 비용으로 인식한다.

⑧ 경상개발비

개발활동은 상업적인 생산 또는 사용 전에 연구결과나 관련 지식을 새롭거나 현저히 개량된 재료, 장치, 제품, 공정, 시스템 및 용역의 생산을 위한 계획이나 설계에 적용하는 활동을 말하는데 개발활동과 관련하여 지출된 금액 중 무형자산의 '개발비'로 인정되는 금액을 제외한 금액은 경상개발비의 과목으로 하여 발생한 기간의 비용으로 인식한다.

⑨ 대손상각비

결산기말 현재 회수가 불확실한 채권은 합리적이고 객관적인 기준에 따라 산출한 대손추산액을 대손충당금으로 설정한다. 대손상각비는 기말에 이러한 대손충당금을 설정하기 위한 비용과목을 말한다.

⑩ 여비교통비

회사의 임직원이 업무와 관련하여 출장을 가는 경우 지급되는 실비성격의 숙박료, 일당, 식사대, 교통비 등을 말한다.

⑪ 통신비

전화료·우편요금 등의 사용료와 관련 장치의 유지비용을 말한다.

⑫ 수도광열비

수도료, 전기료, 가스대 및 기타 연료대 등을 말한다.

⑬ 수선비

유형자산 등을 취득한 이후에 해당 자산의 성능을 유지·보수 및 관리하기 위하여 지출하는 금액을 말한다.

⑭ 보험료

회사가 보유하고 있는 건축물이나 재고자산 등에 대한 화재보험료, 자동차보험료, 제품 등의 책임보험료 등을 말한다.

⑮ 포장비

상품 등을 판매하는 과정에서 발생하는 포장비를 말하는데 제품을 공장에서 출하하기 전에 발생하는 포장비는 제조원가로 분류하여야 한다.

⑯ 견본비

회사의 제품 등을 널리 알릴 목적으로 불특정다수의 거래처나 고객에게 제품의 일부를 제공하는 것을 말한다.

⑰ 판매수수료

수탁판매회사나 대리점 등 기업의 외부인에게 사전약정에 의하여 판매량이나 판매금액에 따라 지급하는 것을 말한다.

⑱ 소모품비

사무용 용지, 문방구류, 소모공구·기구·비품, 기타 사무용 소모품 등을 구입하기 위해서 지출한 비용을 말한다.

⑲ 지급수수료

회사의 업무와 관련하여 외부전문가인 변호사, 회계사, 세무사, 외부용역기관 등에게 지급한 금액 등을 말한다.

⑳ 이자비용

장단기차입금, 사채 등에 대한 이자비용을 말한다. 금융원가라는 과목으로 표시될 수도 있다.

㉑ 외환차손

외화관련 자산이나 부채가 회수되거나 상환될 때 발생하는, 즉 실현거래에서 발생하는 차손을 말한다.

⑫ 외화환산손실

결산기말에 환율변동으로 인하여 장부상 외화자산이나 부채의 장부금액에 대한 평가가 달라지는 경우에 발생하는, 즉 미실현거래에서 발생하는 평가손실을 말한다.

⑬ 기부금

사회복지단체나 종교단체 등에게 회사의 영업활동과 관계없이 무상으로 증여하는 금전 또는 기타 자산가액을 말한다.

⑭ 지분법손실

관계기업투자주식을 지분법에 의하여 평가 후 피투자회사의 당기순손실 중 투자회사의 지분에 해당하는 금액을 말한다.

⑮ 유형자산처분손실

토지, 건물 등 유형자산을 처분할 때 처분가액이 장부금액보다 적은 경우 그 차액을 말한다.

⑯ 사채상환손실

사채를 상환할 때 상환금액이 사채의 장부금액보다 많은 경우 그 차액을 말한다.

⑰ 유형자산손상차손

유형자산의 장부금액보다 회수가능액 또는 공정가치가 하락하여 회복할 가능성이 없는 경우 가치하락분을 감액하는 금액을 말한다.

⑱ 재해손실

화재, 지진 등의 천재지변이나 도난 등으로 인하여 발생하는 손실을 말한다.

제6절 자본변동표(Statement of Changes in Equity)

자본변동표는 자본의 크기와 그 변동에 관한 정보를 제공하는 재무보고서로서 자본을 구성하고 있는 자본금, 자본잉여금, 자본조정(기타자본), 기타포괄손익누계액, 이익잉여금(또는 결손금)의 변동에 대한 포괄적인 정보를 제공한다.

자본변동표에는 자본금, 자본잉여금, 자본조정, 기타포괄손익누계액, 이익잉여금(또는 결손금)의 각 항목별로 기초잔액, 변동사항, 기말잔액을 표시한다.

1. 자본의 변동요인

(1) 자본금의 변동

자본금의 변동은 유상증자(감자), 무상증자(감자)와 주식배당 등에 의하여 발생하며, 자본금은 보통주자본금과 우선주자본금으로 구분하여 표시한다.

(2) 자본잉여금의 변동

자본잉여금은 주식발행초과금, 감자차익 및 기타자본잉여금 등으로 구성되는데 자본잉여금의 변동은 유상증자(감자), 무상증자(감자), 결손금처리, 전환사채 및 신주인수권부사채의 발행 등에 의하여 발생하며, 주식발행초과금과 기타자본잉여금으로 구분하여 표시한다.

(3) 자본조정(기타자본)의 변동

자본조정은 자기주식, 감자차손, 주식할인발행차금, 자기주식처분손실 등으로 구성되는데 자본조정의 변동은 자기주식은 구분하여 표시하고 기타자본조정은 통합하여 표시할 수 있다.

(4) 기타포괄손익누계액의 변동

기타포괄손익누계액은 매도가능금융자산평가손익, 재평가차익, 해외사업환산손익 등으로 구성되는데 기타포괄손익누계액의 변동은 매도가능증권평가손익, 해외사업환산손익 및 현금흐름위험회피 파생상품평가손익은 구분하여 표시하고 그밖의 항목은 그 금액이 중요할 경우에는 적절히 구분하여 표시할 수 있다.

(5) 이익잉여금의 변동

이익잉여금의 변동은 다음과 같은 항목으로 구분하여 표시한다.

① 회계정책의 변경으로 인한 누적효과

② 중대한 전기오류수정손익

③ 연차배당(당기 중에 주주총회에서 승인된 배당금액으로 하되 현금배당과 주식배당으로 구분하여 기재)과 기타 전기말 미처분이익잉여금의 처분

④ 중간배당(당기 중에 이사회에서 승인된 배당금액)

⑤ 당기순손익

⑥ 기타 : '①' 내지 '⑤' 외의 원인으로 당기에 발생한 이익잉여금의 변동으로 하되, 그 금액이 중요한 경우에는 적절히 구분하여 표시한다.

자본변동표에서 전기에 이미 보고된 이익잉여금(또는 결손금)의 금액이 당기에 발생한 회계정책의 변경이나 중대한 전기오류수정으로 인하여 변동된 경우에는 전기에 이미 보고된 금액을 별도로 표시하고 회계정책 변경이나 오류수정이 매 회계연도에 미치는 영향을 가감한 수정 후 기초이익잉여금을 표시한다.

2. 자본변동표의 예시

일반기업회계에서 예시하는 자본변동표를 살펴보면 다음과 같다.

자 본 변 동 표

제×기 20××년 ×월 ×일부터 20××년 ×월 ×일까지
제×기 20××년 ×월 ×일부터 20××년 ×월 ×일까지

회사명 (단위 : 원)

구 분	자본금	자본 잉여금	자본조정	기타포괄 손익누계액	이익 잉여금	총 계
20××.×.×(보고금액)	×××	×××	×××	×××	×××	×××
회계정책변경누적효과					(×××)	(×××)
전기오류수정					(×××)	(×××)
수정후 이익잉여금					×××	×××
연차배당					(×××)	(×××)
처분 후 이익잉여금					×××	×××
중간배당					(×××)	(×××)
유상증자(감자)	×××	×××				×××
당기순이익(손실)					×××	×××
자기주식 취득			(×××)			(×××)
해외사업환산손익				(×××)		(×××)
20××.×.×	×××	×××	×××	×××	×××	×××
20××.×.×(보고금액)	×××	×××	×××	×××	×××	×××
회계정책변경누적효과					(×××)	(×××)
전기오류수정					(×××)	(×××)
수정 후 이익잉여금					×××	×××
연차배당					(×××)	(×××)
처분 후 이익잉여금					×××	×××
중간배당					(×××)	(×××)
유상증자(감자)	×××	×××				×××
당기순이익(손실)					×××	×××
자기주식 취득			(×××)			(×××)
매도가능증권평가손익				×××		×××
20××.×.×	×××	×××	×××	×××	×××	×××

한국채택국제회계기준이 적용된 자본변동표를 살펴보면 다음과 같다.

자 본 변 동 표

제×기 20××년 ×월 ×일부터 20××년 ×월 ×일까지
제×기 20××년 ×월 ×일부터 20××년 ×월 ×일까지

회사명 (단위 : 원)

구 분	자본금	자본 잉여금	기타자본	기타포괄 손익누계액	이익 잉여금	총 계
20××.×.×(전기초)	×××	×××	×××	×××	×××	×××
당기순이익					×××	×××
기타포괄손익						
……				×××		×××
……				(×××)		(×××)
소유주와의 거래 등						
연차배당					(×××)	(×××)
중간배당					(×××)	(×××)
자본잉여금변동		×××				×××
기타자본변동			×××			×××
20××.×.×(전기말)	×××	×××	×××	×××	×××	×××
20××.×.×(당기초)	×××	×××	×××	×××	×××	×××
당기순이익					×××	×××
기타포괄손익						
……				×××		×××
……				(×××)		(×××)
소유주와의 거래 등						
연차배당					(×××)	(×××)
중간배당					(×××)	(×××)
자본잉여금변동		×××				×××
기타자본변동			×××			×××
20××.×.×(당기말)	×××	×××	×××	×××	×××	×××

제7절 이익잉여금처분계산서

이익잉여금처분계산서(statement of appropriation of retained earnings)는 손익계산서에서 발생한 이익이 사내에 유보되어 재무상태표(대차대조표)의 자본으로 전입되어 사내유보되거나 배당금 등으로 사외 유출되는 과정을 보여주는 재무제표로서 중소기업회계기준에서는 재무제표의 종류로 정하고 있으나 한국채택국제회계기준과 일반기업회계기준에서는 주석사항으로 정하고 있다.

이익잉여금처분계산서 다음과 같이 미처분이익잉여금, 임의적립금 등의 이입액, 이익잉여금처분액, 차기이월이익잉여금으로 구성된다. 이익잉여금처분계산서에서 다루어지는 이익잉여금의 변동내용은 주주총회에서 이익잉여금에 대하여 의결된 사항이 반영되는 것이다.

1. 미처분이익잉여금의 구성

미처분이익잉여금은 다음의 항목들로 구성된다.

가. 전기이월미처분이익잉여금(전기이월미처리결손금)

나. 중간배당액

다. 당기순이익(당기순손실)

2. 임의적립금 이입액

임의적립금 이입액은 기설정되어 있는 회사의 임의적립금을 다른 용도로 처분하기 위하여 전입하는 금액을 말한다. 미처분이익잉여금과 합하여 회사가 처분할 수 있는 잉여금 대상금액이 된다.

3. 이익잉여금처분액

이익잉여금은 상법에서 정하고 있는 이익준비금을 적립하여 사내에 유보할 수도 있고 배당금 등을 통하여 사외로 유출될 수도 있다.

다음은 중소기업회계기준에서 정하고 있는 이익잉여금처분계산서 양식이다.

이익잉여금처분계산서

제 × 기	20×2년 1월 1일부터 20×2년 12월 31일까지	제 × 기	20×1년 1월 1일부터 20×1년 12월 31일까지
처분예정일	20×3년 ×월 ×일	처분확정일	20×2년 ×월 ×일

회 사 명 (단위 : 원)

구 분	당 기		전 기	
미처분이익잉여금		×××		×××
전기이월미처분이익잉여금 (또는 전기이월미처리결손금)	×××		×××	
중간배당액	×××		×××	
당기순이익(또는 당기순손실)	×××		×××	
임의적립금등의이입액		×××		×××
×××적립금	×××		×××	
합 계		×××		×××
이익잉여금처분액		×××		×××
이익준비금	×××		×××	
기타법정적립금	×××		×××	
주식할인발행차금상각액	×××		×××	
배당금	×××		×××	
현금배당	×××		×××	
주식배당	×××		×××	
···	×××		×××	
차기이월미처분이익잉여금		×××		×××

한편, 결손금이 발생하는 경우에는 결손금처리계산서(statement of disposition of deficit)를 작성하는데, 이는 미처리결손금, 결손금처리액, 차기이월결손금으로 구성된다.

결손금처리계산서

제 × 기	20×2년 1월 1일부터 20×2년 12월 31일까지	제 × 기	20×1년 1월 1일부터 20×1년 12월 31일까지
처리예정일	20×3년 ×월 ×일	처리확정일	20×2년 ×월 ×일

회 사 명 (단위 : 원)

구 분	당 기		전 기	
미처리결손금		×××		×××
전기이월미처분이익잉여금 (또는 전기이월미처리결손금)	×××		×××	
중간배당액	×××		×××	
당기순이익(또는 당기순손실)	×××		×××	
결손금처리액		×××		×××
임의적립금 이입액	×××		×××	
법정적립금 이입액	×××		×××	
자본잉여금 이입액	×××		×××	
차기이월미처리결손금		×××		×××

제8절 현금흐름표(Statement of Cash Flows)

앞서 재무상태표와 손익계산서에 대하여 살펴보았다. 하지만 재무제표를 이해하는 과정에서 재무상태표와 손익계산서 못지않게 중요한 재무제표가 있는데 바로 현금흐름표라 할 수 있다.

손익계산서는 수익과 비용을 대응하여 이익을 산출한다. 이러한 손익계산서를 통하여 기업의 경영성과를 측정할 수 있다는 기능이 있으나 다른 한편으로 궁금한 것은 "과연 기업이 현금흐름은 얼마만큼 창출하였는가?"이다.

이러한 과정에서 정확하게 이해하여야 하는 것은 수익, 비용에 의한 이익과 현금유입, 유출에 의한 현금흐름의 차이점이다.

손익계산서	Cash Flow
수 익	유 입
− 비 용	− 유 출
이 익	현금흐름

만약 모든 수익이 현금유입을 수반하고, 모든 비용이 현금유출을 수반한다면 이익과 현금흐름은 동일할 것이다.

수 익	=	유 입
− 비 용	=	− 유 출
이 익	=	현금흐름

하지만 수익 중 일부가 현금유입이 없거나 비용 중 일부가 현금유출이 없다면 당연히 이익과 현금흐름은 달라지게 된다.

수 익	≠	유 입
− 비 용	≠	− 유 출
이 익	≠	현금흐름

예를 들어 어떤 기업이 수익항목으로 매출액 1,000원과 비용항목으로 급여 700원을 인식하였으며 매출과 급여는 모두 당기 중 현금의 유입과 유출을 수반하였다고 가정하자.

매 출	1,000	유 입	1,000
- 급 여	700	- 유 출	700
이 익	300	현금흐름	300

이 경우 이익 300원은 현금흐름 300원과 일치하게 된다.

하지만 위의 경우에서 비용이 급여가 아니라 감가상각비라고 가정하면 이익과 현금흐름은 다음과 같이 달라진다.

매 출	1,000	유 입	1,000
- 감가상각비	700	- 유 출	-
이 익	300	현금흐름	1,000

위에서 보여주는 바와 같이 이익은 300원이지만 현금흐름은 감가상각비로 인한 유출이 없으므로 1,000원이 되어 이익과 현금흐름은 차이를 보이게 된다.

또한 어떤 기업이 수익항목으로 매출액 1,000원과 비용항목으로 급여 700원을 인식하였는데, 매출 1,000원 중 700원만 회수되고 나머지 금액은 기말까지 회수가 되지 않았으며, 급여는 모두 당기 중 현금으로 유출되었다고 가정하자.

매 출	1,000	유 입	700
- 급 여	700	- 유 출	700
이 익	300	현금흐름	0

이 경우 이익은 300원이나, 현금흐름은 매출 중 회수되지 않은 금액으로 인하여 0원이 되어 이익과 현금흐름은 차이를 보이게 된다.

현금흐름은 이렇게 이익과는 달리 여러 가지의 요소에 의하여 영향을 받게 된다. 일반적인 재무제표분석은 재무상태표와 손익계산서를 중심으로 이루어지는데 재무상태표를 통하여 기업의 재무상태를, 손익계산서를 통하여 기업의 경영성과를 파악한다. 그러나 재무상태표와 손익계산서를 분석한다 하더라도 기업의 현금흐름을 명확하게 파악하기는 매우 힘들다고 할 수 있다. 현금흐름은 동적(動的) 개념임에 비하여 재무상태표는 일정시점의 재무상태를 표현하는 정적(靜的) 재무제표이고, 손익계산서는 동적(動的) 재무제표이기는 하나 발생주의 회계에 입각한 수익과 비용을 대응하여 이익을 계산하기 때문이다.

현금흐름표(statement of cash flows)는 일정기간 동안 기업의 현금흐름을 보여주는 재무제표로서 재무상태표나 손익계산서에서는 보여주지 못하는 현금흐름이라는 매우 중요한 재무정보를 제공하는 재무제표라고 할 수 있다. 따라서 재무제표의 분석은 재무상태표와 손익계산서에 이어 현금흐름표까지 분석하여야 기업에 대한 종합적인 평가를 할 수 있을 것이다.

현금흐름표에서 사용되는 현금의 범위는 재무상태표에서 '현금및현금성자산[1]'을 지칭한다.

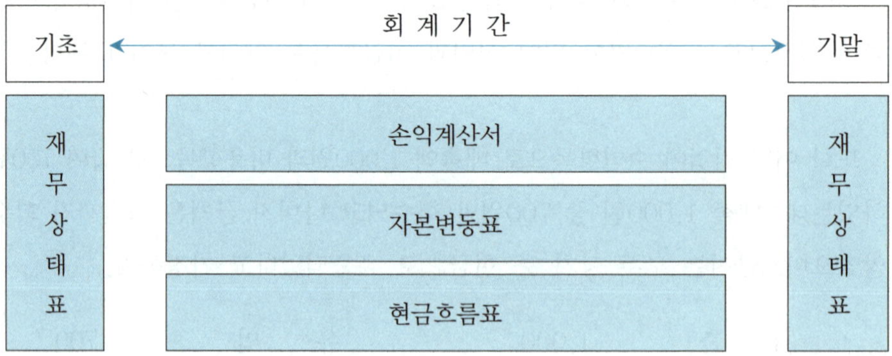

1) 통화 및 타인발행수표 등과 당좌예금, 보통예금 등 요구불예금을 포함한다.

1. 현금흐름표의 의의

현금흐름표는 일정기간 동안의 현금흐름(cash flows)을 나타내는 재무제표로 현금의 원천(유입)과 운용(유출)을 영업활동·투자활동·재무활동으로 나누어 표시한다. 손익계산서에서 파악할 수 없는 자금의 흐름을 보여준다는 측면에서 매우 유용한 재무제표라 할 수 있다.

(1) 손익계산서에서 산출된 이익의 질을 평가할 수 있다.

손익계산서에 표시되는 수익과 비용은 발생주의와 수익·비용대응의 원칙에 따라 인식되는데 이러한 수익과 비용은 현금의 흐름을 정확하게 반영하지 못한다. 예를 들어 감가상각비의 경우 실제의 현금흐름은 기계장치 등을 취득하는 시점에서 대부분 지출되지만, 취득원가를 기간별로 배분하는 감가상각비는 내용연수에 걸쳐 수년간 조금씩 인식된다. 이는 이익흐름과 현금흐름이 일치하지 않게 되는 중요한 원인으로 작용하게 되며, 손익계산서에 의하여 기업의 경영성과를 파악하는 경우 이익흐름은 파악할 수 있지만 현금흐름은 파악할 수 없게 된다. 따라서 현금흐름표를 통하여 현금흐름을 파악함으로써 손익계산서의 이익흐름이 얼마나 많은 현금흐름을 동반하였는지 이익의 질(quality of income)을 평가할 수 있는 것이다.

(2) 영업활동, 투자활동, 재무활동 등 경로별 현금흐름을 보여준다.

기업의 현금흐름은 손익계산서에 나타나는 영업활동뿐 아니라 자산의 취득 및 처분과 같은 투자활동, 사채발행 및 상환이나 유상증자 등의 재무활동에 의해서도 발생하는데 현금흐름표는 이러한 기업의 활동별 현금흐름을 보여줌으로써 현금흐름에 대한 보다 양질의 정보를 제공한다.

(3) 미래현금흐름 창출능력에 대한 정보를 제공한다.

영업활동으로 인한 현금흐름을 파악하면 기업이 경상적인 영업활동으로부터 얼마나 많은 현금흐름을 창출하는지 평가할 수 있으며, 이는 기업이 미래에 영업활동으로부터 창출할 수 있는 현금흐름의 크기와 영향요소 등을 예측하는 데 도움이 된다.

(4) 기업의 현금지급능력에 대한 정보를 제공한다.

기업은 거래업체에는 매입대금을, 주주에게는 배당금을, 채권자에게는 부채를 지급하거나 상환하여야 한다. 따라서 기업의 이해관계자들은 각각의 이해관계에 따라 기업이 지급할 수 있는 현금지급능력을 파악하고 싶어 하며 이러한 정보는 현금흐름표를 통하여 얻을 수 있다.

2. 일반기업회계기준에 의한 현금흐름표의 표시

(1) 활동별 현금흐름의 의미

가. 영업활동(operating activities)

영업활동은 주로 기업의 주요 수익창출활동에서 발생하는데 통상 상품 및 제품 등의 매입·매출, 급여지급, 이자수익, 배당금수익, 이자비용, 법인세지급 등 기업이 정상적인 영업활동을 영위하기 위한 일체의 활동을 말한다. 영업활동에서 발생하는 현금흐름의 금액은 기업이 외부의 재무자원에 의존하지 않고 영업을 통하여 차입금상환, 영업능력의 유지, 배당금 지급 및 신규투자 등에 필요한 현금흐름을 창출하는 정도에 대한 중요한 지표가 된다.

나. 투자활동(investing activities)

투자활동이란 일반적으로 자산 관련 취득 및 처분활동을 말한다. 현금의 대여와 회수활동, 유가증권, 투자자산 및 유·무형자산의 취득과 처분활동 등을 말한다. 그러나 매출채권이나 재고자산 등 영업활동과 관련성이 있는 항목들은 투자활동에 포함되지 않고 영업활동으로 분류한다.

다. 재무활동(financing activities)

재무활동이란 일반적으로 부채 및 자본항목과 관련하여 나타난다. 현금의 차입 및 상환활동, 신주발행이나 배당금의 지급활동 등과 같이 부채 및 자본계정에 영향을 미치는 거래를 말한다. 그러나 매입채무 등 영업활동과 관련성이 있는 항목들은 투자활동에 포함되지 않고 영업활동으로 분류한다.

(2) 현금흐름표 기본예시

현 금 흐 름 표

과 목	금 액
Ⅰ. 영업활동으로 인한 현금흐름	×××
Ⅱ. 투자활동으로 인한 현금흐름	×××
Ⅲ. 재무활동으로 인한 현금흐름	×××
Ⅳ. 현금의 증가(감소)(Ⅰ+Ⅱ+Ⅲ)	×××
Ⅴ. 기초의 현금	×××
Ⅵ. 기말의 현금	×××

3. 재무제표의 연결관계

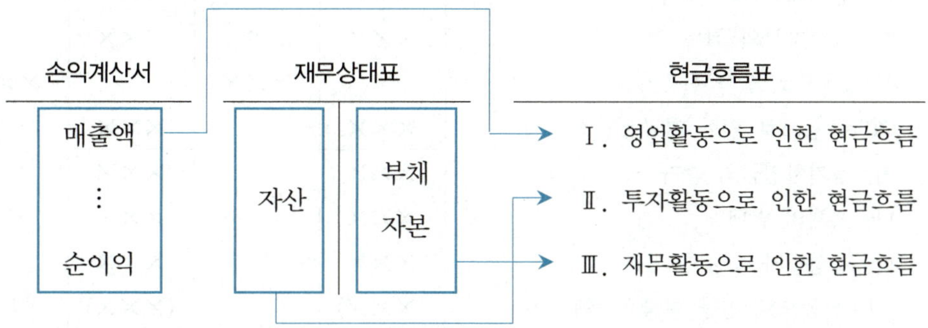

앞에서 살펴본 현금흐름표를 좀 더 자세히 살펴보면 다음과 같다.

현 금 흐 름 표

20×1년 1월 1일부터 20×1년 12월 31일까지

과 목	제×(당)기		제×(전)기	
Ⅰ. 영업활동으로 인한 현금흐름		×××		×××
1. 당기순이익	×××		×××	
2. 현금유출이 없는 비용 등의 가산	×××		×××	
가. 감가상각비	×××		×××	
3. 현금유입이 없는 수익 등의 차감	(×××)		(×××)	
가. 지분법이익	×××		×××	
4. 영업활동으로 인한 자산부채의 변동	×××		×××	
가. 매출채권의 감소(증가)	×××		×××	
나. 매입채무의 증가(감소)	×××		×××	
Ⅱ. 투자활동으로 인한 현금흐름		×××		×××
1. 투자활동으로 인한 현금유입액	×××		×××	
가. 단기금융상품의 감소	×××		×××	
나. 단기대여금의 회수	×××		×××	
다. 유형자산의 처분	×××		×××	
2. 투자활동으로 인한 현금유출액	(×××)		(×××)	
가. 단기금융상품의 증가	×××		×××	
나. 단기대여금의 대여	×××		×××	
다. 유형자산의 취득	×××		×××	
Ⅲ. 재무활동으로 인한 현금흐름		×××		×××
1. 재무활동으로 인한 현금유입액	×××		×××	
가. 장기차입금의 증가	×××		×××	
나. 사채의 발행	×××		×××	
다. 유상증자	×××		×××	
2. 재무활동으로 인한 현금유출액	(×××)		(×××)	
가. 유동성장기부채의 상환	×××		×××	
나. 사채의 상환	×××		×××	
다. 배당금의 지급	×××		×××	
Ⅳ. 현금의 증가(감소)		×××		×××
Ⅴ. 기초의 현금		×××		×××
Ⅶ. 기말의 현금		×××		×××

4. 영업활동으로 인한 현금흐름

영업활동이란 상품 및 제품 등의 매입·매출, 급여지급, 이자수익, 배당금수익, 이자비용, 법인세지급 등 기업이 정상적인 영업활동을 영위하기 위한 일체의 활동과 투자활동이나 재무활동에 속하지 않는 모든 활동을 말한다. 영업활동은 상품 등의 매입·매출과 같은 구매 및 판매활동과 관리활동을 의미하는 기업의 가장 기본적인 활동이므로 영업활동으로 인한 현금흐름은 기업의 현금창출능력을 측정하는 중요한 요소라고 할 수 있다.

영업활동은 다음과 같이 직접법에 의한 표시방법과 간접법에 의한 표시방법이 있는데 실무적으로는 간접법에 의한 표시방법이 절대적으로 많이 쓰인다.

(1) 직접법

직접법은 현금을 수반하여 발생한 수익 또는 비용항목을 총액으로 표시하되, 현금유입액은 원천별로 현금유출액은 용도별로 분류하여 표시하는 방법을 말한다. 이 경우 현금을 수반하여 발생하는 수익·비용항목을 원천별로 구분하여 직접 계산하는 방법 또는 매출과 매출원가에 현금의 유출·유입이 없는 항목과 재고자산·매출채권·매입채무의 증감을 가감하여 계산하는 방법으로 한다.

과 목	금 액	
Ⅰ. 영업활동으로 인한 현금흐름		×××
가. 매출 등 수익활동으로부터의 유입액	×××	
나. 매입 및 종업원에 대한 유출액	×××	
다. 이자수익 유입액	×××	
라. 배당금수익 유입액	×××	
마. 이자비용 유출액	×××	
바. 법인세의 지급	×××	
사. 기타	×××	

직접법은 손익계산서에서 거래유형별로 유사한 성격을 갖는 수익과 비용을 모아 현금주의로 전환하여 현금흐름을 표시하는 방법이다.

직접법에 의하여 영업활동으로 인한 현금흐름을 표시하면 정보제공자인 기업의 입장에서는 수익과 비용을 모두 현금주의로 전환하여야 하기 때문에 작성과정이 매우 번거롭고 시간도 많이 소요되는 단점이 있다. 이러한 이유로 실무에서 선호하는 방법은 아니다. 하지만 정보의 수요자인 이해관계자 입장에서는 영업활동을 유형별로 구분하여 각 유형의 거래에서 현금흐름이 얼마만큼 창출되었는지 확인할 수 있으므로 해석적 측면에서는 매우 유용한 방법이라 할 수 있다. 직접법에서 표시하는 거래유형별로 내용을 살펴보면 다음과 같다.

가. 매출 등 수익활동으로부터의 현금유입액

매출 등 수익활동으로부터의 현금유입액은 매출거래에서 기업이 획득한 현금흐름을 계산하는데 현금매출액, 매출채권의 회수액 및 선수금의 현금유입액 등을 말한다. 발생주의회계를 현금주의회계로 전환하는 것이므로 매출채권을 예로 든다면 다음과 같이 계산한다.

> 매출로부터의 현금유입액 = 매출액 − 기말매출채권 + 기초매출채권

매출액과 관련된 선수금이 있다면 다음과 같이 계산된다.

> 선수금으로부터의 현금유입액 = 선수금의 매출대체액 + 기말선수금 − 기초선수금

나. 기타 수익활동으로부터의 현금유입액

매출 외에 임대료, 배당금수익, 이자수익 등으로부터의 현금흐름을 말하는데 중요성에 따라 이들은 구분하여 표시할 수도 있다. 수익항목과 관련하여 발생주의에서는 미수수익과 선수수익을 인식하므로 다음과 같이 발생주의 수익항목을 현금주의 수익항목으로 전환하여 계산한다.

> 기타 수익으로부터의 현금유입액 = 수익금액 − 기말미수수익 + 기초미수수익
> + 기말선수수익 − 기초선수수익

다. 매입처에 대한 현금유출액

매입처에 대한 유출액은 매입거래로 인하여 기업이 지불한 현금흐름을 말하는데 현금매입액, 매입채무의 지급액 및 선급금의 현금지불액 등을 말한다. 매입채무를 예로 든다면 다음과 같이 계산한다.

> 매입처에 대한 현금유출액 = 매입액 − 기말매입채무 + 기초매입채무

라. 기타비용으로 인한 현금유출액

기타비용으로 인한 현금유출액은 종업원에 대한 현금유출, 보험료, 이자비용, 법인세 등으로 현금유출을 말한다. 비용항목과 관련하여 발생주의에서는 미지급비용과 선급비용이 발생하므로 다음과 같이 계산하여 현금유출액을 계산한다.

> 기타 비용으로 인한 현금유출액 = 비용금액 − 기말미지급비용 + 기초미지급비용
> + 기말선급비용 − 기초선급비용

(2) 간접법

간접법은 손익계산서상의 당기순이익에 현금의 유출이 없는 비용항목, 현금의 유입이 없는 수익항목을 가감하고 영업활동으로 인한 자산·부채의 변동을 가감하여 영업활동으로 인한 현금흐름을 계산하는 방법이다.

간접법은 이렇게 손익계산서상의 당기순이익에서 출발하여 여러 가지 항목을 조정하는 방식으로 표시하여 현금흐름을 계산함으로써 손익계산서와의 연계성을 높여 재무제표이용자에게 익숙한 당기순이익을 보여주고, 어떤 항목에서 이익흐름과 현금흐름에 차이가 발생하는지를 명확하게 보여줄 수 있는 장점이 있다.

간접법에 의한 영업활동의 표시는 정보제공자인 기업의 입장에서 직접법보다 작성 측면에서 훨씬 용이하기 때문에 실무적으로 많이 쓰이고 있다. 또한 발생주의회계와 현금흐름 간의 차이를 이해할 수 있는 정보이용자라면 간접법은 현금흐름에 대하여 매우 유용한 정보를 제공한다고 할 수 있다. 그러나 회계에 대한 전반적인 지식이 없는 정보이용자에게는 간접법에 의한 표시는 이해하기 어려운 방법이라는 비판이 제기되기도 한다.

과 목	금 액	
Ⅰ. 영업활동으로 인한 현금흐름		×××
1. 당기순이익	×××	
2. 현금의 유출이 없는 비용 등의 가산	×××	
가. 감가상각비	×××	
나. 퇴직급여	×××	
다. 대손상각비	×××	
3. 현금의 유입이 없는 수익 등의 차감	(×××)	
가. 지분법이익	×××	
나. 외화환산이익	×××	
다. 유형자산처분이익	×××	
라. 단기매매증권평가이익	×××	
4. 영업활동으로 인한 자산·부채의 변동	×××	
가. 매출채권의 감소(증가)	×××	
나. 재고자산의 감소(증가)	×××	
다. 매입채무의 증가(감소)	×××	
라. 선수금의 증가(감소)	×××	

가. 현금의 유출이 없는 비용

현금의 유출이 없는 비용이란 발생주의 회계에서 비용으로 인식되지만 현금유출이 없기 때문에 현금흐름을 계산하는 과정에서는 당기순이익에 가산하는 항목과 투자활동 및 재무활동 등으로 인한 비용항목 등을 말한다. 예를 들어 어느 회사의 약식손익계산서가 다음과 같다고 가정한다.

손익계산서	
매 출 액	₩10,000
급 여	4,000
전 력 비	3,000
감 가 상 각 비	2,000
순 이 익	₩ 1,000

분석의 편의를 위하여 감가상각비를 제외한 모든 수익·비용항목은 현금흐름과 일치한다고 가정하면 위의 기업이 1년간 창출한 현금흐름은 다음과 같다.

손익계산서			현금흐름
매 출 액	₩10,000	→	₩10,000
급 여	4,000	→	(−)4,000
전 력 비	3,000	→	(−)3,000
감 가 상 각 비	2,000	→	−
순 이 익	₩ 1,000		₩ 3,000

그림으로 살펴본 이익흐름과 현금흐름은 다음과 같다.

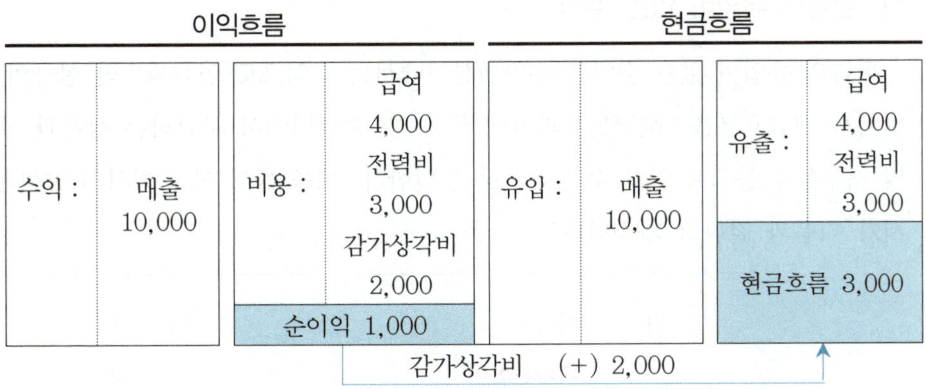

순이익 ₩1,000과 현금흐름 ₩3,000의 차이는 무엇일까? 양자의 차이는 ₩2,000으로서 감가상각비와 일치한다. 따라서 이익흐름 ₩1,000에 감가상각비 ₩2,000을 더하면 현금흐름 ₩3,000을 계산할 수 있다.

> 현금흐름 = 순이익 + 감가상각비
> ₩3,000 = ₩1,000 + 2,000
> CF = NI + D

이를 현금흐름표에 약식으로 표시하면 다음과 같다.

과 목	금 액	
Ⅰ. 영업활동으로 인한 현금흐름		3,000
1. 당기순이익	1,000	
2. 현금의 유출이 없는 비용 등의 가산		
가. 감가상각비	2,000	

감가상각비와 같이 현금의 유출이 없는 비용항목으로 무형자산상각비, 대손상각비, 외화환산손실(현금 이외에서 발생한 부분), 퇴직급여, 지분법손실, 이자비용(사채할인발행차금상각액), 단기매매증권평가손실, 단기매매증권처분손실, 매도가능증권손상차손, 유형자산처분손실, 투자자산처분손실, 사채상환손실, 유형자산손상차손 등이 있다.

나. 현금의 유입이 없는 수익

현금의 유입이 없는 수익은 손익계산서에서는 수익으로 인식되지만 현금의 유입이 없어서 현금흐름을 계산하는 과정에서는 당기순이익에서 차감하는 항목과 투자활동 및 재무활동 등으로 인한 수익항목 등을 말한다. 예를 들어 어느 회사의 약식손익계산서가 다음과 같다고 가정한다.

수익	매출액	₩10,000
	외화환산이익	1,500
비용	급여	(5,000)
	전력비	(3,000)
이익		₩3,500

(※ 외화환산이익은 모두 매출채권에서 발생)

분석의 편의를 위하여 외화환산이익을 제외한 모든 수익·비용항목은 현금흐름과 일치한다고 가정하면 위의 기업이 1년간 창출한 현금흐름은 다음과 같다.

손익계산서			현금흐름
매 출 액	₩10,000	➡	₩10,000
외 화 환 산 이 익	1,500	➡	–
급 여	5,000	➡	(–)5,000
전 력 비	3,000	➡	(–)3,000
순 이 익	₩3,500		₩2,000

위의 이익흐름과 현금흐름의 관계를 그림으로 살펴보면 다음과 같다.

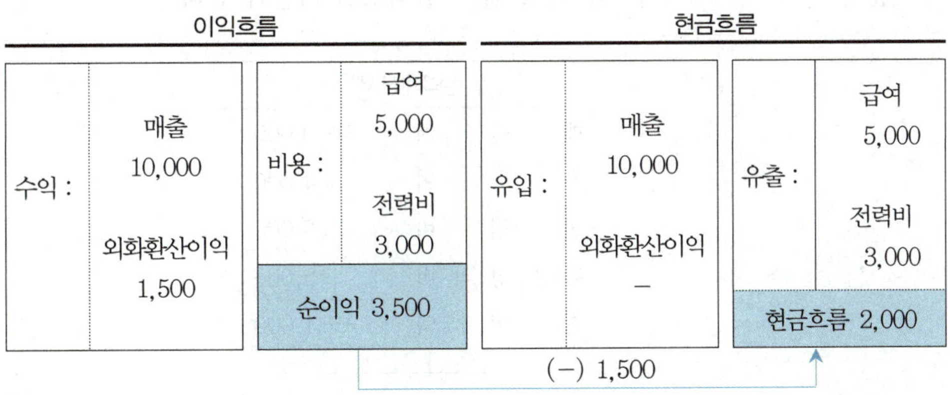

순이익 ₩3,500과 현금흐름 ₩2,000의 차이는 무엇일까? 양자의 차이는 ₩1,500으로서 외화환산이익과 일치한다. 따라서 이익흐름 ₩3,500에서 외화환산이익 ₩1,500을 차감하면 현금흐름 ₩2,000을 계산할 수 있다.

이를 현금흐름표에 약식으로 표시하면 다음과 같다.

과 목	금 액	
Ⅰ. 영업활동으로 인한 현금흐름		2,000
1. 당기순이익	3,500	
2. 현금의 유출이 없는 비용 등의 가산		
3. 현금의 유입이 없는 수익 등의 차감		
가. 외화환산이익	(1,500)	

비현금수익항목으로는 외화환산이익(현금 이외에서 발생한 부분), 지분법이익, 이자수익(사채할증발행차금상각액), 단기매매증권평가이익, 단기매매증권처분이익, 매도가능증권손상차손환입, 유형자산처분이익, 투자자산처분이익, 사채상환이익, 유형자산손상차손환입, 채무면제이익 등이 있다.

다. 영업활동으로 인한 자산·부채의 변동

영업활동으로 인한 자산·부채의 변동은 손익항목으로 인한 현금효과 외에 영업활동과 관련하여 발생하는 자산·부채의 변동으로 인한 현금효과를 계산하는 것으로서 매출채권, 매입채무, 선급금, 선수금, 선급비용, 선수수익, 미지급비용, 미수수익 등의 증감으로 인한 현금의 유입·유출을 말한다.

앞서 살펴본 손익계산서를 예로 들어 살펴보면 다음과 같다.

손익계산서	
매 출 액	₩10,000
급 여	4,000
전 력 비	3,000
감 가 상 각 비	2,000
순 이 익	₩ 1,000

분석의 편의를 위하여 위의 손익계산서에서 감가상각비를 제외한 모든 수익·비용항목은 현금흐름과 일치한다고 가정하면 1년간 창출된 현금흐름은 다음과 같다.

손익계산서			현금흐름
매 출 액	₩10,000	➡	₩10,000
급 여	4,000	➡	(−)4,000
전 력 비	3,000	➡	(−)3,000
감 가 상 각 비	2,000	➡	−
순 이 익	₩ 1,000		₩ 3,000

따라서 이익흐름과 현금흐름의 차이를 발생시키는 항목은 감가상각비뿐이다. 이 경우 이미 살펴본 바와 같이 현금흐름 ₩3,000은 이익흐름 ₩1,000에 감가상각비 ₩2,000을 더하여 계산할 수 있다.

하지만 이는 감가상각비를 제외한 모든 수익과 비용항목들이 현름흐름과 일치한다는 가정이 적용되었기 때문에 가능한 설명이다. 만약 회사의 매출액 ₩10,000 중 실제로 현금으로 회수된 금액이 ₩9,500이라면 현금흐름은 다음과 같이 ₩2,500이 된다.

손익계산서			현금흐름
매 출 액	₩10,000	➡	₩9,500
급 여	4,000	➡	(−)4,000
전 력 비	3,000	➡	(−)3,000
감 가 상 각 비	2,000	➡	−
순 이 익	₩ 1,000		₩ 2,500

이 경우에는 앞서 살펴본 바와 같이 이익흐름과 현금흐름의 차이를 감가상각비만으로 설명할 수 없게 된다. 이익흐름으로부터 현금흐름을 계산하기 위해서는 감가상각비 외에 '손익계산서상 매출액'과 '매출액으로 인한 현금유입액'의 차이금액을 추가로 조정해 주어야 한다.

즉 현금흐름 ₩2,500은 이익흐름 ₩1,000에 감가상각비 ₩2,000을 더하고 ₩500을 차감하여야 한다.

$$₩2,500 = ₩1,000 + 2,000 - 500$$

그렇다면 ₩500의 계산은 어떤 방식으로 이루어질까?

위에서 매출 ₩10,000으로부터 현금회수가 된 부분은 ₩9,500이라고 가정했는데 수없이 많은 거래로 이루어진 연간 매출액으로부터 연간 현금유입액을 계산하는 것은 기업의 매출이 거의 현금성 매출인 일부 기업을 제외하고는 현실적으로 매우 어려운 문제라고 할 수 있다. 따라서 이 경우에는 매출채권의 변화로서 그 금액을 간접적으로 계산할 수 있다.

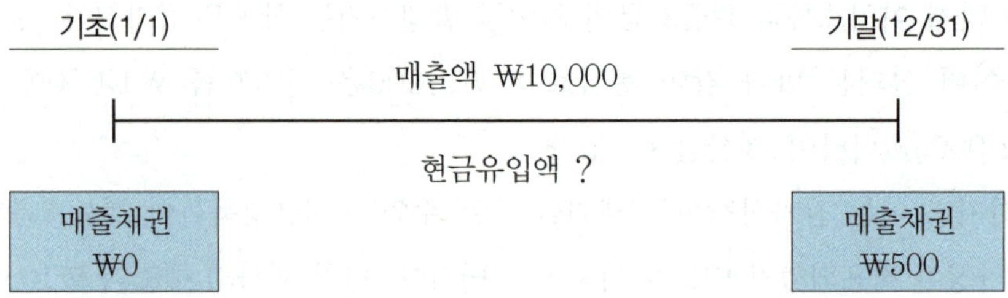

연간 매출액이 ₩10,000인데 매출액으로부터 연간 현금유입액을 계산할 수 없는 경우 매출채권의 증감액을 통하여 유추할 수 있다. 즉 기초 매출채권이 ₩0인데 기말 매출채권이 ₩500이라면 이는 다른 특별한 사항이 없다면 매출액 ₩10,000 중 ₩500이 회수되지 않고 기말에 매출채권으로 ₩500이 남아 있으므로 ₩10,000의 매출액 중 ₩9,500은 회수되고 ₩500은 회수되지 않았다는 의미이다. 결국 매출채권의 증가 ₩500은 손익계산서의 매출액보다 현금유입액이 해당 금액만큼 적다는 의미가 되므로 다음과 같이 현금흐름표에 표시된다.

과 목	금 액	
Ⅰ. 영업활동으로 인한 현금흐름		2,500
1. 당기순이익	1,000	
2. 현금의 유출이 없는 비용 등의 가산		
가. 감가상각비	2,000	
3. 현금의 유입이 없는 수익 등의 차감		
4. 영업활동으로 인한 자산·부채의 변동		
가. 매출채권의 감소(증가)	(500)	

손익계산서의 수익항목은 현금유입과 비용항목은 현금유출과 일치하지 않는 경우가 많을 것이다. 예를 들어 매출은 외상매출금 등의 증감으로 인하여 매출액과 현금유입액이 다를 것이며, 매입은 외상매입금 등의 증감으로 인하여 매입액과 현금유출액이 다를 것이다. 또한 이자수익의 경우에도 미수이자 등으로 인하여 손익계산서에 표시되는 이자수익과 현금유입액은 다를 것이다.

따라서 영업활동으로 인한 현금흐름을 간접법으로 표시하기 위해서는 이와 같은 영업활동으로 인한 자산·부채의 변동을 감안하여 현금흐름을 계산하여야 한다.

① 매출채권의 증감

매출채권이 기초에 ₩1,000,000이고 기말에 ₩800,000이라고 가정하자. 매출액은 이미 순이익을 계산하는 과정에 반영되었으나 추가로 매출채권의 증감효과를 계산하여야 하는데 매출채권이 ₩200,000 감소하였다는 것은 회수활동을 통하여 그만큼 현금의 유입이 있었다는 것을 의미한다. 따라서 영업활동으로 인한 자산·부채의 변동에 현금유입액(+)으로 표시한다. 반대로 매출채권이 기초에 비하여 증가하였다면 영업활동으로 인한 자산·부채의 변동에 현금유출액(−)으로 표시한다. 다만, 매출채권의 증감은 매출채권에서 발생하는 외화환산손익, 대손처리, 매출채권처분손실 등을 감안하여 계산하여야 한다.

② 선급금의 증감

선급금이 기초에 ₩500,000이고 기말에 ₩750,000이라고 가정하자. 선급금의 변화는 손익계산서에는 반영되지 않는다. 하지만 선급금이 증가했다는 것은 그만큼 원자재 등을 매입하기 위하여 미리 지급한 금액이 ₩250,000 지출되었다는 의미이며, 이는 자산의 증감사항이라 할지라도 영업활동으로 분류하여 영업활동으로 인한 자산·부채의 변동에 현금유출액(−)으로 표시한다.

③ 매입채무의 증감

매입채무가 기초에 ₩2,000,000이고 기말에 ₩1,500,000이라고 가정하자. 매입액은 이미 손익계산서에서 매출원가를 계산하는 과정에 포함되어 순이익에 반영되었으나 추가로 매입채무의 증감효과를 계산하여야 하는데 매입채무가 ₩500,000 감소하였다는 것은 거래처에 대한 현금지급으로 인하여 그만큼 현금의 유출이 있었다는 것을 의미한다. 따라서 영업활동으로 인한 자산·부채의 변동에 현금유출액(−)으로 표시한다. 반대로 매입채무가 기초에 비하여 증가하였다면 영업활동으로 인한 자산·부채의 변동에 현금유입액(+)으로 표시한다.

④ 선수금의 증감

선수금이 기초에 ₩300,000이고 기말에 ₩650,000이라고 가정하자. 선수금의 변화는 손익계산서에는 반영되지 않는다. 하지만 선수금이 증가했다는 것은 매출활동 외에 판매대금으로 미리 수취한 금액이 ₩350,000이 있다는 의미이며, 이는 부채의 증감사항이라 할지라도 영업활동으로 분류하여 영업활동으로 인한 자산·부채의 변동에 현금유출액(+)으로 표시한다.

이를 현금흐름표에 표시하면 다음과 같다.

현금흐름표			재무상태표	
I. 영업활동으로 인한 현금흐름				
1. 당기순이익				
2. 현금의 유출이 없는 비용 등의 가산				
3. 현금의 유입이 없는 수익 등의 차감				
4. 영업활동으로 인한 자산부채의 변동		과목	기초	기말
가. 매출채권의 감소	(+)200,000 ⬅	매출채권	1,000,000	800,000
나. 선급금의 증가	(−)250,000 ⬅	선 급 금	500,000	750,000
다. 매입채무의 감소	(−)500,000 ⬅	매입채무	2,000,000	1,500,000
라. 선수금의 증가	(+)350,000 ⬅	선 수 금	300,000	650,000

결국 영업활동과 관련된 자산·부채의 증감은 다음과 같이 현금흐름에 영향을 미치게 된다.

구분	내용	현금흐름	현금흐름표 표시	
영업활동 관련 자산	증가	유출	ㅇㅇ자산의 증가	(−)×××
〃	감소	유입	ㅇㅇ자산의 감소	×××
영업활동 관련 부채	증가	유입	ㅇㅇ부채의 증가	×××
〃	감소	유출	ㅇㅇ부채의 감소	(−)×××

영업활동으로 인한 현금흐름의 실무적인 작성사례를 살펴보면 다음과 같다.

과 목	금 액	
I. 영업활동으로 인한 현금흐름		×××
1. 당기순이익	×××	
2. 현금의 유출이 없는 비용 등의 가산	×××	
가. 감가상각비	×××	
나. 퇴직급여	×××	
다. 대손상각비	×××	
라. 무형자산상각비	×××	
마. 매출채권처분손실	×××	

과 목	금 액	
바. 외화환산손실	×××	
사. 지분법손실	×××	
아. 유형자산처분손실	×××	
자. 매도가능증권처분손실	×××	
차. 재고자산감모손실	×××	
카. 단기매매증권평가손실	×××	
타. 무형자산손상차손	×××	
3. 현금의 유입이 없는 수익 등의 차감	×××	
가. 지분법이익	×××	
나. 외화환산이익	×××	
다. 유형자산처분이익	×××	
라. 매도가능증권처분이익	×××	
마. 단기매매증권평가이익	×××	
바. 매도가능증권손상차손환입	×××	
사. 이자수익(매도가능증권 증가)	×××	
아. 사채상환이익	×××	
자. 채무면제이익	×××	
4. 영업활동으로 인한 자산·부채의 변동	×××	
가. 매출채권의 감소(증가)	×××	
나. 재고자산의 감소(증가)	×××	
다. 미수금의 감소(증가)	×××	
라. 선급금의 감소(증가)	×××	
마. 선급비용의 감소(증가)	×××	
바. 매입채무의 증가(감소)	×××	
사. 미지급금의 증가(감소)	×××	
아. 선수금의 증가(감소)	×××	
자. 예수금의 증가(감소)	×××	
차. 미지급비용의 증가(감소)	×××	
카. 미지급법인세의 증가(감소)	×××	
타. 선수수익의 증가(감소)	×××	
파. 퇴직금의 지급	×××	
하. 퇴직보험예치금의 증가	×××	

5. 투자활동으로 인한 현금흐름

(1) 투자활동의 의미와 표시

투자활동은 현금의 대여와 회수활동, 유가증권·투자자산·유형자산 및 무형자산의 취득과 처분활동을 말한다.

과 목	금 액	
Ⅱ. 투자활동으로 인한 현금흐름		×××
1. 투자활동으로 인한 현금유입액	×××	
가. 단기금융상품의 감소	×××	
나. 단기대여금의 회수	×××	
다. 매도가능증권의 처분	×××	
라. 토지의 처분	×××	
마. 기계장치의 처분	×××	
2. 투자활동으로 인한 현금유출액	(×××)	
가. 단기매매증권의 취득	×××	
나. 단기금융상품의 증가	×××	
다. 만기보유증권의 취득	×××	
라. 토지의 취득	×××	
마. 건물의 취득	×××	
바. 기계장치의 취득	×××	

투자활동으로 인한 현금유입에는 대여금의 회수, 단기금융상품·유가증권·투자자산·유형자산 및 무형자산의 처분 등이 포함된다. 투자활동으로 인한 현금유출에는 현금의 대여, 단기금융상품·유가증권·투자자산·유형자산 및 무형자산의 취득 등이 포함된다.

투자활동으로 인한 현금의 유입과 유출의 내용을 자산의 분류별로 살펴보면 다음과 같다.

구분	현금유입	현금유출
당좌자산	• 단기대여금의 회수 • 단기금융상품의 감소 • 단기매매증권의 처분	• 현금의 대여 • 단기금융상품의 증가 • 단기매매증권의 취득
투자자산	처분	취득
유형자산	처분(감가상각은 영업활동)	취득
무형자산	처분(상각은 영업활동)	취득 또는 지출
기타비유동자산	처분	취득

※ 당좌자산 중 위의 단기대여금, 단기금융상품, 단기매매증권 등을 제외한 나머지 자산들의 증감으로 인한 현금흐름은 영업활동으로 분류된다.

※ 재고자산의 증감으로 인한 현금흐름도 영업활동으로 분류된다.

(2) 투자활동 및 영업활동으로 인한 현금흐름의 관계

앞서 영업활동으로 인한 현금흐름을 설명할 때 '현금의 유입이 없는 수익 등의 차감'에 대하여 설명한 바 있다. '현금의 유입이 없는 수익 등의 차감'은 손익계산서에서는 수익으로 인식되지만 현금의 유입이 없어서 현금흐름을 계산하는 과정에서는 당기순이익에서 차감하는 항목과 투자활동 및 재무활동 등으로 인한 수익항목 등을 말한다.

투자 및 재무활동에서 발생하는 수익을 영업활동으로 인한 현금흐름을 계산하는 과정에서 차감하는 이유는 무엇일까? 이는 영업활동으로 인한 현금흐름을 계산하는 과정이 손익계산서의 당기순이익으로부터 출발하는데 당기순이익에 투자·재무활동의 수익항목에 포함되어 있기 때문에 실질적으로 투자·재무활동의 현금흐름임에도 불구하고 영업활동에 포함되는 논리적 모순점을 해결하기 위함이다.

다음의 예를 통하여 살펴보도록 한다.

예를 들어 매출 ₩200,000과 매출원가 ₩170,000이 발생하였는데 모두 현금거래이고, 매출과 매출원가 외에 유일한 거래는 장부가액 ₩100,000인 토지를 ₩120,000에 처분하였다고 가정하면 손익계산서와 현금흐름의 내용은 다음과 같다.

손익계산서			현금흐름	
매 출 액	₩200,000	➡	₩200,000	영업활동현금 30,000
매 출 원 가	170,000	➡	(170,000)	
유 형 자 산 처 분 이 익	20,000	➡	(20,000)	투자활동현금 20,000
순 이 익	₩ 50,000	➡	₩ 50,000	

영업활동으로 인한 현금흐름을 계산할 때 순이익 ₩50,000을 반영하고 다른 항목을 조정하지 않는다면 영업활동으로 인한 현금흐름은 그대로 ₩50,000으로 표시될 것이다. 하지만 위의 분석처럼 손익계산서에 나타난 현금흐름 중 ₩30,000만이 영업활동으로 인한 현금흐름이고 ₩20,000의 현금흐름은 투자활동의 결과이므로 영업활동으로 인한 현금흐름을 표시할 때 ₩20,000의 현금흐름은 계산과정에서 제외시켜야 한다. 또한 투자활동으로 인한 현금흐름을 계산할 때 토지의 처분으로 ₩120,000을 표시할 것이므로 총 ₩150,000의 현금흐름을 영업활동 ₩30,000과 투자활동 ₩120,000으로 적정하게 표시하게 되는 것이다.

결국 당기 중 현금흐름의 증가는 매출액에서 매출원가를 차감한 영업활동 현금흐름 ₩30,000과 토지매각에 따른 투자활동 현금흐름 ₩120,000으로 구성되는 것이다. 따라서 총 현금흐름 증가액은 ₩150,000이다. 이를 현금흐름표에 표시하면 다음과 같다.

현 금 흐 름 표

과 목	금 액	
Ⅰ. 영업활동으로 인한 현금흐름		30,000
1. 당기순이익	50,000	
2. 현금유출이 없는 비용 등의 가산	–	
3. 현금유입이 없는 수익 등의 차감		
가. 유형자산처분이익	(20,000)	
Ⅱ. 투자활동으로 인한 현금흐름		120,000
1. 투자활동으로 인한 현금유입액		
가. 유형자산의 처분	120,000	
2. 투자활동으로 인한 현금유출액	–	
Ⅲ. 현금의 증가(감소)		150,000

6. 재무활동으로 인한 현금흐름

(1) 재무활동의 의미와 표시

재무활동은 현금의 차입 및 상환활동, 신주발행이나 배당금의 지급활동 등과 같이 부채 및 자본계정에 영향을 미치는 거래를 말한다.

과 목	금 액	
Ⅲ. 재무활동으로 인한 현금흐름		×××
1. 재무활동으로 인한 현금유입액	×××	
가. 단기차입금의 증가	×××	
나. 장기차입금의 증가	×××	
다. 사채의 발행	×××	
라. 유상증자	×××	
2. 재무활동으로 인한 현금유출액	(×××)	
가. 단기차입금의 상환	×××	
나. 유동성장기부채의 상환	×××	
다. 사채의 상환	×××	
라. 배당금의 지급	×××	

재무활동으로 인한 현금의 유입에는 장·단기차입금의 차입, 사채의 발행, 주식의 발행, 자기주식의 처분 등이 포함되며, 재무활동으로 인한 현금의 유출에는 차입금의 상환, 사채의 상환, 유상감자, 배당금의 지급, 자기주식의 취득 등이 포함된다.

재무활동으로 인한 현금의 유입과 유출의 내용을 부채의 분류별로 살펴보면 다음과 같다.

구분	현금유입	현금유출
유동부채	• 단기차입금의 차입	• 단기차입금의 상환 • 유동성장기부채의 상환
비유동부채	• 장기차입금의 차입 • 사채의 발행	• 장기차입금의 상환 • 사채의 상환
자 본	• 유상증자 • 자기주식 처분	• 유상감자 • 배당금 지급 • 자기주식 취득

(2) 재무활동 및 영업활동으로 인한 현금흐름의 관계

앞서 영업활동으로 인한 현금흐름을 설명할 때 '현금의 유출이 없는 비용 등의 가산'에 대하여 설명한 바 있다. '현금의 유출이 없는 비용 등의 가산'은 손익계산서에서는 비용으로 인식되지만 현금의 유출이 없어서 현금흐름을 계산하는 과정에서는 당기순이익에서 가산하는 항목과 투자활동 및 재무활동 등으로 인한 비용항목 등을 말한다.

투자 및 재무활동에서 발생하는 비용을 영업활동으로 인한 현금흐름을 계산하는 과정에서 가산하는 이유는 무엇일까? 이는 영업활동으로 인한 현금흐름을 계산하는 과정이 손익계산서의 당기순이익으로부터 출발하는데 당기순이익에 투자·재무활동의 비용항목에 포함되어 있기 때문에 실질적으로 투자·재무활동의 현금흐름임에도 불구하고 영업활동에 포함되는 논리적 모순점을 해결하기 위함이다.

다음의 예를 통하여 살펴보도록 한다.

예를 들어 매출 ₩200,000과 매출원가 ₩170,000이 발생하였는데 모두 현금거래이고, 매출과 매출원가 외에 유일한 거래는 장부가액 ₩100,000인 사채를 ₩110,000에 상환하였다고 가정하면 손익계산서와 현금흐름의 내용은 다음과 같다.

손익계산서			현금흐름	
매출액	₩ 200,000	➡	₩ 200,000	영업활동현금 30,000
매출원가	170,000	➡	(170,000)	
사채상환손실	10,000	➡	(10,000)	재무활동현금 (10,000)
순이익	₩ 20,000		₩ 20,000	

영업활동으로 인한 현금흐름을 계산할 때 순이익 ₩20,000을 반영하고 다른 항목을 조정하지 않는다면 영업활동으로 인한 현금흐름은 그대로 ₩20,000으로 표시될 것이다. 하지만 위의 분석처럼 손익계산서에 나타난 현금흐름 중 ₩30,000이 영업활동으로 인한 현금흐름이고 (−)₩10,000의 현금흐름은 재무활동의 결과이므로 영업활동으로 인한 현금흐름을 표시할 때 (−)₩10,000의 현금흐름은 계산과정에서 제외시켜야 한다. 또한 재무활동으로 인한 현금흐름을 계산할 때 사채의 상환으로 (−)₩110,000을 표시할 것이므로 총 (−)₩80,000의 현금흐름을 영업활동 ₩30,000과 재무활동 (−)₩110,000으로 적정하게 표시하게 되는 것이다.

결국 당기 중 현금흐름의 증감은 매출액에서 매출원가를 차감한 영업활동 현금흐름

₩30,000과 사채상환에 따른 재무활동 현금흐름 (-)₩110,000으로 구성되는 것이다. 따라서 총현금흐름 증가액은 (-)₩80,000이다. 이를 현금흐름표에 표시하면 다음과 같다.

현 금 흐 름 표

과 목	제×(당)기	
Ⅰ. 영업활동으로 인한 현금흐름		30,000
1. 당기순이익	20,000	
2. 현금유출이 없는 비용 등의 가산		
가. 사채상환손실	10,000	
3. 현금유입이 없는 수익 등의 차감		
Ⅱ. 재무활동으로 인한 현금흐름		(110,000)
1. 재무활동으로 인한 현금유입액	-	
2. 재무활동으로 인한 현금유출액		
가. 사채의 상환	(110,000)	
Ⅲ. 현금의 증가(감소)		(80,000)

7. 현금흐름표의 주석사항

다음과 같이 현금의 유입과 유출이 없는 주요 거래는 현금흐름표에는 반영되지 않지만 주석으로 기재한다.

① 현물출자로 인한 유형자산의 취득

② 유형자산의 연불구입

③ 무상증자

④ 무상감자

⑤ 주식배당

⑥ 전환사채의 전환 등

8. 한국채택국제회계기준에 의한 현금흐름표의 표시

한국채택국제회계기준에서 정하고 있는 현금흐름표는 일반기업회계기준에서 정하고 있는 현금흐름표와 거의 유사하다. 현금에 대한 정의, 영업활동·투자활동·재무활동으로 구분되는 현금흐름, 영업활동으로 인한 현금흐름 작성에서 직접법과 간접법 선택 등 대부분은 앞서 살펴본 일반기업회계기준과 동일하다.

한국채택국제회계기준에서 정하고 있는 현금흐름표의 특징에 대하여 살펴보면 다음과 같다.

(1) 활동별 현금흐름의 예시

가. 영업활동

영업활동에서 발생하는 현금흐름의 금액은 기업이 외부의 재무자원에 의존하지 않고 영업을 통하여 차입금 상환, 영업능력의 유지, 배당금 지급 및 신규투자 등에 필요한 현금흐름을 창출하는 정도에 대한 중요한 지표가 된다. 역사적 영업현금흐름의 특정 구성요소에 대한 정보를 다른 정보와 함께 사용하면 미래 영업현금흐름을 예측하는데 유용하다.

영업활동 현금흐름은 주로 기업의 주요 수익창출활동에서 발생한다. 따라서 영업활동 현금흐름은 일반적으로 당기순손익의 결정에 영향을 미치는 거래나 그밖의 사건의 결과로 발생한다. 영업활동 현금흐름의 예는 다음과 같다.

① 재화의 판매와 용역제공에 따른 현금유입

② 로열티, 수수료, 중개료 및 기타수익에 따른 현금유입

③ 재화와 용역의 구입에 따른 현금유출

④ 종업원과 관련하여 직·간접으로 발생하는 현금유출

⑤ 보험회사의 경우 수입보험료, 보험금, 연금 및 기타 급부금과 관련된 현금유입과 현금유출

⑥ 법인세의 납부 또는 환급. 다만, 재무활동과 투자활동에 명백히 관련되는 것은 제외한다.

⑦ 단기매매목적으로 보유하는 계약에서 발생하는 현금유입과 현금유출

기업은 단기매매목적으로 유가증권이나 대출채권을 보유할 수 있으며, 이때 유가증권이나 대출채권은 판매를 목적으로 취득한 재고자산과 유사하다. 따라서 단기매매목적으로 보유하는 유가증권의 취득과 판매에 따른 현금흐름은 영업활동으로 분류한다.

나. 투자활동

투자활동 현금흐름은 미래수익과 미래현금흐름을 창출할 자원의 확보를 위하여 지출된 정도를 나타내기 때문에 현금흐름을 별도로 구분공시하는 것이 중요하다. 재무상태표에 자산으로 인식되는 지출만이 투자활동으로 분류하기에 적합하다. 투자활동 현금흐름의 예는 다음과 같다.

① 유형자산, 무형자산 및 기타 장기성자산의 취득에 따른 현금유출. 이 경우 현금유출에는 자본화된 개발원가와 자가건설 유형자산에 관련된 지출이 포함된다.

② 유형자산, 무형자산 및 기타 장기성자산의 처분에 따른 현금유입

③ 다른 기업의 지분상품이나 채무상품 및 조인트벤처 투자지분의 취득에 따른 현금유출(현금성자산으로 간주되는 상품이나 단기매매목적으로 보유하는 상품의 취득에 따른 유출액은 제외)

④ 다른 기업의 지분상품이나 채무상품 및 조인트벤처 투자지분의 처분에 따른 현금유입(현금성자산으로 간주되는 상품이나 단기매매목적으로 보유하는 상품의 처분에 따른 유입액은 제외)

⑤ 제3자에 대한 선급금 및 대여금(금융회사의 현금 선지급과 대출채권은 제외)

⑥ 제3자에 대한 선급금 및 대여금의 회수에 따른 현금유입(금융회사의 현금 선지급과 대출채권은 제외)

⑦ 선물계약, 선도계약, 옵션계약 및 스왑계약에 따른 현금유출. 단기매매목적으로 계약을 보유하거나 현금유출이 재무활동으로 분류되는 경우는 제외한다.

⑧ 선물계약, 선도계약, 옵션계약 및 스왑계약에 따른 현금유입. 단기매매목적으로 계약을 보유하거나 현금유입이 재무활동으로 분류되는 경우는 제외한다.

다. 재무활동

재무활동 현금흐름은 미래현금흐름에 대한 자본제공자의 청구권을 예측하는 데 유용하기 때문에 현금흐름을 별도로 구분공시하는 것이 중요하다. 재무활동 현금흐름의

예는 다음과 같다.

① 주식이나 기타 지분상품의 발행에 따른 현금유입

② 주식의 취득이나 상환에 따른 소유주에 대한 현금유출

③ 담보·무담보부사채 및 어음의 발행과 기타 장·단기차입에 따른 현금유입

④ 차입금의 상환에 따른 현금유출

⑤ 리스이용자의 금융리스부채 상환에 따른 현금유출

(2) 영업활동으로 인한 현금흐름의 표시

한국채택국제회계기준에서는 영업활동으로 인한 현금흐름은 직접법과 간접법 중 하나의 방법의 방법을 선택하여 적용하도록 하고 있으나 직접법을 사용할 것을 권장하고 있다. 이는 직접법을 적용하여 표시한 현금흐름은 간접법에 의한 현금흐름에서는 파악할 수 없는 정보를 제공하며, 미래현금흐름을 추정하는 데 보다 유용한 정보를 제공하기 때문이다.

가. 직접법

직접법에 의하여 작성한 영업현금흐름의 예시는 다음과 같다.

현 금 흐 름 표

과　　목	제×(당)기		제×(전)기	
Ⅰ. 영업활동으로 인한 현금흐름				
1. 매출등 수익활동으로부터의 유입액	×××		×××	
2. 매입 및 제품생산과 관련된 유출액	(×××)		(×××)	
3. 판매관리비 유출액	(×××)		(×××)	
4. 이자수익 유입액	×××		×××	
5. 배당금수익 유입액	×××		×××	
6. 이자비용 유출액	(×××)		(×××)	
7. 법인세비용 유출액	(×××)		(×××)	

나. 간접법

간접법은 당기순손익에 다음의 항목을 조정하여 결정하는 방법을 말한다.

① 현금을 수반하지 않는 거래

② 과거 또는 미래의 영업활동 현금유입이나 현금유출의 이연 또는 발생

③ 투자활동 현금흐름이나 재무활동 현금흐름과 관련된 손익항목

한국채택국제회계기준에서는 영업활동으로 인한 현금흐름을 간접법으로 표시하는 경우 일반기업회계기준과 달리 다음과 같이 이자수익, 배당금수익, 이자비용, 법인세비용으로 인한 현금흐름을 별도로 고려하여 표시한다.

현 금 흐 름 표

일반기업회계기준		한국채택국제회계기준	
I. 영업활동으로 인한 현금흐름		I. 영업활동으로 인한 현금흐름	×××
1. 당기순이익	×××	1. 당기순이익	×××
2. 현금유출이 없는 비용등의 가산	×××	2. 현금유출이 없는 비용등의 가산	×××
3. 현금유입이 없는 수익등의 차감	(×××)	3. 현금유입이 없는 수익등의 차감	(×××)
4. 영업활동으로 인한 자산부채의 변동	×××	4. 영업활동으로 인한 자산부채의 변동	×××
		5. 이자수익 유입액	×××
		6. 배당금수익 유입액	×××
		7. 이자비용 유출액	(×××)
		8. 법인세비용 유출액	(×××)

(3) 이자와 배당금, 법인세의 표시

이자와 배당금의 수취 및 지급에 따른 현금흐름은 각각 별도로 공시한다. 각 현금흐름은 매 기간 일관성 있게 영업활동, 투자활동 또는 재무활동으로 분류한다.

통상 실무적으로 이자의 지급과 수취는 영업활동으로 분류하고, 배당금의 수취는 영업활동으로, 배당금의 지급은 재무활동으로 분류하고 있다. 다만, 이자비용을 현금흐름표에 표시하기 위해서는 선급이자 혹은 미지급이자를 조정하여 현금주의로 환산한 금액을 표시하며, 이자수익은 미수이자 혹은 선수이자 등을 조정하여야 한다.

법인세로 인한 현금흐름은 별도로 공시하며, 재무활동과 투자활동에 명백히 관련되지 않는 한 영업활동 현금흐름으로 분류한다. 법인세의 경우에도 현금흐름표에 표시하

기 위해서는 기초·기말의 미지급법인세와 이연법인세자산·부채를 조정하여 현금주의로 환산한 금액을 표시하여야 한다.

(4) 영업활동의 요약 표시

실무적으로 국제회계기준을 적용하는 상장기업들의 경우에도 대부분 간접법을 통하여 현금흐름표를 작성하고 있다. 하지만 영업활동으로 인한 현금흐름의 구성항목을 열거하는 방식의 일반기업회계기준과는 달리 기업들에게 재무제표양식 작성의 재량권을 어느 정도 부여한 국제회계기준의 특성상 앞서 살펴본 영업활동으로 인한 현금흐름의 표시는 다음과 같이 요약되어 보고되기도 한다.

상세 표시	➡ 요약 표시
Ⅰ. 영업활동으로 인한 현금흐름	Ⅰ. 영업활동으로 인한 현금흐름
	1. 영업에서 창출된 현금흐름
1. 당기순이익	가. 당기순이익
2. 현금유출이 없는 비용 등의 가산 3. 현금유입이 없는 수익 등의 차감	나. 조정항목
4. 영업활동으로 인한 자산부채의 변동	다. 영업활동으로 인한 자산부채의 변동
5. 이자수익 유입액	2. 이자수익 유입액
6. 배당금수익 유입액	3. 배당금수익 유입액
7. 이자비용 유출액	4. 이자비용 유출액
8. 법인세비용 유출액	5. 법인세비용 유출액

위의 표 오른쪽에서 조정항목은 표 왼쪽의 "현금유출이 없는 비용등의 가산항목"과 "현금유입이 없는 수익등의 차감항목"을 묶어서 표시하며 상세한 내용은 주석으로 기재하기도 한다. 또한 영업활동으로 인한 자산부채의 변동내용도 주석으로 기재하기도 한다.

참고로 이자와 배당금의 수취 및 지급에 따른 현금흐름을 별도로 공시하는 이유는 손익계산서에 표시된 이자수익, 이자비용, 배당금수익, 법인세비용이 현금흐름에 의한 금액이 아니라 발생주의 등에 따라 인식한 금액이기 때문이다.

예를 들어 다음과 같이 손익계산서에 매출 1,000원, 이자수익 500원이 있다. 매출은 모두 현금이 유입되었지만 이자수익 500원 중 300원은 실제로 현금을 수령하여 현금유입된 금액이고, 나머지 200원은 기말에 미수수익으로 인식한 금액이라고 가정한다. 그렇다면 실제 현금유입액은 1,300원일 것이다.

손익계산서	
매출	1,000
이자수익	500
이익	1,500

현금흐름	
매출관련 유입액	1,000
이자수익관련 유입액	300
현금흐름	1,300

이를 현금흐름표에 표시하면 다음과 같다.

과목	금액	
Ⅰ. 영업활동으로 인한 현금흐름		1,300
1. 영업에서 창출된 현금흐름	1,000	
가. 당기순이익	1,500	
나. 조정		
① 이자수익	(500)	
다. 현금의 유입이 없는 수익 등의 차감	–	
2. 이자수익 유입액	300	

(5) 투자활동과 재무활동 현금흐름의 보고

현금흐름을 순증감액으로 보고하는 일부의 경우를 제외하고는 투자활동과 재무활동에서 발생하는 총현금유입과 총현금유출은 주요 항목별로 구분하여 총액으로 표시한다.

순증감액으로 표시할 수 있는 현금흐름은 현금흐름이 기업의 활동이 아닌 고객의 활동을 반영하는 경우로서 고객을 대리함에 따라 발생하는 현금유출입, 회전율이 높고 금액이 크며 만기가 짧은 항목과 관련된 현금유출입 등이 있다.

주요 항목별로 구분하여 표시하는 투자활동과 재무활동 현금흐름의 보고의 예는 다음과 같다.

가. 투자활동 현금흐름

과 목	금 액			
	제×(당)기		제×(전)기	
Ⅱ. 투자활동으로 인한 현금흐름		×××		×××
1. 단기금융상품의 감소	×××		×××	
2. 단기금융상품의 증가	(×××)		(×××)	
3. 단기대여금의 감소	×××		×××	
4. 단기대여금의 증가	(×××)		(×××)	
5. 토지의 처분	×××		×××	
6. 토지의 취득	(×××)		(×××)	

나. 재무활동 현금흐름

과 목	금 액			
	제×(당)기		제×(전)기	
Ⅲ. 재무활동으로 인한 현금흐름		×××		×××
1. 단기차입금의 증가	×××		×××	
2. 단기차입금의 상환	(×××)		(×××)	
3. 장기차입금의 증가	×××		×××	
4. 장기차입금의 상환	(×××)		(×××)	
5. 사채의 발행	×××		×××	
6. 사채의 상환	(×××)		(×××)	
7. 유상증자	×××		×××	
8. 배당금의 지급	(×××)		(×××)	

위에서 언급한 내용을 종합한 현금흐름표의 예를 들면 다음과 같다.

■ 직접법에 의한 현금흐름표

현 금 흐 름 표

과 목	제×(당)기		제×(전)기	
Ⅰ. 영업활동으로 인한 현금흐름		×××		×××
1. 매출 등 수익활동으로부터의 유입액	×××		×××	
2. 매입 및 제품생산과 관련된 유출액	(×××)		(×××)	
3. 판매관리비 유출액	(×××)		(×××)	
4. 이자수익 유입액	×××		×××	
5. 배당금수익 유입액	×××		×××	
6. 이자비용 유출액	(×××)		(×××)	
7. 법인세비용 유출액	(×××)		(×××)	
Ⅱ. 투자활동으로 인한 현금흐름		×××		×××
1. 단기금융상품의 감소	×××		×××	
2. 단기금융상품의 증가	(×××)		(×××)	
3. 단기대여금의 감소	×××		×××	
4. 단기대여금의 증가	(×××)		(×××)	
5. 토지의 처분	×××		×××	
6. 토지의 취득	(×××)		(×××)	
7. 무형자산의 취득	(×××)		(×××)	
Ⅲ. 재무활동으로 인한 현금흐름		×××		×××
1. 단기차입금의 증가	×××		×××	
2. 단기차입금의 상환	(×××)		(×××)	
3. 장기차입금의 증가	×××		×××	
4. 사채의 발행	×××		×××	
5. 사채의 상환	(×××)		(×××)	
6. 유상증자	×××		×××	
7. 배당금의 지급	(×××)		(×××)	
Ⅳ. 현금의 증가(감소)		×××		×××
Ⅴ. 기초의 현금		×××		×××
Ⅶ. 기말의 현금		×××		×××

■ 간접법에 의한 현금흐름표

현 금 흐 름 표

과 목	제×(당)기		제×(전)기	
Ⅰ. 영업활동으로 인한 현금흐름		×××		×××
1. 영업활동에서 창출된 현금흐름	×××		×××	
가. 당기순이익	×××		×××	
나. 조정항목	(×××)		(×××)	
다. 영업활동으로 인한 자산부채의 변동	×××		×××	
2. 이자수익 유입액	×××		×××	
3. 배당금수익 유입액	×××		×××	
4. 이자비용 유출액	(×××)		(×××)	
5. 법인세비용 유출액	(×××)		(×××)	
Ⅱ. 투자활동으로 인한 현금흐름		×××		×××
1. 단기금융상품의 감소	×××		×××	
2. 단기금융상품의 증가	(×××)		(×××)	
3. 단기대여금의 감소	×××		×××	
4. 단기대여금의 증가	(×××)		(×××)	
5. 토지의 처분	×××		×××	
6. 토지의 취득	(×××)		(×××)	
7. 무형자산의 취득	(×××)		(×××)	
Ⅲ. 재무활동으로 인한 현금흐름		×××		×××
1. 단기차입금의 증가	×××		×××	
2. 단기차입금의 상환	(×××)		(×××)	
3. 장기차입금의 증가	×××		×××	
4. 사채의 발행	×××		×××	
5. 사채의 상환	(×××)		(×××)	
6. 유상증자	×××		×××	
7. 배당금의 지급	(×××)		(×××)	
Ⅳ. 현금의 증가(감소)		×××		×××
Ⅴ. 기초의 현금		×××		×××
Ⅶ. 기말의 현금		×××		×××

9. 현금흐름표의 분석과 평가

(1) 활동별 현금흐름의 평가

가. 영업활동현금흐름

영업활동에서 발생하는 현금흐름의 금액은 기업이 외부의 재무자원에 의존하지 않고 영업을 통하여 차입금 상환, 영업능력의 유지, 배당금 지급 및 신규투자 등에 필요한 현금흐름을 창출하는 정도에 대한 중요한 지표가 된다. 역사적 영업현금흐름의 특정 구성요소에 대한 정보를 다른 정보와 함께 사용하면 미래 영업현금흐름을 예측하는 데 유용하다.

그러므로 영업활동으로 인한 현금흐름은 기본적으로 (+)의 현금흐름을 보여야 한다. 일반적인 제조업의 경우 경비항목 중에서 감가상각비의 비중은 상당히 높은 편이라 할 수 있다. 따라서 당기순이익이 상당히 적은 경우에도 영업활동으로 인한 현금흐름은 감가상각비로 인하여(당기순이익에 가산되므로) 큰 금액으로 나타나는 경우가 많이 있다. 또한 당기순손실이 발생한 경우에도 감가상각비로 인하여 (+)의 영업현금흐름을 보이는 경우도 적지 않다.

실무적인 예로서 S전자의 당기순이익과 영업현금흐름은 다음과 같다.

(단위 : 백만원)

구 분	2023년		2022년	
Ⅰ. 영업활동 현금흐름		34,455,084		44,788,749
1. 영업에서 창출된 현금흐름	8,088,628		49,589,897	
가. 당기순이익	25,397,099		25,418,778	
나. 조정	(4,092,924)		31,039,388	
다. 영업활동 자산부채의 변동	(13,215,547)		(6,868,269)	
2. 기타현금흐름 (이자, 배당금, 법인세)	26,366,456		(4,801,148)	
※ 감가상각비		25,619,594		24,311,940

영업현금흐름이 (−)의 현금흐름을 보인다면 현금흐름에 영향을 미치는 영업구조에 심각한 문제점을 가지고 있다는 것을 의미한다. 따라서 분석하는 입장에서는 이러한 (−)의 영업현금흐름이 거액의 당기순손실로 인한 것인지 혹은 기업의 영업현금순환일수가 장기간이라 매출이 늘어도 현금이 계속 투입되기 때문인지 등을 파악하여 정확한 문제점을 도출하여야 한다.

나. 투자활동 현금흐름

투자활동의 경우 기업이 성장세를 유지하기 위해서는 설비투자 등을 하기 마련인데 이로 인하여 (−)의 현금흐름을 보이는 것이 일반적이라고 할 수 있다. 다만, (−)의 현금흐름이 설비투자가 아닌 계열사 주식취득 등으로 인하여 발생한 것이라면 과연 그러한 현금흐름이 미래 기업의 현금흐름에 얼마나 건전한 영향을 미칠 수 있는가를 신중하게 분석하여야 할 것이다.

반면, 투자활동으로 인한 현금흐름이 (+)의 현금흐름을 보인다면 더욱 조심하여 분석하여야 한다. (+)의 현금흐름은 투자활동으로 인한 현금유입액이 현금유출액보다 많다는 의미이므로 투자활동으로 인한 현금유입액의 내용을 항목별로 분석하여야 할 것이다. 설비자산의 취득액을 초과하는 규모의 설비처분으로 인한 현금유입액이 발생하였다면 기업이 생산규모를 축소하고 있다는 의미이므로 장래 매출의 감소를 가져올 수도 있다. 또한 기업이 사업부 매각 등을 통하여 구조조정을 하고 있다는 의미일 수도 있으므로 장래 기업의 수익성과 현금흐름에 미치는 영향을 분석하여야 할 것이다.

장·단기금융상품의 해지로 인한 현금유입액이 있다면, 그리고 해당 현금이 설비자산의 취득 등과 연결되어 있지 않다면 대부분 영업활동을 위하여 쓰이는 경우가 많으므로 그만큼 기업이 영업활동으로부터 자금조달에 어려움을 겪고 있다는 것을 의미할 수도 있다.

다. 재무활동 현금흐름

재무활동으로 인한 현금흐름은 거래유형에 따라, 즉 부채와 자본에 따라 분석하여야 할 것이다.

재무활동으로 인한 현금흐름이 주로 부채의 상환에 의하여 (−)의 현금흐름을 보인다면 기업이 적극적으로 부채를 줄여가고 있는 것을 의미하므로 재무구조가 개선되어 가고 있다는 것을 의미한다. 반면, 부채의 증가로 인하여 (+)의 현금흐름을 보인다면 기업이 차입금 등 부채에 의존하여 자금을 조달하고 있다는 의미이므로 영업활동으로부터의 자금조달에 어려움이 있다는 의미로 해석될 수 있다.

재무활동으로 인한 현금흐름이 주로 배당금 지급과 같은 자본항목의 감소에 의하여 (−)의 현금흐름을 보인다면 기업에 충분한 자금지급능력이 있다는 것을 의미한다. 반면, 유상증자 등과 같은 자본의 증가에 의하여 (+)의 현금흐름을 보인다면 주주들이 기업의 장래에 대하여 비교적 낙관적인 기대하에 증자에 참여하고 있다는 것을 의미하므로 기업의 자금능력이 개선되고 있다는 것을 의미할 수도 있다.

재무활동으로 인한 현금흐름은 영업활동이나 투자활동과는 달리 기업의 업력에 따라 (+)현금흐름이 정상적 상황일 수도 있고, (−)현금흐름이 정상적일 수도 있다. 즉 설립된 지 얼마 되지 않은 신생기업이라면 설비투자 등을 위하여 금융기관 등으로부터 많은 차입을 할 수 있으므로 재무활동으로 인한 현금흐름이 (+)현금흐름이 될 수 있지만, 성숙기에 접어든 기업이라면 그 동안의 영업활동을 통해 많은 현금을 확보하고 있을 것이므로 차입금의 상환, 배당금 지급 등으로 인하여 재무활동으로 인한 현금흐름이 (−)현금흐름을 보이게 될 것이다.

(2) 종합평가

가. 양호한 현금흐름

기업이 영업활동으로부터 충분한 현금흐름을 확보하고, 적극적으로 설비증설에 투자를 하며, 차입금을 상환하고 주주에게 배당금을 지급하고 있는 가장 이상적인 모습을 보인다면 현금흐름표는 다음과 같은 구성내용을 보일 것이다.

과　　목	금　　액
Ⅰ. 영업활동으로 인한 현금흐름	(+)×××
Ⅱ. 투자활동으로 인한 현금흐름	(−)×××
Ⅲ. 재무활동으로 인한 현금흐름	(−)×××

나. 건실하지 못한 현금흐름

자금의 대부분을 은행차입에 의존하고 있으며, 자산매각을 통하여 일부 자금을 조달하고, 부진한 영업활동으로 인하여 자금이 계속 소요되고 있는 모습을 보인다면 현금흐름표는 다음과 같은 구성내용을 보일 것이다.

과　　목	금　　액
Ⅰ. 영업활동으로 인한 현금흐름	(−)×××
Ⅱ. 투자활동으로 인한 현금흐름	(+)×××
Ⅲ. 재무활동으로 인한 현금흐름	(+)×××

다시 한 번 강조한다면 현금흐름표는 재무상태표와 손익계산서가 보여주지 못하는 현금흐름에 대한 정보를 제공하는 매우 중요한 재무제표이며, 영업활동·투자활동·재무활동별 현금유입 혹은 현금유출내용 그리고 각 활동별 현금흐름의 크기를 통하여 종합적으로 해당 기업의 현금흐름을 파악하여야 할 것이다. 이는 궁극적으로 해당 기업의 재무적 건전성을 파악하는 아주 중요한 절차이기도 하다.

재무제표 이용자의 입장에서 현금흐름표를 해석하기 위해서는 다음의 순서로 접근하는 것이 좋을 것이다.

① 현금흐름표에 나타나는 영업활동·투자활동·재무활동의 활동별 현금흐름의 부호값(+, −)을 파악하여 현금흐름의 개괄적 방향을 이해한다.

② 각 활동별 현금흐름의 절대값의 크기를 파악하여 충분한 현금흐름을 창출하고 있는지, 거액의 현금흐름을 필요로 하고 있는지 등을 이해한다.

③ 각 활동별 현금흐름을 구성하는 세부사항을 파악하여 상세한 현금흐름을 이해하고 해석한다.

(3) 활동별 현금흐름의 유형별 분석

구분	활동	부호	내용
영업활동(+)	영업활동	(+)	영업활동에서 유입된 현금이 투자활동과 재무활동에 투입되는 유형으로 S전자 현금흐름이 이러한 유형에 해당한다. 즉, 영업활동에서 현금을 창출하여 적극적으로 설비투자 등 투자를 하고 차입금상환, 배당금지급등을 하는 경우이다.
	투자활동	(−)	
	재무활동	(−)	
	영업활동	(+)	영업활동과 재무활동에서 유입된 현금이 투자활동에 투입되는 유형으로 설비투자 등을 하여야 하나 영업활동현금이 부족하여 금융기관등에서 차입하거나 증자 등을 통하여 현금을 조달하여 투자를 하는 경우이다.
	투자활동	(−)	
	재무활동	(+)	
	영업활동	(+)	영업활동과 투자활동에서 유입된 현금이 재무활동에 투입되는 유형으로 영업활동현금과 자산매각, 예금인출 등을 통하여 차입금상환을 하거나 주주에게 배당을 하는 경우이다.
	투자활동	(+)	
	재무활동	(−)	
영업활동(−)	영업활동	(−)	재무활동에서 유입된 현금이 영업활동과 투자활동에 투입되는 유형으로 영업상황의 악화로 인한 자금부족, 설비투자 등을 증자 혹은 금융기관차입에 의존하는 경우이다.
	투자활동	(−)	
	재무활동	(+)	
	영업활동	(−)	투자활동에서 유입된 현금이 영업활동과 재무활동에 투입되는 유형으로 자산매각 등의 현금흐름으로 영업상황 악화로 인한 자금부족, 차입금상환 등을 해결하는 경우이다.
	투자활동	(+)	
	재무활동	(−)	
	영업활동	(−)	투자활동과 재무활동에서 유입된 현금이 영업활동에 투입되는 유형으로 영업상황 악화로 인한 자금부족을 자산매각 혹은 신규차입이나 증자 등으로 해결하는 경우이다.
	투자활동	(+)	
	재무활동	(+)	

(4) 제조업 3개사 현금흐름

대표적 제조3사의 영업현금흐름과 순이익의 연도별 추세는 다음과 같다.

3개 회사 영업현금흐름과 순이익

삼성전자 영업현금과 순이익

(단위:조)

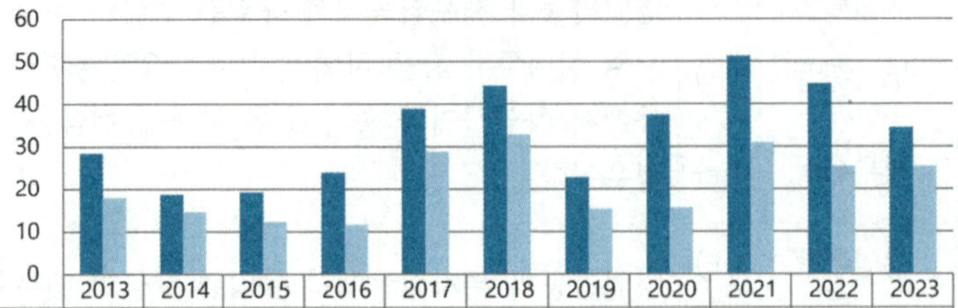

	2013	2014	2015	2016	2017	2018	2019	2020	2021	2022	2023
영업현금	28.4	18.7	19.3	24.0	38.9	44.3	22.8	37.5	51.3	44.8	34.5
순이익	17.9	14.6	12.2	11.6	28.8	32.8	15.4	15.6	31.0	25.4	25.4

현대차 영업현금과 순이익

(단위:조)

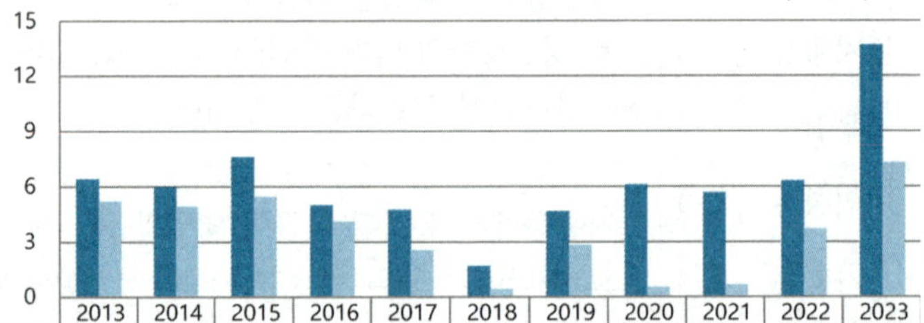

	2013	2014	2015	2016	2017	2018	2019	2020	2021	2022	2023
영업현금	6.4	6.0	7.6	5.0	4.7	1.7	4.7	6.1	5.7	6.3	13.7
순이익	5.2	4.9	5.4	4.1	2.6	0.4	2.8	0.5	0.6	3.7	7.3

포스코 영업현금과 순이익

(단위:조)

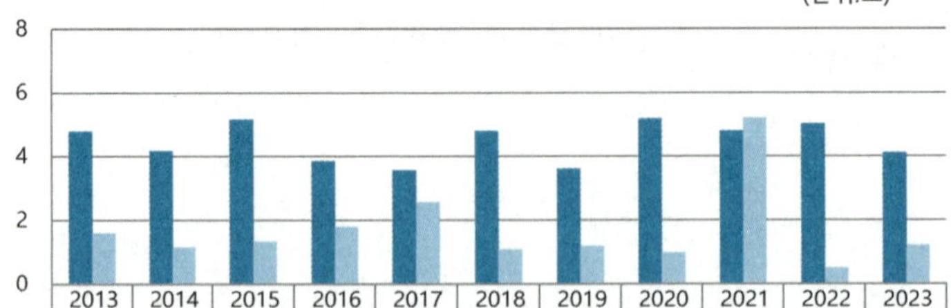

	2013	2014	2015	2016	2017	2018	2019	2020	2021	2022	2023
영업현금	4.8	4.2	5.1	3.8	3.6	4.8	3.6	5.2	4.8	5.0	4.1
순이익	1.6	1.1	1.3	1.8	2.5	1.1	1.2	1.0	5.2	0.5	1.2

CHAPTER 02

회계의 기초 및 이해

제1절 회계기초

1. 회계의 순환과정

거　　래
↓
분　　개
↓
총계정원장
↓
시 산 표
↓
수 정 분 개
↓
수정 후 시산표
↓
재 무 제 표

기업은 거래가 발생하는 경우 이를 최초로 회계시스템에 인식시키기 위하여 분개(分介, journalizing)를 하게 된다. 실무에서는 분개장 대신 전표로 대체하기도 한다.

분개장에 기록된 거래의 내용은 총계정원장에 계정별로 기록되는데 이러한 과정을 전기(轉記, posting)라고 하며 총계정원장은 실무적으로는 장부의 개념으로 이해해도 된다. 넓은 의미의 장부에는 총계정원장 외에 계정별원장, 거래처별원장 등 기업의 필요와 회계프로그램에 따라 여러 가지로 작성된다.

기말에는 회계기간 중에 작성된 장부와 결산분개라 불리는 기말회계처리사항을 반영하여 결산(決算, settlement of account)을 하게 되며 시산표 등을 통하여 최종적으로 재무제표를 만들게 된다.

본서는 재무제표에 대한 이해와 분석을 위주로 하므로 회계의 순환과정에 대해서는 간략하게 살펴보도록 한다.

2. 분개

분개는 거래를 회계적으로 인식하는 절차로서 회계순환과정의 첫 번째 절차가 된다.

분개는 차변과 대변으로 구성되며 차변에 기록되는 금액과 대변에 기록되는 금액은 그 합계가 일치하여야 한다. 이를 복식부기상 "거래의 이중성"이라 하며 회계에서 장부의 기록 및 각종 계산과정의 가장 기본적 바탕이 된다.

분개는 분개장에 하게 되는데 최근에는 분개장을 대신하여 전표를 많이 사용하기도 한다. 분개를 위하여 기본 회계요소와 차·대변의 구성요소를 살펴보면 다음과 같다.

분개장

차변)	△△△	×××	대변)	○○○	×××

분개를 하기 위하여 필요한 가장 기본적인 이해의 과정은 거래가 발생했을 때 이를 자산·부채·자본·수익·비용의 어떤 계정과목으로 기록할 것이며 차변과 대변 어느 쪽에 기록되는가 하는 것이다. 계정과목에 대한 이해는 제1장에서 이미 살펴보았으므로 이번 장에서는 차·대변에 기록하는 방법을 살펴보도록 한다.

거래가 발생하였을 때 이를 분개장에 기록하기 위해서는 다음과 같은 거래의 8요소에 따라 기록한다.

차　변	대　변
자산의 증가	자산의 감소
부채의 감소	부채의 증가
자본의 감소	자본의 증가
비용의 발생	수익의 발생

- 자산이 증가하는 거래는 차변에, 자산이 감소하는 거래는 대변에 기록한다.
- 부채가 증가하는 거래는 대변에, 부채가 감소하는 거래는 차변에 기록한다.
- 자본이 증가하는 거래는 대변에, 자본이 감소하는 거래는 차변에 기록한다.
- 수익이 발생하는 거래는 대변에, 비용이 발생하는 거래는 차변에 기록한다.

분개를 이해하기 위해서 항상 기억해야 할 점은 모든 거래는 항상 차변요소와 대변요소로 기록된다는 것이다. 회계를 처음 접하는 분들이 분개를 어렵게 생각하는 것은 거래를 한 가지 항목의 증가 혹은 감소로만 판단하기 때문이다.

예를 들어 기업이 은행에서 일정 금액을 차입하는 거래가 발생하였다면 이를 어떻게 이해하여야 할까?

- 차입금이 증가하였다. ➡ ×
- 예금(자산)이 증가하는 한편 차입금(부채)이 증가하다. ➡ ○

이를 분개장에 기록하면 다음과 같다.

차변)	예　금 (자산의 증가)	×××	대변)	차 입 금 (부채의 증가)	×××

다음의 예제를 통하여 살펴본다.

- 상품 100,000원을 현금으로 구입하다.
  ⇨ 상품(자산)이 증가하고 현금(자산)이 감소

차변)	상 품 (자산의 증가)	100,000	대변)	현　금 (자산의 감소)	100,000

■ 주주가 현금 1,000,000원을 출자하여 기업을 설립되다.
⇨ 현금(자산)이 증가하고 자본금(자본)이 증가

차변)	현 금 (자산의 증가)	1,000,000	대변)	자 본 금 (자본의 증가)	1,000,000

■ 상품 100,000원을 외상으로 구입하다.
⇨ 상품(자산)이 증가하고 외상매입금(부채)가 증가

차변)	상 품 (자산의 증가)	100,000	대변)	외상매입금 (부채의 증가)	100,000

■ 은행에서 2,000,000원을 차입하여 예금이 증가하다.
⇨ 예금(자산)이 증가하고 차입금(부채)가 증가

차변)	예 금 (자산의 증가)	2,000,000	대변)	차 입 금 (부채의 증가)	2,000,000

■ 전력비 500,000이 발생하여 현금으로 납부하다.
⇨ 전력비(비용)이 발생하고 현금(자산)이 감소

차변)	전 력 비 (비용의 발생)	500,000	대변)	현 금 (자산의 감소)	500,000

■ 은행예금이자 100,000이 발생하다.
⇨ 이자수익(수익)이 발생하고 예금(자산)이 증가

차변)	예 금 (자산의 증가)	100,000	대변)	이 자 수 익 (수익의 발생)	100,000

3. 장부기록

기업의 규모에 따라 다르지만 연간 수천에서 수십만여 건에 이르는 거래는 각각 분개장(혹은 전표)에 기록된다. 이후 분개장에 기록된 내용을 동일한 계정끼리 모아 장부를 기록하게 되는데 이렇게 전기는 분개장에 기록된 내용을 장부에 옮겨 적는 절차를 말한다.

예를 들어

① 1월 10일 현금 ₩1,000,000이 출자되어 기업이 설립되고

② 5월 28일 상품을 ₩500,000을 외상으로 매입하였으며

③ 9월 17일 외상매입금 중 ₩300,000을 현금으로 갚았다면

분 개 장

차변)	1/10 현 금	1,000,000	대변)	1/10 자 본 금	1,000,000
차변)	5/28 상 품	500,000	대변)	5/28 외상매입금	500,000
차변)	9/17 외상매입금	300,000	대변)	9/17 현 금	300,000

총 계 정 원 장

현 금

1/10	1,000,000	9/17	300,000

자 본 금

		1/10	1,000,000

상 품

5/28	500,000		

외 상 매 입 금

9/17	300,000	5/28	500,000

총계정원장을 해석하면

① 현금은 1/10 ₩1,000,000 증가하였다가 9/17 ₩300,000이 감소하여 잔액이 ₩700,000이 되었다.

② 상품은 5/28 ₩500,000 매입하여 남아 있다.

③ 외상매입금은 5/28 ₩500,000이 발생하였으나 9/17₩300,000을 상환하여 잔액은 ₩200,000이 남아 있다.

④ 자본금은 최초 1/10 ₩1,000,000이 납입되어 있다.

4. 재무제표의 작성

기말에는 위의 총계정원장 금액으로 시산표를 작성하게 된다. 시산표는 추후 재무상태표와 손익계산서를 작성하는 기초가 된다. 앞의 예제를 이용하여 시산표를 작성하면 다음과 같다.

합계잔액시산표

차변		계정	대변	
잔액	합계		합계	잔액
700,000	1,000,000	현 금	300,000	
500,000	500,000	상 품		
	300,000	외 상 매 입 금	500,000	200,000
		자 본 금	1,000,000	1,000,000
1,200,000	1,800,000	계	1,800,000	1,200,000

위의 경우 손익관련 계정과목이 없는 단순한 상황이므로 재무상태표만 만들어 본다면 다음과 같다.

재 무 상 태 표

현 금	700,000	외 상 매 입 금	200,000
상 품	500,000	자 본 금	1,000,000
	1,200,000		1,200,000

5. 회계의 순환과정 예제

(1) 거래의 내역

① 현금 ₩500,000 출자하여 개업하다.

② 은행에서 ₩900,000 현금 차입하다.

③ 상품 ₩400,000을 현금으로 매입하다.

④ 상품 ₩300,000을 외상매입하다.

⑤ 원가 ₩500,000의 상품을 ₩800,000에 외상매출하다.

⑥ 기계를 현금 ₩250,000에 구입하다.
⑦ 외상매출금 중 ₩450,000을 현금으로 회수하다.
⑧ 급여 ₩30,000을 현금지급하다.
⑨ 임차료 ₩70,000을 현금지급하다.
⑩ 차입금 중 ₩600,000을 이자 ₩60,000과 함께 현금지급하다.
⑪ 외상매입금 중 ₩240,000을 현금지급하다.

(2) 분개

	차변	금액	대변	금액
①	차) 현금	500,000	대) 자본금	500,000
②	차) 현금	900,000	대) 차입금	900,000
③	차) 상품	400,000	대) 현금	400,000
④	차) 상품	300,000	대) 외상매입금	300,000
⑤	차) 외상매출금	800,000	대) 매출액	800,000
	매출원가	500,000	상품	500,000
⑥	차) 기계	250,000	대) 현금	250,000
⑦	차) 현금	450,000	대) 외상매출금	450,000
⑧	차) 급여	30,000	대) 현금	30,000
⑨	차) 임차료	70,000	대) 현금	70,000
⑩	차) 차입금	600,000	대) 현금	660,000
	이자비용	60,000		
⑪	차) 외상매입금	240,000	대) 현금	240,000

(3) 장부 기록

현 금			
①자본금	500,000	③상품	400,000
②차입금	900,000	⑥기계	250,000
⑦외상매출금	450,000	⑧급여	30,000
		⑨임차료	70,000
		⑩차입금 등	660,000
		⑪외상매입금	240,000
		차 기 이 월	**200,000**
합 계	1,850,000	합 계	1,850,000

외 상 매 출 금			
⑤매출	800,000	⑦현금	450,000
		차 기 이 월	350,000
합 계	800,000	합 계	800,000

상 품			
③현금	400,000	⑤매출원가	500,000
④외상매입금	300,000	**차 기 이 월**	**200,000**
합 계	700,000	합 계	700,000

기 계			
⑥현금	250,000	**차 기 이 월**	**250,000**
합 계	250,000	합 계	250,000

자 본 금			
차 기 이 월	500,000	①현금	500,000
합 계	500,000	합 계	500,000

차 입 금			
⑩현금	600,000	②현금	900,000
차 기 이 월	**300,000**		
합 계	900,000	합 계	900,000

외 상 매 입 금			
⑪현금	240,000	④상품	300,000
차 기 이 월	**60,000**		
합 계	300,000	합 계	300,000

매출액			
		⑤외상매출금	800,000

매출원가			
⑤상품	500,000		

급 여			
⑧현금	30,000		

임차료			
⑨현금	70,000		

이자비용			
⑩현금	60,000		

(4) 합계잔액시산표

합계잔액시산표

차변		계정	대변	
잔액	합계		합계	잔액
200,000	1,850,000	현금	1,650,000	
350,000	800,000	외상매출금	450,000	
200,000	700,000	상품	500,000	
250,000	250,000	기계		
	600,000	차입금	900,000	300,000
	240,000	외상매입금	300,000	60,000
		자본금	500,000	500,000
		매출액	800,000	800,000
500,000	500,000	매출원가		
30,000	30,000	급여		
70,000	70,000	임차료		
60,000	60,000	이자비용		
1,660,000	5,100,000	계	5,100,000	1,660,000

(5) 재무제표

손 익 계 산 서

차변	금액	대변	금액
매 출 원 가	500,000	매 출 액	800,000
급 여	30,000		
임 차 료	70,000		
이 자 비 용	60,000		
당 기 순 이 익	140,000		
합 계	800,000	합 계	800,000

재 무 상 태 표

차변	금액	대변	금액
현 금	200,000	차 입 금	300,000
외 상 매 출 금	350,000	외 상 매 입 금	60,000
상 품	200,000	자 본 금	500,000
기 계	250,000	이 익 잉 여 금	140,000
합 계	1,000,000	합 계	1,000,000

본서는 재무제표에 대한 해석과 경영관리 전반에 대한 이해를 목적으로 하고 있다. 재무제표에 대한 이해를 돕기 위하여 앞에서는 회계의 기본적인 순환과정과 재무제표의 작성과정에 대하여 설명하였고 제1장에서 재무제표의 각 계정에 대한 분류체계와 간단한 설명을 하였으므로 계정과목 전체에 대하여 상세한 회계처리방법 등은 생략하도록 한다.

다만, 다음 절부터는 회계분야에 익숙하지 않은 분들이 궁금해 하는 몇 가지 주제에 대하여 설명을 하도록 한다. 또한 이러한 분야의 내용들이 재무제표를 이해하는 과정에 중요한 역할을 할 수도 있으므로 충분한 중요성과 의미를 갖고 있다고 할 수 있다.

제2절 매출채권과 대손(貸損)

수취채권(receivables)이란 기업이 재화나 용역 등을 외상으로 판매하고 미래에 현금을 수취할 권리를 획득하는 경우 해당 채권금액을 말한다. 수취채권은 일반적으로 매출채권과 비매출채권(기타채권)으로 나누어 접근하는데 매출채권은 외상매출금, 받을어음 등을 말하며 비매출채권은 미수금, 미수수익, 대여금 등이 있다. 물론 이들은 "금융상품"의 범주에 포함된다.

■ 매출채권(trade receivables)

재화나 용역을 판매하고 장래에 거래처로부터 현금을 받을 수 있는 채권을 말한다. 다만 재화나 용역은 회사가 영업목적으로 표방하는 것이어야 한다. 실무적으로는 외상매출금, 받을어음으로 구분하여 회계처리하나 재무제표를 공시할 때에는 매출채권이라는 과목으로 통합하여 표시한다.

■ 비매출채권(non-trade receivables)

영업목적과는 직접적인 관련성이 없는 수취채권으로서 미수금, 대여금 등을 말한다. 예를 들어 만약 자동차를 제조·판매하는 회사가 판매의 대상이 되는 자동차를 외상판매하였다면 그 채권은 매출채권(외상매출금)이 된다. 그러나 다른 업종의 회사가 사용하던 자동차(즉 유형자산 중 차량운반구)를 처분하였다면 그 채권은 미수금으로 회계처리한다.

이번 절에서는 위의 수취채권 중 매출채권을 중심으로 살펴보도록 한다.

기업이 자금을 조달할 수 있는 방법으로는 유상증자, 차입이나 사채발행, 자산매각, 판매대금(매출채권)의 회수 등이 있을 수 있다. 그러나 매출채권의 회수가 가장 기본적인 자금의 조달원천이라는 점에서는 이의가 없으므로 매출채권의 회수에 대한 분석은 자금흐름에 대한 중요한 정보를 제공한다고 볼 수 있다.

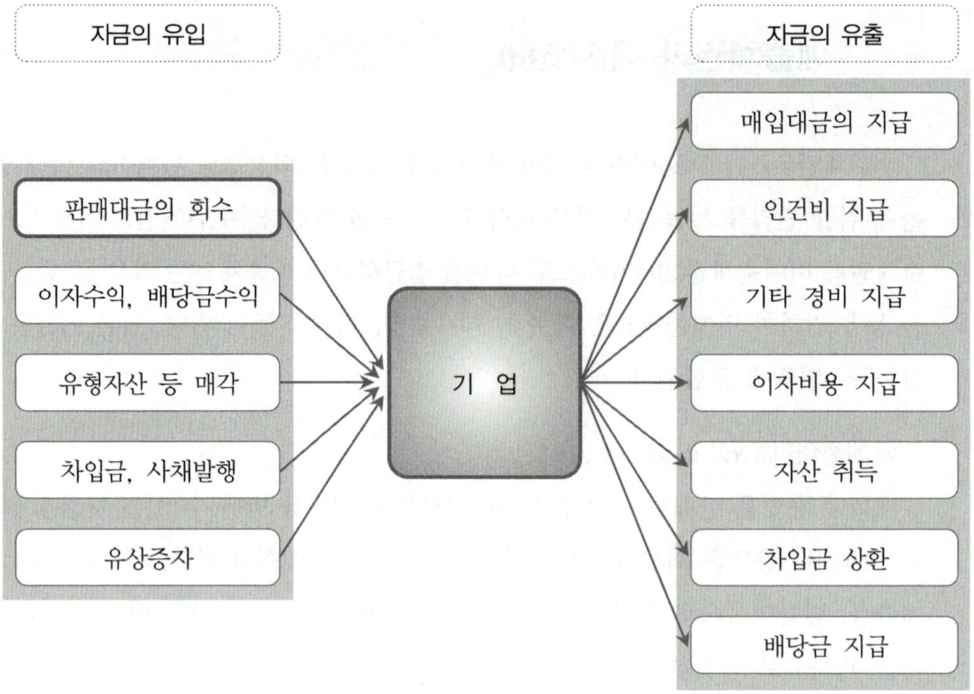

1. 매출채권의 양적 측면에 대한 분석

기업의 입장에서는 매출채권의 규모를 어느 정도 유지하는 것이 좋을까?

이러한 질문에 대하여 일반적으로 매출채권은 회사가 현금을 회수하는 중요한 채권이므로 적은 규모로 유지하는 것이 좋은 정책이라고 생각할 수 있다. 하지만 매출채권은 회사의 매출규모에 따라 달라질 수 있다. 매출액이 매우 큰 회사는 매출채권의 규모도 커지게 되며, 매출액이 적다면 매출채권의 규모도 또한 적어지게 된다. 따라서 매출채권의 규모는 금액의 크기로 표현하기는 곤란하다.

또한 신용정책, 업계의 특성, 경제상황 등에 따라 달라지므로 자산대비 혹은 매출대비 몇 %여야 한다는 절대적인 기준값은 존재하지 않는다고 보아야 할 것이다.

매출채권 규모의 적정성에 대한 분석은 일반적으로 매출채권회전율을 통하여 이루어진다. 자세한 내용은 "제2편 제1장 재무비율분석"에서 다루어지므로 여기에서는 간략하게 살펴보도록 한다.

(1) 매출채권회전율

일반적으로 매출채권의 적정규모는 업종평균과 비교하여 판단하게 되는데 이러한 과정에서 자주 분석되는 비율로 '매출채권회전율'(receivables turnover)이 있다.

$$\text{매출채권회전율} = \frac{\text{매출액}}{(\text{기초매출채권} + \text{기말매출채권})/2}$$

매출채권회전율은 매출액을 평균매출채권으로 나누어 계산하는데 이는 매출채권의 규모를 매출액의 규모와 비교하고자 하는 것으로서 ××회로 표시된다. 매출액과 매출채권을 비교함으로써 매출액에 비하여 매출채권을 얼마만큼 많이 보유하는지 혹은 적게 보유하는지를 측정할 수 있는 매출채권에 대한 양적 측면의 측정지표이다.

예제 01 매출채권회전율

발해산업의 제5기 연간 매출액은 60,000백만원이다. 다음은 재무상태표의 일부이다.

(단위 : 백만원)

과 목	금 액			
	제5(당)기		제4(전)기	
Ⅰ. 유동자산		×××		×××
(1) 당좌자산		×××		×××
1. 현금및현금등가물		×××		×××
2. 매출채권	5,650		4,600	
대손충당금	(150)	5,500	(100)	4,500

요구사항

매출채권회전율을 구하시오

해설

$$\text{매출채권회전율} = \frac{\text{매출액}}{(\text{기초매출채권} + \text{기말매출채권})/2}$$

$$= \frac{60{,}000\text{백만원}}{(4{,}500\text{백만원} + 5{,}500\text{백만원})/2} = 12\text{회}$$

앞의 사례와 같이 매출채권회전율이 12회라면 매출액이 평균 매출채권잔액의 12배라는 의미이다. 다시 말해 이는 매출채권의 평균잔액이 매출액의 1/12이라는 뜻이다. 따라서 매출채권회전율이 12회라면 약 1개월 정도의 매출액을 평균매출채권으로 유지한다고 볼 수 있다.

재무비율분석에서는 매출채권회전율이 높다는 것은 매출채권의 규모를 적게 유지하거나 매출액이 많다는 뜻이므로 좋은 의미로 해석된다. 따라서 업종평균 매출채권회전율과 비교하여 높으면 양호한 것으로 볼 수 있다.

한국은행이 매년 발간하는 "기업경영분석"에 따르면 최근 10여 년간 제조업 전체의 매출채권회전율은 약 6~7회전 수준을 보이고 있다. 매출채권회전율이 6회라면 이는 매출채권에 비하여 매출액이 6배 정도이고 매출액에 비하여 평균매출채권이 1/6 정도 수준이라는 의미이다. 즉, 연간 매출액이 1,000억 원 정도 되는 기업이라면 매출채권이 약 167여억 원 정도 수준이라는 의미가 된다. 다만, 이러한 수치는 제조업 전체의 평균 수준이므로 업종에 따라 달라질 수 있다.

2. 매출채권의 질적 측면에 대한 분석

질적인 측면에서의 매출채권에 대한 분석은 매출채권의 회수가능성에 대한 분석을 말한다. 아무리 매출채권이 많아도 회수 불가능한 부실채권이 많다면 기업의 자금에는 결코 도움이 되지 않을 것이다. 따라서 해당 회사의 매출채권 중 회수불능채권을 제외하고 회수 가능한 매출채권금액(순실현가치)의 규모를 파악하는 것이 매출채권의 질적 평가에 있어 가장 중요한 부분이라 할 수 있다.

회수불능채권은 대손충당금으로 표시하며 회수가능금액은 매출채권금액에서 대손충당금을 차감하여 계산한다. 같은 규모의 매출채권을 갖고 있는 회사라 할지라도 대손충당금이 적은 회사의 매출채권이 더 큰 회수가능금액을 갖게 되므로 더 건실한 매출채권을 보유하고 있다고 볼 수 있다.

다만, 타 회사의 재무제표를 이용하는 정보이용자의 입장에서는 해당 회사의 매출채권내역 및 거래처 현황 등에 대하여 자세히 알 수가 없으므로 대손충당금의 설정이 적정한가에 대하여 평가하는 것은 불가능하다고 볼 수 있다. 실무적으로도 여러 회계 분야 중 대손회계는 매우 어려운 분야에 속하므로 재무제표이용자는 분석대상회사의 주거래처의 신용도, 거래형태, 업계의 상황, 자금사정 등을 통하여 종합적으로 판단하여야 하며 재무제표에 대한 주석에 매출채권의 연령과 대손충당금의 변동내용 등이 기록되므로 주석사항을 확인할 필요가 있다.

(1) 대손의 의미와 대손관련 계정

위와 같이 매출채권의 질적 평가를 위한 가장 기본적인 과정이 회수불가능 채권에 대한 회계처리, 즉 대손충당금을 말하므로 이제 대손회계에 대하여 살펴보도록 한다.

거래처의 재정곤란이나 파산 또는 재해 등으로 인하여 채권을 회수하지 못하게 되는 경우가 있는데 이러한 경우 기업이 입게 되는 손실을 '대손(貸損)'이라 한다. 대손회계란 이러한 대손을 중심으로 대손의 회계처리를 다루는 것으로, 실제로 발생한 대손의 처리와 회수불능채권의 예상에 의한 대손추정의 문제를 다루는 회계다. 다만, 대손처리는 보통 외상매출금의 경우에만 해당되는 것으로 생각하는 수가 많으나, 모든 수취채권에 대해 적용된다는 점을 잊지 말아야 할 것이다.

한국채택국제회계기준과 일반기업회계기준에서는 매출채권을 금융자산의 범주에 포함하고 있으며 대손은 "손상차손"으로 설명하고 있다.

다음은 일반기업회계기준의 금융자산 손상차손에 대한 설명 중 일부이다.

> • 일반기업회계기준 6.17
> 상각후원가로 측정하는 금융자산의 손상 발생에 대한 객관적인 증거가 있는지를 매 보고기간 말에 평가하고, 그러한 증거가 있는 경우 손상차손은 장부금액에서 직접 차감하거나 충당금계정(예 : 대손충당금)을 사용하여 차감할 수 있다.

가. 대손상각비(bad debt expense)

회수불능채권에 대한 손실을 계상하는 비용계정이다. 매출채권에 대한 대손상각비는 '판매비와관리비'에 속하고, 기타채권에 대한 것일 경우 '영업외비용'에 속한다. 대손상각비계정은 결산 시 대손추정에 있어 객관적 증거가 있는 경우 혹은 기중에 특정채권이 회수불가능하게 되어 해당채권을 상각하는 경우에 인식된다.

나. 대손충당금(allowance for doubtful accounts)

매출채권의 잔액 중 회수불능채권의 추정금액을 나타내는 것이다. 매출채권은 재무상태표에서 대손충당금을 차감하는 형식으로 표시되거나 혹은 차감 후 금액으로 표시된다.

재무상태표

과 목	금 액	
	제××(당)기	
Ⅰ. 유동자산		
매출채권	1,000,000,000	
대손충당금	(55,000,000)	945,000,000

재무상태표

과 목	금 액	
	제××(당)기	
Ⅰ. 유동자산		
매출채권		945,000,000

다. 대손충당금환입(reversal of allowance for doubtful accounts)

전기 이전에 설정한 대손충당금잔액이 당기에 새로 설정할 대손충당금보다 많아 차액을 환입하는 경우에 나타나는 계정으로 매출채권에 대한 대손충당금환입은 대손상각비에서 차감하며, 기타수취채권에 대한 대손충당금환입은 '영업외수익'에 속한다.

(2) 대손회계처리 방법

가. 기말 대손액의 추정

보고기간 말에 회사는 매출채권 중 회수불능금액을 추정하고 그 금액만큼 대손충당금을 설정한다.

① **채권잔액비율법**(percentage-of-outstanding-receivables method)

보고기간 말 매출채권 잔액의 일정비율에 해당하는 금액이 회수 불가능하다는 전제하에 매출채권에 대손추정율을 곱하여 대손추산액을 추정하는 방법을 말한다. 대손추산율은 과거의 경험이나 통계 등을 바탕으로 산출한다.

대손상각비 = (기말채권잔액×대손추정율) − 기말대손충당금잔액

대손추산액

이 방법은 재무상태표상에 표시될 대손추산액을 먼저 확정하고 후속적인 회계처리를 진행하는 방법이다. 따라서 대손추산액이 기말에 남아 있는 대손충당금 잔액보다 많은 경우에는 추가로 대손상각비를 설정하며, 위의 산식에 따라 계산한 결과 (−)금액이 계산되면 대손추산액보다 남아 있는 대손충당금 잔액이 많다는 뜻이므로 대손충당금을 줄여야 하며 "대손충당금환입"으로 회계처리한다[실무적으로는 (−)대손상각비로 표시한다].

- 회계처리

① 대손충당금을 설정하여야 하는 경우

(차) 대손상각비	×××	(대) 대손충당금	×××

② 대손충당금환입을 인식하는 경우

(차) 대손충당금	×××	(대) 대손충당금환입	×××

예제 02 대손상각비의 계상

발해산업의 장부에는 전기이월 후 당기 말 현재 남아 있는 대손충당금잔액이 ₩50,000이며 당기 말 현재 매출채권 잔액은 ₩3,000,000이다. 다음 각각의 경우 기말에 설정할 대손추산액과 그 분개는?

해설

① 대손예상율이 3%인 경우

(차) 대손상각비	40,000*	(대) 대손충당금	40,000

* 40,000=(₩3,000,000×3%−50,000)

② 대손예상율이 1.5%인 경우

(차) 대손충당금	5,000*	(대) 대손충당금환입	5,000

* 5,000=(₩3,000,000×1.5%−50,000)

② **연령분석법**(aging method)

매출채권의 연령을 분석하여 최근 발생한 매출채권은 회수가능성이 높다고 보아 낮은 대손추정율을, 오래된 매출채권은 회수가능성이 낮다고 보아 높은 대손추정율을 적용하는 방법을 말한다. 위의 채권잔액비율법에 비하여 비교적 논리적 방법이라고 할 수 있으며 실무적으로는 매출채권의 연령을 6개월 이내, 1년 이내, 2년 이내, 3년 이내, 3년 이상 등으로 구분하기도 한다.

예제 03 대손상각비의 계상

발해산업의 매출채권에 대하여 거래처별 연령을 분석한 결과 다음과 같았다. 회사가 추정하는 연령별 대손추정율이 다음과 같은 경우 기말에 설정할 대손상각비는 얼마인가?(기말 대손충당금 잔액 : ₩850,000)

거래처 명	6월 이내	1년 이내	2년 이내	3년 이내	3년 이상	계
대손추정율	1%	2%	25%	50%	100%	
A	1,000,000	500,000	300,000	–	–	1,800,000
B	2,000,000	1,000,000	–	–	500,000	3,500,000
C	5,000,000	2,000,000	–	–	–	7,000,000
D	–	–	–	1,000,000		1,000,000
계	8,000,000	3,500,000	300,000	1,000,000	500,000	13,300,000

해설

① 대손추산액

거래처 명	6월 이내	1년 이내	2년 이내	3년 이내	3년 이상	계
계	8,000,000	3,500,000	300,000	1,000,000	500,000	
대손추정율	1%	2%	25%	50%	100%	
대손추산액	80,000	70,000	75,000	500,000	500,000	1,225,000

② 대손상각비 설정액

대손상각비 = ₩1,225,000 − 850,000 = ₩375,000

나. 매출채권의 대손처리

회계기간 중에 특정채권이 대손처리되는 경우에는 대손충당금 잔액에 따라 다음과 같이 회계처리된다.

- 회계처리
  ① 대손충당금잔액이 충분한 경우

(차) 대손충당금	×××	(대) 매출채권	×××

  ② 대손충당금잔액이 부족한 경우

(차) 대손충당금	×××	(대) 매출채권	×××
대손상각비	×××		

  ② 대손충당금잔액이 없는 경우

(차) 대손상각비	×××	(대) 매출채권	×××

예제 04 대손 회계처리

발해산업의 20×1년 말 현재 대손충당금 잔액은 ₩90,000이다. 20×2년 중 다음과 같이 대손이 발생하였다면 회계처리는?

해설

① 20×2년 3월 ₩70,000의 외상매출금이 회수 불가능한 것으로 판명되다.

(차) 대손충당금	70,000	(대) 외상매출금	70,000

② 20×2년 5월 ₩30,000의 외상매출금이 회수 불가능한 것으로 판명되다.

(차) 대손충당금	20,000	(대) 외상매출금	30,000
대손상각비	10,000		

③ 20×2년 7월 ₩45,000의 외상매출금이 회수 불가능한 것으로 판명되다.

(차) 대손상각비	45,000	(대) 외상매출금	45,000

다. 대손처리 채권의 회수

이미 대손처리한 채권을 회수하는 경우가 있다. 회계처리는 다음과 같다.

- 회계처리

  (차) 현금 등　　×××　　(대) 대손충당금　　×××

예제 05

발해산업의 대손관련사항은 다음과 같다. 다음 일련의 사항에 대하여 회계처리 하시오.

① 20×1년 기말 매출채권 잔액은 ₩3,000,000이며 회사는 대손추정율을 3%로 추정하고 있다.

② 20×2년 5월 회사의 매출채권 중 ₩60,000이 회수 불가능하다고 판명되었다.

③ 20×2년 말 회사의 매출채권 잔액은 ₩5,000,000이며 대손추정율은 전년도와 동일하다.

④ 20×3년 2월 전년도에 대손처리한 채권 중 일부인 ₩20,000이 현금으로 회수되었다.

⑤ 20×3년 말 회사의 매출채권 잔액은 ₩4,000,000이며 대손추정율은 전년도와 동일하다.

해설

	차변	금액	대변	금액
①	차) 대손상각비	90,000	대) 대손충당금	90,000
	90,000 = 3,000,000 × 3%			
②	차) 대손충당금	60,000	대) 매출채권	60,000
③	차) 대손상각비	120,000	대) 대손충당금	120,000
	120,000 = 5,000,000 × 3% − 30,000			
④	차) 현금	20,000	대) 대손충당금	20,000
⑤	차) 대손충당금	50,000	대) 대손충당금환입	50,000
	50,000 = 4,000,000 × 3% − 170,000			

제3절 감가상각

1. 감가상각의 의의

감가상각(depreciation)이란 유형자산을 그 자산의 내용연수 동안 체계적인 방법에 의하여 각 회계기간에 배분하는 것을 말한다. 회계이론상으로는 기간별 경영성과를 파악하기 위하여 '회계기간의 공준'이 기본적인 가정으로 적용되며, 이러한 가정하에 비용에 대하여는 '발생주의회계'와 '수익·비용대응의 원칙'이 적용되기 때문이다.

예를 들어 100에 구입한 유형자산을 5년간 사용 가능한 경우라면 매년 20의 감가상각비를 인식하게 된다.

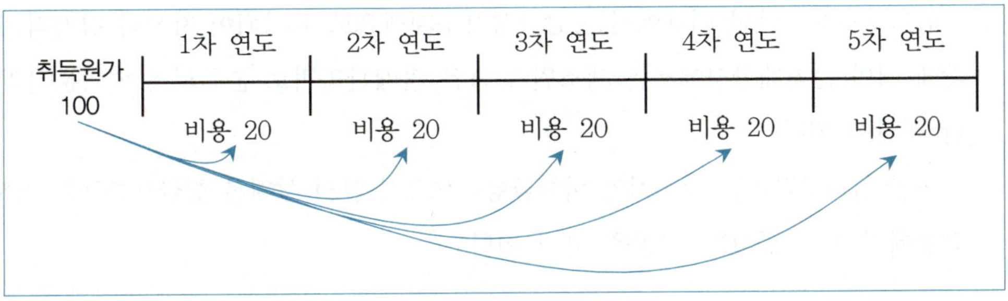

유형자산은 사용에 의한 소모, 시간의 경과와 기술의 변화에 따른 진부화 등에 의해 경제적 효익이 감소한다. 감가상각은 이러한 경제적 효익의 감소를 반영하기 위하여 유형자산의 취득원가를 일정한 방법에 의하여 일정한 회계기간에 걸쳐 비용화하게 되며 이를 처리하는 계정과목을 '감가상각비'라고 한다. 또한 매년 인식되는 감가상각비는 재무상태표에서는 '감가상각누계액'의 과목으로 하여 해당 유형자산에서 차감하는 형식 혹은 차감하여 표시한다. 다만, 감가상각의 주목적은 취득원가의 배분이지 자산의 평가는 아니다. 따라서 감가상각은 유형자산의 공정가액과는 관계없이 계속하여 진행한다.

(1) 감가상각 회계처리 및 표시

차)	감가상각비	×××	대)	감가상각누계액	×××
	⬇ 제조원가 혹은 판매관리비로 분류			⬇ 해당자산에서 차감형식표시	

재무상태표

건물	×××		
감가상각누계액	(×××)	×××	
기계장치	×××		
감가상각누계액	(×××)	×××	

감가상각은 재무상태표에서는 감가상각누계액으로 표시되어 자산의 평가적 성격을 갖게 되며 손익계산서에서는 제조원가 혹은 판매관리비로 분류되어 손익분석의 중요한 대상이 된다.

또한 감가상각비는 대표적인 비현금항목으로서 앞서 살펴본 현금흐름표를 이해하는 과정에서 매우 중요한 역할을 하게 된다.

(2) 감가상각대상 자산 및 과목분류

감가상각대상자산은 토지(내용연수가 무한)를 제외한 모든 유형자산이며 해당 유형자산이 사용 가능한 때, 즉 경영진이 의도하는 방식으로 자산을 가동하는 데 필요한 장소와 상태에 이른 때부터 감가상각한다. 따라서 건설중인자산은 감가상각하지 않는다.

내용연수 도중 사용을 중단하고 처분예정인 유형자산은 사용을 중단한 시점의 장부금액으로 투자자산으로 재분류하고 감가상각을 하지 않으며, 손상차손 발생 여부를 매 보고기간 말에 검토한다.

내용연수 도중 사용을 중단하였으나, 장래 사용을 재개할 예정인 유형자산에 대해서는 감가상각을 하되, 그 감가상각비는 영업외비용으로 처리한다.

2. 감가상각대상금액과 내용연수

(1) 감가상각대상금액

감가상각대상금액은 취득원가에서 잔존가치를 차감한 금액으로서 내용연수 동안 비용화되는 대상금액을 말한다.

잔존가치는 내용연수가 종료되는 시점의 처분으로 인한 순현금흐름(예상처분대가—예상처분비용)을 말하는데 추정의 어려움 및 불확실성으로 인하여 실무적으로는 잔존가치가 경미하다고 보아 보통 "0"으로 추정하고 있다. 다만, 법인세법상으로는 잔존가치에 대하여 비망기록을 위하여 취득가액의 5%와 1,000원 중 적은 금액을 잔존가치로 하고 그 금액은 손금에 산입하지 않는다.

(2) 내용연수

내용연수는 유형자산의 예상사용기간을 의미하는데 기업회계에서는 합리적 추정을 통하여 내용연수를 정하지만 세법에서는 법에서 내용연수를 정하고 있다.

참고로 법인세법에서는 차량운반구, 공기구, 비품 등에 대해서는 5년 내외, 건축물에 대해서는 구조에 따라 20~40년 내외 정도의 내용연수를 정하고 있으며 기계장치에 대해서는 업종에 따라 4년에서 20년까지 정하고 있다.

3. 감가상각 방법

감가상각 방법은 여러 가지가 있는데 실무적으로 많이 사용되는 정액법, 정률법, 생산량비례법 등에 대하여 살펴보도록 한다.

(1) 정액법(직선법 : straight-line method)

실무에서 가장 많이 사용되는 방법으로서 자산의 내용연수 동안 매기 일정한 금액을 상각하는 방법이다. 후술하는 정률법과 함께 감가상각이 시간의 경과에 따라 이루어진다고 보는 방법이다. 자산을 회계기간 중에 취득한 경우에는 보유한 월수(月數)에 따라 상각한다.

$$\text{연 감가상각비} = \frac{\text{취득원가} - \text{잔존가치}}{\text{내용연수}}$$

정액법에 의한 감가상각은 매기 일정한 금액을 인식하므로 그림으로 표현하면 다음과 같다.

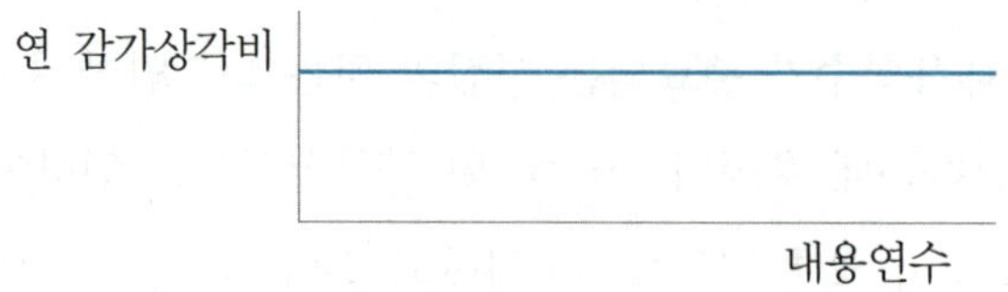

예제 06 정액법

발해산업은 20×1년 초 기계장치를 ₩1,000,000에 취득하였다. 회사는 기계장치의 내용년수를 5년으로, 잔존가치는 없는 것으로 보고 있다.

요구사항

1. 정액법에 의한 연 감가상각비를 계산하시오.
2. 매년 말 기계장치는 얼마로 표시되는지 부분재무상태표를 작성하시오.

해설

1. 연 감가상각비

$$\text{연 감가상각비} = \frac{1,000,000}{5\text{년}} = ₩200,000$$

2. 매년 말 장부가액

	1차년도	2차년도	3차년도	4차년도	5차년도
기계장치	1,000,000	1,000,000	1,000,000	1,000,000	1,000,000
감가상각누계액	(200,000)	(400,000)	(600,000)	(800,000)	(1,000,000)
	800,000	600,000	400,000	200,000	0

(2) 정률법(fixed−percentage−of−declining−balance method)

가속상각법(accelerated depreciation methods)이라고도 불리는 방법으로 유형자산의 장부가액(미상각잔액)에 일정한 상각률(정률)을 곱하여 각 연도의 감가상각비를 계산하는 방법이다.

> 연 감가상각비 = 미상각잔액 × 정률
> = (취득원가 − 감가상각누계액) × 정률
>
> * 정률 = $1 - \sqrt[n]{\frac{\text{잔존가액}}{\text{취득원가}}}$ (n : 내용연수)

정률법에 의한 감가상각은 시간이 경과함에 따라 점점 감소하므로 이를 그림으로 표현하면 다음과 같다.

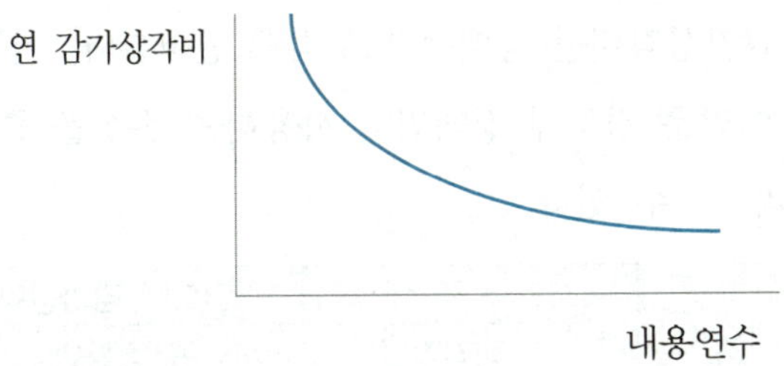

예제 07 정률법

예제 6의 자료를 이용하여 정률법에 의한 연 감가상각비를 계산하고 매년 말 기계장치의 장부가액을 표시하시오(단, 감가상각률[2]은 0.451로 계산한다).

해설

1. 연 감가상각비

1차 년도 = 1,000,000 × 0.451 = 451,000
2차 년도 = (1,000,000 − 451,000) × 0.451 = 247,599
3차 년도 = (1,000,000 − 698,599) × 0.451 = 135,932
4차 년도 = (1,000,000 − 834,531) × 0.451 = 74,627
5차 년도 = 1,000,000 − 909,158 = 90,842

2) 유형자산의 잔존가액을 '0'으로 보더라도 정률법에서는 정률을 계산할 때 취득원가의 5%를 잔존가액으로 하여 계산한다. 따라서 마지막 회계연도에는 나머지 5%의 잔액을 포함하여 감가상각액을 계산한다.

2. 매년 말 장부가액

	1차년도	2차년도	3차년도	4차년도	5차년도
기계장치	1,000,000	1,000,000	1,000,000	1,000,000	1,000,000
감가상각누계액	(451,000)	(698,599)	(834,531)	(909,158)	(1,000,000)
	549,000	301,401	165,469	90,842	0

정률법에 의하여 감가상각을 하면 내용연수의 초기에 감가상각비를 많이 계상하고, 시간이 경과함에 따라 차차 적게 계상한다. 이러한 특징으로 인하여 초기에는 정액법에 비하여 감가상각비를 많이 계상하므로 이익이 상대적으로 적어지며 법인세가 절감되는 효과가 있다. 하지만 내용연수의 후기에는 반대의 현상이 일어나게 되므로 내용연수 전체를 통해서는 정액법이나 정률법이나 법인세 부담액은 동일해진다.

반면, 정액법은 매기 동일한 금액을 감가상각비로 계상하므로 정률법에 비하여 내용연수의 초기에 감가상각비를 상대적으로 적게 인식한다. 실무적으로는 사업초기에 이익이 확보되기 어려운 경우에 정액법을 사용하면 손실을 줄이거나 이익을 늘리는 데 유리한 방법이라 할 수 있다.

구분	연도별 감가상각비		
	정액법	정률법	차이
1차년도	200,000	451,000	251,000
2차년도	200,000	247,599	47,599
3차년도	200,000	135,932	(−)64,068
4차년도	200,000	74,627	(−)125,373
5차년도	200,000	90,842	(−)109,158
계	1,000,000	1,000,000	0

(3) 생산량비례법(units-of-production method)

생산량비례법은 생산량에 비례하여 감가상각하는 방법이다. 즉, 연 감가상각비를 계산할 때 감가상각대상금액에 대해 추정총생산량에 대한 실제생산량의 비율을 곱하여 계산하는 방법이다. 세무상으로는 광업권이나 광업용 유형자산 등에 적용된다.

$$\text{연 감가상각비} = (\text{취득원가} - \text{잔존가치}) \times \frac{\text{생산량}}{\text{총예정생산량}}$$

제4절

외화관련 손익계정

1. 외환차익·외환차손

외환차익·외환차손[gains(losses) on foreign exchange transaction]은 환율변동으로 인하여 외화자산을 회수할 때에 회수금액이 장부금액과 차이가 발생하거나, 외화부채를 상환할 때에 상환금액이 장부금액과 차이가 발생할 때 그 차액을 말한다. 따라서 외환차익·차손은 거래가 실현될 때에 인식되는 과목이다.

2. 외화환산이익·외화환산손실

한편, 외화환산이익·손실[gains(losses) on foreign currency translation]은 결산기말에 인식하는 과목으로 환율변동으로 인하여 기업이 보유하고 있는 화폐성 외화자산·부채의 외환평가액이 장부금액과 달라지는 경우 그 차액을 말한다. 따라서 외화환산이익·손실은 미실현거래에 대하여 인식되는 과목이다.

예제 08 외환차익 및 외화환산이익

청산산업은 20×1년 9월 15일 은행에서 US $1,000을 외화차입하였다. 차입일의 환율은 ₩1,000/$이다. 차입금은 12월 말 현재 미상환 상태이며 12월 31일 결산일 현재의 환율은 ₩900/$이다. 한편, 회사는 20×2년 1월 31일 회사는 차입금 전액을 상환하였는데 상환시점의 환율은 ₩850/$이다.

일자별 회계처리

① 20×1. 9.15

(차) 현금, 예금	1,000,000	(대) 외화차입금	1,000,000

② 20×1.12.31

(차) 외화차입금	100,000	(대) 외화환산이익	100,000

* 외환환산이익 = @900×$1,000 − 1,000,000

③ 20×2. 1.31

(차) 외화차입금	900,000	(대) 현금, 예금	850,000
		외환차익	50,000

* 외환차익 = @850×$1,000 − 900,000

예제 09 외환차손 및 외화환산손실

청산산업은 20×1년 9월 15일 해외에 US$1,000의 수출을 하였다. 회사의 선적시점의 환율은 ₩1,000/$이다. 외화외상매출금은 12월 말 현재 미회수 상태이며 12월 31일 결산일 현재의 환율은 ₩940/$이다. 한편, 20×2년 1월 31일 회사는 외화외상매출금 전액을 회수하였는데 회수시점의 환율은 ₩900/$이다.

일자별 회계처리

① 20×1. 9.15

(차) 매출채권	1,000,000	(대) 매출액	1,000,000

② 20×1.12.31

(차) 외화환산손실	60,000	(대) 매출채권	60,000

* 외화환산손실 = @940×$1,000 − 1,000,000

③ 20×2. 1.31

(차) 현금,예금	900,000	(대) 매출채권	940,000
외환차손	40,000		

* 외환차손 = @900×$1,000 − 940,000

제5절 수익·비용의 이연 및 발생

수익과 비용의 인식은 발생주의(accrual basis)에 따라 인식한다. 발생주의란 현금의 유입·유출이 나타나게 하는 원인이 발생하는 시점에 수익과 비용을 인식하는 것을 말한다. 이는 이론적으로 기업의 경영성과를 정확하게 측정하기 위한 목적이라고 할 수 있다.

실무적에서는 수익과 비용에 대하여 기중에는 현금주의에 따라 인식하다가 기말에 결산조정분개를 통하여 발생주의에 적합하게 조정하는 방법을 취하고 있다. 이로 인하여 나타나게 되는 과목이 선수수익·선급비용·미수수익·미지급비용 등이 있다.

1. 선수수익(unearned income)

수익의 이연, 즉 당기에 수취한 수익 중 일부 금액을 차기로 이연시키는 절차로서 선수수익을 말한다. 임대료, 이자수익 등을 미리 받은 경우 차기 이후 해당분이 선수수익에 해당한다.

만약 1차 연도 4월 1일 1년분 임대료(4/1~3/31)를 현금으로 수취하였다면

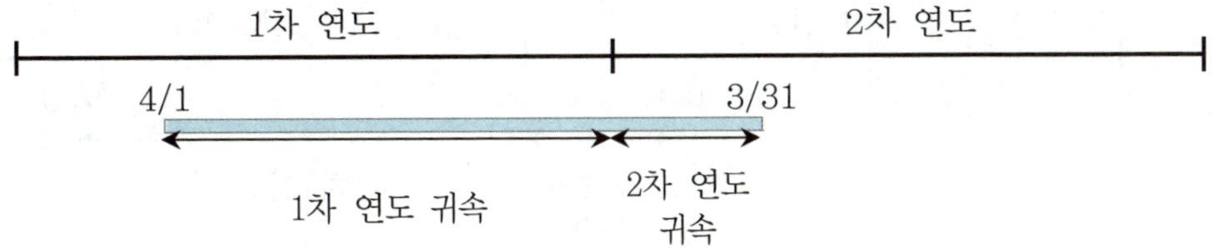

예제 10 선수수익

㈜태백산은 20×1년 4월 1일 연간 임대료 ₩2,400,000을 받고 건물을 임대하였다. 임대기간 1년 조건의 임대계약이다.

요구사항

다음 일자의 거래를 분개하시오.

1. 20×1년 4월 1일(현금수취일)
2. 20×1년 12월 31일(기말 결산일)
3. 20×2년 1월 1일(기초재수정분개)

해설

① 20×1년 4월 1일

(차) 현금, 예금	2,400,000	(대) 임대료	2,400,000

② 20×1년 12월 31일

(차) 임대료	600,000	(대) 선수임대료 (선수수익의 일종)	600,000

* 600,000=2,400,000×3/12

③ 20×2년 1월 1일

(차) 선수임대료	600,000	(대) 임대료	600,000

* 20×1년 임대료 : ₩2,400,000 − 600,000 = ₩1,800,000
20×2년 임대료 : ₩600,000

2. 선급비용(prepaid expenses)

비용의 이연, 즉 당기에 지급한 비용 중 일부 금액을 차기로 이연시키는 절차로서 선급비용을 말한다. 이자비용, 임차료, 리스료, 보험료 등을 미리 지급하는 경우 차기 이후 해당분이 선급비용에 해당한다.

만약 1차 연도 10월 1일 1년분 보험료(10/1~9/30)를 지급하였다면

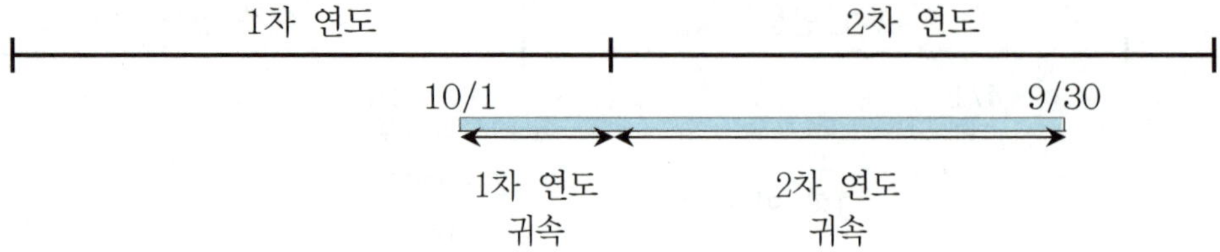

예제 11 선급비용

㈜태백산은 20×1년 10월 1일 회사 자동차의 보험료로 ₩1,200,000을 현금으로 지급하였다. 보험기간은 20×1년 10월 1일부터 20×2년 9월 30일까지이다.

요구사항

다음에서 요구하는 일자의 거래를 분개하시오.

1. 20×1년 10월 1일(보험료 지출일)
2. 20×1년 12월 31일(기말 결산일)
3. 20×2년 1월 1일(기초재수정분개)

해설

① 20×1년 10월 1일

(차) 보험료	1,200,000	(대) 현 금	1,200,000

② 20×1년 12월 31일

(차) 선급보험료	900,000	(대) 보험료	900,000

(선급비용의 일종)

* 900,000 = 1,200,000×9/12

③ 20×2년 1월 1일

(차) 보험료	900,000	(대) 선급보험료	900,000

* 20×1년 보험료 : ₩1,200,000 − 900,000 = ₩300,000
20×2년 보험료 : ₩900,000

3. 미수수익(accrued income)

수익의 예상(발생), 즉 차기 이후에 현금의 수취가 이루어지나 당기에 해당 현금을 수취할 권리가 발생하는 경우로서 미수수익을 말한다. 이자수익, 임대료 등의 기간경과분, 즉 수익이 발생하였으나 결산기말까지 수취하지 못한 미수수익이 여기에 해당한다.

만약 1차 연도 11월 1일 1년 만기(11/1~11/1)정기예금에 가입하고 이자는 만기에 전액 수취하는 경우라면

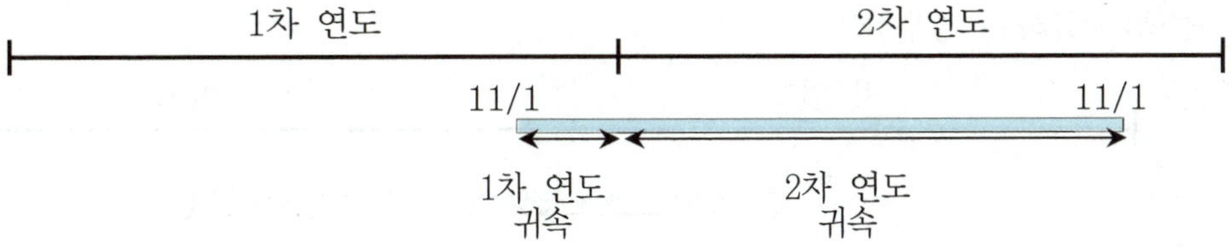

예제 12 미수수익

㈜태백산은 20×1년 11월 1일 은행에 ₩100,000,000을 6%의 조건으로 1년 만기 정기예금에 예치하였다. 이자는 만기인 20×2년 11월 1일 원금과 함께 전액 현금으로 수취한다.

요구사항

다음에서 요구하는 일자의 거래를 분개하시오.

1. 20×1년 12월 31일(기말결산일)
2. 20×2년 1월 1일(기초재수정분개)
3. 20×2년 11월 1일(이자수취일)

해설

① 20×1년 12월 31일

(차) 미수이자	1,000,000	(대) 이자수익	1,000,000
	(미수수익의 일종)		

* 1,000,000 = 100,000,000×6%×2/12

② 20×2년 1월 1일

(차) 이자수익	1,000,000	(대) 미수이자	1,000,000

③ 20×2년 11월 1일

(차) 현 금	106,000,000	(대) 이자수익	6,000,000
		단기금융상품	100,000,000

* 20×1년 이자수익 : ₩1,000,000
20×2년 이자수익 : ₩6,000,000 − 1,000,000 = ₩5,000,000

4. 미지급비용(accrued expenses)

비용의 예상(발생), 즉 차기 이후에 현금의 지급이 이루어지나 당기에 해당 현금을 지급할 의무가 발생하는 경우로서 미지급비용을 말한다. 이자비용, 임차료, 전력비 등의 기간경과분, 즉 비용이 발생하였으나 결산기말까지 지급되지 않은 미지급비용이 여기에 해당한다.

만약 1차 연도 8월 1일 1년 만기(8/1~8/1) 은행에서 차입을 하고 이자는 만기에 전액 지급하는 경우라면

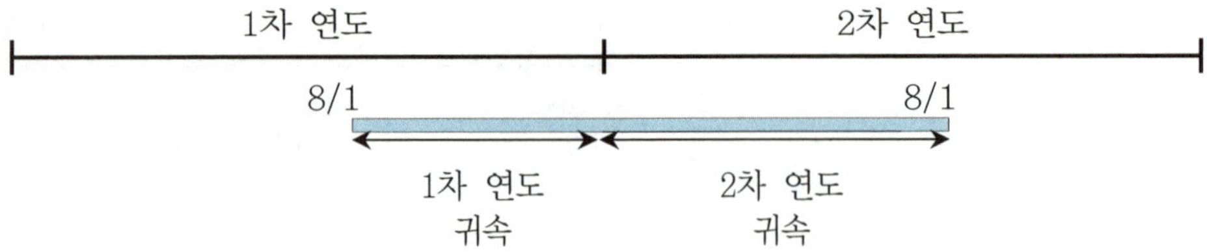

예제 13 미지급비용

㈜태백산은 20×1년 8월 1일 은행으로부터 ₩10,000,000을 차입하였다. 만기 1년이며, 이자율 연 6%, 이자는 만기상환 시 원금과 함께 지불하는 조건이다.

요구사항

다음 일자의 거래를 분개하시오.

1. 20×1년 8월 1일(차입일)
2. 20×1년 12월 31일(기말 결산일)
3. 20×2년 1월 1일(기초재수정분개)
4. 20×2년 8월 1일(상환일)

해설

① 20×1년 8월 1일

(차) 현금, 예금	10,000,000	(대) 단기차입금	10,000,000

② 20×1년 12월 31일

(차) 이자비용	250,000	(대) 미지급이자 (미지급비용의 일종)	250,000

* 250,000 = 10,000,000×6%×5/12

③ 20×2년 1월 1일

(차) 미지급이자	250,000	(대) 이자비용	250,000

④ 20×2년 8월 1일

(차) 이자비용	600,000	(대) 현금, 예금	10,600,000
단기차입금	10,000,000		

* 20×1년 이자비용 : ₩250,000
20×2년 이자비용 : ₩600,000 − 250,000 = ₩350,000

제6절 연구개발관련 지출

1. 연구개발관련 지출의 회계처리

연구개발과 관련하여 발생하는 원가는 기본적으로 해당 원가의 발생단계에 따라 회계처리가 달라진다.

■ 연구단계

"연구단계"에서 발생한 원가는 발생한 시점에 비용(성격에 따라 제조원가 혹은 판매관리비 중 "연구비" 등의 과목)으로 회계처리된다.

■ 개발단계

"개발단계"에서 발생한 원가는 조건충족 여부에 따라 일정조건을 충족하는 경우는 재무상태표의 "개발비"라는 자산(무형자산)으로 인식하고, 충족하지 못하는 경우에는 발생한 시점에 비용(성격에 따라 제조원가 혹은 판매관리비 중 "경상개발비" 등의 과목)으로 회계처리한다.

2. 개발비 인식요건

개발비(무형자산)로 인식될 수 있는 조건은 다음의 사항을 모두 만족하는 경우에만 가능하며 개발비는 추후 일정기간 동안 상각(amortization)하여 비용으로 인식한다.

① 무형자산을 사용하거나 판매하기 위해 그 자산을 완성할 수 있는 기술적 실현가능성
② 무형자산을 완성하여 사용하거나 판매하려는 기업의 의도

③ 무형자산을 사용하거나 판매할 수 있는 기업의 능력

④ 무형자산이 미래경제적효익을 창출하는 방법. 그 중에서도 특히 무형자산의 산출물이나 무형자산 자체를 거래하는 시장이 존재함을 제시할 수 있거나 또는 무형자산을 내부적으로 사용할 것이라면 그 유용성을 제시할 수 있다.

⑤ 무형자산의 개발을 완료하고 그것을 판매하거나 사용하는 데 필요한 기술적, 재정적 자원 등의 입수가능성

⑥ 개발과정에서 발생한 무형자산 관련 지출을 신뢰성 있게 측정할 수 있는 기업의 능력

연구·개발관련 원가

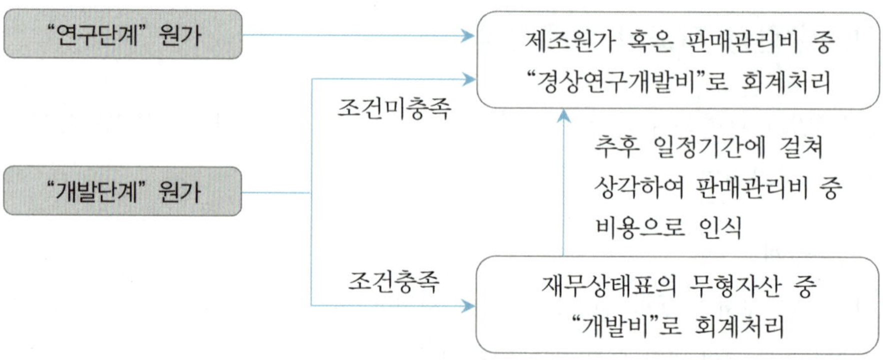

예를 들어 100이라는 연구·개발관련 지출이 발생한 경우 연구단계의 원가로 인정된다면 100 모두 지출이 발생한 연도의 비용으로 인식된다.

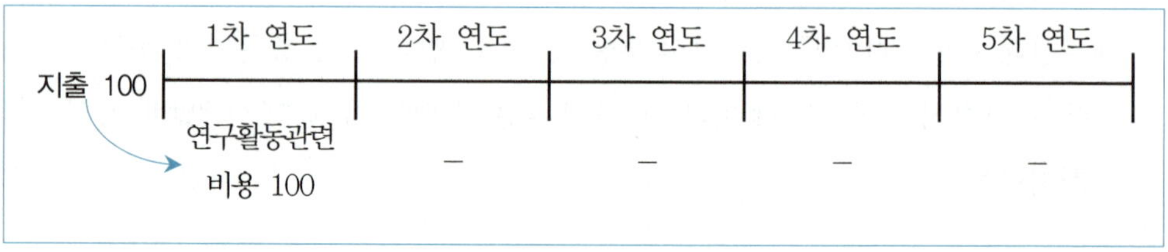

하지만 100이라는 연구·개발관련 지출이 발생한 경우 개발단계의 원가로 인정되고 개발비의 인식요건을 충족하며 회사는 개발비를 5년간 상각한다면 다음과 같이 매년 20씩 비용화된다.

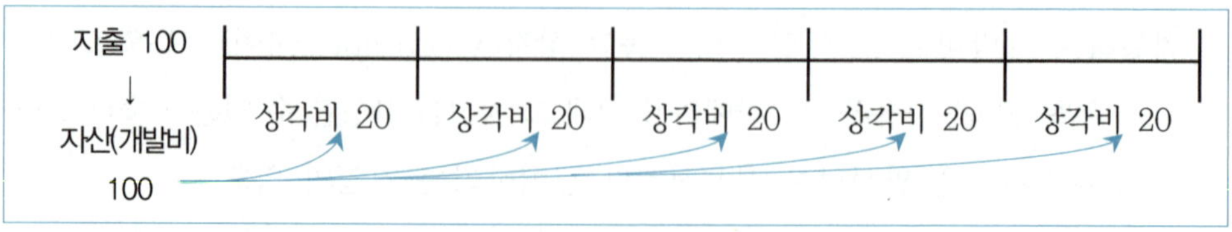

제7절 이연법인세

1. 이연법인세제도의 의의

이연법인세제도는 손익계산서에 표시되는 수익과 비용을 '발생주의'와 '수익·비용대응의 원칙'에 따라 회계처리하는 논리적 일관성을 유지하기 위하여 당해연도의 회계이익에 대한 법인세 상당액을 법인세비용으로 표시하는 제도이다.

즉, 법인세비용을 당해연도 소득에 대하여 "실제로 납부하여야 하는 법인세 등"으로 표시하는 것이 아니라 "당해연도 회계이익에 대한 법인세 상당액"을 표시함으로써 이연법인세제도는 기간손익을 기업의 경영성과에 따라 적정하게 표시할 수 있는 장점이 있다.

만약, 이연법인세제도를 적용하지 않고 법인세비용을 실제 납부하여야 하는 법인세 등으로 정의한다면 손익계산서에 표시되는 세전이익과 법인세비용이 대응되지 않아 기업의 경영성과를 왜곡하고 재무제표이용자에게 혼란을 불러올 수도 있다. 예를 들어 회계이익이 상당금액이 발생하였어도 전년도 이전의 이월결손금으로 인하여 당기에 납부하는 법인세는 "0"이 될 수 도 있다. 이 경우 재무제표 이용자들의 입장에서는 회계이익이 있는 기업이 법인세비용이 "0"이 되는 사실을 쉽게 납득하기 힘들 것이다.

또한 후술하는 바와 같이 회계상의 이익과 세법상의 소득금액은 차이가 발생할 수밖에 없는데 손익계산서에 세법상의 소득금액에 대한 법인세납부액을 표시하는 것 자체가 기업의 경영성과를 왜곡하는 것이다.

이연법인세제도를 이해하기 위해서는 "실제로 납부하여야 하는 법인세 등"과 "당해연도 회계이익에 대한 법인세 상당액"을 구분할 수 있어야 하는데 이는 회계이익과 세무상 소득을 구분할 수 있어야 한다. 이를 위하여 회계와 세법의 기본적인 차이점에 대하여 살펴보도록 한다.

2. 회계이익과 과세소득

회계이익은 발생주의와 수익·비용대응의 원칙에 따라 인식되는 수익과 비용을 대응시켜 인식된다. 법인세법상의 과세소득은 권리·의무확정주의와 조세정책목적에 의하여 결정되는 익금에서 손금을 차감하여 계산한다. 익금은 수익과, 손금은 비용과 유사한 개념이나 이러한 이유로 인하여 차이가 발생하게 된다. 따라서 회계이익과 소득금액도 달라질 수밖에 없다.

	수 익			익 금
(−)	비 용		(−)	손 금
	이 익	≠		소득금액

예를 들어 다음과 같은 손익계산서가 있는 경우

손익계산서

수익 :	매 출 액	₩10,000
비용 :	급 여	5,000
	접 대 비	2,000
순	이 익	₩3,000

재무제표 이용자 입장에서는 위의 손익계산서를 보고 순이익이 ₩3,000이므로 이에 대한 법인세를 납부할 것으로 생각할 수 있다. 하지만 세법은 과세를 목적으로 하므로 수익과 비용에 대하여 여러 가지의 제한을 두고 있는데 예를 들어 위의 비용항목 중 접대비에 대해서는 일정한도까지만 손금으로 인정이 되고 있다.

만약 위의 손익계산서에서 접대비는 ₩2,000이지만 세법상의 한도로 인하여 ₩1,000만 손금인정이 된다면 과세목적의 소득금액은 다음과 같다.

회계이익				과세목적의 소득금액		
수익 :	매 출 액	₩10,000		익금 :	매 출 액	₩10,000
비용 :	급 여	5,000	➡	손금 :	급 여	5,000
	접 대 비	2,000			접 대 비	1,000
순	이 익	₩3,000		소 득	금 액	₩4,000

따라서 과세는 세법상의 소득금액을 대상으로 이루어지므로 회계상의 순이익 ₩3,000이 아니라 ₩4,000에 대하여 법인세를 납부하는 것이다.

3. 세무조정

기업은 기업회계기준에 따라 장부를 기록하고 결산을 하지만 법인세액을 계산할 때에는 기업회계기준에 따라 작성된 회계장부에 기초하여 세무조정이라는 과정을 거쳐 과세소득을 계산하고 법인세액을 계산한다.

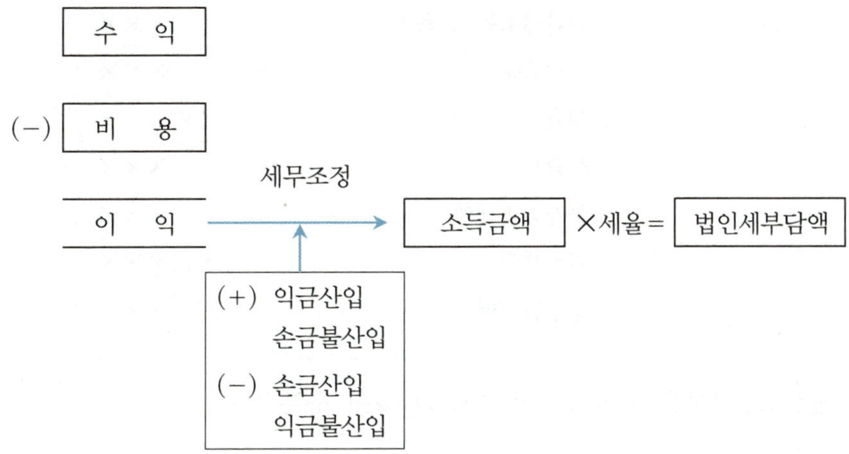

가산항목	익금산입	기업회계에서 수익항목이 아니지만 법인세법에서 익금으로 인정되는 항목
	손금불산입	기업회계에서 비용항목이지만 법인세법에서 손금으로 인정되지 않는 항목
차감항목	손금산입	기업회계에서 비용항목이 아니지만 법인세법에서 손금으로 인정되는 항목
	익금불산입	기업회계에서 수익항목이지만 법인세법에서 익금으로 인정되지 않는 항목

앞에서 설명한 세무조정사항은 실무에서 다음과 같은 계산구조에 의하여 법인세 부담액을 계산하게 된다.

결산서상 당기순이익	×× ×
익금산입·손금불산입	(+)×× ×
손금산입·익금불산입	(−)×× ×
각 사업연도 소득금액	×× ×
이월결손금	(−)×× ×
비과세소득·소득공제	(−)×× ×
과세표준	×× ×
세율	(×) %
산출세액	×× ×
공제감면세액	(−)×× ×
가산세액	(+)×× ×
총부담세액	×× ×

세무조정항목은 성격에 따라 다음과 같이 구분된다.

(1) 영구적 차이(permanent difference)

기업회계와 법인세의 "손익범위에 대한 인식의 차이" 로 인하여 발생하는 차이로서 특정 회계연도에 조정(회계이익에 가산하거나 차감하는 절차)되면 그것으로 조정절차는 종료되고 후속연도 이후에는 전혀 조정절차가 없는 차이를 말한다. 주로 조세정책목적에 기인한다. 영구적 차이의 예로는 다음과 같은 것들이 있다.

- 가지급금 인정이자
- 간주임대료
- 자기주식처분이익
- 각종 벌과금 등
- 접대비 한도초과액
- 업무무관경비
- 기부금 한도초과액

(2) 일시적 차이(temporary difference)

기업회계와 법인세의 "손익귀속시기에 대한 인식의 차이"로 인하여 발생하는 차이로서 특정 회계연도에 조정(회계이익에 가산하거나 차감하는 절차)되면 후속연도 이후에는 반대의 조정절차를 필요로 하는 차이를 말한다. 일시적 차이의 예로는 다음과 같은 것들이 있다.

- 예금 등의 미수수익
- 감가상각비 한도초과액
- 조세특례제한법 준비금
- 단기매매증권평가손익
- 퇴직급여충당금 한도초과액
- 대손충당금 한도초과액
- 의제배당

영구적 차이는 앞의 설명과 같이 후속연도 이후의 조정과정이 없으므로 영구적 차이로 인한 미래의 법인세 절감효과 혹은 법인세 추가부담효과가 없다.

그러나 일시적 차이는 기간귀속에 대한 인식의 차이로 인하여 특정연도에는 차이가 발생하지만 후속연도 이후에는 반대의 조정절차를 인식하게 된다. 따라서 연도별로는 회계이익과 과세소득 간에 차이가 발생하지만 전체기간으로 보면 차이가 없어지게 된다. 결국 조정사항이 발생하는 최초연도에는 미래의 법인세 절감효과 혹은 법인세 추가부담효과가 발생하게 된다.

이연법인세제도의 기본취지는 당기의 과세소득에 대한 법인세부담액뿐만 아니라 일시적 차이로 인한 미래의 법인세 절감효과 혹은 법인세 추가부담효과를 고려하는 것이므로 이연법인세제도에서 계산의 대상이 되는 것은 일시적 차이이다.

일시적 차이의 세무조정

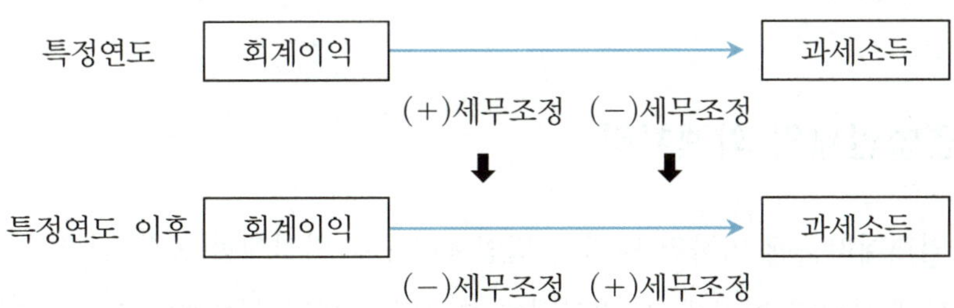

4. 일시적 차이의 구분과 이연법인세효과

일시적 차이는 성격에 따라 차감할 일시적 차이와 가산할 일시적 차이로 구분된다.

구분		내용
차감할 일시적 차이	유보	당기 또는 전기이전 세무조정에서 회계이익에 가산하였으나 미래의 세무조정에서 차감할 일시적 차이
가산할 일시적 차이	△유보	당기 또는 전기이전 세무조정에서 회계이익에서 차감하였으나 미래의 세무조정에서 가산할 일시적 차이

차감할 일시적 차이는 당기 또는 전기이전 세무조정에서 회계이익에 가산하였으나 미래의 세무조정에서는 역으로 차감할 일시적 차이로서 세무회계에서 소득처분시 유보라고 하는 항목을 말한다. 즉 유보사항으로 인하여 당기 또는 전기이전에는 회계이익에 비하여 과세소득이 증가하였으나 미래에는 유보사항이 감소함으로써 회계이익에 비하여 과세소득이 감소하게 된다. 따라서 미래에는 법인세 절감효과가 나타나는 것이다.

가산할 일시적 차이는 당기 또는 전기이전 세무조정에서 회계이익에 차감하였으나 미래의 세무조정에서는 역으로 가산할 일시적 차이로서 세무회계에서 소득처분 시 △유보라고 하는 항목을 말한다. 즉 △유보사항으로 인하여 당기 또는 전기이전에는 회계이익에 비하여 과세소득이 감소하였으나 미래에는 △유보사항이 감소함으로써 회계이익에 비하여 과세소득이 증가하게 된다. 따라서 미래에는 법인세 추가부담효과가 나타나는 것이다.

세무조정 과정에서 발생한 일시적 차이와 영구적 차이는 '소득금액조정합계표'에 표시되며, 일시적 차이는 '자본금과 적립금조정명세서(을)'에서 관리되므로 실무상으로는 '자본금과 적립금조정명세서(을)'를 파악하면 회계이익과 과세소득간의 차이를 쉽게 발견할 수 있다.

5. 이연법인세의 회계처리

기업회계기준에 의하면 당기의 법인세비용은 법인세법 등의 법령에 의하여 당해 사업연도에 부담할 법인세 및 법인세에 부가되는 세액의 합계에 당기 이연법인세 변동액을 가감하여 산출된 금액을 말한다. 따라서 회계처리는 법인세부담액에 대한 회계처리와 이연법인세 변동액에 대한 회계처리로 구분된다.

(1) 법인세부담액에 대한 회계처리

당기 법인세부담액은 일시적 차이와 영구적 차이에 대한 모든 세무조정을 한 후에 기업이 부담해야 할 법인세, 지방소득세, 농어촌특별세 등의 합계액을 말한다.

(차) 법인세비용	×××	(대) 당기법인세부채	×××

(2) 이연법인세 인식

① 차감할 일시적 차이

특정연도에 (+)세무조정이 되는 일시적 차이는 차기 이후에 (−)세무조정이 되므로 미래에 법인세 절감효과가 나타난다. 즉 당기에는 법인세부담액이 늘어나지만 차기 이후에는 법인세가 줄어드는 법인세 절감효과가 나타난다. 이러한 법인세절감효과는 당기에 자산으로 인식되므로 '이연법인세자산(deferred income tax debits)'의 과목으로 하여 다음과 같이 회계처리한다.

(차) 이연법인세자산 ××× (대) 법인세비용 ×××

② 가산할 일시적 차이

특정연도에 (−)세무조정이 되는 일시적 차이는 차기 이후에 (+)세무조정이 되므로 미래에 법인세 추가부담효과가 나타난다. 즉 당기에는 법인세부담액이 줄어들지만 차기 이후에는 법인세가 늘어나는 법인세 추가부담효과가 나타난다. 이러한 법인세추가부담효과는 당기에 부채로 인식되므로 '이연법인세부채(deferred income tax credits)'의 과목으로 하여 다음과 같이 회계처리한다.

(차) 법인세비용 ××× (대) 이연법인세부채 ×××

(3) 이연법인세자산·부채의 계정분류

이연법인세자산·부채의계정분류는 일반기업회계기준과 한국채택국제회계기준에서 달리 정하고 있다.

재무상태표 표시	
한국채택국제회계기준	일반기업회계기준
이연법인세자산(부채)은 모두 비유동자산(비유동부채)으로 분류한다.	이연법인세자산(부채)은 관련된 자산·부채항목(일시적 차이의 발생항목)의 재무상태표상 분류에 따라 재무상태표에 유동자산(유동부채) 또는 비유동자산(비유동부채)으로 분류한다.

예제 14 일시적 차이

발해산업의 20×1년과 20×2년의 회계이익은 ₩1,000,000으로 동일하였다. 20×1년 세무조정사항은 손금불산입 ₩200,000이며 이는 일시적 차이로 20×2년 소멸된다. 법인세율은 30%이다.

요구사항

1. 20×1년과 20×2년의 2년간 법인세부담액은 각각 얼마인가?
2. 20×1년과 20×2년의 법인세비용을 계산하고 회계처리하시오.

해설

1. 연도별 법인세부담액

	20×1년		20×2년
회계이익	1,000,000		1,000,000
일시적 차이	200,000	→	(200,000)
과세소득	1,200,000		800,000
세율	30%		30%
법인세부담액	360,000		240,000

2. 연도별 법인세비용

20×1년 법인세비용 = ₩360,000 − 200,000 × 30% = ₩300,000

(차) 법인세비용	300,000	(대) 당기법인세부채	360,000
이연법인세자산	60,000		

20×2년 법인세비용 = ₩240,000 + 60,000 = ₩300,000

(차) 법인세비용	300,000	(대) 당기법인세부채	240,000
		이연법인세자산	60,000

앞의 예제에서 2년간 법인세부담액은 ₩360,000 + 240,000 = ₩600,000이며 2년간 법인세비용은 ₩300,000 + 300,000 = ₩600,000으로 동일하다. 다만 법인세비용을 매년 ₩300,000으로 표시함으로서 당기순이익이 경영성과에 따라 표시되는 효과가 나타나는 것이다.

	이연법인세 적용하는 경우		
	20×1년	20×2년	합 계
법인세비용차감전순이익	1,000,000	1,000,000	2,000,000
법 인 세 비 용	(300,000)	(300,000)	(600,000)
당 기 순 이 익	700,000	700,000	1,400,000

⇒경영성과에 따라 당기순이익이 적정하게 표시된다.

	이연법인세 적용하지 않는 경우		
	20×1년	20×2년	합 계
법 인 세 차 감 전 순 이 익	1,000,000	1,000,000	2,000,000
법 인 세 등	(360,000)	(240,000)	(600,000)
당 기 순 이 익	640,000	760,000	1,400,000

⇒당기순이익이 경영성과와 관계없이 표시되어 기간손익이 왜곡된다.

6. 이연법인세자산의 인식요건

가산할 일시적 차이로 인하여 발생하는 이연법인세부채는 일시적 차이를 발생시키는 거래가 당기 혹은 전기이전에 이미 발생하였고, 이로 인하여 미래에 법인세부담액을 증가시킴으로써 기업의 자산(현금)이 유출되기 때문에 부채의 정의에 부합한다.

그러나 차감할 일시적 차이로 인하여 발생하는 이연법인세자산은 향후 과세소득의 발생이 거의 확실하여 이연법인세자산의 법인세 절감효과가 실현될 수 있을 것으로 기대되는 경우에만 인식하여야 한다. 이는 현재 기업에 차감할 일시적 차이가 있다하더라도 미래에 회계이익이 발생하여야 차감할 일시적 차이로 인한 법인세 절감효과가 나타나기 때문이다.

다음은 일반기업회계기준에서 정하는 이연법인세자산의 인식요건이다.

일반기업 회계기준 22.19	차감할 일시적차이는 미래기간의 과세소득을 감소시킨다. 그러나 차감할 일시적차이를 활용할 수 있을 만큼 미래기간의 과세소득이 충분할 경우에만 차감할 일시적차이의 법인세효과는 실현될 수 있다. 따라서 차감할 일시적차이가 활용될 수 있는 가능성이 매우 높은 경우에만 이연법인세자산을 인식하여야 한다.
일반기업 회계기준 22.44	이연법인세자산의 실현가능성은 보고기간말마다 재검토되어야 한다. 재검토 결과 이연법인세자산의 법인세절감효과가 실현되기에 충분한 과세소득이 예상되지 않는 경우 이연법인세자산은 감액처리한다.

제8절 지분법회계

1. 지분법의 의의

지분법(equity method)은 투자회사가 피투자회사에 유의적 영향력을 행사할 수 있는 경우 투자회사와 피투자회사가 경제적으로 연결되어 있다고 보고 피투자회사의 순자산(자본)의 변동을 투자회사가 보유하고 있는 피투자회사주식 평가에 적용하는 방법이다. 결국 지분법은 피투자회사의 경영성과가 투자회사의 경영성과에 반영되는 효과가 나타나는 방법이다.

'지분법피투자기업'은 투자기업이 유의적인 영향력을 행사할 수 있는 지분법적용대상 피투자기업을 말한다. 지분법피투자기업에는 주식회사, 합명회사, 합자회사, 유한회사, 조합 등의 모든 법적 실체를 포함한다.

지분법이 적용되는 주식은 일반기업회계기준에서는 "지분법적용투자주식"으로 표시하고 한국채택국제회계기준에서는 "관계기업투자주식" 등으로 표시한다.

2. 유의적인 영향력

'유의적인 영향력'은 투자기업이 피투자기업의 재무정책과 영업정책에 관한 의사결정에 참여할 수 있는 능력을 말한다. 유의적인 영향력은 다음의 조건에 따라 판단한다.

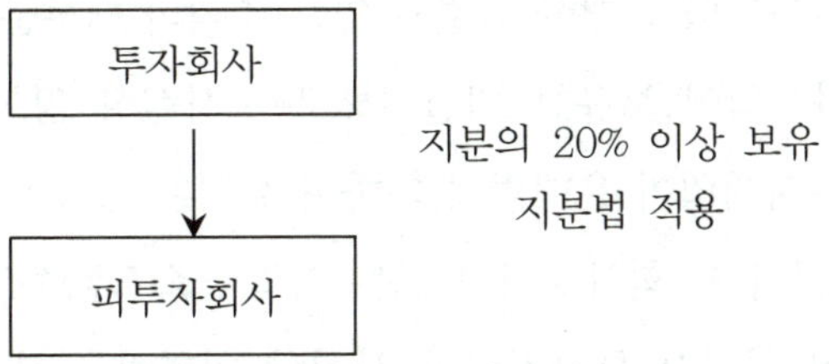

- 투자기업이 직접 또는 종속기업을 통하여 간접적으로 피투자기업의 의결권 있는 주식의 20% 이상을 보유하고 있다면 명백한 반증이 있는 경우를 제외하고는 유의적인 영향력이 있는 것으로 본다.
- 투자기업이 직접 또는 종속기업을 통하여 간접적으로 보유하고 있는 피투자기업에 대한 의결권 있는 주식이 20%에 미달하는 경우에는 일반적으로 피투자기업에 대하여 유의적인 영향력이 없는 것으로 본다.

(1) 20% 미만의 지분율이라도 유의적 영향력을 행사할 수 있는 경우

가. 투자기업이 피투자기업의 이사회 또는 이에 준하는 의사결정기구에서 의결권을 행사할 수 있는 경우

나. 투자기업이 피투자기업의 재무정책과 영업정책에 관한 의사결정과정에 참여할 수 있는 경우

다. 투자기업이 피투자기업의 재무정책과 영업정책에 관한 의사결정과정에 참여할 수 있는 임원선임에 상당한 영향력을 행사할 수 있는 경우

라. 피투자기업의 유의적인 거래가 주로 투자기업과 이루어지는 경우

마. 피투자기업에게 필수적인 기술정보를 투자기업이 당해 피투자기업에게 제공하는 경우

(2) 유의적 영향력을 행사할 수 없는 경우

투자기업이 다음 중 하나 이상에 해당하는 경우 일반적으로 피투자기업에 대하여 유의적인 영향력을 행사할 수 없다고 본다.

가. 법적 소송이나 청구의 제기에 의하여 투자기업이 피투자기업의 재무정책과 영업정책을 결정하는 데 실질적인 영향을 미칠 수 없는 경우

나. 계약이나 법규 등에 의하여 투자기업이 의결권을 행사할 수 없는 경우

다. 피투자기업에 대한 의결권 있는 주식의 대부분을 특정 지배기업이 보유함으로써 투자기업이 보유한 의결권으로는 사실상 영향력을 행사할 수 없는 경우

라. 피투자기업이 은행법에 의하여 설립된 금융기관으로부터 당좌거래 정지처분 중에 있거나, 회사정리법 또는 기업구조조정촉진법 등에 의해 법적 구조조정절차 중에 있어서 투자기업이 사실상 영향력을 행사할 수 없는 경우

마. 위에 열거된 경우에 준하는 사유

3. 지분법 회계처리

(1) 피투자회사 지분변동액의 회계처리

투자기업은 지분법적용투자주식을 원가로 인식하고, 지분법적용투자주식의 취득시점 이후 발생한 지분변동액을 당해 지분법적용투자주식에 가감하여 보고한다.

지분변동액은 지분법피투자기업의 순자산변동액 중 투자기업의 지분율에 해당하는 금액으로 지분법적용투자주식에 가감하고 지분법피투자기업의 순자산금액 변동의 원천에 따라 회계처리한다.

지분변동액의 유형에 따른 회계처리는 다음과 같다. 다만, 피투자회사의 주식배당·무상증자·무상감자·결손보전·주식병합·주식분할 등은 피투자회사의 순자산에 변동이 없기 때문에 투자회사에서 회계처리하지 않는다.

가. 피투자회사의 당기순이익(손실)

투자회사는 피투자회사의 순이익 혹은 순손실 중 지분율에 해당하는 금액을 '지분법이익' 혹은 '지분법손실'의 과목으로 하여 당기손익(영업외손익)으로 인식하고 동액을 지분법적용투자주식에 가감한다.

(차)	지분법적용투자주식	×××	(대)	지분법이익	×××
(차)	지분법손실	×××	(대)	지분법적용투자주식	×××

나. 피투자회사의 전기이월이익잉여금의 증감

① 피투자회사의 중대한 오류수정-투자회사에게 중요하지 않은 경우

지분법피투자기업의 전기이월이익잉여금이 중대한 오류수정에 의하여 변동하였으

나 투자기업의 재무제표에 미치는 영향이 중대하지 아니하면 당해 지분변동액을 당기 손익으로 처리한다.

② 피투자회사의 중대한 오류수정-투자회사에게 중요한 경우

피투자회사의 이익잉여금이 중대한 오류수정으로 인하여 증감하였으며 이러한 오류수정이 투자기업에게 중대한 영향을 미치는 경우에는 투자기업의 이익잉여금의 증감으로 반영한다.

(차)	지분법적용투자주식 (미처분이익잉여금)	×××	(대)	지분법이익잉여금변동	×××
(차)	부의지분법이익잉여금변동 (미처분이익잉여금)	×××	(대)	지분법적용투자주식	×××

③ 피투자회사의 회계변경에 의하여 변동하였을 경우

지분법피투자기업의 전기이월이익잉여금이 피투자기업의 회계변경에 의하여 변동하였을 경우 당해 지분변동액은 전기이월이익잉여금(예 : 지분법이익잉여금변동)에 반영한다.

다. 기타의 변동원천(피투자회사의 자본잉여금, 자본조정, 기타포괄손익누계액이 증감하는 경우)

지분법피투자기업의 순자산금액 변동이 당기순손익과 전기이월이익잉여금을 제외한 자본의 증감으로 인하여 발생한 경우 지분변동액은 기타포괄손익누계액(예 : 지분법자본변동)으로 처리한다(다만, 이 경우에는 법인세효과를 고려하여 회계처리한다.).

(차)	지분법적용투자주식	×××	(대)	지분법자본변동 (기타포괄손익누계액)	×××
(차)	부의지분법자본변동 (기타포괄손익누계액)	×××	(대)	지분법적용투자주식	×××

라. 피투자회사의 배당금

투자기업은 지분법피투자기업이 배당금지급을 결의한 시점에 투자기업이 수취하게 될 배당금 금액을 지분법적용투자주식에서 직접 차감한다. 이는 배당금을 지급하는 만큼 피투자회사의 순자산이 감소되기 때문이다.

(차)	미수금	×××	(대)	지분법적용투자주식	×××

예제 15 지분법

태백주식회사는 A회사가 발생한 주식의 30%를 ₩300,000에 취득하였다. 이후 A회사는 ₩100,000의 순이익을 보고하였고 얼마 후 ₩40,000의 배당금을 지급하였다.

요구사항

1. 각 거래에 대한 태백주식회사의 분개를 하시오.
2. 거래 후 지분법적용투자주식은 얼마로 표시되는가?

해설

1. 거래별 분개

① 취득

(차) 지분법적용투자주식	300,000	(대) 현금, 예금	300,000

② 피투자회사의 순이익 보고

(차) 지분법적용투자주식	30,000	(대) 지분법이익	30,000

* 30,000 = ₩100,000 × 30%

③ 배당금 수령

(차) 현금, 예금	12,000	(대) 지분법적용투자주식	12,000

* ₩12,000 = ₩40,000 × 30%

2. 지분법적용주식

취득원가	300,000
피투자회사 순자산 증가(순이익 발생)	30,000
배당금 수령	(−)12,000
계	318,000

(2) 기타회계처리사항

가. 지분법적용투자주식의 금액이 영(0)이하가 될 경우

투자기업이 지분법을 적용할 때 지분법피투자기업의 손실 등을 반영함으로 인하여 지분법적용투자주식의 장부금액이 영(0) 이하가 될 경우에는 더 이상의 지분변동액에 대한 인식을 중지하고 지분법적용투자주식을 영(0)으로 처리한다.

나. 내부거래미실현손익의 제거

투자기업 및 지분법피투자기업 간의 거래에서 발생한 손익에 투자기업의 지분율을 곱한 금액 중 보고기간종료일 현재 보유자산의 장부금액에 반영되어 있는 부분은 투자기업의 미실현손익으로 본다. 이 경우 미실현이익은 지분법적용투자주식에서 차감하고 미실현손실은 지분법적용투자주식에 가산한다.

다. 손상차손

지분법적용투자주식으로부터 회수할 수 있을 것으로 추정되는 금액(이하 '회수가능액'이라 한다)이 장부금액보다 작은 경우에는 손상차손을 인식할 것을 고려하여야 한다. 손상차손의 발생에 대한 객관적인 증거가 있는지를 평가하고 그러한 증거가 있는 경우에는 손상차손을 인식한다.

회수가능액은 지분법적용투자주식을 매각한다면 예상되는 순현금유입액과 사용가치 중 큰 금액으로 한다. 손상차손금액은 당기손실(예 : 지분법적용투자주식손상차손)로 인식한다.

라. 해외소재 지분법적용투자회사의 재무제표환산

해외에 소재하는 지분법적용투자회사의 외화표시재무제표를 환산하여 지분법을 적용하는 경우 자산 및 부채는 투자회사의 재무상태표일 현재의 환율, 지분취득당시의 자본은 취득당시의 환율, 지분취득 이후에 증가한 이익잉여금 이외의 자본은 거래발생당시의 환율을 적용하여 환산한다. 손익항목은 거래발생 당시의 환율 또는 당해 회계기간의 평균환율을 적용하여 환산할 수 있다. 원화로 환산한 후 자산에서 부채를 차감한 금액과 자본총계금액과의 차이 중 투자회사의 지분에 상당하는 금액은 기타포괄손익누계액(예 : 지분법자본변동)으로 처리한다.

제9절 유가증권

"금융자산"이란 현금, 지분상품 및 미래에 현금을 수취할 계약상 권리 등을 말한다. 금융자산에 포함되는 지분상품은 지분증권 등을 의미하며 미래에 현금을 수취할 계약상 권리는 매출채권, 대여금, 채무증권 등이 포함된다.

금융자산은 유가증권을 포함하는 상당히 포괄적 개념이라 할 수 있는데 이번 절에는 금융자산의 핵심이라 할 수 있는 지분증권과 채무증권 등의 유가증권을 중심으로 살펴보도록 한다.

1. 일반기업회계기준

유가증권이란 타회사 지분의 소유관계를 의미하는 주식 등의 지분증권과 채권·채무관계를 의미하는 국·공채, 사채 등의 채무증권 등으로 구성된다. 지분증권과 채무증권은 기업회계기준상 요건에 따라 다음과 같이 구분된다.

	주식	채권(국공채, 사채)
단기매매증권	○	○
매도가능증권	○	○
지분법적용주식	○	–
만기보유증권	–	○

위와 같이 분류된 유가증권은 재무상태표에서 다음과 같이 표시된다.

재무상태표

유동자산		
단기매매증권	×××	
비유동자산		
매도가능증권	×××	
지분법적용투자주식	×××	
만기보유증권	×××	

(1) 유가증권의 분류

일반기업회계기준은 주로 보유목적, 의도와 능력에 따라 다음과 같이 분류한다.

가. 지분증권의 분류

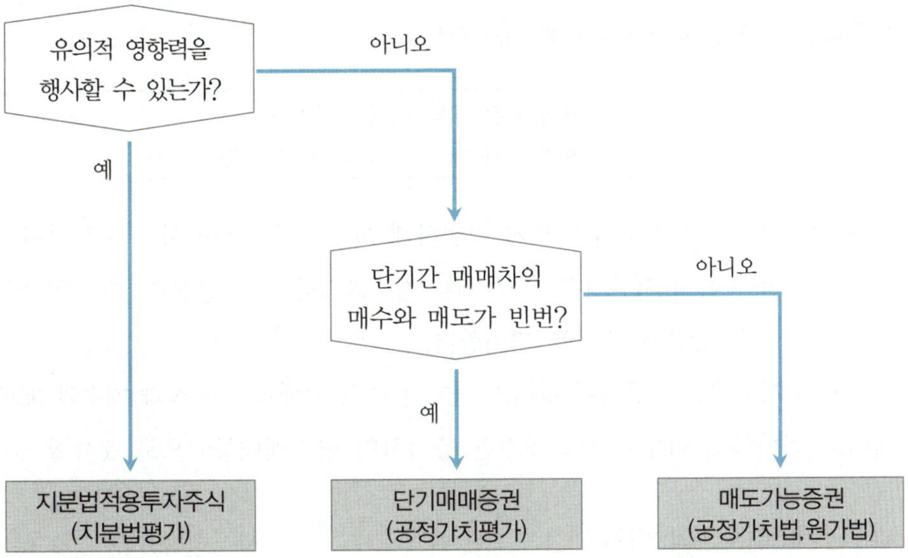

나. 채무증권의 분류

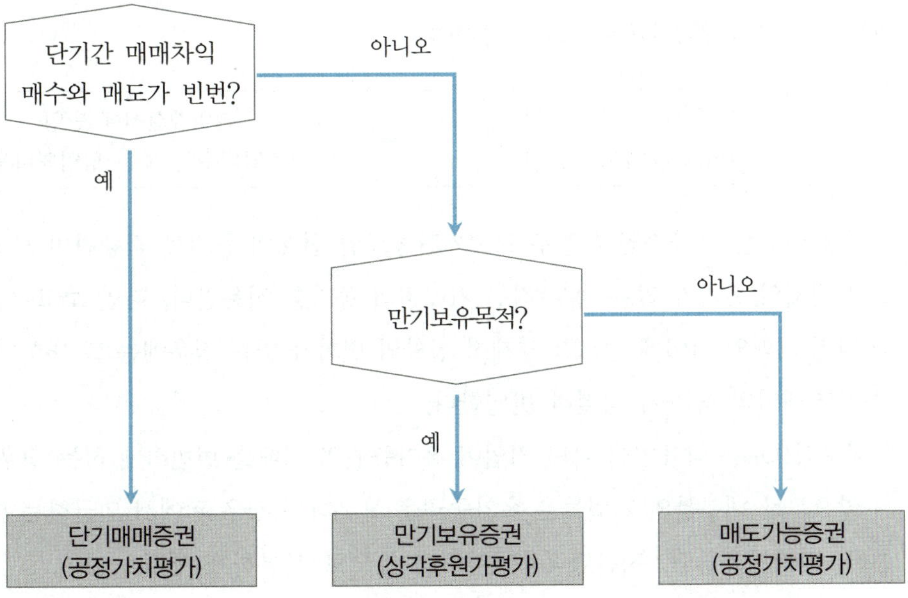

(2) 단기매매증권

가. 단기매매증권의 의의

단기매매증권(trading securities)은 주로 단기간 내의 매매차익을 목적으로 취득한 유가증권으로서 매수와 매도가 적극적이고 빈번하게 이루어지는 것을 말하며 단기간 보유라는 특성상 유동자산으로 분류한다.

- 단기간 내의 매매차익 목적
- 매수와 매도가 적극적이고 빈번

주식의 경우에는 매수와 매도가 빈번하게 이루어지기 위해서는 시장성이라는 조건을 충족하여야 하며 시장성은 유가증권시장, 코스닥시장, 공신력 있는 외국의 증권거래소시장 등에 상장된 주식을 의미한다.

채권의 경우에는 시장성이 없어도 단기간 내의 매매차익 목적과 매수와 매도가 적극적이고 빈번하게 이루어지는 조건만 충족하면 단기매매증권으로 분류할 수 있다.

나. 단기매매증권의 평가

단기매매증권의 평가는 공정가치에 의해서 평가하며 미실현보유손익은 당기손익항목으로 처리한다. 즉, 단기매매증권평가이익(손실) 또는 단기투자자산평가이익(손실)의 과목으로 하여 영업외항목으로 분류한다.

단기매매증권평가이익 단기매매증권평가손실	➡	손익계산서에 반영 (영업외수익 또는 영업외비용)

시장성 있는 유가증권의 경우 보고기간종료일 현재의 종가를 적용하며 보고기간종료일 현재의 종가가 없는 경우 직전 거래일의 종가를 적용한다. 다만 보고기간종료일과 직전 거래일 사이에 중요한 경제적 상황의 변화가 있는 경우에는 그 변화의 영향을 직전 거래일의 종가에 적절히 반영한다.

실무적으로는 금융업이 아닌 기업이 유가증권의 매매를 빈번하게 하는 경우는 흔하지 않으므로 대부분의 기업들은 유가증권을 보유하는 경우 뒤에서 언급하는 매도가능증권, 만기보유증권, 지분법적용투자주식 등으로 분류하게 된다.

(3) 매도가능증권

지분증권을 전제로 살펴보면 매도가능증권(available－for－sale securities)은 단기매매증권과 지분법적용투자주식으로 분류되지 아니한 것을 말한다. 단기매매증권과 지분법적용투자주식에 대해서는 이미 앞에서 살펴보았으므로 이번에는 매도가능증권을 중심으로 살펴본다.

가. 매도가능증권의 평가

매도가능증권은 공정가치로 평가한다. 다만 매도가능증권 중 시장성 없는 지분증권의 경우 공정가치를 신뢰성 있게 측정할 수 없는 경우에는 취득원가로 평가한다.

매도가능증권을 공정가치로 평가하는 경우 미실현보유손익은 "매도가능증권평가이익(손실)"의 과목으로 하여 기타포괄손익누계액으로 처리하고, 당해 유가증권에 대한 기타포괄손익누계액은 그 유가증권을 처분하거나 손상차손을 인식하는 시점에 일괄하여 당기손익에 반영한다.

매도가능증권평가이익 매도가능증권평가손실	➡	재무상태표에 반영 (기타포괄손익누계액)

나. 매도가능증권의 단가흐름 가정

매도가능증권을 매각하는 경우 처분손익을 확정하기 위한 단가산정은 종목별로 총평균법 혹은 이동평균법 등을 이용하여 계산한다. 처분 시 발생하는 처분손익은 "매도가능증권처분이익" 혹은 "매도가능증권처분손실"의 과목으로 하여 당기손익(영업외손익)에 반영한다.

예제 16 매도가능증권의 평가 및 처분

태백산업은 20×1년 초에 다음과 같이 A, B회사 주식을 취득하였다. 태백산업의 취득목적은 장기보유이며 모두 지분율이 20% 미만으로서 지분법평가대상은 아니다. 회사의 결산일은 매년 12월 31일이다.

종목명	구분	취득원가	20×1년 말 공정가치
A	상 장	₩300,000	₩340,000
B	코스닥	200,000	180,000
계		₩500,000	

한편, 20×2년 말 각 종목별 시가는 다음과 같으며 20×3년 초에 다음의 금액으로 처분하였다.

종목명	구분	20×2년 말 공정가치	20×3년 처분가액
A	상 장	₩350,000	₩370,000
B	코스닥	230,000	190,000

요구사항

각 일자별 회계처리를 하고 매 연도별 재무상태표에 표시되는 매도가능증권관련 계정을 보이시오(법인세효과는 고려하지 마시오).

해설

1. 20x1년 초 취득시점

(차) 매도가능증권(A)	300,000	(대) 현금	500,000
매도가능증권(B)	200,000		

2. 20x1년 말 결산일

(차) 매도가능증권(A)	40,000	(대) 매도가능증권평가이익	100,000
매도가능증권평가손실	20,000	매도가능증권(B)	20,000

20×1년 말 재무상태표

자산		자본	
비유동자산		기타포괄손익누계액	
매도가능증권	520,000	매도가능증권평가이익(A)	40,000
		매도가능증권평가손실(B)	(−)20,000

3. 20x2년 말 결산일

(차) 매도가능증권(A)	10,000	(대) 매도가능증권평가이익	10,000
매도가능증권(B)	50,000	매도가능증권평가손실	20,000
		매도가능증권평가이익	30,000

20×2년 말 재무상태표

자산		자본	
비유동자산		기타포괄손익누계액	
매도가능증권	580,000	매도가능증권평가이익(A)	50,000
		매도가능증권평가손실(B)	30,000

※ 매도가능증권평가이익은 취득시점이후의 누적평가이익과 동일하다.
₩50,000(A)=₩350,000(20×2년 말 공정가치)−₩300,000(최초 취득원가)
₩30,000(A)=₩230,000(20×2년 말 공정가치)−₩200,000(최초 취득원가)

4. 20x3년 초 매각시점

(차) 현금	370,000	(대) 매도가능증권(A)	350,000
매도가능증권평가이익(A)	50,000	매도가능증권처분이익	70,000
현금	190,000	(대) 매도가능증권(B)	230,000
매도가능증권평가이익(B)	30,000		
매도가능증권처분손실	10,000		

※ 매도가능증권처분손익은 처분가액과 최초취득원가의 차이와 동일하다.
A종목 처분이익 ₩70,000=₩370,000(20×3년 초 처분가치)−₩300,000(최초 취득원가)
B종목 처분손실 ₩10,000=₩190,000(20×3년 초 처분가치)−₩200,000(최초 취득원가)

다. 매도가능증권의 손상

유가증권의 손상 발생에 대한 객관적인 증거가 있는지를 매 보고기간 말에 평가하고, 그러한 증거가 있는 경우 다음과 같이 손상차손을 인식한다. 손상차손은 "매도가능증권손상차손"의 과목으로 하여 당기비용(영업외비용)으로 처리한다.

일반기업회계기준에서 설명하는 손상의 객관적 증거는 다음과 같다.

① 은행법에 의해 설립된 금융기관으로부터 당좌거래 정지처분을 받은 경우, 청산 중에 있거나 1년 이상 휴업 중인 경우, 또는 완전자본잠식 상태에 있는 경우와 같이 유가증권발행자의 재무상태가 심각하게 악화된 경우

② 이자 지급과 원금 상환의 지연과 같은 계약의 실질적인 위반이나 채무불이행이 있는 경우

③ 회사정리법에 의한 정리절차개시의 신청이 있거나 정리절차가 진행 중인 경우 또는 화의법에 의한 화의개시절차의 신청이 있거나 화의절차가 진행 중인 경우와 같이, 유가증권발행자의 재무적 곤경과 관련한 경제적 또는 법률적인 이유 때문

에 당초의 차입조건의 완화가 불가피한 경우

④ 유가증권발행자의 파산가능성이 높은 경우

⑤ 과거에 그 유가증권에 대하여 손상차손을 인식하였으며 그 때의 손상사유가 계속 존재하는 경우

⑥ 유가증권발행자의 재무상태가 악화되어 그 유가증권이 시장성을 잃게 된 경우

⑦ 표시이자율 또는 유효이자율이 일반적인 시장이자율보다 비정상적으로 높거나 낮은 채무증권(예 : 후순위채권, 정크본드)을 법규나 채무조정협약 등에 의해 취득한 경우

⑧ 기업구조조정촉진법에 의한 관리절차를 신청하였거나 진행 중인 경우

⑨ 기타 '①' 내지 '⑧'의 경우에 준하는 사유

(4) 투자채권(만기보유증권과 매도가능증권)

투자채권은 채무증권 중에서 단기매매증권으로 분류되지 아니한 것을 말하는데 만기보유증권과 매도가능증권이 있다.

가. 만기보유증권

만기보유증권(held-to-maturity securities)은 만기가 확정된 채무증권으로서 상환금액이 확정되었거나 확정이 가능한 채무증권을 만기까지 보유할 적극적인 의도와 능력이 있는 것을 말한다.

만기보유증권은 비유동자산으로 분류한다. 다만, 만기보유증권 중 1년 이내에 실현되는 부분은 유동자산으로 분류한다.

만기보유증권은 상각후원가로 평가하여 재무상태표에 표시한다. 만기보유증권을 상각후원가로 측정할 때에는 장부금액과 만기액면금액의 차이를 상환기간에 걸쳐 유효이자율법에 의하여 상각하여 취득원가와 이자수익에 가감한다.

나. 채권의 발행 및 투자자의 취득

채권의 회계처리를 위해서는 채권의 발행에 관한 이해를 전제로 하므로 채권발행에 대하여 살펴보도록 한다.

채권의 발행은 채권의 시장가격에 따라 발행되며 시장가격은 발행자의 입장에서 장

래 지급할 현금흐름을 현재가치로 할인한 값과 일치한다. 현금흐름을 할인할 때 시장이자율에 의하여 계산하는데 액면이자율과 시장이자율의 차이에 의하여 발행가액이 액면금액보다 커질 수도 있고 작아질 수도 있다. 채권발행가액의 계산논리를 수식으로 표현하면 다음과 같다.

액면의 현재가치 : 액면가액×₩1의 현재가치(상환기간, 시장이자율)	×××
이자의 현재가치 : 표시이자×연금₩1의 현재가치(상환기간, 시장이자율)	×××
채권 발행가액	×××

채권의 발행가액은 앞에서 설명한 것처럼 시장이자율과 액면이자율과의 차이에 따라 결정되는데 투자자의 입장에서는 이에 따라 채권을 할인취득할 수도 있고 할증취득할 수도 있는 것이다.

액면이자율 < 시장이자율	➡	할인취득
액면이자율 > 시장이자율	➡	할증취득
액면이자율 = 시장이자율	➡	액면취득

액면이자율이 시장이자율에 미달하면 투자자의 입장에서는 투자수익률이 다른 투자수단에 미달하게 되므로 투자를 꺼리게 될 것이다. 따라서 발행회사의 입장에서는 투자를 유도하기 위하여 발행가액을 할인함으로서 투자자가 다른 투자수단에 투자하는 것과 같은 투자수익률을 올릴 수 있도록 하는 것이다. 따라서 투자자는 할인취득을 하게 된다.

반대로 액면이자율이 시장이자율을 초과하는 경우에는 투자자의 투자수익률이 시장이자율과 같은 수준이 되도록 채권의 발행가액을 높이게 되며 투자자는 할증취득을 하게 된다.

예제 17 사채발행 및 투자채권 취득가액

태백산업은 다음과 같은 조건의 사채를 취득하였다.

발 행 일 :	20×1년 1월 1일	이자지급 :	매년 말
만 기 :	20×3년 12월 31일	액 면 :	₩100,000

시장이자율은 10%이며, 10% ₩1의 현재가치는 0.75131, ₩1의 연금현재가치합계는 2.48685이다.

요구사항

액면이자율이 각각 9%, 10%, 12%인 경우 취득가액을 구하시오.

해설

(1) 액면이자율이 9%일 때

=₩9,000×2.48685+100,000×0.75131=₩97,513

(2) 액면이자율이 10%일 때

=₩10,000×2.48685+100,000×0.75131=₩100,000

(3) 액면이자율이 12%일 때

=₩12,000×2.48685+100,000×0.75131=₩104,973

다. 만기보유증권의 회계처리

만기보유증권은 상각후원가로 평가하여 재무상태표에 표시하는데 상각후원가는 채무증권의 특성을 고려하여 평가하는 것으로서 채권은 주식과는 달리 만기에 액면금액으로 상환을 받게 되므로 취득원가와 액면금액과의 관계를 고려하여야 한다. 취득원가와 액면금액과의 차이를 할인취득액 혹은 할증취득액이라고 하는데 투자자의 입장에서는 할인(할증)취득액은 취득원가의 결정에서 중요한 역할을 하게 된다.

앞의 사례와 같이 채권의 액면이자율과 시장이자율의 차이에 따라 발행가액이 달라지므로 투자자의 취득가액도 달라지게 된다. 취득형태에 따라 살펴보도록 한다.

1) 액면취득

액면이자율과 시장이자율이 동일한 경우에는 액면발행을 하게 되므로 투자자는 액면금액으로 취득하게 된다. 따라서 투자자 입장에서는 할인(할증)취득액이 나타나지 않으므로 매기 말 이자수취에 대한 회계처리와 만기에 액면금액을 상환받는 회계처리만 하게 된다.

앞의 예제 17에서 액면취득인 경우의 회계처리를 살펴보면 다음과 같다(편의상 투자채권은 만기보유증권으로 가정한다).

• 회계처리

① 20×1년 1월 1일

(차)	만기보유증권	100,000	(대) 현금, 예금	100,000

② 20×1년 12월 31일

(차)	현금, 예금	10,000	(대) 이자수익	10,000

③ 20×2년 12월 31일

(차)	현금, 예금	10,000	(대) 이자수익	10,000

④ 20×3년 12월 31일

(차)	현금, 예금	10,000	(대) 이자수익	10,000
	현금, 예금	100,000	만기보유증권	100,000

2) 할인취득

액면이자율이 시장이자율에 미달하는 경우에는 할인취득을 하게 된다. 할인취득액은 투자자의 입장에서는 3년간의 이자를 미리 받은 것이나 마찬가지이며 발생주의회계의 논리에 따라 보유기간동안에 유효이자율법에 의하여 상각하며 매기 상각액은 투자채권을 증가시키면서 이자수익으로 회계처리한다.

유효이자율법이란 투자자의 투자수익률이 매기 동일하도록 할인취득액을 상각하는 방법을 말하는데 구체적으로는 투자채권의 기초장부가액에 시장이자율을 곱하여 실질이자액을 구하고, 여기에서 액면이자를 차감하여 할인취득금액의 상각액을 구하는 방법이다.

할인취득 상각액 = 기초장부가액 × 유효이자율 − 액면가액 × 표시이자율
(실질이자) (액면이자)

앞의 예제 17에 따라 할인한 경우 상각스케줄과 회계처리는 다음과 같다.

일자	기초장부가액 (A)	실질이자 (B=A×10%)	명목이자 (C)	상각액 (D=B−C)	기말장부가액 (E=A+D)
20×1.12.31.	97,513	9,751	9,000	751	98,264
20×2.12.31.	98,264	9,827	9,000	827	99,091
20×3.12.31.	99,091	9,909	9,000	909	100,000
계		29,487	27,000	2,487	

• 회계처리

① 20×1년 1월 1일

(차) 만기보유증권	97,513	(대) 현금, 예금	97,513

② 20×1년 12월 31일

(차) 현금, 예금	9,000	(대) 이자수익	9,751
만기보유증권	751		

③ 20×2년 12월 31일

(차) 현금, 예금	9,000	(대) 이자수익	9,827
만기보유증권	827		

④ 20×3년 12월 31일

(차) 현금, 예금	9,000	(대) 이자수익	9,909
만기보유증권	909		
(차) 현금, 예금	100,000	(대) 만기보유증권	100,000

투자채권의 장부가액은 할인취득 상각액을 매기 말 가산함에 따라 다음과 같이 증가하게 되고 상환 직전인 20×3년 말에는 액면금액과 동일한 ₩100,000이 된다.

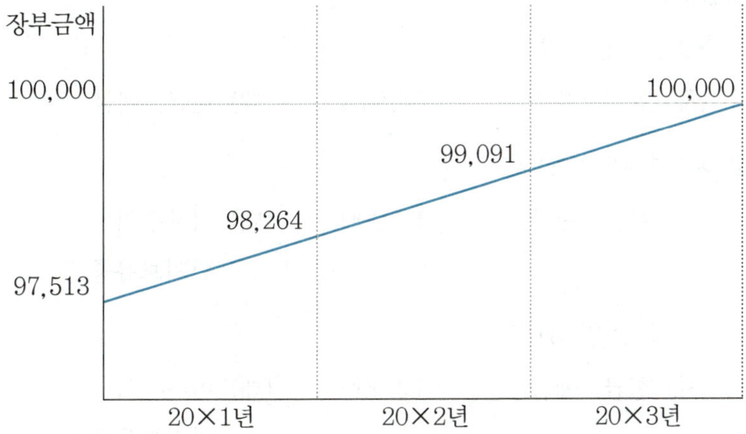

3) 할증취득

액면이자율이 시장이자율을 초과하는 경우에는 할증취득을 하게 된다. 할증취득액은 할인취득액과 마찬가지로 발생주의회계의 논리에 따라 보유기간 동안에 유효이자율법에 의하여 상각하며 매기 상각액은 투자채권을 감소시키면서 이자수익을 차감하게 되다. 할증취득 상각액의 계산은 액면이자에서 투자채권의 기초장부가액에 시장이자율을 곱하여 계산한 실질이자액을 차감하여 계산한다.

> 할인취득 상각액＝액면가액×표시이자율－기초장부가액×시장이자율
>
> (액면가액×표시이자율: 액면이자, 기초장부가액×시장이자율: 실질이자)

앞의 예제 17에 따라 할증한 경우 상각스케줄과 회계처리는 다음과 같다.

일자	기초장부가액 (A)	명목이자 (B)	실질이자 (C=A×10%)	상각액 (D=B-C)	기말장부가액 (E=A-D)
20×1.12.31.	104,973	12,000	10,498	1,502	103,471
20×2.12.31.	103,471	12,000	10,347	1,653	101,818
20×3.12.31.	101,818	12,000	10,182	1,818	100,000
계		36,000	31,027	4,973	

• 회계처리

① 20×1년 1월 1일

(차)	만기보유증권	104,973	(대) 현금, 예금	104,973

② 20×1년 12월 31일

(차)	현금, 예금	12,000	(대) 이자수익	10,498
			만기보유증권	1,502

③ 20×2년 12월 31일

(차)	현금, 예금	12,000	(대) 이자수익	10,347
			만기보유증권	1,653

④ 20×3년 12월 31일

(차)	현금, 예금	12,000	(대) 이자수익	10,182
			만기보유증권	1,818
	현금, 예금	100,000	만기보유증권	100,000

투자채권의 장부가액은 할증취득 상각액을 매 기말 차감함에 따라 다음과 같이 감소하게 되고 상환직전인 20×3년 말에는 액면금액과 동일한 ₩100,000이 된다.

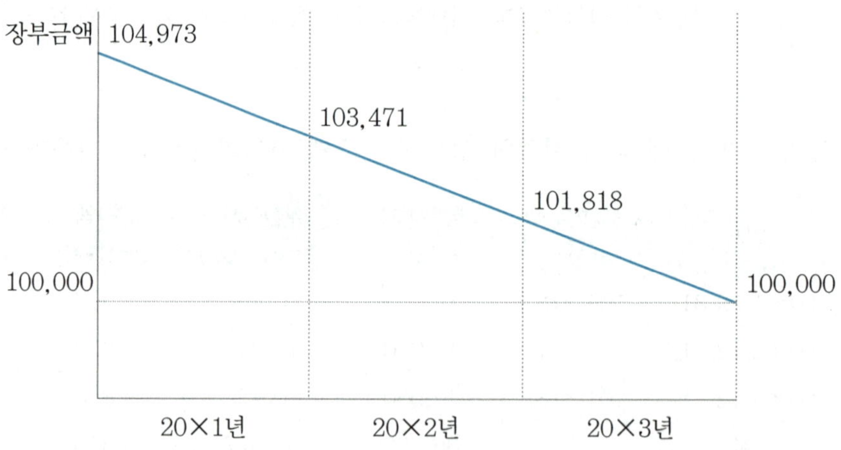

라. 매도가능증권으로 분류되는 채무증권

매도가능증권은 채무증권 중 단기매매증권과 만기보유증권으로 분류되지 않는 것을 말한다. 매도가능증권의 평가는 공정가치에 의하여 평가하는데 앞에서 언급한 절차에 따라 상각후 취득원가를 계산하고 상각후 취득원가와 공정가액과의 차이를 매도가능증권평가손익의 과목으로 하여 기타포괄손익누계액으로 분류한다. 따라서 할인(증)취득 상각액을 이자수익에 가감하는 절차는 만기보유증권과 동일하다.

예제 18 매도가능증권의 평가

태백산업은 다음과 같은 조건의 사채를 취득하였다.

발 행 일 :	20×1년 1월 1일	이자지급 :	매년 말
만 기 :	20×3년 12월 31일	액 면 :	₩100,000

액면이자율 9%, 시장이자율은 10%이며, 10% ₩1의 현재가치는 0.75131, ₩1의 연금현재가치합계는 2.48685이다. 회사는 이 채권을 매도가능증권으로 분류하고 있으며 20×1년 말 공정가액은 ₩99,000, 20×2년 말 공정가액은 ₩99,500이다.

요구사항

20×1년과 20×2년의 회계처리를 하고 약식 재무상태표를 작성하시오.

해설

취득원가 : ₩9,000×2.48685+100,000×0.75131=₩97,513

* 상각스케쥴

일자	기초장부가액(A)	실질이자 (B=A×10%)	명목이자 (C)	상각액 (D=B−C)	기말장부가액 (E=A+D)
20×1.12.31.	97,513	9,751	9,000	751	98,264
20×2.12.31.	98,264	9,827	9,000	827	99,091
20×3.12.31.	99,090	9,909	9,000	909	100,000
계		29,487	27,000	2,487	

1. 20×1년

① 20×1년 1월 1일

(차) 매도가능증권	97,513	(대) 현금, 예금	97,513

② 20×1년 12월 31일

(차) 현금, 예금	9,000	(대) 이자수익	9,751
매도가능증권	751		
매도가능증권	736*	매도가능증권평가이익	736

부분 재무상태표

(20×1년 12.31)

투자자산		기타포괄손익누계액	
매도가능증권	99,000	매도가능증권평가이익	736

* ₩736=₩99,000－98,264

2. 20×2년

① 20×2년 12월 31일

(차) 현금, 예금	9,000	(대) 이자수익	9,827
매도가증증권	827		
매도가능증권평가이익	327*	매도가능증권	327

부분 재무상태표

(20×1년 12.31)

투자자산		기타포괄손익누계액	
매도가능증권	99,500	매도가능증권평가이익	409

* ₩327=₩99,500－(99,000+827)

2. 한국채택국제회계기준

한국채택국제회계기준 기준서 제1109호에서는 금융상품의 분류와 측정에 대하여 설명하고 있는데 국제회계기준의 내용이 방대하므로 여기에서는 분류체계에 대해서만 간략하게 설명하기로 한다.

일반기업회계기준과 달리 한국채택국제회계기준에서는 채무상품과 지분상품의 구분은 회계처리에 큰 영향을 미칠 정도로 차이를 보이고 있다.

채무상품은 계약상 현금흐름특성과 사업모형에 따라 다음과 같이 3가지로 분류된다. 즉, ① 당기손익－공정가치측정 금융자산, ② 기타포괄손익－공정가치측정 금융자산, ③ 상각후 원가측정 금융자산 등이다.

지분상품의 경우에는 실질적으로 ① 당기손익－공정가치측정 금융자산, ② 기타포괄손익－공정가치측정 금융자산의 2가지로 분류되는데 기본적으로 당기손익-공정가치측정 금융자산으로 분류·측정하되 단기매매목적이 아닌 경우 지분상품별로 최초 인식시점에 기타포괄손익–공정가치측정 금융자산으로 분류할 수 있다.

(1) 채무상품의 분류

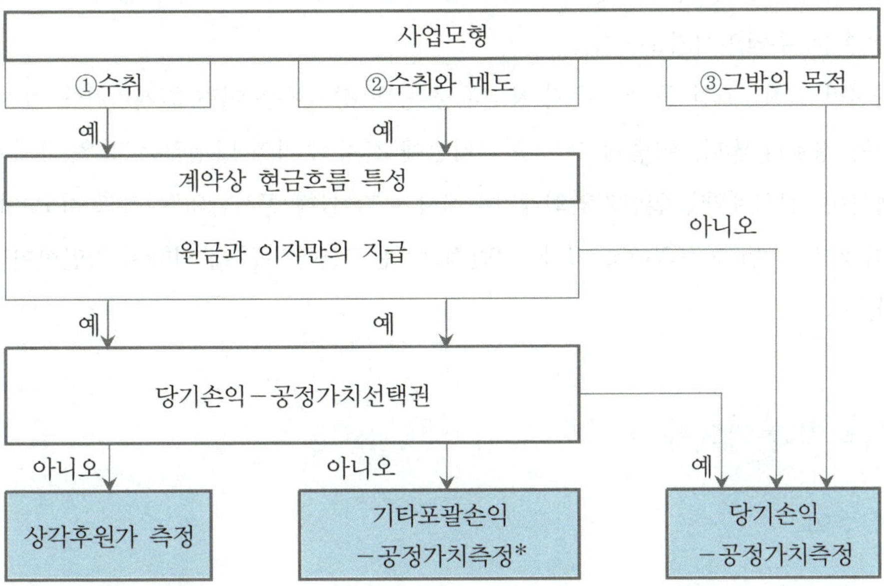

* 후속측정시 재순환인식

(2) 지분상품의 분류

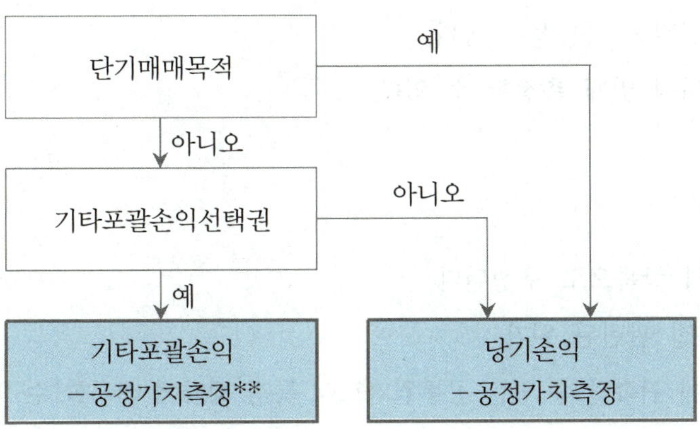

** 후속측정 시 재순환금지

제10절 건설계약 혹은 건설형 공사계약

기업회계에서 제품판매 등과 관련하여 수익을 언제 어떻게 인식할 것인가를 수익인식기준이라고 한다. 일반적인 제품판매 등의 경우에는 "인도기준(판매기준)"이 가장 널리 쓰이는 수익인식기준이다.

하지만 건설, 조선 등의 경우와 용역제공 등의 경우에는 여러 회계기간에 걸쳐 이루어지는 경우가 많다. 이렇게 여러 회계기간에 걸쳐 수익이 발생하는 경우 국제회계기준에서는 "건설계약", 일반기업회계기준에서는 "건설형 공사계약"이라고 하고 이에 대한 회계처리방법을 정의하고 있다. 일반적으로는 "진행기준"에 의한 수익인식이라고도 한다.

1. 계약수익과 계약원가

(1) 계약수익

계약수익은 다음 항목으로 구성된다.

가. 최초에 합의한 계약금액

나. 공사변경, 보상금 및 장려금에 따라 추가되는 금액으로서 다음을 모두 충족하는 것

① 수익으로 귀결될 가능성이 높다.

② 금액을 신뢰성 있게 측정할 수 있다.

(2) 계약원가

계약원가는 다음의 항목으로 구성된다.

① 특정계약에 직접 관련된 원가

② 계약활동 전반에 귀속될 수 있는 공통원가로서 특정 계약에 배분할 수 있는 원가

③ 계약조건에 따라 발주자에게 청구할 수 있는 기타 원가

하지만 계약활동에 귀속될 수 없거나 특정 계약에 배분할 수 없는 원가는 건설계약의 원가에서 제외한다. 이러한 원가에는 다음이 포함된다.

① 계약에 보상이 명시되어 있지 않은 일반관리원가

② 판매원가

③ 계약에 보상이 명시되어 있지 않은 연구개발원가

④ 특정 계약에 사용하지 않는 유휴 생산설비나 건설장비의 감가상각비

2. 계약수익과 비용의 인식

건설계약의 결과를 신뢰성 있게 추정할 수 있는 경우, 건설계약과 관련한 계약수익과 계약원가는 보고기간 말 현재 계약활동의 진행률을 기준으로 각각 수익과 비용으로 인식한다. 건설계약에 손실이 예상되는 경우에는 관련 손실을 즉시 비용으로 인식한다.

(1) 계약수익의 인식

계약수익의 인식은 당기까지의 누적계약수익에서 전기까지의 누적계약수익을 차감하여 인식하고 이를 손익계산서의 매출로 인식한다.

> 당기계약수익 = 당기말 누적수익 − 전기말 누적수익
> = 총계약금액×당기말 누적진행률 − 총계약금액×전기말 누적진행률

(2) 계약원가의 인식

위의 계약수익에 대응하는 계약원가는 당기까지의 누적계약원가에서 전기까지의 누적계약원가를 차감하여 인식하고 이를 손익계산서의 매출원가로 인식한다.

> 당기계약원가 = 당기말 누적원가 − 전기말 누적원가
> = 당기말 총예정원가×당기말 누적진행률
> − 전기말 총예정원가×전기말 누적진행률

(3) 진행률

계약의 진행률은 다양한 방식으로 결정될 수 있지만 일반적으로 가장 많이 사용되는 방법은 수행한 공사에 대하여 발생한 누적계약원가를 추정총계약원가로 나눈 비율이다.

$$\text{누적진행률} = \frac{\text{당기까지 누적발생원가}}{\text{추정총계약원가}} = \frac{\text{전기까지 누적원가} + \text{당기원가}}{\text{당기까지 누적원가} + \text{추가예정원가}}$$

건설계약의 결과를 신뢰성 있게 추정할 수 없는 경우에는 다음과 같이 회계처리한다.

가. 수익은 회수가능성이 높은 발생원가의 범위 내에서만 인식한다.

나. 계약원가는 발생한 기간의 비용으로 인식한다.

계약의 결과를 신뢰성 있게 추정할 수 없게 한 불확실성이 해소되는 경우, 당해 건설계약과 관련된 수익과 비용은 진행기준에 따라 인식한다.

3. 건설계약 회계처리

발생한 건설원가는 미성공사의 과목으로 하여 자산으로 인식하며, 결산기말에 미성공사는 계약원가로 대체된다. 또한 손익계산서에 계약수익을 인식하면서 미성공사를 인식한다. 따라서 누적미성공사금액은 발생한 청구한 금액을 고려하지 않으면 당기까지 인식한 계약금액과 동일한 금액이 된다.

한편, 미성공사누적액 중 청구된 금액을 차감한 금액이 양(+)의 금액인 경우 "미청구공사"의 과목으로 자산으로 표시하며, 미성공사누적액 중 청구된 금액을 차감한 금액이 음(−)의 금액인 경우 "초과청구공사"의 과목으로 부채로 표시한다.

* 원가발생	(차) 미성공사	×××	(대) 현금, 예금	×××
* 기말결산				
−계약원가	(차) 계약원가	×××	(대) 미성공사	×××
−계약수익	미성공사	×××	계약수익	×××
* 대금청구	(차) 공사미수금	×××	(대) 진행청구액[주1)]	×××
* 대금수령	(차) 현금, 예금	×××	(대) 공사미수금	×××

주1) 진행청구액은 미성공사에서 차감하여 표시하며 차감된 금액이 (+)이면 미청구공사, (−)이면 초과청구공사의 과목으로 하여 재무상태표에 각각 자산과 부채로 표시된다.
주2) 실무적으로 계약수익과 계약원가는 각각 공사수익과 공사원가로 표시되기도 한다.

예제 19

건설사업자인 ㈜백두산업은 20×1년 초 건물의 건설계약을 체결하였는바 발주처와 계약한 공사계약액은 ₩100,000,000이고 20×3년 말 공사가 종료될 예정이다. 건설계약금액과 관련된 후속변경은 없으나 매기말 추정공사예정원가는 원자재 가격상승 등으로 인하여 계속 변경되었다.

계약과 관련자료는 다음과 같다.

구 분	20×1년	20×2년	20×3년
당기발생원가	₩20,000,000	₩41,500,000	₩23,500,000
추가예정원가	60,000,000	20,500,000	−
공사대금청구액	22,000,000	58,000,000	20,000,000
공사대금수령액	19,000,000	55,000,000	26,000,000

요구사항

1. 각 연도별 누적진행률을 계산하시오.
2. 각 연도별 진행기준에 의한 계약수익, 계약원가, 계약이익을 구하시오.
3. 위와 관련된 매 회계기간별 회계처리를 하고 재무상태표에 표시되는 공사미수금, 미청구공사, 초과청구공사를 구하시오.

해설

1. 누적진행률

구 분	20×1년	20×2년	20×3년
당기발생원가	₩20,000,000	₩41,500,000	₩23,500,000
누적계약원가(A)	20,000,000	61,500,000	85,000,000
추가예정원가	60,000,000	20,500,000	–
추정총계약원가(B)	80,000,000	82,000,000	85,000,000
누적진행률(A/B)	25%	75%	100%

2. 연도별 계약수익, 계약원가 및 계약이익

(1) 20×1년

계약수익 = ₩100,000,000 × 25% = ₩25,000,000
계약원가 = 20,000,000
계약이익 = 5,000,000

(2) 20×2년

계약수익 = ₩100,000,000 × 75% − 25,000,000 = ₩50,000,000
계약원가 = 41,500,000
계약이익 = 8,500,000

(3) 20×3년

계약수익 = ₩100,000,000 × 100% − 75,000,000 = ₩25,000,000
계약원가 = 23,500,000
계약이익 = 1,500,000

3. 회계처리 및 재무상태표 표시

(1) 20×1년

* 원가발생	(차)	미성공사	20,000,000	(대)	현금, 예금	20,000,000
* 기말결산	(차)	미성공사	25,000,000	(대)	계약(공사)수익	25,000,000
		계약(공사)원가	20,000,000		미성공사	20,000,000
* 대금청구	(차)	공사미수금	22,000,000	(대)	진행청구액	22,000,000
* 대금수령	(차)	현금, 예금	19,000,000	(대)	공사미수금	19,000,000

재무상태표

공사미수금	3,000,000		
미청구공사	3,000,000		

※ 미성공사 ₩25,000,000에서 진행청구액 ₩22,000,000을 차감하면 ₩3,000,000이므로 이를 미청구공사로 표시한다.
이는 당기에 인식한 ₩25,000,000 중 ₩22,000,000이 청구되었으므로 잔액 ₩3,000,000이 미청구되었고, 청구된 금액 ₩22,000,000 중 ₩19,000,000을 회수하여 ₩3,000,000이 미회수되었다는 의미이다.
즉, 계약수익으로 인식한 ₩25,000,000에서 현금으로 회수한 ₩19,000,000을 차감한 금액 ₩6,000,000이 위와 같이 구분표시되는 것이다.

(2) 20×2년

* 원가발생	(차)	미성공사	41,500,000	(대)	현금, 예금	20,000,000
* 기말결산	(차)	미성공사	50,000,000	(대)	계약(공사)수익	50,000,000
		계약(공사)원가	41,500,000		미성공사	41,500,000
* 대금청구	(차)	공사미수금	58,000,000	(대)	진행청구액	58,000,000
* 대금수령	(차)	현금, 예금	55,000,000	(대)	공사미수금	55,000,000

재무상태표

공사미수금	6,000,000	초과청구액	5,000,000

※ 누적 미성공사 = ₩25,000,000 + 50,000,000 = ₩75,000,000
누적 진행청구액 = ₩22,000,000 + 58,000,000 = ₩80,000,000
누적미성공사 ₩75,000,000에서 누적진행청구액 ₩80,000,000을 차감하면 (−) ₩5,000,000이므로 이를 초과청구공사로 표시한다.
이는 당기까지 인식한 계약수익 ₩75,000,000에 대하여 ₩80,000,000이 청구되었으므로 잔액 (−)₩5,000,000이 초과청구되었다는 의미이다.
한편 누적청구된 금액 ₩80,000,000 중 총 ₩74,000,000을 회수하여 ₩6,000,000이 미회수되었다는 의미이다.
즉, 누적계약수익으로 인식한 ₩75,000,000에서 현금으로 누적회수한 ₩74,000,000을 차감한 금액 ₩1,000,000이 위와 같이 구분표시되는 것이다.

(3) 20×3년

* 원가발생	(차) 미성공사	23,500,000	(대)	현금, 예금	23,500,000
* 기말결산	(차) 미성공사	25,000,000	(대)	계약(공사)수익	25,000,000
	계약(공사)원가	23,500,000		미성공사	23,500,000
* 대금청구	(차) 공사미수금	20,000,000	(대)	진행청구액	20,000,000
* 대금수령	(차) 현금, 예금	26,000,000	(대)	공사미수금	26,000,000

재무상태표

※ 누적 미성공사 = ₩25,000,000 + 50,000,000 + 25,000,000 = ₩100,000,000
누적 진행청구액 = ₩22,000,000 + 58,000,000 + 20,000,000 = ₩100,000,000
누적미성공사 ₩100,000,000에서 누적진행청구액 ₩100,000,000을 차감하면 0이므로 재무상태표에는 표시될 미청구공사나 초과청구공사금액이 없다.
한편 누적청구된 금액 ₩100,000,000 중 총 ₩100,000,000을 회수하여 공사미수금도 잔액이 없다.

제11절 연결재무제표와 별도재무제표

최근 기업의 규모가 커지고 다양한 성장전략을 선택하면서 사업결합(Business combination)이 빈번하게 나타나기 시작하였다.

사업결합은 합병, 영업양수도처럼 법적으로 동일한 실체가 되는 경우가 있는 반면 주식취득을 통하여 지배력을 행사하여 지배·종속관계를 형성하되 법적으로는 별도의 실체를 이루고 경제적으로 단일의 실체를 구성하는 경우도 있다.

연결재무제표(consolidated financial statements)는 법적으로는 독립된 회사들이 지배·종속관계를 형성하여 단일의 경제적 실체(연결실체라 한다)가 되었을 때 이러한 단일의 경제적 실체에 대한 재무상태와 경영성과 등을 표시하는 재무제표를 말한다. 국제회계기준은 종속회사가 있는 경우 연결재무제표를 기본재무제표로 한다.

연결재무제표는 지배회사와 종속회사의 자산, 부채, 자본, 수익, 비용 등 동일한 계정을 합산하며 연결실체의 재무상태와 경영성과를 올바르게 표시하기 위하여 다음의 절차에 따라 작성한다.

① 지배회사의 투자계정과 종속회사의 자본계정을 상계하며
② 지배회사와 종속회사간의 채권, 채무를 상계하고
③ 지배회사와 종속회사간의 내부거래를 제거한다.

다만 우리나라 기업의 경우 관련법령에 의하여 별도재무제표도 작성하여야 하는데 별도재무제표(separate financial statements)는 종속회사가 있는 기업이 종속기업, 공동기업 및 관계기업에 대한 투자를 원가법 등에 의하여 표시한 재무제표를 말한다.

다만 종속기업이 없는 기업은 재무제표(financial statements : 실무적으로는 개별재무제표라고도 한다)를 작성한다. 만약 종속기업이 없는 기업이 유의적 영향력을 행사할 수 있는 관계기업에 대한 투자가 있는 경우에는 재무제표상 관계기업 투자에 대해서는 지분법을 적용한 재무제표를 작성한다. 지분법은 앞서 제8절에서 설명한 바와 같이 투자자산을 최초에 원가로 인식하고, 취득시점 이후 발생한 관계기업의 순자산 변동액 중 투자기업의 지분을 해당 투자자산에 가감하여 보고하는 회계처리방법을 말한다.

A회사는 지배회사, B회사는 종속회사인 경우 각각의 기업이 작성해야 하는 재무제표는 다음과 같다.

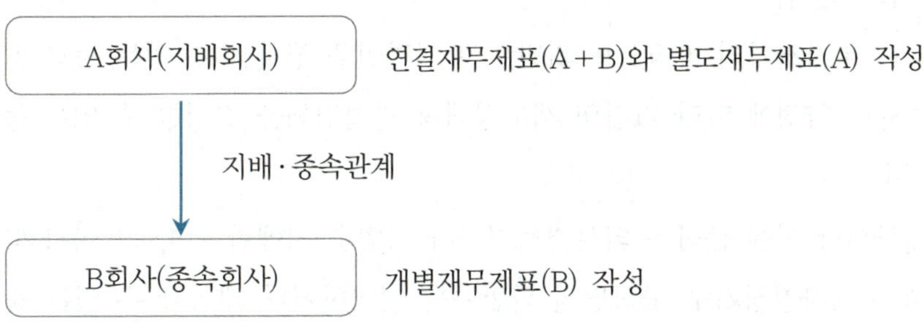

1. 지배력의 정의

(1) 한국채택국제회계기준

투자자는 피투자자에 관여하는 성격과 관계없이, 피투자자를 지배하는지 평가하여 자신이 지배기업인지를 결정하는데 투자자는 피투자자에 관여함에 따라 변동이익에

노출되거나 변동이익에 대한 권리가 있고, 피투자자에 대한 자신의 힘으로 변동이익에 영향을 미치는 능력이 있을 때 피투자자를 지배한다.

따라서 투자자는 다음 모두에 해당하는 경우에만 피투자자를 지배한다.

① 피투자자에 대한 힘이 있다.

② 피투자자에 관여함에 따라 변동이익에 노출되거나 변동이익에 대한 권리가 있다.

③ 투자자의 이익금액에 영향을 미치기 위하여 피투자자에 대한 자신의 힘을 사용하는 능력이 있다.

(2) 일반기업회계기준

지배력이란 일반적으로 경제활동에서 효익을 얻기 위하여 재무정책과 영업정책을 결정할 수 있는 능력을 말한다.

지배기업이 직접으로 또는 종속기업을 통하여 간접으로 기업 의결권의 과반수를 소유하는 경우에는 지배기업이 그 기업을 지배한다고 본다. 다만 그러한 소유권이 지배력을 의미하지 않는다는 것을 명확하게 제시할 수 있는 예외적인 경우는 제외한다.

다음의 경우에는 지배기업이 다른 기업 의결권의 절반 또는 그 미만을 소유하더라도 지배한다고 본다.

① 다른 투자자와의 약정으로 과반수의 의결권을 행사할 수 있는 능력이 있는 경우

② 법규나 약정에 따라 기업의 재무정책과 영업정책을 결정할 수 있는 능력이 있는 경우

③ 이사회나 이에 준하는 의사결정기구가 기업을 지배한다면, 그 이사회나 이에 준하는 의사결정기구 구성원의 과반수를 임명하거나 해임할 수 있는 능력이 있는 경우

④ 이사회나 이에 준하는 의사결정기구가 기업을 지배한다면, 그 이사회나 이에 준하는 의사결정기구의 의사결정에서 과반수의 의결권을 행사할 수 있는 능력이 있는 경우

2. 연결재무제표양식 예시(일반기업회계기준)

연 결 재 무 상 태 표

제×기 20××년×월×일 현재

제×기 20××년×월×일 현재

기업명 (단위 : 원)

과 목	당 기		전 기	
자 산				
유동자산		×××		×××
당좌자산				
현금및현금성자산		×××		×××
단기투자자산	×××		×××	
매출채권	×××		×××	
선급비용	×××		×××	
이연법인세자산	×××		×××	
……	×××		×××	
	×××		×××	
재고자산				
제품		×××		×××
재공품	×××		×××	
원재료	×××		×××	
……	×××		×××	
	×××		×××	
비유동자산				
투자자산		×××		×××
투자부동산				
장기투자증권		×××		×××
지분법적용투자주식	×××		×××	
……	×××		×××	
	×××		×××	
유형자산	×××		×××	
토지				
설비자산		×××		×××
(−) 감가상각누계액	×××		×××	
건설중인자산	×××		×××	
……	(×××)		(×××)	
	×××		×××	
무형자산	×××		×××	
영업권				
산업재산권		×××		×××
개발비	×××		×××	
……	×××		×××	
	×××		×××	
기타비유동자산	×××		×××	
이연법인세자산				
……		×××		×××
	×××		×××	
자 산 총 계		×××		×××

과　　　목	당 기		전 기	
부　　채				
유동부채		×××		×××
단기차입금	×××		×××	
매입채무	×××		×××	
당기법인세부채	×××		×××	
미지급비용	×××		×××	
이연법인세부채	×××		×××	
……	×××		×××	
비유동부채		×××		×××
사채	×××		×××	
신주인수권부사채	×××		×××	
전환사채	×××		×××	
장기차입금	×××		×××	
퇴직급여충당부채	×××		×××	
장기제품보증충당부채	×××		×××	
이연법인세부채	×××		×××	
……	×××		×××	
부 채 총 계		×××		×××
자　　본				
지배기업지분		×××		×××
자본금		×××		×××
보통주자본금	×××		×××	
우선주자본금	×××		×××	
연결자본잉여금		×××		×××
주식발행초과금	×××		×××	
……	×××		×××	
연결자본조정		×××		×××
자기주식	×××		×××	
……	×××		×××	
연결기타포괄손익누계액		×××		×××
매도가능증권평가손익	×××		×××	
해외사업환산손익	×××		×××	
현금흐름위험회피 파생상품평가손익	×××		×××	
……	×××		×××	
연결이익잉여금(또는 결손금)		×××		×××
법정적립금	×××		×××	
임의적립금	×××		×××	
미처분연결이익잉여금 (또는 미처리결손금)	×××		×××	
비지배지분		×××		×××
자 본 총 계		×××		×××
부채 및 자본 총계		×××		×××

연 결 손 익 계 산 서

제×기 20××년×월×일부터 20××년×월×일까지
제×기 20××년×월×일부터 20××년×월×일까지

기업명 (단위 : 원)

과 목	당 기		전 기	
매출액		×××		×××
매출원가		×××		×××
기초제품(또는 상품)재고액	×××		×××	
당기제품제조원가 (또는 당기상품매입액)	×××		×××	
기말제품(또는 상품)재고액	(×××)		(×××)	
매출총이익(매출총손실)		×××		×××
판매비와관리비		×××		×××
급여	×××		×××	
퇴직급여	×××		×××	
복리후생비	×××		×××	
임차료	×××		×××	
접대비	×××		×××	
감가상각비	×××		×××	
무형자산상각비	×××		×××	
세금과공과	×××		×××	
광고선전비	×××		×××	
연구비	×××		×××	
경상개발비	×××		×××	
대손상각비	×××		×××	
……	×××		×××	
영업이익(영업손실)		×××		×××
영업외수익		×××		×××
이자수익	×××		×××	
배당금수익	×××		×××	
임대료	×××		×××	
단기투자자산처분이익	×××		×××	
단기투자자산평가이익	×××		×××	
외환차익	×××		×××	
외화환산이익	×××		×××	
지분법이익	×××		×××	
장기투자증권손상차손환입	×××		×××	
유형자산처분이익	×××		×××	
사채상환이익	×××		×××	
전기오류수정이익	×××		×××	
……	×××		×××	

과　　　목	당 기		전 기	
영업외비용		×××		×××
이자비용	×××		×××	
기타의대손상각비	×××		×××	
단기투자자산처분손실	×××		×××	
단기투자자산평가손실	×××		×××	
재고자산감모손실	×××		×××	
외환차손	×××		×××	
외화환산손실	×××		×××	
기부금	×××		×××	
지분법손실	×××		×××	
장기투자증권손상차손	×××		×××	
유형자산처분손실	×××		×××	
사채상환손실	×××		×××	
전기오류수정손실	×××		×××	
……	×××		×××	
법인세비용차감전순손익		×××		×××
법인세비용		×××		×××
당기순이익(당기순손실)		×××		×××
지배기업지분순이익(순손실)		×××		×××
비지배지분순이익(순손실)		×××		×××
		×××		×××

제12절 기업가치평가

기업가치평가는 재무제표분석과 직접적 관련성은 없지만 기업가치평가를 위한 기본적인 재무자료는 재무제표를 통하여 산출되므로 어느 정도의 연관성이 있다고 할 수 있다. 따라서 이번 절에는 기업가치평가와 관련된 여러 가지의 방법을 간략하게 살펴보도록 한다.

1. 기업가치평가의 실무적 방법

기업가치평가는 주식가치평가와 유사한 의미로도 통용되는데 기업가치평가의 실무적 방법으로는 현금흐름할인법, 시장가치비교법, 자본시장과 금융투자업에 관한 법률에 의한 주식평가법, 상속증여세법에 의한 주식가치평가법 등이 있다.

(1) 현금흐름할인법

현금흐름할인법은 미래에 예상되는 현금흐름을 현재가치로 환산하여 기업가치를 평가하는 방법을 말하는데 기업의 미래가치를 강조하는 방법이라 할 수 있다. 이론적인 기업의 가치를 평가하는 등 실무적으로 여러 가지 용도로 많이 쓰이는 방법이다.

또한 뒤에서 언급하는 자본시장과 금융투자업에 관한 법률에 의한 주식평가에서도 비상장기업을 평가하는 경우에 수익가치를 평가하는 경우 일부 적용되기도 하는 방법이다.

(2) 시장가치비교법

시장가치비교법(market multiple method)은 평가대상회사와 재무구조, 재무위험, 영업위험 등이 유사한 비교대상회사(주로 상장회사)를 선정한 후 비교대상회사의 가격을 이용하여 평가대상회사의 기업가치를 측정하는 방법을 말한다. 기업공개(Initial Public Offering) 시 공모주식의 평가방법으로도 많이 쓰이는 방법이다.

(3) 자본시장과 금융투자업에 관한 법률에 의한 주식평가

자본시장과 금융투자업에 관한 법률의 제3편 증권의 발행 및 유통에서 주권상장법인은 동법 제165조의 4(합병 등의 특례)에 의하면 다음의 경우에 자본시장과 금융투자업에 관한 법률 시행령에 의하여 평가하도록 하고 있다.

가. 다른 법인과의 합병

나. 중요한 영업 또는 자산의 양수 또는 양도

다. 주식의 포괄적 교환 또는 포괄적 이전

라. 분할 또는 분할합병

(4) 상속증여세법에 의한 주식가치평가

이 방법은 상속증여세법에 의한 평가방법으로서 상속재산 혹은 증여재산의 평가기준을 마련하기 위한 것으로서 특히 법인세법 등에서 부당행위계산의 부인(법인세법 제52조)에 적용되는 특수관계인 간의 거래가 있는 경우 매우 중요하게 준용되는 방법이라 할 수 있다.

특히 다른 세법에서 상속증여세법에 의한 평가방법을 준용하는 경우가 많으므로 적용의 폭이 매우 넓다고 할 수 있다.

2. 현금흐름할인법

현금흐름할인법(DCF법; discounted cash flow method)은 미래에 예상되는 현금흐름을 현재가치로 환산하여 기업가치를 평가하는 방법을 말한다. 이론적으로는 기업의 미래가치를 반영한다는 측면에서 매우 논리적이지만 많은 요소들에 대한 추정을 전제로 하므로 가치평가의 결과가 추정에 따라 달라진다는 단점을 보여주기도 한다.

현금흐름할인법의 기본적인 평가구조는 다음과 같다.

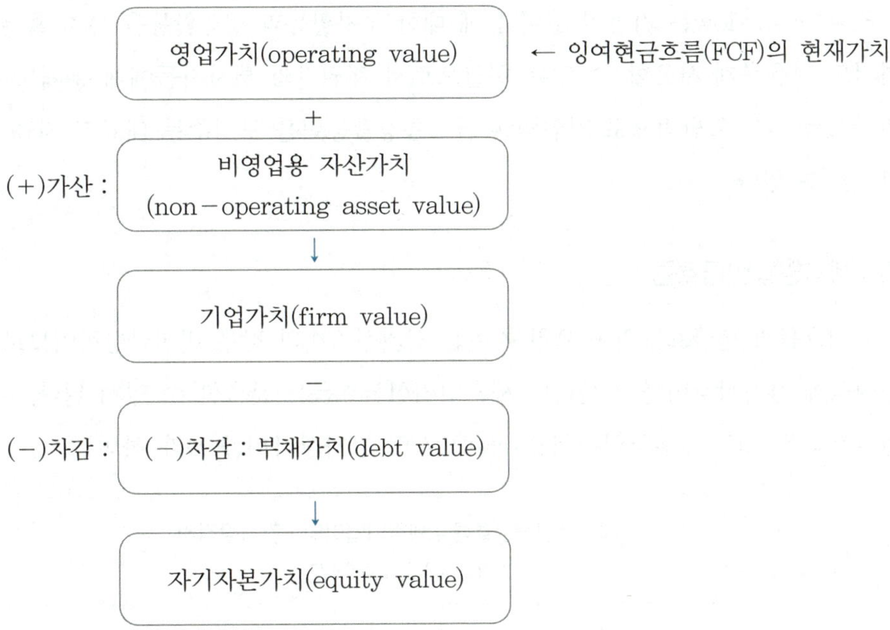

(1) 영업가치

영업가치는 미래잉여현금흐름(FCF)을 할인율(가중평균자본비용)로 할인한 가치를 말한다. 즉, 잉여현금흐름의 현재가치합계를 의미한다.

$$\text{영업가치} = \frac{FCF_1}{(1+r)} + \frac{FCF_2}{(1+r^2)} + \cdots\cdots + \frac{FCF_n}{(1+r^n)}$$

잉여현금흐름(FCF; free cash flow)은 정상적인 영업활동을 통하여 창출하는 현금흐름 중 기업이 자유롭게 쓸 수 있는 현금흐름을 말하는데 잉여현금흐름은 세후영업현금흐름에서 설비투자소요액(capex)과 순운전자본(net working capital)투자액을 차감하여 계산한다.

Free Cash Flow = 세후영업현금흐름 − 설비투자 − 순운전자본투자액

Free cash flow는 기업이 설비 등에 대한 투자활동과 영업활동을 유지 혹은 확대하면서도 자유롭게 사용할 수 있는 현금으로서 채권자와 투자자들에게 분배될 수 있는 현금흐름이다. 일반적으로 기업의 현금흐름창출능력을 보여주는 대표적 지표 중 하나라 할 수 있다.

가. 세후영업현금흐름

이익흐름과 현금흐름의 중요한 차이는 감가상각비와 같은 비현금항목이므로 세후영업이익에 감가상각비를 가산하면 세후영업현금흐름을 산출할 수 있게 된다. 세후영업현금흐름을 CF, 세후영업이익을 NOPLAT, 감가상각비를 D라 하면

세후영업현금흐름 = 세후영업이익 + 감가상각비

$$CF = NOPLAT + D$$

세후영업이익(NOPLAT; net operating profit less adjusted taxes)는 영업이익에서 영업이익에 해당하는 법인세비용을 차감한 금액이며 세후영업현금흐름은 세후영업이익에 감가상각비와 같은 비현금항목을 가산하여 계산한다.

기업가치평가에서 세후영업이익(NOPLAT)를 바탕으로 현금흐름을 계산하는 것은

* 기업의 경영활동은 법인세가 존재하는 상황에서 이루어지며

* 기업의 주된 수익창출활동은 영업활동이고

* 영업활동에 대한 측정은 자본구조(재무구조, 즉 부채 및 자본)와는 무관하다는 점 때문이다.

나. 설비투자(자본적 지출)

실무적으로 CAPEX(capital expenditure)라는 용어로 많이 쓰이고 있는데 기업의 설비투자에 대한 현금유출을 말한다. 이는 기업이 추가적인 설비투자 혹은 감가상각이 완료된 자산에 대한 대체투자 등을 할 때 발생한다.

다. 순운전자본투자액

기업이 영업활동을 하게 되면 기계 등에 대한 투자뿐 아니라 신제품 생산으로 인하여 재고자산이 증가하게 되고 외상매출금 등의 매출채권도 동시에 증가하게 되므로 그만

큼 추가적인 자금이 필요하게 된다. 매출과 관련하여 발생하는 매출채권과 재고자산을 운전자본(working capital)이라고 한다.

다만 운전자본에 대하여 좀 더 살펴본다면 매출로 인하여 매출채권이나 재고자산이 증가하게 되며 원재료 등을 매입하는 경우 외상으로 매입하는 경우도 많이 있다. 매출채권이나 재고자산은 기업의 운전자본이 투입되었다고 할 수 있으나 매입채무의 경우 거래처에 지급할 자금을 일시적으로 유예하는 효과가 있으므로 거래처의 자금을 차입하는 것과 동일한 효과라 할 수 있다. 따라서 영업활동을 위한 운전자본에 대한 투자액을 계산할 때 재고자산과 매출채권에 투입된 금액에서 매입채무로 인하여 거래처의 자금을 활용하는 효과를 차감하여야 하므로 운전자본은 정확하게 표현하면 순운전자본(net working capital)으로 지칭하는 것이 옳다고 할 것이다.

> 순운전자본(net working capital) = 매출채권 + 재고자산 − 매입채무

따라서 매출액이 증감하는 경우 순운전자본에 대한 투자액은 다음과 같이 계산된다.

> 순운전자본 투자액 = 매출채권증감액 + 재고자산증감액 − 매입채무증감액

(2) 할인율

현금흐름의 현재가치를 계산할 때 사용되는 할인율(r)은 가중평균자본비용을 이용하여 계산한다. 가중평균자본비용(WACC; weighted average cost of capital)은 기업이 자기자본과 타인자본을 통하여 조달하는 자본전체의 조달비용의 성격을 갖게 되므로 기업의 입장에서는 투자안에 대하여 요구하는 최소한의 수익률, 즉 최저필수수익률(minimum required rate of return)로서의 의미를 갖게 된다.

$$\text{가중평균자본비용} = \text{이자율} \times (1 - \text{세율}) \times \frac{\text{부채의 시장가치}}{\text{부채 및 자기자본의 시장가치}} + \text{자기자본비용} \times \frac{\text{자기자본의 시장가치}}{\text{부채 및 자기자본의 시장가치}}$$

자기자본비용을 계산하는 방법에는 CAPM(capital asset pricing model : 자본자산가격결정모형)을 이용하는 방법, 배당평가모형에 의한 자기자본비용계산법 등 여러 가지 방법들이 있으나 일반적으로는 다음과 같이 무위험자산의 수익률에 위험프리미엄을 가산하여 계산한다.

$$r_i = rf + \pi$$

(r_i : 자기자본비용, rf : 무위험자산의 수익률, π : 위험프리미엄)

무위험자산의 수익률(rf)은 정기예금 혹은 국채 등의 수익률로서 계산하고 위험프리미엄(π)은 시장초과수익률에 개별주식의 β(시장포트폴리오의 움직임에 대한 개별주식의 민감도)를 곱하여 계산한다.

(3) 비영업용 자산가치

앞에서 살펴본 영업가치는 기본적으로 기업이 영업활동에 기여하는 자산을 활용하여 창출하는 현금흐름의 크기를 계산하는 과정이었다. 즉, 유형자산, 매출채권, 재고자산 등은 대표적인 영업용 자산이라고 할 수 있다. 하지만 기업이 보유하고 있는 자산 중 영업활동과 무관한 자산도 있는데 이러한 자산의 가치를 비영업용자산가치(non-operating asset value)라 한다. 비영업용자산으로는 유가증권, 기타 투자자산 등이 있다.

3. 시장가치비교법

시장가치비교법(market multiple method or relative valuation)은 평가대상회사와 재무구조, 재무위험, 영업위험 등이 유사한 비교대상회사(주로 상장회사)를 선정한 후 비교대상회사의 가격을 이용하여 평가대상회사의 기업가치를 측정하는 방법을 말한다. 시장가치비교법은 인수합병을 위한 거래가격의 산출, 기업공개(Initial Public Offering) 시 공모주식의 평가방법으로도 많이 쓰이는 방법이다.

주식가치평가에 쉽게 적용할 수 있고 이해하기 쉬우며 평가시점의 시장분위기를 반영할 수 있다는 장점이 있으나 비교대상회사가 잘못 선정되면 가치평가가 왜곡되고 개별기업의 위험도, 성장성, 현금흐름 등이 고려되지 않는다는 단점도 있는 방법이다.

시장가치비교법의 절차를 살펴보면 다음과 같다.

비교가능하고 표준화된 가격(비율)의 결정	PER, PBR, PSR, EV/EBITDA 등
비교대상회사의 선정	평가대상회사와 유사한 영업위험, 재무위험, 규모 등을 갖춘 비교대상회사의 선정
비교대상회사의 시장배수계산 (market multiple)	적용할 표준화된 가격에 의하여 비교대상회사의 시장배수계산
평가대상회사의 주가계산	평가대상회사의 표준화된 가격(비율)과 비교대상회사의 시장배수(market multiple)를 이용하여 평가대상회사의 추정주가계산

(1) 시장가치법의 적용방법

가. Earning multiple : PER(주가주당순이익비율 price earnings ratio)

$$PER = \frac{stock\ price}{EPS}$$

(EPS : 주당순이익)

$$EPS(주당순이익) = \frac{순이익}{주식수}$$

주당순이익은 순이익을 주식수로 나누어 계산하는데 결국 1주당 기업이 벌어들인 순이익을 말한다. 따라서 PER은 기업이 벌어들이고 있는 주당 이익에 대하여 투자자들이 얼마나 대가를 지불하고 있는가를 의미한다.

PER를 이용하여 평가대상회사의 주식가치는 다음과 같이 산출한다.

$$평가대상회사의\ 1주당\ 주식가치 = 비교대상회사의\ PER \times 평가대상회사의\ EPS$$

나. Book value multiple : PBR(주가순자산비율 price book value ratio)

$$\text{PER} = \frac{stock\ price}{BPS}$$

(BPS : 주당순자산)

$$\text{BPS(주당순자산)} = \frac{\text{순자산}}{\text{주식수}}$$

주당순자산은 순자산을 주식수로 나누어 계산하는데 결국 1주당 순자산가액을 말한다. 따라서 PBR은 기업이 장부에 기록하고 있는 1주당 자산가치에 대하여 투자자들이 얼마나 대가를 지불하고 있는가를 의미한다. PBR을 이용한 주식가치평가는 결국 주당가치를 평가하는 과정에서 자기자본의 시장가치와 장부가치의 차이정도를 투자자들이 어떻게 평가하느냐 하는 것이다.

PBR을 이용한 주식가치평가는 적자가 발생한 기업에 대해서도 적용이 가능하며 자산가치가 중요한 기업에 적용하는 방법이라 할 수 있다.

PBR을 이용하여 평가대상회사의 주식가치는 다음과 같이 산출한다.

평가대상회사의 1주당 주식가치 = 비교대상회사의 PBR × 평가대상회사의 BPS

다. Revenue multiple : PSR(주가매출액비율 price sales ratio)

$$\text{PSR} = \frac{stock\ price}{sales\ per\ share}$$

$$\text{sales per share(주당순자산)} = \frac{\text{매출액}}{\text{주식수}}$$

PSR은 1주당 매출가치에 대하여 투자자들이 얼마나 대가를 지불하고 있는가를 의미한다. PSR을 이용한 주식가치평가는 손실이 발생하는 기업이나 자산가치가 그리 중요하지 않은 기업에 적용하는 방법이라 할 수 있다. 따라서 신흥IT기업들의 경우 적용할 수 있는 방법이다.

다만, PSR을 이용한 방법은 장기적으로 매출액 대비 이익률이 어느 정도 일정하다는 전제하에 수행되어야 한다.

PSR을 이용하여 평가대상회사의 주식가치는 다음과 같이 산출한다.

평가대상회사의 1주당 주식가치 = 비교대상회사의 PSR × 평가대상회사의 SPS

라. EV/EBITDA

기업전체의 사업가치(EV; enterprise value)를 평가하고 타인자본의 몫을 차감하여 주주가치를 계산하는 방법이다. EV는 주식의 시가총액에 순차입금을 가산하고 비영업용자산을 차감하므로 기업이 보유하고 있는 영업용자산의 시가상당액을 의미한다.

EV = 주식 시가총액 + 순차입금 − 비영업용자산

EBITDA(earning before interest, tax, depreciation and amortisation)는 세전이익에 이자비용과 법인세 및 감가상각비등을 더하여 계산하는데 일반적으로 법인세와 이자비용은 제외하고 기업이 영업활동 등을 통하여 창출하는 현금흐름의 크기를 말한다.

EV/EBITDA는 기업이 영업활동을 통하여 창출하는 현금흐름과 영업용자산의 시가총액과의 비율을 말하므로 투자자들이 기업의 영업용자산에 대하여 얼마나 대가를 지불하는가를 의미한다.

EV/EBITDA를 이용하여 주식가치를 평가하는 과정은 다음과 같다.

비교대상기업의 $\frac{EV}{EBITDA}$ 산출

↓

평가대상기업의 기업가치 계산

예상기업가치(EV)
$= \text{비교대상기업의 } \frac{EV}{EBITDA} \times \text{평가대상기업 } EBITDA$

↓

평가대상기업의 주가총액

예상주가총액
=예상기업가치(EV)+비영업용자산−순차입금

↓

예상주가

$\text{예상주가} = \frac{\text{예상주가총액}}{\text{발행주식수}}$

$\frac{EV}{EBITDA}$는 최근 많이 사용되고 있는 방법인데 EBITDA가 (−)될 확률이 적으며, 감가상각방법차이로 인한 기업 간 비교가능성에 문제가 없고, 기업전체의 가치를 계산하므로 재무구조가 상이한 기업 간에도 비교가 가능하다는 장점이 있기 때문이다.

(2) 시장가치비교법의 고려사항

시장가치비교법은 단순하여 계산이 용이하다는 장점은 있지만 계산과정의 단순성으로 인하여 추가로 고려하여야 할 요소들이 많이 있다. 비교대상기업과 평가대상회사의 차이 중 고려할 사항을 살펴보면 다음과 같다.

① 비영업용자산으로 인한 현금흐름
② 회계처리방법의 차이
③ 성장률 차이
④ 규모의 차이
⑤ 유동성할인 및 시장성할인
⑥ 경영권프리미엄

4. 자본시장과 금융투자업에 관한 법률에 의한 평가

자본시장과 금융투자업에 관한 법률의 제3편 증권의 발행 및 유통에서 주권상장법인은 동법 제165조의 4(합병 등의 특례)에 의하면 다음의 경우에 자본시장과 금융투자업에 관한 법률 시행령에 의하여 평가하도록 하고 있다.

- 다른 법인과의 합병
- 중요한 영업 또는 자산의 양수 또는 양도
- 주식의 포괄적 교환 또는 포괄적 이전
- 분할 또는 분할합병

합병 등의 경우에 자본시장과 금융투자업에 관한 법률에 의한 평가는 매우 중요한 역할을 하는데 이는 상장법인 간 합병 혹은 상장법인과 비상장법인 간의 합병에도 적용이 된다. 특히 자본시장과 금융투자업에 관한 법률은 상장법인과 비상장법인 간의 합병의 경우 금융위원회가 제정한 "증권의 발행 및 공시 등에 관한 규정"에 평가방법을 위임하고 있으므로 비상장기업의 가치평가는 동규정에 따라 수행하게 된다.

기본적으로 상장법인 간 주식가치의 평가는 거래가격을 기준으로 산정하게 된다.

(1) 자본시장과 금융투자업에 관한 법률에 의한 주식가치평가

자본시장과 금융투자업에 관한 법률 시행령에서 정하고 있는 주식가치평가방법은 다음과 같다.

가. 상장법인 간 합병 시

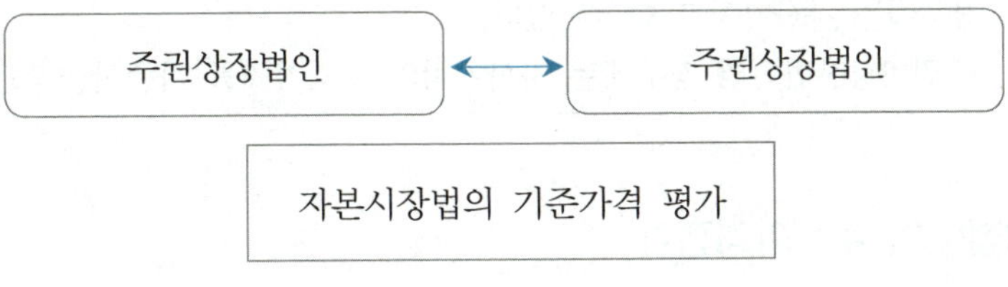

나. 상장법인과 비상장법인 간 합병 시

주권상장법인 ↔ 비상장법인

• 상장법인 : 기준가격. 단, 기준가격이 자산가치에 미달하는 경우 자산가치로 평가가능 • 비상장법인 : 자산가치와 수익가치를 가중산술평균한 가액

다. 자본시장과 금융투자업에 관한 법률

시행령 제176조의 5【합병의 요건·방법 등】

① 주권상장법인이 다른 법인과 합병하려는 경우에는 다음 각 호의 방법에 따라 산정한 합병가액에 따라야 한다. 이 경우 주권상장법인이 제1호 또는 제2호 가목 본문에 따른 가격을 산정할 수 없는 경우에는 제2호 나목에 따른 가격으로 하여야 한다.

1. 주권상장법인 간 합병의 경우에는 합병을 위한 이사회 결의일과 합병계약을 체결한 날 중 앞서는 날의 전일을 기산일로 한 다음 각 목의 종가(증권시장에서 성립된 최종가격을 말한다. 이하 이 항에서 같다)를 산술평균한 가액(이하 이 조에서 "기준시가"라 한다)을 기준으로 100분의 30(계열회사 간 합병의 경우에는 100분의 10)의 범위에서 할인 또는 할증한 가액. 이 경우 가목 및 나목의 평균종가는 종가를 거래량으로 가중산술평균하여 산정한다.
   가. 최근 1개월간 평균종가. 다만, 산정대상기간 중에 배당락 또는 권리락이 있는 경우로서 배당락 또는 권리락이 있은 날부터 기산일까지의 기간이 7일 이상인 경우에는 그 기간의 평균종가로 한다.
   나. 최근 1주일간 평균종가
   다. 최근일의 종가
2. 주권상장법인(코넥스시장에 주권이 상장된 법인은 제외한다. 이하 이 호 및 제4항에서 같다)과 주권비상장법인 간 합병의 경우에는 다음 각 목의 기준에 따른 가격
   가. 주권상장법인의 경우에는 제1호의 가격. 다만, 제1호의 가격이 자산가치에 미달하는 경우에는 자산가치로 할 수 있다.
   나. 주권비상장법인의 경우에는 자산가치와 수익가치를 가중산술평균한 가액

(2) 비상장법인의 주식가치평가

상장법인과 합병하는 비상장법인은 자본시장과 금융투자업에 관한 법률에 의하여 자산가치와 수익가치를 가중산술평균한 가액으로 평가한다. 다만 상세한 내용은 금융위원회가 제정한 "증권의 발행 및 공시 등에 관한 규정"에 평가방법을 위임하고 있으므로 이를 살펴보면 다음과 같다.

가. 증권의 발행 및 공시 등에 관한 규정

제5－13조【합병가액의 산정기준】

영 제176조의 5 제2항에 따른 자산가치 · 수익가치 및 그 가중산술평균방법과 상대가치의 산출방법·공시방법에 대하여 이 조에서 달리 정하지 않는 사항은 감독원장이 정한다.

나. 증권의 발행 및 공시 등에 관한 규정 시행세칙

제4조【합병가액의 산정방법】

규정 제5－13조에 따른 자산가치·수익가치의 가중산술평균방법은 자산가치와 수익가치를 각각 1과 1.5로 가중산술평균하는 것을 말한다.

다. 자산가치의 계산

증권의 발행 및 공시 등에 관한 규정 시행세칙 제5조에 따르면 자산가치는 분석기준일 현재의 평가대상회사의 주당 순자산가액으로서 다음 산식에 의하여 산정한다. 이 경우에 발행주식의 총수는 분석기준일 현재의 총발행주식수로 한다.

$$\text{자산가치} = \frac{\text{순자산}}{\text{발행주식의 총수}}$$

라. 수익가치의 계산

증권의 발행 및 공시 등에 관한 규정 시행세칙 제6조에 따르면 수익가치는 현금흐름할인모형, 배당할인모형 등 미래의 수익가치 산정에 관하여 일반적으로 공정하고 타당한 것으로 인정되는 모형을 적용하여 합리적으로 산정한다.

5. 상속증여세법에 의한 주식가치평가

이 방법은 상속증여세법에 의한 평가방법으로서 상속재산 혹은 증여재산의 평가기준을 마련하기 위한 것으로서 특히 법인세법 등에서 부당행위계산의 부인(법인세법 제52조)에 적용되는 특수관계인 간의 거래가 있는 경우 매우 중요하게 준용되는 방법이라 할 수 있다. 특히 다른 세법에서 상속증여세법에 의한 평가방법을 준용하는 경우가 많으므로 적용의 폭이 매우 넓다고 할 수 있다.

비상장법인간의 합병 등에서는 별도의 평가규정이 없으므로 합병당사자간에 합의에 따라 합병비율을 산출하게 된다. 하지만 특수관계인 간의 합병 혹은 거래의 경우에는 상속증여세법에 따라 비상장주식을 평가하게 된다.

(1) 상장법인의 주식평가

상속세 및 증여세법에 의한 유가증권의 평가는 기본적으로 시가평가를 원칙으로 하고 있다.

> 상속세 및 증여세법 제63조【유가증권 등의 평가】
> ① 유가증권 등의 평가는 다음 각 호의 어느 하나에서 정하는 방법으로 한다.
> 1. 주식등의 평가
>   가. 「자본시장과 금융투자업에 관한 법률」에 따른 증권시장으로서 대통령령으로 정하는 증권시장에서 거래되는 주권상장법인의 주식등 중 대통령령으로 정하는 주식등(이하 이 호에서 "상장주식"이라 한다)은 평가기준일(평가기준일이 공휴일 등 대통령령으로 정하는 매매가 없는 날인 경우에는 그 전일을 기준으로 한다) 이전·이후 각 2개월 동안 공표된 매일의 「자본시장과 금융투자업에 관한 법률」에 따라 거래소허가를 받은 거래소(이하 "거래소"라 한다) 최종 시세가액(거래실적 유무를 따지지 아니한다)의 평균액(평균액을 계산할 때 평가기준일 이전·이후 각 2개월 동안에 증자·합병 등의 사유가 발생하여 그 평균액으로 하는 것이 부적당한 경우에는 평가기준일 이전·이후 각 2개월의 기간 중 대통령령으로 정하는 바에 따라 계산한 기간의 평균액으로 한다). 다만, 제38조에 따라 합병으로 인한 이익을 계산할 때 합병(분할합병을 포함한다)으로 소멸하거나 흡수되는 법인 또는 신설되거나 존속하는 법인이 보유한 상장주식의 시가는 평가기준일 현재의 거래소 최종 시세가액으로 한다.

(2) 비상장법인의 주식평가

비상장주식의 평가에 대해서도 상속증여세법은 시가평가를 원칙으로 하고 있다. 이 경우 시가는 불특정 다수인 사이에 자유롭게 거래가 이루어지는 경우에 통상적으로 성립된다고 인정되는 가액이다.

다만, 시가를 산정하기 어려운 경우에는 동법 시행령에서 정하고 있는 다음의 방법에 따라 평가한다.

> 제54조【비상장주식의 평가】
>
> ① 법 제63조 제1항 제1호 다목에 따른 거래소에 상장되지 아니한 주식 및 출자지분(이하 이 조 및 제56조의 2에서 "비상장주식"이라 한다)은 다음의 계산식에 따라 평가한 가액(이하 "순손익가치"라 한다)과 1주당 순자산가치를 각각 3과 2의 비율로 가중평균한 가액으로 한다. 다만, 부동산과다보유법인의 경우에는 1주당 순손익가치와 순자산가치의 비율을 각각 2와 3으로 한다. 다만, 그 가중평균한 가액이 1주당 순자산가치에 100분의 80을 곱한 금액보다 낮은 경우에는 1주당 순자산가치에 100분의 80을 곱한 금액을 비상장주식등의 가액으로 한다.
>
> $$\text{순손익가치} = \frac{\text{1주당 최근 3년간의 순손익액의 가중평균액}}{\text{3년 만기 회사채의 유통수익률을 감안하여 기획재정부령으로 정하는 이자율}}$$
>
> ② 제1항의 규정에 의한 1주당 순자산가치는 다음의 산식에 의하여 평가한 가액으로 한다.
>
> $$\text{1주당 가액} = \frac{\text{당해 법인의 순자산가액}}{\text{발행주식총수}}$$

제13절 분식회계

분식회계(粉飾會計, window dressing settlement)란 기업의 재무상태나 경영성과를 실제와는 다르게 왜곡·표시하는 것을 말한다. 심지어 회계분식은 'accounting fraud'라 하여 회계사기라고 표현하기도 한다.

기업가치와 경영자에 대한 평가는 기업이 얼마나 건전한 재무상태를 유지하고 좋은 경영성과를 내느냐에 따라 결정되므로 상당수의 경영자는 가능하면 이익이 많이 난 것처럼 재무제표를 꾸미고 싶은 유혹을 받을 수도 있을 것이며 실제로 재무제표를 조작하는 경우도 있다. 때로는 주가(株價)를 유지하기 위하여 또는 은행차입을 원활하게 하기 위하여 재무제표를 조작하기도 한다. 재무제표를 왜곡함으로써 이러한 문제들을 회피할 수 있을 것이라고 생각한다. 그러나 분식회계를 한 상당수의 회사들이 파산되는 경우가 많으므로 분식회계의 사회적 폐해는 기업의 파산이 불특정다수의 이해관계자들에게 영향을 미친다는 측면에서 그 심각성이 강조되어야 할 것이다. 결국 재무제표의 왜곡은 이해관계자들에게 경제적으로 막대한 피해를 가져올 수도 있는 것이다. 따라서 분식회계는 단순히 양심의 문제가 아니라 경제적·법률적인 문제의 차원에서 접근하여야 할 것이다.

간혹 분식회계는 회사의 외부에 있는 이해관계자에게만 영향을 미치고 기업이나 주주에게는 영향을 미치지 않을 것이라고 오해하는 경영자들도 있다. 단기적으로는 분식회계로 인하여 회사는 경제적 이득을 볼 수도 있을 것이다. 그러나 이는 어디까지나 단기적으로 나타날 수 있는 효과일 뿐 앞에서 언급한 것처럼 분식회계를 한 상당수의 회사들이 파산에 이르게 되는 상황을 감안하면 분식회계는 기업이나 주주에게도 결코 도움이 되지 않는다는 사실을 명심하여야 할 것이다.

앞서 살펴본 재무비율에 의한 기업분석은 재무제표에 대한 신뢰를 바탕으로 이루어지는 것이므로 분식회계에 의하여 왜곡된 재무제표를 가지고 재무비율을 분석하는 것은 잘못된 지도를 가지고 목적지를 찾아가는 것과 마찬가지로 기업분석을 전혀 엉뚱한 방향으로 유도하는 것이다. 따라서 분식회계의 유형, 원인 및 방법 등을 파악하는 것은 전체적인 재무제표의 신뢰도를 결정하는 재무분석의 밑받침이 되는 과정이라고 할 수 있다.

1. 분식회계의 유형과 원인

분식회계는 기업의 재무상태나 경영성과를 실제와는 다르게 왜곡·표시하는 것을 말하는데 호전분식과 역분식 두 가지 유형으로 구분할 수 있다.

(1) 호전분식

기업의 재무상태나 경영성과를 실제보다 양호하게 표현하려는 회계분식을 말하며, 일반적으로 분식회계는 호전분식을 의미하는 경우가 많다. 재무적으로 어려운 회사들이 호전분식을 많이 하기 때문에 역분식에 비하여 사회적인 파장이나 피해가 더 심각한 경우가 많이 있다. 호전분식의 원인으로는 다음의 유형들을 꼽을 수 있다.

가. 금융기관과의 거래원활화 도모

회계분식의 가장 대표적인 원인으로서 차입금의존도가 높은 회사들에서 자주 발견되는 유형이다. 재무상태나 경영성과가 나쁘면 금융기관으로부터 신규차입을 하기 곤란하거나 기존 차입금에 대한 상환압력을 받는 경우가 많이 있다. 따라서 분식회계를 통하여 기업의 재무제표를 금융기관이 원하는 수준으로 맞추려는 노력을 하게 되어 영업이익, 세전이익, 당기순이익을 부풀리거나 부채비율, 유동비율, 비유동장기적합률 등을 실제보다 높이거나 낮추는 회계처리를 하기도 한다.

나. 경영실패의 은폐

전문경영인이 경영하는 기업이나 정부산하기관, 정부투자회사 등에서 많이 발견되는 분식회계의 유형이다. 전문경영인들은 자신의 평가가 건전한 재무상태나 경영성과에 의하여 평가를 받게 되므로 좋은 평가를 받아 재임기간을 늘리기 위하여 재임시절 발생한 경영실패를 숨기려는 경향을 갖고 있다. 또한 전임 경영자가 저지른 경영실패를 자신의 재임시절에 밝히기 곤란하여 이러한 은폐행위가 상당기간 지속되는 경우도 있다.

다. 기업의 유리한 합병이나 처분

피합병의 대상이 되는 회사의 경영자들은 합병비율을 유리하게 받기 위하여 합병

전에 분식회계행위를 하기도 한다. 물론 합병과정에서 기업실사를 통하여 상당부분은 드러나지만 그럼에도 불구하고 많이 발생하는 경우라고 할 수 있다.

라. 신주나 사채의 원활한 발행

증권거래소나 코스닥 상장을 앞두고 있는 회사들의 경우 주식의 공모가액을 높이기 위하여 분식회계를 하기도 한다. 주식의 공모가액을 높이면 기업에 유입되는 현금이 많아지는 효과가 나타나므로 기업의 입장에서는 상장 전에 실제보다 재무상태나 경영성과를 좋은 것처럼 보이려는 시도를 하기도 한다.

마. 주가유지 혹은 주가상승

상장회사들의 경우에는 주주들로부터 주가에 대한 상당한 압력을 받기도 한다. 따라서 이러한 주주들로부터의 압력을 피하기 위하여 분식회계를 하기도 하며, 간혹 부도덕한 경영자들의 경우에는 흔히 말하는 작전세력과 결탁하여 주가를 올리기 위한 수단으로 기업의 재무상태나 경영성과를 과도하게 양호한 것처럼 꾸미는 분식회계행위를 하기도 한다.

(2) 역분식

역분식은 기업의 재무제표를 실제의 재무상태나 경영성과보다 나쁜 것처럼 왜곡하는 것을 말하는데 일반적으로 생각하는 것보다 자주 나타나는 유형이다. 역분식이라 하더라도 기업의 이해관계자에게는 부정적 영향을 미치기 때문에 호전분식과 마찬가지로 없어져야 할 회계행위라고 할 수 있다.

가. 법인세절감

세금절감목적을 위한 역분식의 경우에는 소유구조가 단순하고 소유주가 기업을 직접 경영하며 금융기관차입금이 많지 않은 중소규모의 기업에서 많이 발생한다. 이러한 기업들은 주주나 금융기관과 같은 외부 이해관계자가 많지 않기 때문에 법인세를 줄이는 것이 중요한 현안이 될 수 있으며 당기순이익을 줄여 법인세를 줄이는 역분식을 하기도 한다.

나. 제품가격 유지 혹은 인상

대기업에 부품이나 원자재 등을 공급하는 협력회사들은 기업의 매출을 거의 대부분 대기업에 의존하기 때문에 납품가격에 대하여 매우 민감할 수밖에 없다. 이러한 경우 협력회사에서 이익이 많이 난다면 대기업으로부터 납품가격 인하압력을 받기 때문에 이러한 압력을 피하기 위하여 실제보다 이익이 적게 나는 것처럼 재무제표를 꾸미기도 한다.

다. 회사재산 편취

부도덕한 경영자들의 경우에는 기업의 재산을 횡령하고 이를 숨기기 위하여 가짜 증빙 등으로 지출이 있는 것처럼 하여 비용으로 회계처리하는 경우도 있다. 이러한 목적의 역분식은 다른 유형과는 달리 직접적으로 자산이 유출되어 재무상태의 악화를 초래하므로 기업에 유동성위기를 가져오거나 부도사태를 불러오기도 한다. 가장 악질적인 형태의 분식행위라고 할 수 있다.

간혹 비자금을 조성하기 위하여 비용을 허위로 기재하거나 유형자산의 취득원가를 과다하게 부풀리는 경우도 이러한 유형에 해당한다고 볼 수 있는데, 과다하게 부풀려진 유형자산의 취득원가는 이후의 회계기간에 과다한 감가상각비로 인식되므로 기업의 이익이 적게 표시된다. 이는 법인세에도 영향을 미치며 주주의 배당금도 적어지게 되므로 이러한 분식행위는 국가와 주주에게까지도 피해가 미치게 된다.

라. 노동조합에 대한 압박

노동조합으로부터 인금인상 등의 요구를 받는 경우 실제보다 이익이 적게 난 것처럼 하여 임금인상 요구를 회피하기 위한 수단으로 재무제표를 왜곡하기도 한다.

마. 기간이익의 평준화

전문경영인이 경영을 하는 기업의 경우 당해 연도의 실적은 좋을 것으로 예상되나 차기 이후의 실적이 불투명하다면 당해 연도의 실적을 적절히 줄이고 이를 차기 이후로 이월시키는 경우가 있다. 따라서 당해 연도에는 실제보다 재무제표가 나쁘게 표시되며 차기 이후에는 실제보다 재무제표가 좋게 표시된다. 이는 역분식과 호전분식이 교차되는 가장 전형적인 경우라고 할 수 있다. 실적이 좋은 회계연도의 12월말 매출을 다음

연도 1월로 이월시켜 손익을 평준화하는 방법 등이 많이 사용된다.

바. 독과점기업의 사회비난여론 회피

독과점기업들의 경우에는 이익이 많이 나는 경우 여론이나 시민단체들로부터 제품이나 용역의 가격을 내리라는 압력을 받기도 한다. 따라서 독과점기업들은 이러한 압력이나 비난여론을 회피하기 위하여 실제보다 이익이 적게 난 것처럼 재무제표를 왜곡하기도 한다.

2. 분식회계의 방법

분식회계의 유형에는 호전분식과 역분식이 있으나 일반적으로 역분식에 비하여 호전분식의 사회적 폐해가 크기 때문에 여기에서는 호전분식을 전제로 기업들이 많이 사용하는 분식회계의 방법을 알아보도록 한다(일반기업회계기준의 재무제표와 용어를 전제로 살펴본다).

(1) 순자산 또는 이익을 과대표시하는 회계분식

호전분식은 자산의 과대계상 혹은 부채의 과소계상으로 순자산을 과대표시하거나 매출의 과대계상 혹은 비용의 과소계상으로 순이익을 과대표시하는 방법을 선택한다.

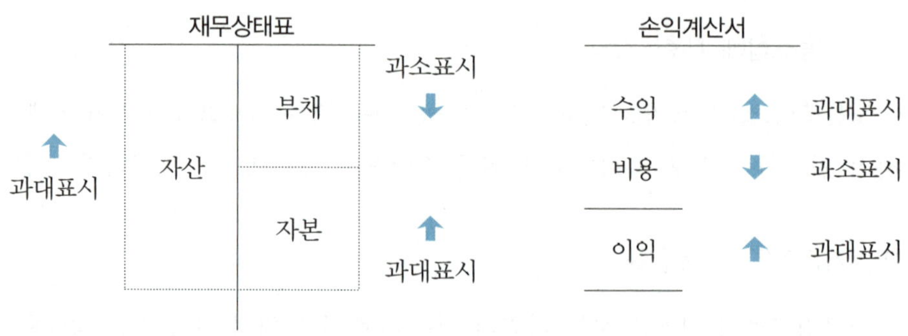

가. 기말재고자산 과대계상에 의한 이익의 과대계상

분식회계에서 이익을 늘리는 가장 고전적인 방법으로 기말재고자산에 대한 평가를 과다하게 표시하여 이익을 늘리는 방법이다. 앞서 원가계산에 대하여 살펴볼 때 다음의 공식을 이미 확인한 바 있다.

매출총이익 = 매출액 − 매출원가
= 매출액 − (기초제품재고액 + 당기제품제조원가 − 기말제품재고액)
= 매출액 − 기초제품재고액 − 당기제품제조원가 + 기말제품재고액

또한 당기제품제조원가의 계산은 다음과 같이 결정된다.

당기제품제조원가 = 기초재공품원가 + 당기총제조원가 − 기말재공품원가

따라서 결산기에 기업은 기말재공품을 과대하게 표시하면 당기제품제조원가가 과소표시되고 이는 매출총이익이 과대표시된다. 또한 기말제품재고액을 과대표시하여 매출총이익을 과대표시하기도 한다. 이렇게 기말재공품이나 기말제품을 과대하게 평가함으로써 매출총이익을 과대표시하는 것이다.

기말재공품 과대계상(↑) ⇒ 당기제품제조원가 과소계상(↓) ⇒ 매출총이익 과대계상(↑)
기말제품재고액 과대계상(↑) ⇒ 매출총이익 과대계상(↑)

기말재고자산은 '단가×수량'이므로 원가계산과정을 통하여 재고자산의 단위원가를 조작하거나 장부상의 재고수량을 실제재고보다 부풀리는 방법을 쓰기도 한다.

재고자산을 통한 분식회계는 일반적으로 발견하기 가장 어려운 방법이지만 매출원가율 추세분석, 제조원가명세서 분석 등을 통하여 어느 정도는 판단할 수 있다.

나. 매출채권에 대한 대손충당금의 과소설정

매출채권에 대한 대손추정을 낙관적으로 하여 대손충당금을 적게 인식함으로써 매출채권의 장부가액을 과대표시하는 방법을 말한다. 대손충당금의 인식은 대손상각비와 연결되므로 대손충당금을 과소표시하는 것은 손익계산서의 대손상각비를 적게 인식하여 이익을 과대표시하는 것이다. 부실채권을 많이 보유하고 있는 상당수의 회사에서 많이 사용하는 방법이다.

대손충당금의 과소계상을 통한 분식회계는 재무제표만을 이용하여 기업분석을 하는 경우에는 발견하기 쉽지 않으나, 기업의 내부 회계정보에 접근할 수 있다면 매출채권의 연령분석, 과거 대손경험률 분석, 연중 매출채권의 회수거래유무 확인 등을 통하여 어느 정도 파악할 수 있을 것이다.

다. 수익적지출을 자본적지출로 처리

유형자산 등에 대한 지출 중 비용으로 처리되어야 할 수익적지출을 자본적지출로 회계처리하여 자산의 취득원가에 가산하는 방법을 말한다. 자본적지출로 회계처리하여도 결산기에 감가상각을 통하여 일부 비용화되는 부분이 있으므로 실제 이익에 영향을 미치는 금액은 수익적지출로 회계처리하여야 할 금액에서 자본적지출로 회계처리되어 감가상각된 금액을 차감한 금액이 된다.

거액의 회계분식으로 화제가 되었던 미국기업인 월드컴은 비용으로 처리해야 할 항목을 자산인 통신설비로 기록하여 이익을 부풀리는 방법을 사용하였다.

라. 가공미수수익의 계상

이자수익 등은 수익금액을 신뢰성 있게 측정할 수 있고 경제적 효익의 유입가능성이 매우 높은 경우에만 인식하므로 회수가 불분명한 경우에는 수익을 인식할 수 없다. 그럼에도 불구하고 회수가능성이 의심되는 대여금에 대하여 기간경과에 따라 약정이자율에 의하여 미수수익과 이자수익을 인식하는 것은 분식회계의 한 유형이라고 할 수 있다.

마. 유형자산 등에 대한 미상각 혹은 과소상각

유형자산의 감가상각은 다른 거래와는 달리 세금계산서나 증빙 등이 필요하지 않기 때문에 기업이 손쉽게 조작할 수 있는 방법 중의 하나이다. 감가상각을 적게 하거나 미상각하는 것은 감가상각비라는 비용이 줄어들어 기업의 이익이 늘어나는 전형적인 분식회계의 유형이라고 할 수 있다. 특히 세무상으로 감가상각은 상각범위액 한도 내에서만 상각하는 임의상각규정이기 때문에 기업의 입장에서는 더욱 유혹을 느끼기 쉬운 방법이라고 할 수 있다. 하지만 기업회계상으로 감가상각은 강제상각규정이기 때문에 정해진 방법과 내용연수에 따라 회계처리하여야 한다. 감가상각방법에 따라 다르기는 하지만 유형자산의 평균장부가액 혹은 기초장부가액에 대한 감가상각비의 비율을 전기와 비교함으로써 검토할 수도 있다.

바. 개발비 등의 과대계상(특히 벤처기업 등)

흔히 'R&D'라고 하여 연구·개발활동과 관련된 여러 가지의 지출이 발생하게 되는데 기업회계상으로는 내부적으로 창출한 무형자산이 인식기준을 충족하는지를 평가하기 위하여 무형자산의 창출과정을 연구단계와 개발단계로 구분하여 인식한다. 이러한 연구개발활동과 관련하여 지출된 금액 중 다음과 같이 일정한 요건에 해당하는 개발활동 관련부분에 대해서만 무형자산 중 '개발비'의 과목으로 하여 인식한다. 그리고 개발활동관련 지출된 금액 중 조건을 충족하지 못하는 부분과 일체의 연구활동 관련하여 지출된 금액은 모두 '경상개발비' 혹은 '연구비'의 과목으로 하여 당기비용(판매관리비) 처리한다.

구분	내용	회계처리
개발활동 →	* 기술적 실현가능성 * 판매하려는 기업의 의도 * 판매할 수 있는 능력 * 미래경제적효익 * 기술적·재정적 능력 * 측정가능성 등 요건 충족	→ '개발비(무형자산)'로 인식하고 내용연수에 걸쳐 상각
→	기타의 개발활동관련지출	→ '경상개발비', '연구비' 등 당기비용으로 인식(제조원가 혹은 관리비)
연구활동 →	연구활동 관련지출	→

창업 초기에 수익성이 확보되지 않는 연구개발 관련 지출이 많은 회사들의 경우에는 금융기관 대출이나 증자를 위하여 '경상개발비'나 '연구비'로 처리할 지출을 '개발비'로 처리하는 경우가 많다. 이는 전액 당기의 비용으로 처리할 것을 무형자산으로 인식하여 일정기간에 걸쳐 상각하므로 손익에 대한 효과를 상당기간 완화시킬 수 있기 때문이다.

연구개발 관련 지출이 많은 IT업종이라든가, 일반제조업종이라 할지라도 신제품개발과 관련하여 연구개발지출이 많은 기업들의 개발비는 무척 주의하여 분석하여야 할 것이다.

사. 퇴직급여(충당)부채의 과소계상

퇴직급여(충당)부채의 경우에도 유형자산에 대한 감가상각과 마찬가지로 외부거래에 따른 증빙과 같은 것이 필요 없기 때문에 많은 기업들이 쉽게 분식을 하려는 대상이 되기도 한다.

퇴직금은 기본적으로 근속연수, 평균급여, 인원수 등에 의하여 결정된다. 퇴직급여충당부채에 대하여 분식회계를 하고자 할 때 많이 사용하는 방법으로는 입사연도를 조정하여 근속연수를 줄이기도 하고, 평균급여를 조작하기도 하며, 특정부서의 인원을 없는 것처럼 하여 퇴직금추계액을 줄이기도 한다.

하지만 근무인원수의 변화가 없다 하더라도 일반적으로 평균급여의 상승과 근속연수의 연장 등으로 인하여 퇴직금추계액이 늘어나는 것이 일반적이다. 따라서 퇴직급여충당부채에 대한 분식회계 여부는 인원수의 증감, 퇴직금 중간정산여부, 평균급여의 인상률 등을 감안하여 검토하여야 할 것이다.

아. 미지급비용의 미계상 혹은 과소계상

기업회계에서 비용은 지출 여부와는 관계없이 중요한 경제적 사실이 발생하였는가 그리고 이를 객관적으로 측정할 수 있는가 하는 발생주의에 따라 인식된다. 이를테면 이자비용과 같은 경우 기간경과에 따라 인식된다. 하지만 기업이 이러한 기간경과에 따르는 비용을 인식하지 않으면 비용과 함께 미지급비용이 인식되지 않으므로 이익이 늘어나는 분식회계현상이 나타나게 된다. 사채나 차입금 등의 이자, 리스료, 인건비 등을 인식하지 않는 것들이 대표적인 예라고 할 수 있다.

자. 가공매출 계상으로 가공매출채권 계상

여러 가지의 분식회계 방법 중 매우 극단적인 방법으로 가공의 매출을 일으키고 가공매출채권을 인식하는 것을 말한다. 이러한 분식회계행위는 특히 결산기말 전에 집중적으로 일어나는데 기업이 일정수준의 실적을 유지하기 위하여 많이 사용하는 방법이다. 만약 기업이 재고수불부까지도 조작한다면 발견하기 어려운 방법이지만 재고실지조사, 거래명세서상 거래상대방의 인수 확인, 채권·채무 확인 등을 통하여 발견할 수 있다. 몇 년 전 분식회계로 파문을 불러일으킨 미국 엔론사(社)는 자회사 등과의 반복적인 거래를 통하여 매출과 이익을 과다하게 계상하는 방법을 사용하였다.

차. 선수금의 매출계상

선수금이란 재화 등을 인도하기 전에 미리 받은 금액을 말한다. 따라서 재화의 인도가 이루어지지 않았기 때문에 부채로 회계처리하고 재화가 인도되는 시점에 매출로 인식하여야 한다. 그러나 재화를 인도하기 전에 매출로 인식한다면 부채가 과소계상되고 매출이 과대계상되므로 부채비율과 실적이 양호한 것처럼 표시된다.

카. 부외부채

부외부채(簿外負債, liabilities out of books)는 장부에 기록되어 있지 않은 부채를 말하는데 일반적으로는 사채(私債), 선물거래 등으로부터 발생할 수 있다.

사채(私債)의 경우에는 전주(錢主)의 익명성과 지급이자에 대한 원천징수의 문제로 인하여 회계처리를 정상적으로 하지 못하게 된다. 따라서 회사는 사채(私債)를 쓰고 있음에도 불구하고 재무제표에 부채로 기록하지 않게 되므로 회사의 부채가 과소계상되는 현상이 나타나게 된다. 사채이자의 경우에는 정상적으로 이자비용으로 처리하기도 하는데 이러한 경우에는 이자비용과 차입금평균잔액을 비교하는 절차 등을 통하여 어느 정도 검토가 가능하다. 하지만 사채이자를 비자금으로 처리하든가 기타의 잡손실과 같은 과목으로 은닉하게 되면 재무제표를 이용하여 찾아내는 것은 힘들다고 할 수 있다. 사채(私債)를 쓸 정도의 회사라면 상당부분 부실화가 진행되어 있는 상태이므로 분식회계의 문제뿐 아니라 기업도산의 가능성도 고려하여야 할 것이다.

(2) 이익과 관계없는 회계분식

순자산이나 이익을 늘리지 않고도 재무제표상의 여러 가지 분석을 기업이 양호한 것처럼 꾸미기도 하는 분식회계의 유형이 있다. 이는 계정과목의 분류를 조정하여 재무제표를 분식하는 행위로서 앞서 설명한 순자산이나 이익을 과대계상하는 방법보다 덜 심각한 방법이라는 착각을 하는 경우가 많지만 이러한 방법도 똑같은 분식회계의 한 형태임을 인식하여야 한다.

이것은 재무상태표에서 다음과 같이 비유동자산을 유동자산으로 분류하고, 유동부채를 비유동부채로 분류하는 분식회계행위를 말한다. 이러한 계정과목의 분류조작은 유동성비율, 당좌비율, 비유동장기적합률 등을 양호한 것처럼 꾸미는 효과를 갖게 되다.

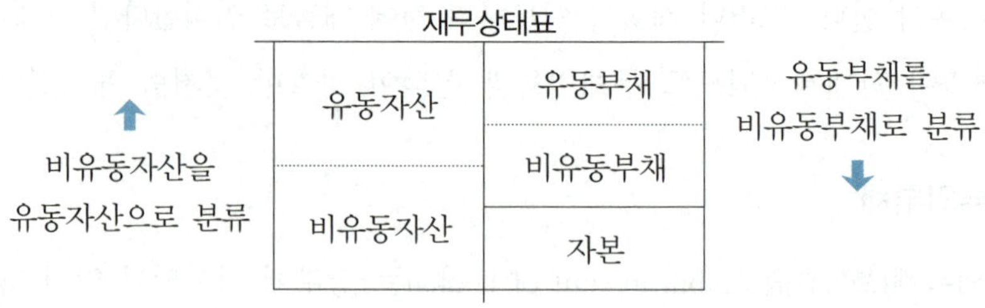

또한 손익계산서에서 수익에 대하여 영업외수익항목을 매출액항목으로 분류하며 비용에 대하여 매출원가항목을 판매비와관리비항목으로, 판매비와관리비항목을 영업외비용항목으로 분류하는 분식회계행위를 말한다.

손익계산서

수익	과 목	금 액	비용
	Ⅰ. 매출액	×××	
	Ⅱ. 매출원가	×××	매출원가를
	Ⅲ. 매출총이익	×××	판매관리비로
↑	Ⅳ. 판매비와관리비	×××	↓
영업외수익을	Ⅴ. 영업이익	×××	판매관리비를
매출액으로	Ⅵ. 영업외수익	×××	영업외비용으로
	Ⅶ. 영업외비용	×××	↓
	Ⅷ. 법인세비용차감전순이익	×××	
	Ⅸ. 법인세비용	×××	
	Ⅹ. 당기순이익	×××	

가. 자산에 대한 분류를 통한 분식회계

자산에 대한 분류를 통한 분식회계는 매도가능증권을 단기매매증권으로, 장기대여금을 단기대여금으로, 장기금융상품을 단기금융상품으로 분류하는 경우 등이 있을 수 있다. 이렇게 비유동자산에 해당하는 항목을 유동자산으로 분류하면 순자산이나 이익을 조작하지 않고도 유동비율, 당좌비율, 비유동장기적합률, 비유동비율 등을 양호한 것처럼 할 수 있으므로 많은 기업들이 별다른 죄의식을 느끼지 않고 쉽게 하는 경우가 많이 있다. 하지만 순자산이나 이익을 늘리지 않는다 하더라도 분명히 재무제표를 왜곡하는 것이므로 분식회계행위에 해당한다.

나. 부채에 대한 분류를 통한 분식회계

부채에 대한 분류를 통한 분식회계는 단기차입금을 장기차입금으로 분류하는 경우, 유동성장기부채를 인식하지 않는 경우 등을 말한다. 이러한 분류조작행위도 유동비율, 당좌비율, 비유동장기적합률 등을 왜곡하게 된다.

다. 자산·부채 상계를 통한 분식회계

이 방법은 자산과 부채를 상계하여 자산과 부채를 줄이는 방법을 말하는데 부채비율, 자기자본비율 등을 양호한 것처럼 꾸미게 된다. 일반적으로 많이 사용되는 방법으로 매출채권과 매입채무를 상계하는 경우가 있는데 이는 동일거래처에 대하여 사전약정을 맺은 경우에만 가능하다. 그러나 동일거래처라 할지라도 사전약정이 없는 경우라든가 타거래처 채권·채무의 상계는 기업회계기준을 위반하는 것이라고 할 수 있다.

라. 수익에 대한 분류를 통한 분식회계

영업외수익항목을 매출액항목으로 분류하는 경우를 말하는데, 최종적인 당기순이익과 법인세비용차감전순이익에는 영향이 없지만 각 단계별로 표시되는 매출총이익, 영업이익 등을 크게 표시하기 때문에 재무제표이용자에게 잘못된 정보를 제공하는 분식회계행위에 해당한다.

임대료의 경우 정관 등에서 기업의 사업목적으로 임대업이 표시되고 경상적으로 발생하는 경우에는 매출액(영업수익)으로 회계처리할 수 있지만 그렇지 않은 경우에는 영업외수익의 과목으로 처리하여야 한다. 따라서 영업외수익에 해당하는 임대료를 매출액으로 처리한다면 법인세비용차감전순이익, 당기순이익에는 영향이 없지만 매출총이익, 영업이익을 늘리게 되므로 손익계산서가 왜곡되는 것이다.

마. 비용에 대한 분류를 통한 분식회계

매출원가항목을 판매비와관리비항목으로, 판매비와관리비항목을 영업외비용항목으로 분류하는 분식회계행위를 말하는데, 최종적인 당기순이익과 법인세비용차감전순이익에는 영향이 없지만 각 단계별로 표시되는 매출총이익, 영업이익 등을 크게 표시하기 때문에 재무제표이용자에게 잘못된 정보를 제공하는 분식회계행위에 해당한다.

제조부문에서 발생한 경비를 판매비와관리비로 처리하는 경우 매출원가가 적어지므로 매출총이익이 늘어나게 된다. 하지만 판매비와관리비가 늘어나므로 영업이익에는 영향이 없다. 이러한 경우도 중간단계에 표시되는 매출총이익에 대한 분식회계의 행위로 볼 수 있는 것이다.

수취채권 중 영업거래에서 발생하는 매출채권에 대한 대손상각비는 판매비와관리비로 분류하고 기타 영업과 관련이 없는 채권에 대한 대손상각비는 영업외비용 중 기타의 대손상각비로 처리한다. 따라서 판매비와관리비로 분류되어야 할 대손상각비를 영업외비용 중 기타의 대손상각비로 회계처리하면 영업이익을 늘리는 분식회계가 되는 것이다.

(3) 우발상황에 대한 회계분식

우발채무는 과거사건은 발생하였으나 기업이 전적으로 통제할 수 없는 하나 또는 그 이상의 불확실한 미래사건의 발생 여부에 의하여서만 그 존재 여부가 확인되는 잠재적인 의무를 말한다. 또한 우발채무는 과거사건이나 거래의 결과로 발생한 현재의무이지만 그 의무를 이행하기 위하여 자원이 유출될 가능성이 매우 높지 않거나 또는 그 가능성은 매우 높으나 당해 의무를 이행하여야 할 금액을 신뢰성 있게 추정할 수 없는 경우를 말한다.

우발채무는 대부분 재무제표에는 반영되지 않지만 감사보고서의 본문 중 특기사항이나 재무제표에 대한 주석 등을 통하여 공시가 되어야 재무제표이용자에게 기업에 대한 적절한 정보가 제공된다고 할 수 있다. 하지만 이러한 우발채무에 대하여 의도적으로 혹은 실수로 정보를 제공하지 않는 경우가 발생하기도 하는데, 잠재적 부채에 대한 정보를 정보이용자에게 적절하게 보고하지 않는다는 측면에서 분식회계의 한 유형이라고 볼 수 있다. 따라서 감독당국에서는 이러한 공시누락 등에 대하여 엄격하게 대처하고 있다.

실무적으로 우발채무의 예로는 소송사건, 지급보증 등을 들 수 있다. 기본적으로 우발부채는 부채로 인식하지 않는다. 하지만 의무를 이행하기 위하여 자원이 유출될 가능성이 아주 낮지 않다면 우발부채에 정보를 주석에 기재하여야 하는데, 우발채무에 대한 정보로는 우발부채의 추정금액, 자원의 유출금액 및 시기와 관련된 불확실성 정도 등이 있다.

우발부채의 경우 자원의 유출가능성이 당초에 예상하지 못한 상황에 따라 변화할 수 있기 때문에 계속적으로 그러한 상황변화를 주시하여야 한다. 과거에 우발부채로 처리하였더라도 그 이후 상황변화로 인하여 자원의 유출가능성이 매우 높아지고 금액을 신뢰성 있게 추정할 수 있는 경우에는 그러한 가능성의 변화가 발생한 기간에 충당부채로 인식한다.

3. 분식회계의 발견

특정기업의 재무제표에 분식회계행위가 있었는지의 여부를 단지 재무제표에 의하면 찾아내는 것은 불가능하다라고도 할 수 있다. 이는 그만큼 분식회계행위는 교묘한 방법에 의하여 진행되기 때문이다. 따라서 분식회계에 대한 접근은 먼저 전반적인 회사의 상황 등을 파악하고 난 후 구체적인 방법을 찾아야 할 것이다.

(1) 분식회계의 동기 및 대내외 환경검토

가. 내부적 요인

분식회계에 대한 접근은 먼저 회사가 처해 있는 대내외 환경에 대한 검토를 필요로 한다. 기업 내부적으로는 다음과 같은 요인들이 분식회계의 동기가 된다고 할 수 있다.

- 기업의 문화 및 성격
- 경영자의 성향
- 내부통제제도의 수준
- 최근 수년간 실적
- 유동성수준
- 주가수준
- 외부 이해관계자의 종류와 수

회사가 재무적으로 문제가 전혀 없으며 자금도 충분히 준비되어 있다면 경영자의 입장에서는 굳이 분식회계를 할 이유가 없는 것이다. 하지만 최근의 경영성과가 매우 낮고 자금도 부족하며 은행차입 등에 애로가 있다면 이러한 문제점들을 타개하기 위하여 분식회계의 유혹을 느낄 수도 있다. 따라서 분식회계에 대한 접근은 분식회계를 하여야 할 동기부터 파악하여야 한다.

나. 외부적 요인

기업 외부적으로는 다음과 같은 요인들이 분식회계의 동기가 된다고 할 수 있다.

- 경제적·사회적 상황
- 동종업계의 환경 및 거래관행
- 시중의 자금상황
- 정부의 규제수준

사회경제적 상황이 매우 열악하다면 그 상황은 기업에 영향을 미치게 되며 기업은 이러한 상황을 타개하기 위하여 분식회계의 유혹에 빠질 수도 있을 것이다. 또한 동종업계에서 매출누락, 법인세 탈루 등 불법적 관행이 비일비재하게 일어난다면 해당 업종에 속해 있는 기업들도 이러한 관행에 영향을 받아 쉽게 재무제표를 왜곡할 것이다. 자금이 부족한 기업의 경우 시중의 자금상황이 매우 어렵다면 자금조달에 애로를 겪을 것이고 은행차입 등을 원활하게 하기 위하여 실적을 늘리거나 이익을 부풀리려고 할 것이다. 또한 정부당국의 분식회계에 대한 규제수준이 엄격하지 않다면 기업들은 이러한 상황을 이용하여 아주 쉽게 분식회계행위를 할 수도 있을 것이다.

(2) 분식회계의 발견

가. 대내외 환경검토를 통한 분식회계의 발견

대내외 환경검토를 통한 방법으로는 다음과 같은 사항들을 점검함으로써 분식회계에 대한 징후를 파악할 수 있다.

- 배당률과 주가변동
- 공인회계사 감사의견
- 동종업계의 소문
- 회사의 회계시스템 등에 대한 평가
- 감독기관의 징계 여부
- 하청업체에 대한 대금지급기간
- 종업원의 이직률

나. 재무제표분석을 통한 발견

재무제표를 통한 분식회계의 검토는 다음의 방법들을 이용할 수 있으나 재무제표라는 것이 이미 분식행위가 일어난 후의 결과물이므로 발견에는 한계가 있을 수밖에 없다.

- 차입금 동향(차입금의 규모, 금리수준, 차입기간 등)
- 재고수준
- 매출채권의 회수동향
- 재무제표 구성비율을 통한 이상항목 검토
- 일정기간 추세분석을 통한 이상항목 검토
- 재무비율분석을 통한 검토
- 업종평균비율과의 비교를 통한 검토
- 유사 경쟁회사와의 비교를 통한 검토
- 회계처리방법의 변경내용 파악을 통한 검토

다. 기업공시상황에 대한 검토

금융감독원 전자공시시스템을 이용하여 다음의 사항들을 확인한다.

- 정기공시
- 주요사항공시
- 발행공시
- 지분공시
- 기타공시
- 외부감사관련 등

재무제표분석과 경영관리 FINANCIAL STATEMENTS ANALYSIS & BUSINESS MANAGEMENT

제 2 편

재무제표분석

제1장 재무비율분석

financial statements analysis & business management

CHAPTER 01

재무비율분석

제1절 재무비율분석

재무비율분석(financial ratio analysis)은 재무제표를 바탕으로 기업의 성장성·수익성·안정성·활동성·생산성 등을 측정하여 기업 전체의 재무상태, 경영성과 및 현금흐름 등을 평가하며, 이러한 결과를 기업경영을 위한 의사결정이나 성과평가에 반영하고 기업의 재무건전성 판단에 적용하는 것을 말한다.

기업 전체에 대한 종합적인 분석과 평가를 하기 위해서는 재무비율에 대한 이해뿐만 아니라 재무제표 전반에 대한 이해가 필요한데, 재무제표 전반에 대해서는 이미 앞서 살펴본 바 있다. 따라서 이번 장에서는 이러한 재무제표에 대한 전반적인 이해의 바탕하에 재무비율에 대하여 집중적으로 살펴보도록 한다.

재무비율이라 하면 많은 사람들이 부채비율이니 유동비율이니 하는 몇몇 비율들을 머릿속에 떠올리게 된다. 하지만 재무비율분석도 경영분석을 하기 위한 하나의 과정으로 본다면 기업의 단편적인 모습보다는 기업전반에 대한 이해와 분석을 하는 것이 매우 중요하다고 할 수 있다. 따라서 재무비율분석을 하기 위한 사전고려사항, 비교대상의 선정, 재무제표 구성비율분석 등 예비절차를 검토한 후에 성장성·수익성·안정성·활동성·생산성의 5가지로 구분되는 재무비율에 대하여 각각 살펴보도록 한다.

1. 재무비율분석을 위한 고려사항

재무비율분석은 기업경영분석의 한 가지 절차라고 할 수 있다. 기업경영분석은 단순히 몇몇 비율에 의해서만 이루어지는 것은 아니므로 기업에 대한 종합적 평가 및 이해를 위해서는 여러 가지 고려사항에 대하여 신중한 접근이 필요하다고 할 수 있다.

(1) 재무제표의 한계성

재무비율분석의 장점으로는 결산 및 감사의 과정을 통하여 산출된 재무제표를 이용하여 기업의 여러 가지 재무적 측면에 대한 객관적 분석이 가능하다는 것이다. 재무제표를 이용하여 계산된 재무비율은 각종 통계자료 및 경쟁기업의 재무비율 등과의 비교를 통하여 기업의 재무상황을 다각도로 분석할 수 있는 기회를 제공하기도 한다.

하지만 재무제표는 이러한 객관성, 검증가능성이라는 장점과 달리 아주 중요한 단점을 포함하고 있는데 재무제표의 단점이자 한계점은 재무제표는 과거정보를 보여준다는 점이다. 12월 결산법인의 경우에는 통상 2월이나 3월경에 결산을 통하여 재무제표를 확정하고 공시하게 된다. 따라서 3월에 공시되는 재무제표는 이미 2~3개월이 경과한 기업의 재무상황을 보여주게 된다. 만약 재무제표 이용자가 8월이나 9월경에 해당 기업의 재무제표를 분석한다면 이미 8~9개월이 경과한 기업의 재무제표를 분석하게 된다. 물론 상장기업의 경우에는 3개월에 한 번씩 공시를 하므로 재무제표작성기준일과 재무제표를 열람하는 시점과의 시차를 줄일 수 있기는 하지만 재무제표가 담고 있는 내용이 과거 정보라는 점은 달라지지 않는다.

재무제표는 이렇게 과거정보를 다루게 되므로 기업의 현재 재무상황에 대한 정보를 실시간으로 제공하는 것은 아니다. 물론 이러한 정보제공의 한계를 극복하기 위하여 상장회사의 경우에는 분·반기 재무제표를 공시하고 있지만 거래사실의 집계, 결산과정, 공시 등에 소요되는 시간 등으로 인하여 과거정보를 다루게 되는 한계점을 벗어나기는 매우 어려운 일이라고 할 수 있다.

(2) 미래상황에 대한 추정

과거정보를 포함하는 재무제표의 기본적인 한계점을 극복하기 위해서는 기업의 미래상황에 대한 추정이 필요하게 된다. 미래상황에 대한 추정은 시장환경의 변화, 신제품 및 신기술의 개발 여부, 경쟁기업의 상황 등 많은 요소에 대한 판단을 하여야 한다. 물론 미래상황에 대한 추정 또한 추정이 갖는 한계가 있기는 하지만 과거정보가 보여주지 못하는 측면을 고려할 수 있다는 점에서 미래정보에 대한 추정은 매우 중요한 과정이라고 할 수 있다.

미래상황에 대한 추정을 할 때 고려할 사항으로는 해당 기업이 속해 있는 국가와 산업에 대한 분석, 예상시장 성장률, 예상매출액 증가율, 예상이익 증가율, 예상현금흐름분석, 신제품 및 신기술개발, 경쟁기업의 상황 등으로 이루어진다.

(3) 비재무정보의 활용

재무비율은 객관적이고 검증 가능하지만 기업은 계량화된 재무정보로만 표현할 수 있는 존재가 아니다. 이는 경영분석적 측면에서 계량화된 재무비율 외에 비재무적 측면에 대한 분석도 필요하다는 것을 의미한다.

기업에 대한 비재무적 측면의 요소로는 기업조직, 경영자, 노동자 등을 들 수 있다.

가. 기업조직

기업조직의 측면에서 고려할 요소로는 기업의 경영전략과 전술, 조직문화, 연구개발능력, 기술수준, 적정 부품공급업체의 확보, 생산가능규모, 마케팅, 정부관계, 은행관계, 자금조달능력, 시장점유율, 업력 등이 있다.

나. 경영자

경영자 측면에서 고려할 요소로는 경영자의 성향, 경영비전, 경영철학 등을 꼽을 수 있다.

다. 노동자

노동자 측면에서 고려할 요소로는 근무만족도, 노사관계, 노조성향, 인력수준, 평균근속연수, 이직률 등이 있다.

(4) 성장단계별 분석

재무비율분석에서 고려할 사항으로 기업의 성장단계에 따른 분석을 들 수 있다. 기업은 성장단계에 따라 경영상의 특징과 모습을 달리하므로 태동기·성장기·성숙기·쇠퇴기 등 기업의 성장단계에 따라 각 단계에 적합한 분석의 틀과 방법을 적용해야 한다.

가. 태동기 기업

업력이 매우 짧은 신생기업, 즉 태동기 단계에 있는 기업이라면 높은 수익성과 안정성을 기대하기는 어려울 수 있다. 신생기업의 경우에는 수익성과 안정성 등 재무제표에 의존한 정보보다는 계속기업(going concern)의 가능성, 경영자, 개발제품의 특성, 산업전체의 발전가능성 등에 대한 분석이 오히려 더 많은 의미를 갖는 경우도 있다.

나. 성장기 기업

성장기에 있는 기업이라면 시장확대 등을 통하여 매출이 급격하게 증가하게 될 것이므로 성장성에 대한 분석이 필요할 것이며, 기업의 성장은 생산능력을 전제로 하므로 기업의 생산능력과 설비투자를 위한 자금조달능력 등도 중요한 판단의 지표가 된다. 특히 현금흐름표에서 언급한 것처럼 기업의 주된 자금원천이 영업활동인지 혹은 재무활동인지는 향후 기업의 재무상황에 대한 많은 차이를 가져오게 된다.

다. 성숙기 기업

성숙기에 있는 기업은 태동기와 성장기에 많은 투자를 하였고 이를 통하여 많은 이익과 현금을 만들어 내는 단계라고 할 수 있으므로 재무구조의 안정성·수익성 및 현금창출능력 등에 대한 분석이 매우 중요하다고 할 수 있다. 또한 향후 기업의 성장을 이끌어 갈 새로운 성장엔진과 사업다각화 여부 또는 사업포트폴리오의 구성 등도 중요한 분석 내용이 된다.

(5) 업종별 상황에 대한 이해

재무적인 특성은 업종에 따라 달라지기도 하는데, 예를 들어 자산 중 유동자산과 비유동자산의 비중을 보더라도 업종에 따라 상당히 다른 모습을 보여주기도 한다. 전자업종의 경우 유동자산 대 비유동자산의 구성비율은 2022년 말 기준으로 대략 34% : 66%이다. 하지만 건설업의 경우 유동자산 대 비유동자산의 구성비율은 대략 62% : 38%의 비율로 전자업종과는 정반대의 모습을 보여준다. 이는 업종에 따라 재무적 상황이 다를 수 있다는 것을 보여주는 사례라고 할 수 있다.

한편, 부채비율의 경우 기타운송장비업(선박, 철도, 항공기 등)의 경우에는 산업평균이 2022년 말 기준으로 174%에 이르고 있다. 하지만 전자업종의 경우 44%, 자동차업종의 경우 64% 수준에 머무르고 있다.

따라서 분석대상기업이 속해 있는 업종의 재무적 상황과 특성을 정확히 이해하여야 기업에 대한 정확한 분석과 판단을 할 수 있다.

(6) 평가목적에 따른 분석

재무비율분석은 분석하는 평가자의 분석목적에 따라 분석내용이 달라질 수 있다.

예를 들어 기업에게 자금을 대출하는 은행의 입장이라면 대출원금과 이자의 회수가 가장 중요할 것이다. 따라서 대출원금 확보를 위한 안정성분석과 원금에 대한 이자 확보를 위한 수익성분석 등이 중요할 것이다.

창업투자회사에서 투자대상회사를 분석한다면 과거 성장성과 미래 성장가능성이 중요한 분석내용이 될 것이다.

매출거래처에 대한 분석을 한다면 외상매출금의 회수가 중요하므로 해당 기업의 재무적 안정성과 활동성, 현금흐름분석 등이 중요한 분석항목이 될 것이다.

따라서 재무비율분석은 분석목적에 따라 중요시하는 분석내용을 달리하여야 적정한 평가를 할 수 있을 것이다.

2. 재무비율 비교대상의 선정

부채비율이 100%라면 높은 수준의 비율일까 아니면 낮은 수준의 비율일까? 이에 대해서는 어느 쪽이라고 대답할 수가 없다. 왜냐하면 재무비율이란 경제상황, 업계의 동향, 개별기업의 특성 등에 따라 그 해석이 달라지기 때문이다. 따라서 재무비율을 무턱대고 분석하여 비율의 좋고 나쁨을 따지기보다는 기준으로 설정할 수 있는 비교대상을 선정하고 비교대상과 개별기업의 재무비율을 분석함으로써 좀 더 의미 있는 분석을 할 수 있는 것이다.

일반적으로 재무비율을 분석할 때 사용하는 비교의 대상을 선정하는 방법으로는 다음과 같은 방법들이 있다.

(1) 산업평균비율

가장 일반적으로 사용되는 비교대상으로서 분석대상회사가 속해 있는 산업 전체의 평균비율과 비교하여 평가 및 분석하는 방법이다. 산업평균비율이 다수의 모집단으로부터 산출된 것이라면 비교대상으로서의 신뢰성과 대표성을 갖추고 있다고 할 수 있다. 이는 업계 전체의 평균적인 모습을 보여주기 때문에 개별기업이 과연 업계평균의 수준에 도달하였는지 혹은 얼마나 양호한지 등을 쉽게 판별할 수 있는 장점이 있다.

그러나 규모가 거대한 특정회사가 산업 전체에서 차지하는 비율이 너무 높은 경우에는 산업평균비율이 특정회사의 재무비율에 의하여 좌우되는 현상이 나타나기도 한다. 이러한 경우에는 특정회사의 재무비율이 아주 좋은 경우에는 산업평균비율도 좋아지기 때문에 다른 회사들의 재무비율을 분석할 때 아무리 좋은 비율을 보여도 이미 높아진 산업평균으로 인하여 좋은 평가를 받을 수가 없다. 반면, 특정한 거대회사의 재무비율이 아주 나쁜 경우에는 산업평균비율도 나빠지기 때문에 다른 회사들은 실제로 그리 좋지 않은 비율임에도 불구하고 아주 양호한 재무비율로 평가를 받기도 한다. 이렇게 일부 회사에 의하여 산업평균비율이 왜곡되는 경우 적정한 평가를 할 수 없으므로 다른 방법들을 사용한다. 전자업종, 자동차업종 등이 일부 거대기업에 의하여 산업 전체의 평균비율이 영향을 받는 대표적 업종이라 할 수 있다.

한편, 기업의 규모가 점점 커짐에 따라 하나의 회사가 여러 개의 사업부로 구성되어 한 회사라 할지라도 상이한 여러 가지의 사업내용을 갖는 경우도 많이 있다. 이러한 경우 산업평균비율과의 직접적인 비교를 통하여 기업 전체를 평가하는 것은 의미가 없는 작업이 될 것이다. 따라서 개별 사업부별로 그에 대응하는 적절한 산업평균비율을 찾아 보다 정확한 재무비율분석이 가능하도록 하여야 할 것이다.

(2) 경쟁회사와의 비교

경쟁회사와의 비교는 동일산업 내에서 자산이나 매출규모가 유사한 몇몇 회사를 선택하여 일대일(一對一) 대응이나 다대일(多對一) 대응을 통하여 보다 정확하게 재무비율을 분석하고 현재 회사의 실제 모습을 평가할 수 있도록 하는 방법이다.

산업평균비율이 동일산업 내의 다수 회사로부터 산출된 비율이라 할지라도 기업들은 각각의 특성이 상당히 다를 수 있다. 예를 들어 중공업분야를 살펴보면 H중공업은 선박과 해양구조물 및 플랜트, S중공업은 선박건조·운반기계·화학장치·에너지플랜트 및 토목건축업, D중공업은 발전설비 또 다른 H중공업은 조선 및 선박수리와 건설업, 또 다른 S중공업은 공작기계·차량부품 등을 주요 사업내용으로 하고 있다. 같은 중공업 업종이라도 사업내용이 상당히 다른 이러한 회사들로부터 산출된 산업평균비율은 개별회사를 분석할 때 정확한 분석을 하기 곤란한 요소로 작용하기도 한다. 따라서 동일산업 내에서 비교적 사업내용이 유사한 회사들과 직접적으로 비교분석하는 것이 더 의미 있는 작업이 될 수도 있다.

한편, 이러한 경쟁회사와의 비교를 통한 분석방법은 앞서 산업평균비율을 왜곡시킬 수 있는 거대회사에 대한 분석에 대해서도 사용될 수 있다. 왜냐하면 산업평균비율에 거대회사의 재무비율이 상당한 영향을 미쳤기 때문에 이러한 경우에도 산업평균비율과의 비교는 무의미해질 수 있다. 따라서 해외의 유수한 회사 중 사업내용이 비슷한 회사와 분석하는 것이 적절한 분석방법이 될 것이다.

(3) 추세분석

추세분석은 과거 3년 내지 5년 정도의 재무비율을 당기의 재무비율과 비교하여 기업이 변화해가는 모습을 파악하는 방법이다. 앞서 살펴본 산업평균비율이나 경쟁회사와의 비교방법이 타 회사와의 비교분석방법이라면 추세분석은 자사와의 비교분석이라고 할 수 있다. 기업은 정적인 존재가 아니라 항상 경제상황에 따라 변화해 가는 존재라는 점을 상기한다면 추세분석을 통하여 기업이 어떠한 방향으로 진행하고 있는가를 분석하는 작업은 상당한 의미를 가질 수 있다.

앞에서 언급한 이러한 방법들은 서로 배타적으로 적용되는 것은 아니며 3가지 중 2가지 또는 3가지의 방법 모두를 선택하여 적용한다면 좀 더 나은 분석결과를 얻을 수 있을 것이다.

3. 재무제표 구성비율분석

재무제표 구성비율분석은 본격적인 분석을 하기에 앞서 실시되는 과정으로 기업의 재무제표를 구성하는 각 과목의 구성비율을 계산하는 것이다.

(1) 구성비율분석의 장점

가. 기업규모의 차이에 따른 금액적 중요성의 파악

기업의 규모에 따라 일정금액이 갖는 의미는 상당히 달라진다. 예를 들어 자산과 매출액이 수조 원에 달하는 회사에서 어떤 과목이 몇 억 원이라면 아마 재무분석의 과정에서 별다른 관심을 받지 못할 것이다. 그러나 자산과 매출액이 백억 원 정도인 회사에서는 몇 억 원이라는 금액은 꽤 관심을 기울일 만한 금액이 될 수도 있다. 이렇게 같은 금액이라 할지라도 기업의 규모에 따라 그 의미나 분석 여부가 달라질 수 있으므로 좀 더 객관적인 분석을 위하여 재무제표의 각 과목을 구성비율로 표시함으로써 기업규모의 차이에 따른 금액적 중요성을 파악할 수 있게 된다.

나. 중요한 재무항목의 파악

재무제표에 대한 전반적인 이해가 없는 상태에서 곧바로 분석대상 기업의 재무제표에 나타나는 각 계정과목상의 금액을 분석하게 되면 흔히 말하는 숲은 보지 못하고 나무만 보게 되는 우를 범할 수도 있다.

본격적인 계정과목별 분석을 하기에 앞서 재무상태표와 손익계산서에 대하여 구성비율분석을 하게 되면 기업의 재무상태와 경영성과를 보다 넓은 시각으로 분석할 수도 있고 수많은 항목들 중에서 중요성을 갖는 항목을 쉽게 발견할 수도 있다.

(2) 재무제표 구성비율분석

가. 재무상태표 구성비율분석

재무상태표 구성비율분석은 총자산에 대하여 각 과목이 차지하는 비율로 계산한다. 이는 일반적으로 재무상태표에서 총자산금액이 제일 크기 때문이다.

물론 총부채가 총자산을 초과하는 완전자본잠식(完全資本蠶食)의 경우에는 부채총액이 제일 큰 금액이 될 수 있으나, 이러한 경우에도 총자산을 기준으로 계산하는 것이 일반적인 분석방법이다. 재무상태표 구성비율분석의 예는 다음과 같다.

(단위 : 백만원)

과 목	금 액	구성비율	과 목	금 액	구성비율
Ⅰ. 유동자산	278,191	(41.77%)	Ⅰ. 유동부채	237,838	(35.72%)
(1) 당좌자산	201,899	(30.32%)	1. 매입채무	71,437	10.73%
1. 현금및현금성자산	65,590	9.85%	2. 단기차입금	63,618	9.55%
2. 단기투자자산	9,147	1.37%	3. 유동성장기부채	20,859	3.13%
3. 매출채권	99,023	14.87%	4. 미지급금	24,742	3.72%
4. 기타당좌자산	28,139	4.23%	5. 기타	57,182	8.59%
(2) 재고자산	76,292	(11.45%)	Ⅱ. 비유동부채	102,049	(15.32%)
1. 상품·제품	35,180	5.28%	1. 사채	32,309	4.85%
2. 원재료	27,219	4.09%	2. 장기차입금	39,672	5.96%
3. 기타	13,893	2.08%	3. 충당부채	18,597	2.79%
Ⅱ. 비유동자산	387,749	(58.23%)	4. 기타	11,471	1.72%
(1) 투자자산	105,972	(15.90%)	부 채 총 계	339,887	(51.04%)
1. 장기투자자산	79,180	11.89%			
2. 기타	26,792	4.01%			
(2) 유형자산	270,314	(40.59%)	Ⅰ. 자본금	78,121	11.73%
1. 토지	69,761	10.48%	Ⅱ. 자본잉여금	104,262	15.66%
2. 건축물	78,236	11.75%	Ⅲ. 자본조정	−4,038	−0.61%
3. 기계장치	88,182	13.24%	Ⅳ. 기타포괄손익누계액	−	−
4. 기타	34,135	5.12%	Ⅴ. 이익잉여금	147,708	22.18%
(3) 무형자산	11,463	(1.72%)			
1. 개발비	5,260	0.79%			
2. 기타	6,203	0.93%	자 본 총 계	326,053	(48.96%)
자 산 총 계	665,940	100.00%	부채와 자본총계	665,940	100.00%

나. 손익계산서 구성비율분석

손익계산서 구성비율분석은 매출액에 대하여 각 과목이 차지하는 비율로 계산한다. 이는 일반적으로 손익계산서에서 매출액이 제일 크기 때문이다. 손익계산서 구성비율분석의 예는 다음과 같다.

(단위 : 백만원)

과 목	금 액		구성비율	
Ⅰ. 매출액		772,082		100.00%
Ⅱ. 매출원가		619,653		80.26%
Ⅲ. 매출총이익		152,429		19.74%
Ⅳ. 판매비와 관리비		94,033		12.18%
1. 급여	20,883		2.70%	
2. 퇴직급여	2,365		0.31%	
3. 광고선전비	5,372		0.70%	
4. 경상개발비·연구비	7,682		0.99%	
5. 운반비	9,852		1.28%	
6. 지급수수료	9,434		1.22%	
7. 기타	38,445		4.98%	
Ⅴ. 영업이익		58,396		7.56%
Ⅵ. 영업외수익		36,944		4.78%
1. 이자수익	4,088		0.53%	
2. 외화환산이익	4,643		0.60%	
3. 외환차익	6,826		0.88%	
4. 기타	21,387		2.77%	
Ⅶ. 영업외비용		35,182		4.55%
1. 이자비용	10,142		1.31%	
2. 외화환산손실	2,081		0.27%	
3. 외환차손	5,795		0.75%	
4. 기타	17,164		2.22%	
Ⅷ. 법인세비용차감전순이익		60,158		7.79%
Ⅸ. 법인세비용		14,629		1.90%
Ⅹ. 당기순이익		45,529		5.89%

제2절 안정성지표

많은 기업들이 1970~80년대의 외형위주 사고방식으로 인하여 성장성지표를 강조하였으나 1997년 말 시작한 외환위기의 혹독한 시련을 겪으면서 기업경영에 대한 인식이 전환되기 시작하였고 이러한 과정에서 안정성지표가 중요한 개념으로 대두되기 시작하였다. 2000년대 이후의 불확실한 경제상황하에서도 안정성지표의 중요성은 여전히 유효하다고 할 수 있다.

안정성지표(indicators concerning stability)는 주로 재무상태표항목인 자산·부채·자본 간의 관계비율로서 기업의 단기지급능력을 의미하는 유동성과 경기변화에 대한 대응능력을 의미하는 안정성 등을 측정하기 위하여 이용되는 지표이다.

한편, 실무적으로 안정성(安定性)과 안전성(安全性)의 구분이 모호하다고 하는 경우도 많이 있다. 하지만 재무분석적 측면에서는 굳이 안정성과 안전성을 구분하는 것은 의미가 없다고 할 수 있다. 기업이 안정적 재무구조를 유지한다는 것은 외부경제환경이 급격하게 변하여 그것이 기업에게 위협요소로 작용한다 하더라도 안전한 재무구조를 유지한다라는 것과 같은 의미이기 때문이다. 따라서 재무분석적 측면에서 안정성과 안전성은 거의 유사한 의미로 보아도 좋을 것이다.

안정성지표는 후술하는 수익성·활동성·성장성·생산성 등의 재무비율에 비하여 쉽게 변하지 않는 특성이 있다. 이는 안정성비율이 주로 재무상태표항목에 의하여 계산되기 때문이다. 재무상태표항목은 계정과목의 속성상 이월계정으로서 장기간 금액적 특성을 유지하는 반면, 손익계산서항목은 매 1년 단위의 금액을 측정하므로 단기적인 성과에 많은 영향을 받는다.

이러한 특성으로 인하여 안정성비율을 해석할 때에는 상당한 주의를 기울여야 한다. 예를 들어 과거 상당기간 동안 재무상황이 좋은 회사가 최근 몇 년간 악화되는 경영성과를 보이고 있다면 수익성비율과 같이 단기적 성향을 갖는 재무비율은 최근의 경영성과를 잘 표현하지만 안정성비율은 과거의 양호한 재무상황에 영향을 받아 최근의 악화된 경영성과를 제대로 표현하지 못하고 여전히 재무비율이 좋은 것으로 표현하는 경우도 많이 있다. 물론 그렇다고 해서 안정성비율이 잘못 계산되거나 왜곡표시되고 있다는 의미는 아니며 타재무비율에 비하여 기업의 악화되고 있는 재무상황이 쉽게 반영되

지 않으므로 안정성비율에만 관심을 기울인다면 기업이 변해가는 모습을 쉽게 파악하지 못할 수도 있다는 뜻이다.

따라서 재무제표는 분석할 때에는 특정 재무비율에만 관심을 갖는 것은 곤란하며 기업의 전체적인 모습을 파악할 수 있도록 여러 가지의 재무비율을 종합적으로 살펴보아야 할 것이다.

안정성분석에 사용되는 비율은 다음과 같다.

• 자기자본비율	$= \frac{\text{자기자본}}{\text{총자본(총자산)}} \times 100$
• 유동비율	$= \frac{\text{유동자산}}{\text{유동부채}} \times 100$
• 당좌비율	$= \frac{\text{당좌자산}}{\text{유동부채}} \times 100$
• 현금비율	$= \frac{\text{현금예금}}{\text{유동부채}} \times 100$
• 비유동비율	$= \frac{\text{비유동자산}}{\text{자기자본}} \times 100$
• 비유동장기적합률	$= \frac{\text{비유동자산}}{\text{(자기자본+비유동부채)}} \times 100$
• 부채비율	$= \frac{\text{부채}}{\text{자기자본}} \times 100$
• 유동부채비율	$= \frac{\text{유동부채}}{\text{자기자본}} \times 100$
• 비유동부채비율	$= \frac{\text{비유동부채}}{\text{자기자본}} \times 100$
• 차입금의존도	$= \frac{\text{차입금}}{\text{총자산}} \times 100$
• 차입금 대 매출액	$= \frac{\text{차입금}}{\text{매출액}} \times 100$
• 순운전자본 대 총자본	$= \frac{\text{순운전자본}}{\text{총자산}} \times 100$
• 매출채권 대 매입채무	$= \frac{\text{매출채권}}{\text{매입채무}} \times 100$

1. 자기자본비율

자기자본비율(stockholders' equity to total assets)은 총자본(총자산) 중에서 자기자본이 차지하는 비율을 말하는데 높을수록 양호한 것으로 평가된다. 기업이 금융비용을 부담하는 타인자본에 의존하지 않고 자기자본에 의하여 자금을 조달하고 있는 정도를 측정하는 재무비율이다. 기업의 안정성을 측정하는 대표적 측정치 중 하나이다.

$$\text{자기자본비율} = \frac{\text{자기자본}}{\text{총자본(총자산)}} \times 100$$

제조업 자기자본비율 추세[3](단위 : %)

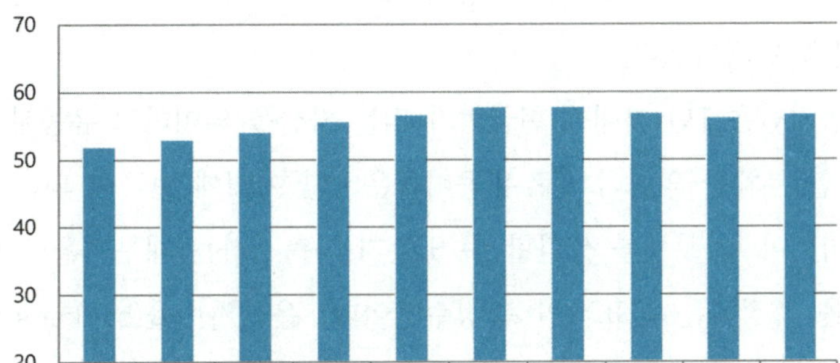

	2013	2014	2015	2016	2017	2018	2019	2020	2021	2022
자기자본비율	51.8	52.8	54.0	55.5	56.5	57.6	57.6	56.7	56.0	56.5

한편, 우리나라 경제를 선도한다고 할 수 있는 제조업 3대기업의 2013년부터 2023년까지의 10여 년간 자기자본비율은 다음과 같다.

자기자본비율(단위 : %)

구 분	2013	2014	2015	2016	2017	2018	2019	2020	2021	2022	2023
삼성전자	79.0	80.9	80.7	78.7	76.5	79.0	82.3	79.8	76.9	80.5	75.7
현 대 차	72.7	74.4	74.2	75.3	77.3	75.4	72.7	68.1	66.0	66.8	71.5
포 스 코	78.0	80.8	83.9	85.2	85.6	83.6	81.9	79.4	76.3	72.9	72.2

주) 별도재무제표 기준
주) 포스코 2022, 2023년은 물적분할 신설법인인 ㈜포스코의 재무비율

3) 출처 : 한국은행 기업경영분석

자기자본비율은 부채비율과 관련성이 매우 높은데 자기자본비율이 50%라면 총자산 중 자기자본의 비율이 50%이므로 나머지 50%는 타인자본(부채)을 의미한다. 따라서 부채를 자기자본으로 나누는 부채비율은 100%로 산출된다.

자기자본비율		총자산 중 부채의 비율		부채비율
33%	➡	67%	➡	200%
50%	➡	50%	➡	100%
75%	➡	25%	➡	33%

2. 유동비율

유동비율(current ratio)은 유동자산을 유동부채로 나누어 계산하는데 높을수록 양호한 것으로 평가된다.

유동자산은 1년 이내에 현금화가 되는 자산을 의미하고 유동부채는 1년 이내에 상환해야 할 부채를 의미하므로 유동비율은 1년 이내에 현금화 되는 자산으로 1년 이내에 상환하여야 할 부채를 상환할 수 있는가를 측정하는 재무비율로서 기업의 단기적 지급능력을 측정하는 대표적인 측정수단이다. 은행가비율(banker's ratio)이라고도 한다.

$$유동비율 = \frac{유동자산}{유동부채} \times 100$$

제조업 유동비율 추세(단위 : %)

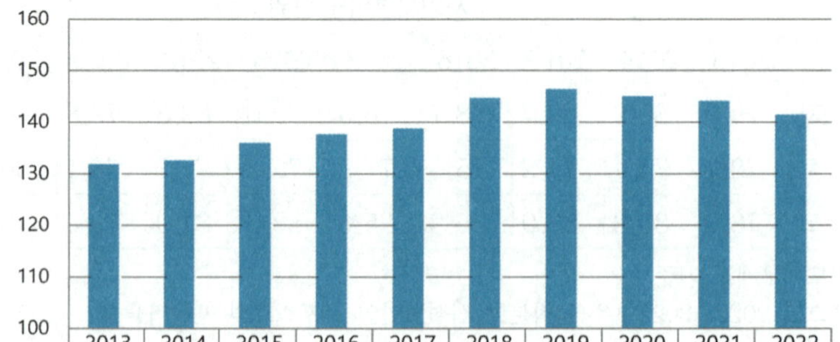

	2013	2014	2015	2016	2017	2018	2019	2020	2021	2022
유동비율	131.9	132.6	136.0	137.7	138.8	144.7	146.5	145.1	144.2	141.5

유동비율(단위 : %)

구 분	2013	2014	2015	2016	2017	2018	2019	2020	2021	2022	2023
삼성전자	219.6	220.0	226.1	205.4	157.7	185.5	200.5	166.2	138.6	128.2	164.1
현 대 차	204.2	220.6	181.5	215.7	224.9	175.3	147.5	139.0	116.4	111.1	117.2
포 스 코	322.7	330.6	299.3	435.0	415.7	431.1	546.8	384.7	329.4	311.4	335.1

주) 별도재무제표 기준

주) 포스코 2022, 2023년은 물적분할 신설법인인 ㈜포스코의 재무비율

(1) 유동비율이 높은 경우

가. 현금·예금이 많아서 유동비율이 높은 경우

유동자산은 현금·예금, 매출채권, 재고자산 등으로 구성된다. 현금·예금이 많아서 유동비율이 높은 경우에는 기업의 유동성이 매우 양호한 것으로 평가할 수 있다. 하지만 이 경우에도 경제상황의 불확실성 등으로 인하여 기업이 투자를 꺼리고, 이로 인하여 현금·예금이 많은 것이라면 당장에는 유동성이 양호하다고 평가받을 수 있겠지만 장기적으로는 기업의 성장성, 수익성 등에 문제가 발생할 수 있다는 점을 유의하여야 한다.

나. 매출채권이 많아서 유동비율이 높은 경우

매출채권이 많아서 유동비율이 높은 경우에는 매출채권의 회수가능성을 검토하여야 한다. 매출채권의 회수가 원활한 상황이라면 높은 유동비율은 해당 기업의 실질적인 유동성을 보여주지만, 매출채권금액만 많고 회수가 원활하지 않다면 높은 유동비율은 해당 기업의 실질적인 유동성을 보여주지 못한다고 할 수 있다.

따라서 후술하는 매출채권회전율 등을 참고하여 유동비율의 진정성을 확인하여야 한다.

다. 재고자산이 많아서 유동비율이 높은 경우

재고자산이 많아서 유동비율이 높은 경우에는 유동비율을 이용하여 기업의 유동성을 정확하게 측정하기 어렵다는 문제점이 있다. 즉 매출이 원활하여 재고자산이 많아도 판매에 문제가 없다면 재고자산으로 인하여 높은 유동비율이 산출되는 것은 기업의

유동성이 양호하다는 것을 의미한다. 하지만 매출이 원활하지 않고 재고도 장기적체재고 혹은 부실재고 등이 많아서 유동비율이 높게 산출된다면 높은 유동비율은 기업의 유동성을 정확하게 보여주지 못한다는 점에 유의하여야 한다.

따라서 후술하는 재고자산회전율 등을 참고하여 유동비율의 진정성을 확인하여야 한다.

(2) 유동비율이 낮은 경우

유동비율은 최소한 100%를 넘어야 1년 이내에 현금화되는 유동자산으로 1년 이내에 상환해야 하는 유동부채를 상환할 수 있으므로 어느 수준의 유동비율은 유지되어야 한다고 볼 수 있다. 재무비율에 대한 평가는 대부분 경제상황, 업종의 특성, 개별기업의 상황에 따라 다르기 때문에 일률적으로 설명할 수는 없지만 최근의 경제적 상황에 비추어 볼 때 유동비율은 일반적으로 130% 이상이면 양호한 수준으로, 150~160% 이상이면 아주 양호한 수준으로 볼 수 있다.

유동비율이 낮다는 것은 일단 기업의 유동성이 좋지 않다는 것을 의미한다. 하지만 유동비율은 유동자산과 유동부채와의 관계만으로 계산되므로 유동비율이 낮아도(비록 100% 미만이라도) 비유동자산, 비유동부채, 자기자본 등으로 유동성 해결이 가능하다. 즉 기업이 보유하고 있는 토지를 처분하여, 장기차입금을 차입하여, 증자 등을 통하여 유동부채를 상환할 수도 있다. 따라서 유동비율이 낮다는 것이 즉각적인 부도상태에 임박해 있다는 상황을 의미하지는 않는다.

또한 유동자산에 포함되어 있는 재고자산의 경우에는 재무상태표에 원가(原價)로 표시되지만 실제 판매될 때에는 판매가(販賣價), 즉 원가에 이익이 포함된 금액으로 현금이 유입되기 때문에 재무제표에 의하여 산출되는 유동비율보다 실질적인 기업의 유동성은 더 좋은 경우가 많이 있다.

〈사례 1〉

다음의 경우 유동비율은 80%로 계산되나 이익이 발생하는 정상적인 상황에서 재고자산이 판매되는 경우 현금유입의 크기로 계산하면 실질적 유동비율은 90% 혹은 100%가 될 수도 있다.

과 목	장부금액	현금유입	과 목	장부금액
유동자산			유동부채	100억 원
당좌자산	40억 원 ➜	40억 원		
재고자산	40억 원 ➜	50 혹은 60억 원		
계	80억 원 ➜	90 혹은 100억 원		

재무비율은 경제상황과 맞물려 해석되어야 하는데 위의 상황은 모든 경우에 항상 적용되는 것은 아니다. 예를 들어 경기가 급격한 불황기에 접어들어 많은 기업들이 판매에 애로를 느끼는 경우 기업이 재고자산의 판매를 정상가가 아닌 대규모 할인판매 혹은 원가 이하로 판매하는 경우 위의 상황은 다음과 같이 바뀔 수도 있다.

〈사례 2〉

원가이하로 제품을 판매하는 경우 재무제표상 유동비율은 80%로 계산되나 현금유입의 크기로 계산하면 실질적 유동비율은 60% 혹은 70%가 될 수도 있다.

과 목	장부금액	현금유입	과 목	장부금액
유동자산			유동부채	100억 원
당좌자산	40억 원 ➜	40억 원		
재고자산	40억 원 ➜	20 혹은 30억 원		
계	80억 원 ➜	60 혹은 70억 원		

3. 당좌비율

당좌비율(quick ratio)은 당좌자산을 유동부채로 나누어 계산하는데 높을수록 양호한 것으로 평가된다.

앞에서 언급한 유동비율을 계산하는 과정에서 유동자산은 당좌자산과 재고자산으로 구성(국제회계기준이 적용된 재무제표의 경우 당좌자산은 별도 표시되지 않으므로 당좌자산은 유동자산 합계에서 재고자산을 차감하여 계산한다)되는데 재고자산은 판매의 과정을 통하여 현금화가 가능하므로 만약 재고자산의 판매가 원활하지 않다면 유동비율로 기업의 단기적 지급능력을 측정하는 것은 기업의 실제 상황을 정확하게 파악하지 못하는 경우가 발생할 수도 있다.

당좌비율은 좀 더 현금화가 용이한 당좌자산과 유동부채와의 관계를 계산함으로써 보다 엄격하게 기업의 단기적 지급능력을 측정하고자 하는 것이다.

일반적으로 당좌비율은 100% 이상이면 양호한 수준으로 볼 수 있다.

$$당좌비율 = \frac{당좌자산}{유동부채} \times 100$$

제조업 당좌비율 추세(단위 : %)

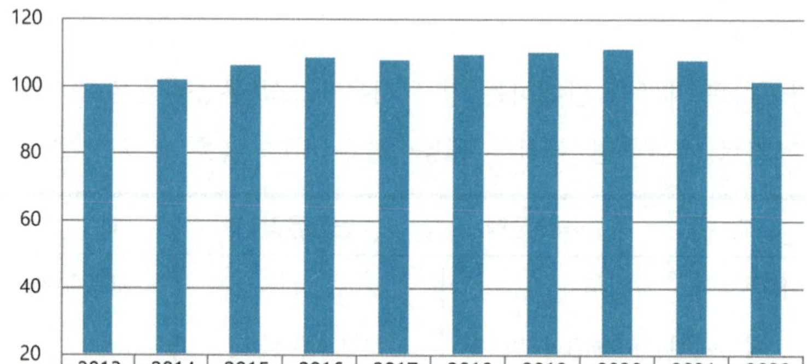

	2013	2014	2015	2016	2017	2018	2019	2020	2021	2022
당좌비율	100.3	101.7	106.0	108.3	107.6	109.2	109.9	110.9	107.5	101.2

당좌비율(단위 : %)

구 분	2013	2014	2015	2016	2017	2018	2019	2020	2021	2022	2023
삼성전자	198.3	200.3	203.9	187.8	140.1	156.7	166.8	135.0	108.5	67.4	93.9
현 대 차	183.5	200.1	163.0	196.6	201.8	152.8	127.3	121.8	103.0	94.6	91.8
포 스 코	200.2	205.9	209.6	286.9	288.4	295.4	397.1	304.3	232.5	197.5	218.0

주) 별도재무제표 기준

주) 포스코 2022, 2023년은 물적분할 신설법인인 ㈜포스코의 재무비율

4. 비유동비율

비유동비율(non-current ratio)은 비유동자산을 자기자본으로 나누어 계산하는데 낮을수록 양호한 것으로 평가된다. 비유동비율은 자기자본이 비유동자산에 투자되어 자기자본이 고정화되는 위험을 측정하는 재무비율이다.

$$비유동비율 = \frac{비유동자산}{자기자본} \times 100$$

비유동비율은 상환부담이 없는 자기자본으로 비유동자산에 투자한 정도를 말하는 것으로 비유동비율이 100% 미만이라면 비유동자산을 차입 등에 의존하지 않고 전액 자기자본으로 투자할 수 있을 정도로 기업의 현금흐름에 부담이 없다는 것을 의미한다.

결국 100% 미만의 비유동비율은 비유동자산금액보다 자기자본이 더 큰 것으로 이는 비유동자산을 자기자본에 의하여 투자했다는 것을 말하며 그 차액은 유동자산에 투자되었으므로 자금의 순환에 유리하게 작용한다는 것을 말한다. 자금의 순환에 불리한 비유동자산을 상환부담이 없는 자기자본으로 조달하였다면 그만큼 기업의 현금흐름에 부담이 없다는 것을 의미한다.

〈사례 1〉

총자산이 300인 회사의 유동자산은 200, 비유동자산은 100이며 부채는 150, 자기자본은 150이라고 가정하자. 산식에 의하면 비유동비율은 비유동자산 100을 자기자본 150으로 나누어 100/150=67%로 계산된다. 이는 자기자본 150 중에서 100은 비유동자산을 취득하는 데 투자되고 나머지 50은 유동자산에 투자되었음을 의미한다. 따라서 유동자산에 투자된 50은 유동자산의 특성상 현금회수는 빨리 되지만 자기자본의 특성상 상환의무가 없으므로 그 만큼 기업의 현금흐름은 양호해진다는 것을 의미한다.

재무상태표

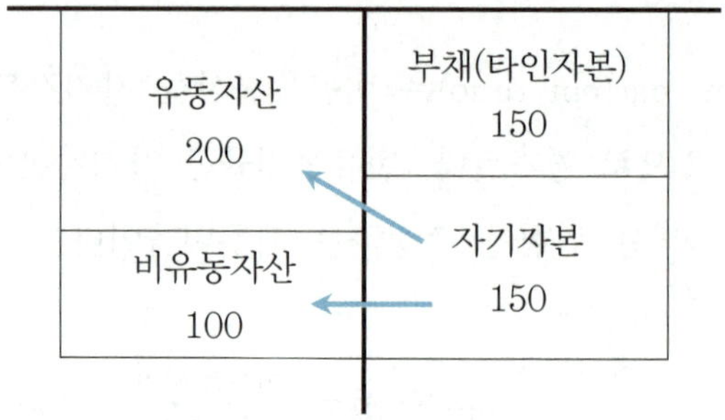

〈사례 2〉

총자산이 300인 회사의 유동자산은 100, 비유동자산은 200이며 부채는 150, 자기자본은 150이라고 가정하자. 산식에 의하면 비유동비율은 비유동자산 200을 자기자본 150으로 나누어 200/150=133%로 계산된다. 이는 자기자본 150을 전액 비유동자산에 투자하고도 모자라서 부채에서 50을 조달하여 비유동자산에 투자하는 상황을 말한다.

따라서 자기자본 전액이 현금회수가 더딘 비유동자산에 투자되어 고정화되고 일부는 차입금 등에 의존하여 비유동자산에 투자를 하는 상황이므로 기업의 자금이 원활하다고 할 수는 없는 상황을 말한다.

재무상태표

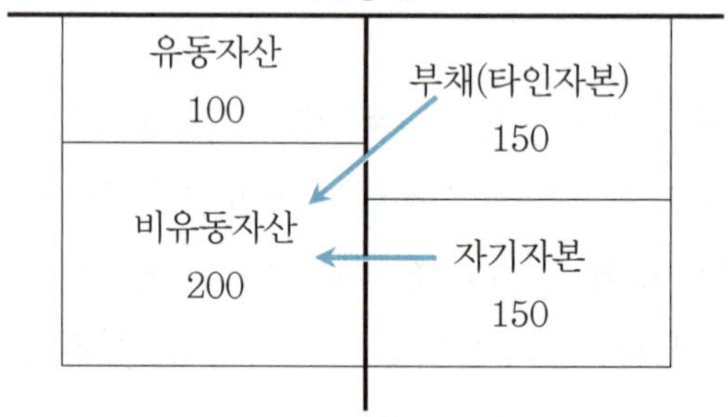

비유동비율은 자금의 조달(financing)과 투자(investment)라는 측면에서 자기자본이 고정화(固定化)되는 위험을 측정하는 대표적인 안정성지표이다.

제조업 비유동비율 추세(단위 : %)

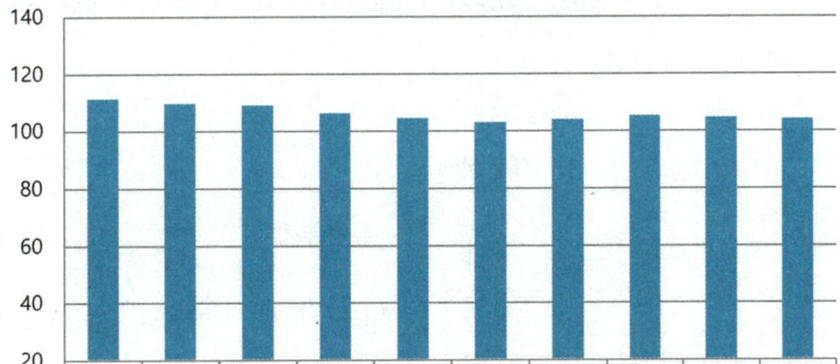

	2013	2014	2015	2016	2017	2018	2019	2020	2021	2022
비유동비율	111.4	109.7	109.0	106.1	104.4	102.8	103.8	105.1	104.5	104.0

비유동비율(단위 : %)

구 분	2013	2014	2015	2016	2017	2018	2019	2020	2021	2022	2023
삼성전자	77.0	76.9	74.7	76.2	84.5	80.3	80.7	85.0	91.9	96.0	101.6
현 대 차	86.8	82.6	90.3	86.9	86.4	90.2	96.1	100.8	107.1	106.9	104.1
포 스 코	99.9	96.5	92.7	91.0	84.6	82.5	82.2	82.5	78.2	74.3	79.6

주) 별도재무제표 기준

주) 포스코 2022, 2023년은 물적분할 신설법인인 ㈜포스코의 재무비율

5. 비유동장기적합률

비유동장기적합률(non−current assets to stockholders' equity and long−term liabilities)은 비유동자산을 자기자본과 비유동부채의 합으로 나누어 계산하는데 낮을수록 양호한 것으로 평가한다.

장기자본의 고정화(固定化) 정도를 측정하는 재무비율로서 실무적으로 많이 쓰이는 지표이다.

$$\text{비유동장기적합률} = \frac{\text{비유동자산}}{(\text{자기자본} + \text{비유동부채})} \times 100$$

재무분석 측면에서는 계정과목상 부채(타인자본)와 자본(자기자본)이라는 구분과는 달리 단기자본과 장기자본으로 구분하기도 한다. 이는 기업이 타인자본과 자기자본에 의하여 자금을 조달할 때 그 상환기한이 언제인가에 따라 구분하는 것으로서 타인자본 중 유동부채는 단기자본에 속하지만 타인자본 중 비유동부채와 자기자본은 장기자본으로 분류하는 것이다.

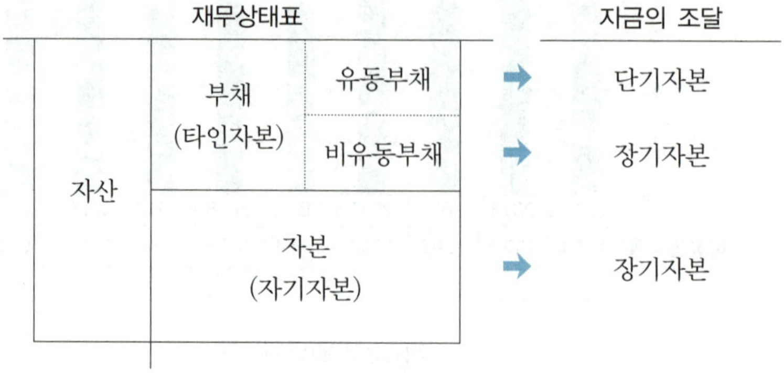

비유동장기적합률은 기업이 비교적 안정적으로 운영할 수 있는 장기자본에 의하여 장기성자산이라고 할 수 있는 비유동자산에 투자한 정도를 측정하는 것이다. 이는 장기자본이 얼마나 고정화되고 있는가를 측정하는 것으로서 비유동장기적합률이 100% 미만이라면 비유동자산에 대한 투자를 유동성 측면에서 유리한 장기자본으로 조달하고 있다는 것을 의미한다.

〈사례 1〉

총자산이 500인 회사의 유동자산은 200, 비유동자산은 300이며 유동부채는 150, 비유동부채는 150, 자기자본은 200이라고 가정하자. 산식에 의하면 비유동장기적합률은 비유동자산 300을 비유동부채 150과 자기자본 200의 합인 350으로 나누어 300/(150+200)=86%로 계산된다. 이는 장기자본 350 중에서 300은 비유동자산을 취득하는 데 투자되고 나머지 50은 유동자산에 투자되었음을 의미한다. 따라서 유동자산에 투자된 50은 유동자산의 특성상 현금회수는 빨리 되지만 자금의 상환은 천천히 하거나 상환할 의무가 없으므로 그만큼 기업의 현금흐름은 양호한 편이라고 할 수 있다.

재무상태표

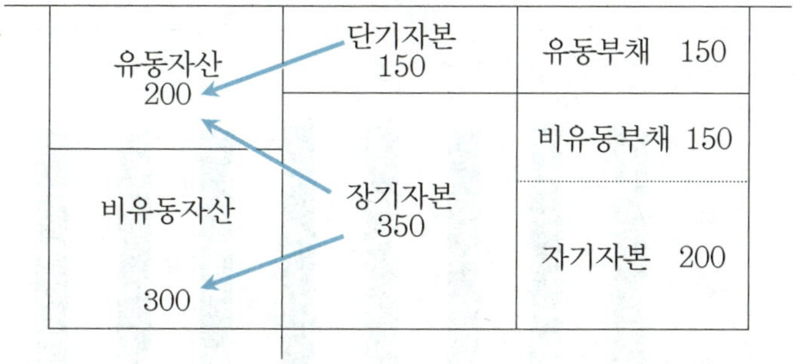

위와 같이 비유동장기적합률이 86%로 낮아서 장기자본의 고정화 위험이 적다는 것은 유동비율(유동자산/유동부채)이 133%(=200/150)로 높아서 단기지급능력이 매우 우수하다는 것과 같은 맥락을 유지하고 있다.

〈사례 2〉

이번에는 위의 사례와 반대로 위의 경우와 달리 유동자산이 100이고 비유동자산이 400인 다음과 같은 상황을 가정하자.

FP

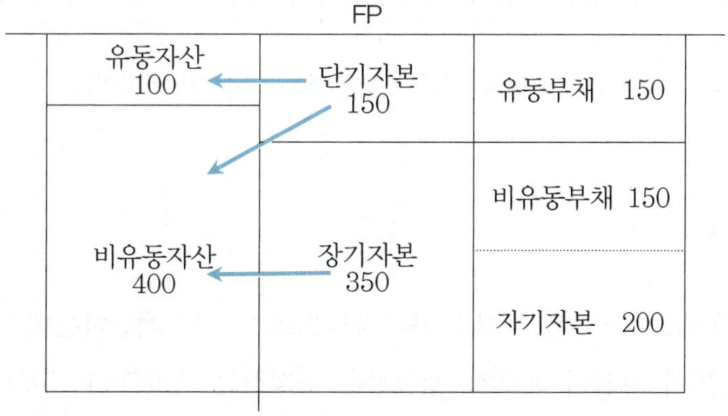

비유동장기적합률은 114%로 높아서 장기자본의 고정화 위험이 높으며 유동비율(유동자산/유동부채)이 67%(=100/150)로 낮아서 단기지급능력이 매우 나쁘다는 것을 보여주고 있다. 이는 비유동자산 400을 투자하기 위하여 장기자본 350을 모두 투자하고도 부족하여 단기자본인 유동부채에서 추가로 50을 투자했다는 의미이다. 이런 상황은 유동부채에서 추가투자된 50이 장기성자산인 비유동자산에 투자되었기 때문에 자금의 회수는 매우 느린 반면, 유동부채의 특성상 상환기일이 1년 이내에 도래하기 때문에 기업의 자금흐름이 아주 좋지 않다는 상황을 보여주는 것이다. 이러한 경우를 '자금의 불일치(mismatch)'라고도 한다.

제조업 비유동장기적합률 추세(단위 : %)

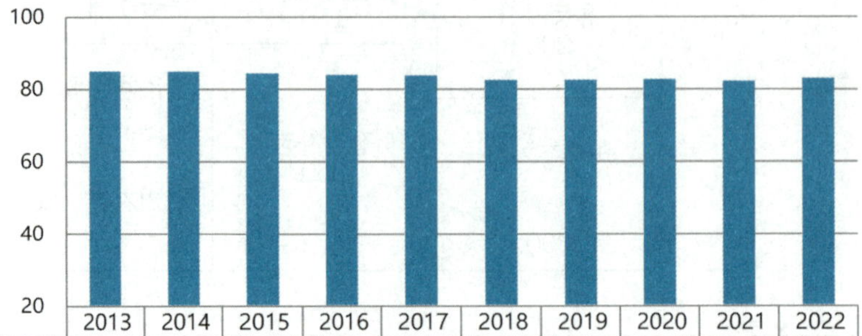

	2013	2014	2015	2016	2017	2018	2019	2020	2021	2022
비유동 장기적합률	85.0	84.9	84.4	83.9	83.7	82.5	82.5	82.6	82.2	82.9

비유동장기적합률(단위 : %)

구 분	2013	2014	2015	2016	2017	2018	2019	2020	2021	2022	2023
삼성전자	74.1	75.1	73.2	74.5	83.3	79.0	79.8	84.1	89.7	93.9	89.5
현 대 차	77.0	74.5	81.9	77.9	78.4	83.2	87.8	88.7	94.5	96.2	95.2
포 스 코	83.7	83.5	84.0	81.7	77.5	74.3	71.6	72.0	68.0	63.5	65.9

주) 별도재무제표 기준
주) 포스코 2022, 2023년은 물적분할 신설법인인 ㈜포스코의 재무비율

6. 부채비율

부채비율(debt ratio)은 부채를 자기자본으로 나누어 계산하는데 낮을수록 양호한 것으로 평가되며 기업의 재무적 안정성을 측정하는 대표적인 재무비율이다.

$$\text{부채비율} = \frac{\text{부채}}{\text{자기자본}} \times 100$$

기업에게 부채는 상환을 해야 하는 대상이므로 부담이 될 수밖에 없다. 하지만 부채가 기업에게 부담이 되는 정도는 기업의 규모에 따라 다르므로 자기자본에 대한 크기를 측정함으로써 부채의 상대적 부담 정도를 평가하는 것이다.

제조업 부채비율 추세(단위 : %)

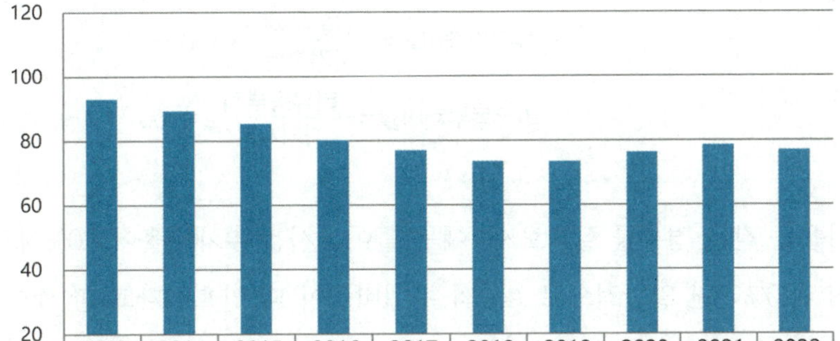

	2013	2014	2015	2016	2017	2018	2019	2020	2021	2022
부채비율	92.9	89.2	85.3	80.2	77.0	73.6	73.5	76.3	78.6	77.0

부채비율(단위 : %)

구 분	2013	2014	2015	2016	2017	2018	2019	2020	2021	2022	2023
삼성전자	26.5	23.7	23.9	27.1	30.8	26.6	21.5	25.3	30.0	24.2	32.1
현 대 차	37.6	34.3	34.8	32.8	29.3	32.7	37.5	46.8	51.4	49.6	39.9
포 스 코	28.2	23.8	19.3	17.4	16.9	19.6	22.1	25.9	31.0	37.1	38.4

주) 별도재무제표 기준
주) 포스코 2022, 2023년은 물적분할 신설법인인 ㈜포스코의 재무비율

부채비율은 기업의 안정성을 측정하기 위하여 많이 쓰이는 비율이기는 하나 단순히 부채비율의 높고 낮음만으로 기업의 재무적 안정성을 보여주기에는 어려움이 많기 때문에 부채비율을 분석하는 과정에서는 다음과 같은 사항을 고려하여 평가하여야 한다.

(1) 유동부채와 비유동부채의 상대적 비중

앞서 살펴본 것처럼 부채는 유동부채와 비유동부채로 구분되는데 기업의 부채 중 유동부채는 비유동부채에 비하여 상환기일이 훨씬 빨리 도래한다. 따라서 같은 수준의 부채비율이라 할지라도 유동부채의 비중이 높다면 기업이 느끼는 자금의 압박은 더 심할 것이다.

따라서 이러한 부채의 속성을 감안한다면 유동부채비율과 비유동부채비율을 각각 계산하는 과정이 필요하다고 볼 수 있다. 유동부채비율(current liabilities ratio)과 비유동부채비율(non-current liabilities ratio)은 앞서 언급한 것처럼 부채비율의 질적 측면을 파악하기 위하여 계산하는 것으로서 유동부채비율이 비유동부채비율보다 높다면 부채비율을 좀 더 보수적으로 평가할 필요성이 있다는 의미이다.

$$\text{유동부채비율} = \frac{\text{유동부채}}{\text{자기자본}} \times 100$$

$$\text{비유동부채비율} = \frac{\text{비유동부채}}{\text{자기자본}} \times 100$$

다음과 같은 경우를 살펴보자. 예를 들어 A사는 부채비율이 80%이고, B사는 부채비율이 100%라면 일반적으로 A사의 부채비율이 더 양호하다고 할 것이다. 하지만 양사의 부채비율이 다음과 같이 산출되었다면 평가는 달라질 수도 있다.

	A사		B사	
부채비율	$\frac{80}{100}=80\%$		$\frac{200}{200}=100\%$	
부채의 구성	유동부채	70	유동부채	40
	비유동부채	10	비유동부채	160
		80		200

제조업 유동부채비율 추세(단위 : %)

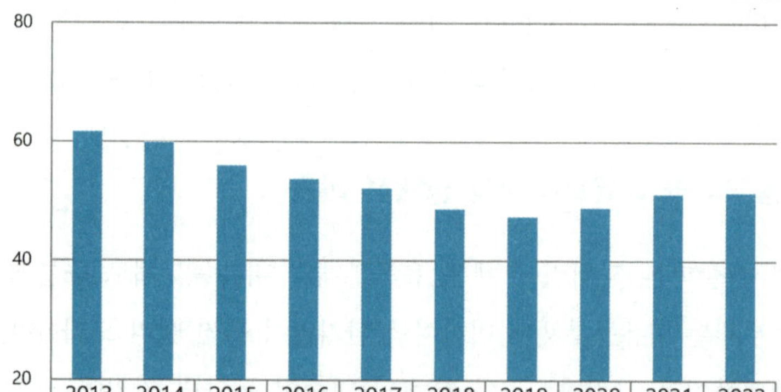

	2013	2014	2015	2016	2017	2018	2019	2020	2021	2022
유동부채비율	61.8	60.0	56.1	53.8	52.3	48.9	47.6	49.0	51.4	51.6

제조업 비유동부채비율 추세(단위 : %)

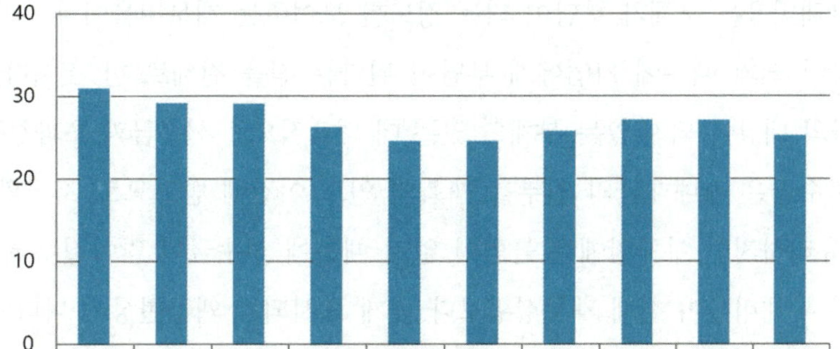

	2013	2014	2015	2016	2017	2018	2019	2020	2021	2022
비유동 부채비율	31.1	29.3	29.2	26.4	24.7	24.7	25.9	27.3	27.2	25.4

(2) 차입금 및 이자율

부채비율을 측정하여 기업의 안정성을 측정하는 것은 매우 중요한 작업이라 할 수 있다. 부채가 많다는 것은 그만큼 부채의 상환압박으로 인하여 기업의 자금흐름에 악영향을 미치게 된다. 한편, 손익계산서 측면에서는 부채로 인한 이자비용이 기업경영에 실질적으로 영향을 준다고 볼 수 있다.

따라서 기업의 부채가 주로 이자비용을 발생시키는 이자부부채(利子附負債 : 장·단기차입금, 사채 등으로서 보통 "차입금"이라고 지칭한다)에 의하여 구성되었는지 혹은 이자비용과는 관계없는 비이자부부채(非利子附負債 : 매입채무, 미지급금, 선수금, 퇴직급여충당부채 등으로서 보통 "비차입금"이라고 지칭한다)로 구성되었는지를 파악하는 것은 매우 의미있는 과정이 된다.

동일한 수준의 부채비율을 보이는 회사라 할지라도 차입금이 상대적으로 많은 회사는 그만큼 이자비용에 대한 부담이 많기 때문에 차입금이 적은 회사보다 많은 이익을 내기가 힘들 것이다. 또한 차입금상환을 연체하게 되면 기업의 신용도 등에도 부정적 영향을 받게 된다.

따라서 부채비율에서 나타날 수 있는 일부 왜곡현상을 감안하면 후술하는 "차입금의 존도"를 병행 분석하는 것도 기업의 안정성을 좀 더 정확하게 파악하는 데 도움이 될 수 있다.

(3) 선수금, 초과청구공사, 회원보증금

부채비율은 부채가 부담이 되는 정도를 보여주는 재무비율이다. 이는 부채는 상환의 대상이 되기 때문에 기업에게 부담이 된다는 점을 전제로 한 것이다. 하지만 부채 중 상환의 대상이 되지 않는 부채도 있는 데 대표적으로 선수금과 초과청구공사 등이 있다.

선수금은 판매대금의 일부를 재화의 인도 이전에 받으므로 자금확보라는 측면에서는 유리하지만 부채임에는 틀림이 없기 때문에 선수금이 많아질수록 부채금액이 많아져서 부채비율이 실제 재무상황보다 높게 표시되는 왜곡현상이 나타난다. 하지만 일반적인 경우에 선수금은 재화의 인도시점에 매출로 대체되므로 상환을 전제로 하지는 않는다. 선수금은 이렇게 상환을 전제로 하는 다른 종류의 부채와는 성격이 다르다고 할 수 있다.

따라서 동일한 수준의 부채비율을 보이는 회사라 할지라도 선수금이 많은 경우에는 부채비율을 낮추어 해석할 필요성도 있다. 재화의 생산에 많은 시간이 소요되는 조선업종 등이 선수금으로 인하여 부채비율이 높게 표시되는 대표적 업종이라 할 수 있다.

또한 건설형 공사계약에 따라 수익을 인식하는 업종의 경우 진행기준에 의하여 인식하는 공사누적수익보다 공사대금청구액이 많은 경우 "초과청구공사"를 부채로 인식하게 되는데 이 경우에도 초과청구공사는 상환의 대상이 아니지만 부채로 회계처리되므로 선수금과 동일하게 부채비율이 높게 표시되는 왜곡현상이 나타난다.

골프·콘도·스키장 등 레저업종은 회원권의 발행대가로 받은 회원예수보증금이 전체의 부채 중 상당한 금액을 차지하는 경우가 많으며 이로 인하여 부채비율이 상당히 높게 산출되는 경우가 많이 있다. 하지만 기업이 정상적으로 운영되고 회원권시장이 안정적인 경우에는 회원권에 대한 상환청구가 발생하는 경우가 거의 없으므로 실질적으로 비상환대상 부채라고 할 수 있다. 따라서 레저업종의 경우 회원보증금 등이 많은 경우 선수금과 동일하게 해석할 필요가 있다.

다만, 부채비율을 기업의 실제 재무적 상황보다 높게 표시하는 선수금의 경우에도 계약취소 등으로 인하여 선수금을 되돌려주어야 하는 경우에는 실질적인 상환대상 부채가 될 수 있기 때문에 부채비율은 계산상 산출된 수준 그대로 평가되어야 한다는 점에 주의하여야 한다. 레저업종의 경우에도 경기침체 등으로 인하여 회원권의 가격이 하락하는 경우 회원권에 대한 상환청구가 발생하곤 하는데 이러한 경우에도 회원보증금은 실질적인 상환대상의 부채로 해석되어야 한다.

(4) 우발채무

부채비율을 계산할 때 재무제표에 나타나는 부채총액을 자기자본으로 나누어 계산한다. 하지만 부채는 재무제표에 나타나는 부채 외에 잠재적 부채로서 우발채무가 있다. 우발채무는 미확정된 잠재적 채무이므로 재무제표에는 기록되지 않는다. 따라서 부채비율을 계산할 때 이러한 우발채무는 계산대상에 포함되지 않는다. 이는 기업의 실질적인 위험보다 부채비율이 과소표시된다는 것을 의미한다.

그러므로 우발채무를 감안하여 부채비율을 계산하면 보다 적정한 재무적 안정성을 측정할 수 있을 것이다. 보증채무, 소송으로 인한 채무 등이 여기에 해당한다고 볼 수 있는데 우발채무는 미래상황에 따라 확정채무가 될 수 있는 가능성도 있다. 그러나 우발채무의 발생가능성은 각 사안에 따라 다르므로 발생가능성은 합리적 정보에 의하여 추정하여야 한다. 다만, 이는 검토수준에서 다루어야 할 문제이지 기업공시 등에 적용될 내용은 아니라고 할 수 있다.

(5) 기타사항

일반적인 분석에서 부채비율은 낮을수록 양호하다고 판단한다. 그러나 너무 안정적인 기업경영은 때로는 수익성을 저해하는 요인으로 작용하기도 하는데 이는 부채비율에서 이러한 예를 살펴볼 수 있다. 즉 기업이 충분한 투자기회가 있음에도 불구하고 안정적인 경영을 하기 위하여 은행차입 등을 회피하고 자기자본만으로 투자를 한다면 자금조달에 한계가 있을 수밖에 없으며 그만큼 투자기회가 적어져서 투자수익이 적어질 가능성도 있다.

기업의 상환능력을 벗어나지 않는 한도 내에서 투자수익률이 자금의 조달에 따르는 이자율을 초과한다면 기업은 차입금 등으로 더 많은 이익을 창출할 수 있을 것이다. 이를 재무레버리지효과(financial leverage effect)라고 하는데 이에 대해서는 3편에서 후술하도록 한다.

(6) 주요국가 부채비율

참고로 주요국가 제조업 부채비율의 추이는 다음과 같다.

구 분	2016	2017	2018	2019	2020	2021	2022
미국	147.2	141.6	141.1	141.3	144.8	132.7	121.4
일본	109.7	105.5	100.3	103.9	104.7	102.4	100.8
독일	202.4	206.8	216.9	208.7	221.7	211.6	–

자료출처) 한국은행 "기업경영분석"

7. 차입금의존도

차입금의존도(total borrowings and bonds payable to total assets)는 차입금을 총자산으로 나누어 계산하는데 낮을수록 양호한 것으로 평가된다. 차입금은 기업이 금융기관에 이자를 지불하는 모든 이자부부채(利子附負債)를 말하므로 장·단기차입금, 외화차입금, 사채, 전환사채, 신주인수권부사채 등이 포함된다.

$$\text{차입금의존도} = \frac{\text{차입금}}{\text{총자산}} \times 100$$

부채와 자본은 기업의 자금조달 즉, 재무활동을 표시하는데 이를 자금조달 원천과 관련하여 살펴보면 다음과 같다.

재무활동(자금의 조달)

자산	부채	차입금	←	금융기관 등
		비차입금	←	일반 거래처
	자본	자본금과 자본잉여금 등	←	주주
		이익잉여금	←	영업활동의 이익

차입금은 통상 금융기관으로부터의 차입금을 의미하므로 차입금의존도는 기업이 자금조달의 원천으로서 금융기관에 얼마나 의존하는가를 측정하는 지표이다. 물론 기업의 부채에는 금융기관차입금 외에 매입채무 등 비금융기관 부채도 있기 때문에 차입금의존도 또한 완벽하게 재무적 안정성을 측정한다고 할 수는 없으나 부채비율의 보조적 분석지표로 또는 금융기관의존도를 측정하는 데 사용하면 상당한 의미를 찾을 수도 있을 것이다.

한편, 같은 규모의 차입금을 금융기관에 의존하고 있더라도 개별회사의 담보력이나 신용도에 따라 차입이자율은 상당한 차이를 보이게 된다. 충분한 담보력과 신용도를 갖춘 회사는 그렇지 않은 회사에 비하여 낮은 금리로 자금을 조달하는 것이 가능할 것이며 이는 손익에 부담이 적다는 것을 의미한다. 따라서 분석하고자 하는 회사의 부채비율, 차입금의존도, 평균차입이자율 등을 종합적으로 살펴보아야 실질적인 기업의 재무적 안정성을 측정할 수 있다.

제조업 차입금의존도 추세(단위 : %)

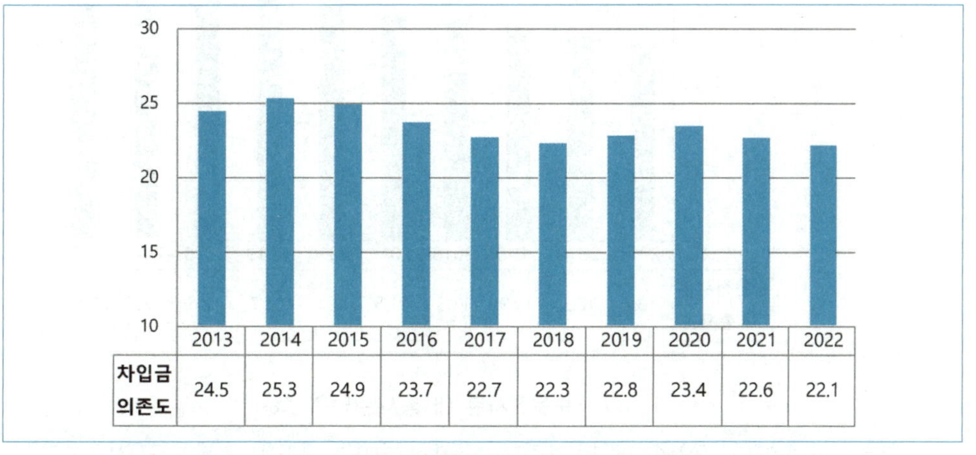

차입금의존도(단위 : %)

구 분	2013	2014	2015	2016	2017	2018	2019	2020	2021	2022	2023
삼성전자	1.9	1.8	4.3	5.2	6.2	4.7	4.9	5.6	3.9	1.2	9.7
현 대 차	3.6	3.3	3.6	4.9	4.7	5.6	6.8	8.6	9.1	6.4	1.5
포 스 코	16.0	12.4	10.3	8.0	7.3	7.9	11.4	13.7	12.8	17.4	18.5

주) 별도재무제표 기준

주) 포스코 2022, 2023년은 물적분할 신설법인인 ㈜포스코의 재무비율

8. 순운전자본 대 총자본

순운전자본 대 총자본(net working capital to total assets)은 순운전자본이 총자산에 대하여 차지하는 비율을 말하는데 높을수록 양호한 것으로 평가된다. 순운전자본이란 유동자산에서 유동부채를 차감한 금액으로 기업의 단기적 지급능력을 의미하기도 한다. 따라서 이 비율이 높다는 것은 기업이 단기적으로 활용할 수 있는 순운전자본이 총자산규모에 비하여 많아서 유동성이 좋다는 것을 의미한다.

$$순운전자본\ 대\ 총자본 = \frac{순운전자본(유동자산 - 유동부채)}{총자산} \times 100$$

제조업 순운전자본 대 총자본 추세(단위 : %)

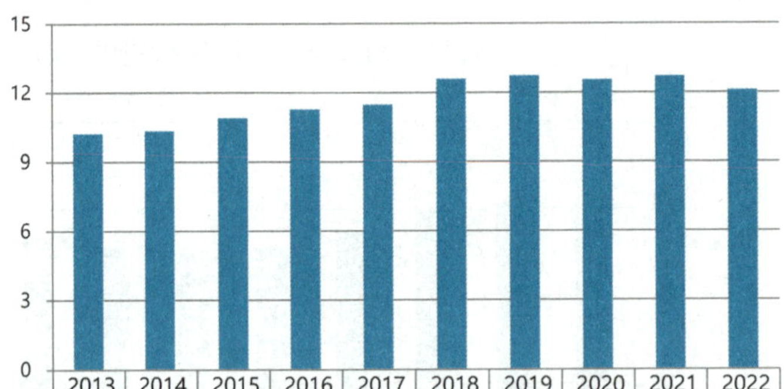

	2013	2014	2015	2016	2017	2018	2019	2020	2021	2022
순운전자본 대 총자본	10.2	10.3	10.9	11.3	11.5	12.6	12.7	12.6	12.7	12.1

순운전자본 대 총자본(단위 : %)

구 분	2013	2014	2015	2016	2017	2018	2019	2020	2021	2022	2023
삼성전자	21.3	20.6	22.1	20.5	12.9	16.8	16.8	12.8	8.2	5.0	9.0
현 대 차	18.8	21.1	14.8	18.6	18.4	13.7	9.7	8.8	4.1	2.8	3.8
포 스 코	15.2	15.4	14.8	17.4	21.0	23.8	26.7	25.5	28.1	31.1	29.8

주) 별도재무제표 기준
주) 포스코 2022, 2023년은 물적분할 신설법인인 ㈜포스코의 재무비율

9. 매출채권 대 매입채무

매출채권 대 매입채무(receivables to payables)는 매출채권과 매입채무의 상대적 비율을 계산하는 것으로서 기업의 자금관리지표로 이용되기도 한다. 이 비율이 높으면 일반적으로 유동비율이 높아지기는 하나 매출채권의 보유가 많다는 의미이므로 기업의 입장에서는 미회수채권으로 인한 자금부담이 가중되고 있다는 의미로도 해석된다.

$$\text{매출채권 대 매입채무} = \frac{\text{매출채권}}{\text{매입채무}} \times 100$$

제조업 매출채권 대 매입채무 추세(단위 : %)

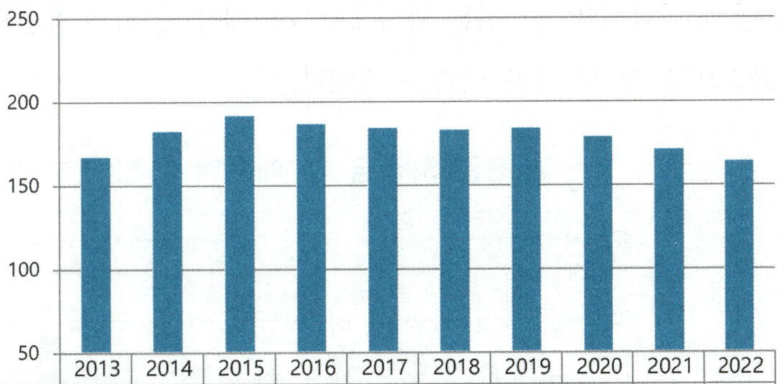

	2013	2014	2015	2016	2017	2018	2019	2020	2021	2022
매출채권 대 매입채무	166.6	181.9	191.1	186.3	183.8	182.6	183.7	178.5	171.0	163.7

매출채권 대 매입채무(단위 : %)

구 분	2013	2014	2015	2016	2017	2018	2019	2020	2021	2022	2023
삼성전자	309.1	404.9	520.9	381.6	435.7	340.8	347.9	374.9	286.3	234.9	344.5
현 대 차	85.8	93.4	101.4	113.2	96.5	93.6	108.8	101.0	97.4	113.2	77.1
포 스 코	461.4	406.1	474.2	297.0	377.3	358.7	597.3	293.5	245.3	212.8	248.3

주) 별도재무제표 기준
주) 포스코 2022, 2023년은 물적분할 신설법인인 ㈜포스코의 재무비율

10. 차입금 대 매출액

차입금 대 매출액(total borrowings and bonds payable to sales)은 차입금을 매출액으로 나누어 계산하는데 낮을수록 양호한 것으로 평가된다. 차입금은 기업이 금융기관에 이자를 지불하는 모든 이자부부채(利子附負債)를 말하므로 장·단기차입금, 외화차입금, 사채, 전환사채, 신주인수권부사채 등이 포함된다.

$$\text{차입금 대 매출액} = \frac{(\text{기초차입금} + \text{기말차입금})/2}{\text{매출액}} \times 100$$

기업의 가장 기본적인 현금흐름은 매출로부터 창출되므로 매출을 통하여 차입금을 상환할 수 있는 능력을 측정하고자 하는 비율을 말한다.

차입금 대 매출액을 계산하는 과정에서 주의해야 할 점은 차입금금액은 기초와 기말의 평균값으로 계산하여야 한다는 것이다.

제조업 차입금 대 매출액 추세(단위 : %)

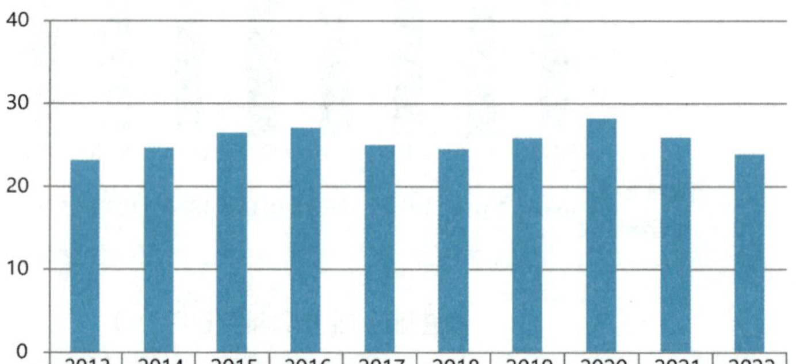

	2013	2014	2015	2016	2017	2018	2019	2020	2021	2022
차입금대 매출액	23.2	24.7	26.5	27.1	25.0	24.5	25.8	28.2	25.8	23.9

차입금 대 매출액(단위 : %)

구 분	2013	2014	2015	2016	2017	2018	2019	2020	2021	2022	2023
삼성전자	1.9	2.1	3.8	6.1	6.6	6.7	6.8	7.0	5.7	3.1	9.4
현 대 차	6.1	4.7	5.0	7.0	8.0	8.3	9.1	11.7	12.6	9.6	4.2
포 스 코	29.9	26.0	23.1	19.4	14.1	13.3	17.5	26.6	20.0	22.7	20.8

주) 별도재무제표 기준

주) 포스코 2022, 2023년은 물적분할 신설법인인 ㈜포스코의 재무비율

제3절 수익성지표

수익성은 안정성과 함께 기업이 추구해야 할 중요한 재무적 특성이 된다. 수익성이 확보되어야 기업은 영업활동으로부터 이익과 현금흐름을 창출할 수 있으며 미래 성장 가능성을 확보할 수 있기 때문이다.

수익성지표(indicators concerning profitability)는 재무상태표항목과 손익계산서항목 간의 비율에 의하여 혹은 손익계산서항목 간의 비율로 계산하는데 주로 기업의 경영성과를 표시하는 재무비율이다.

수익성지표로는 다음의 재무비율을 예로 들 수 있다.

• 총자산순이익률	$= \frac{\text{당기순이익}}{\text{총자산}} \times 100$
• 자기자본순이익률	$= \frac{\text{당기순이익}}{\text{자기자본}} \times 100$
• 자본금순이익률	$= \frac{\text{당기순이익}}{\text{자본금}} \times 100$
• 매출원가율	$= \frac{\text{매출원가}}{\text{매출액}} \times 100$
• 매출총이익률	$= \frac{\text{매출총이익}}{\text{매출액}} \times 100$
• 매출액판매관리비율	$= \frac{\text{판매관리비}}{\text{매출액}} \times 100$
• 매출액영업이익률	$= \frac{\text{영업이익}}{\text{매출액}} \times 100$
• 매출액순이익률	$= \frac{\text{당기순이익}}{\text{매출액}} \times 100$
• 이자보상비율	$= \frac{\text{영업이익}}{\text{이자비용}} \times 100$
• 금융비용 대 매출액(금융비용부담률)	$= \frac{\text{금융비용}}{\text{매출액}} \times 100$
• 배당성향	$= \frac{\text{배당금}}{\text{당기순이익}} \times 100$

수익성비율을 계산할 때 주의해야 할 점은 재무상태표항목과 손익계산서항목을 동시에 고려하는 산식에서 재무상태표항목은 기초잔액과 기말잔액을 평균하여 계산하여야 한다는 것이다. 재무상태표항목은 일정시점의 재무상태를 의미하는 저량(stock)개념이지만 손익계산서항목은 일정기간의 경영성과를 의미하는 유량(flow)개념이므로 재무상태표항목과 손익계산서항목을 동시에 고려하는 산식에서 재무상태표항목은 기초잔액과 기말잔액을 평균하여 계산하여야 한다.

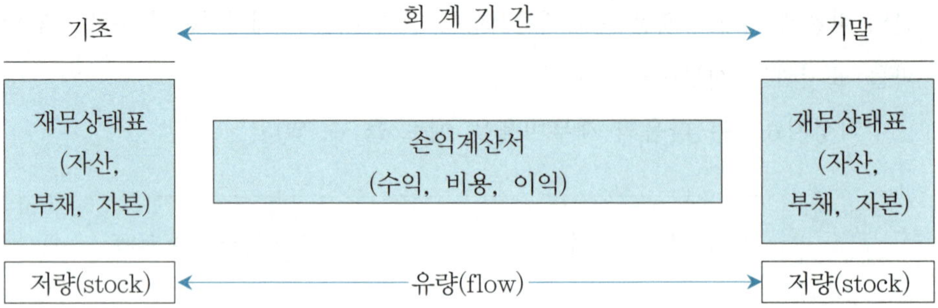

수익성지표는 손익계산서항목에 의한 계산산식이 대부분이므로 경영성과에 영향을 받아 비교적 쉽게 변하는 특성이 있다. 이는 수익성지표와 안정성지표를 구분하는 중요한 특징 중의 하나이다.

수익성지표의 또 다른 특성은 때로는 기업의 수익성이 안정성과 충돌하는 경우도 있다는 것이다. 기업은 안정성을 확보하기 위해서는 위험성이 내포된 사업을 꺼리게 될 것이며 이는 수익성의 하락을 가져올 수도 있다. 또한 수익성을 추구하기 위해서는 어느 정도 사업적 위험성도 받아들이게 되는데 이는 안정성을 저해하는 요인으로 작용할 수도 있다. 따라서 경영자의 입장에서는 기업의 안정성과 수익성을 모두 만족할 수 있는 균형점을 찾는 것이 매우 중요한 과제라고 할 수 있다.

또한 후술하는 활동성도 수익성과 상당한 연관관계가 있다. 즉, 활동성을 높이는 것은 기업이 보유하고 있는 자산을 효율적으로 운용하고 있다는 의미이며, 이는 기업의 수익성과 직결된다. 이는 제5절에서 영업회전일수(business cycle)를 설명할 때 다시 한 번 언급될 것이다.

1. 총자산순이익률

총자산순이익률(net income to total assets)은 총자산에 대한 순이익의 비율을 의미하는데 총자산으로 최종 경영성과인 순이익을 얼마나 냈는지 측정하기 위하여 사용되는 재무비율이다. 기업의 총자산은 타인자본과 자기자본으로 구성되는데 자금의 조달원천과 관계없이 총자산에 의하여 순이익을 얼마나 냈는지를 측정하는 것이다.

총자산순이익률은 후술하는 자기자본순이익률과 달리 기업 전체의 경영성과를 측정하기 위한 비율로 많이 쓰인다.

$$\text{총자산순이익률} = \frac{\text{당기순이익}}{(\text{기초총자산} + \text{기말총자산})/2} \times 100$$

총자산순이익률은 투자수익률(ROI; return on investment)을 평가하는 방법으로 사용되기도 하며 다음과 같이 계산할 수도 있다.

$$\frac{\text{당기순이익}}{\text{총자산}} = \frac{\text{당기순이익}}{\text{매출액}} \times \frac{\text{매출액}}{\text{총자산}} = \text{매출액순이익률} \times \text{총자산회전율}$$

기업이 경영성과를 높이기 위해서는 매출액 대비 순이익을 높여 수익성을 확보하거나 자산의 회전율을 높여 활동성을 유지하여야 한다는 의미로서 활동성에 대해서는 후술하도록 한다.

제조업 총자산순이익률 추세(단위 : %)

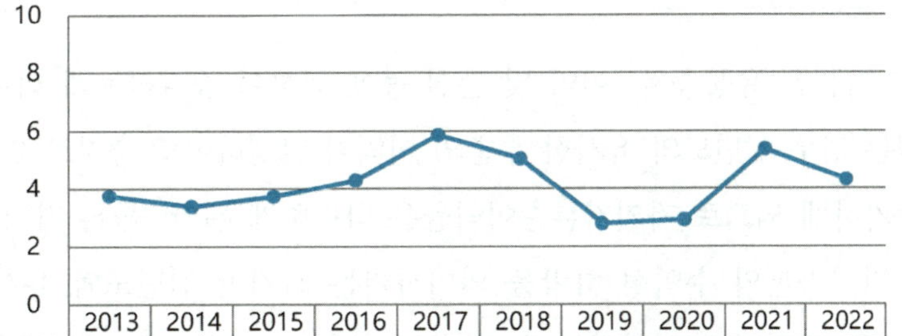

	2013	2014	2015	2016	2017	2018	2019	2020	2021	2022
총자산 순이익률	3.7	3.3	3.7	4.3	5.8	5.0	2.8	2.9	5.3	4.3

총자산순이익률(단위 : %)

구 분	2013	2014	2015	2016	2017	2018	2019	2020	2021	2022	2023
삼성전자	12.4	9.2	7.3	6.7	15.4	15.7	7.1	7.0	12.9	9.9	9.1
현 대 차	9.3	8.3	8.5	6.0	3.6	0.6	3.9	0.7	0.8	4.5	8.7
포 스 코	3.0	2.1	2.5	3.5	4.8	2.0	2.1	1.7	8.6	0.9	2.6

주) 별도재무제표 기준
주) 포스코 2022, 2023년은 물적분할 신설법인인 ㈜포스코의 재무비율

2. 자기자본순이익률

자기자본순이익률(net income to stockholders' equity)은 자기자본에 대한 순이익의 비율을 말하는데 ROE(return on equity)로도 알려져 있다.

$$\text{자기자본순이익률} = \frac{\text{당기순이익}}{(\text{기초자기자본} + \text{기말자기자본})/2} \times 100$$

자기자본순이익률은 기업이 주주지분에 대하여 기업경영의 최종성과인 당기순이익을 얼마나 냈는가를 측정하는 것으로서 주주가 경영자에게 경영을 위탁한 후 경영자로부터 얻게 되는 결과인 당기순이익이 곧 경영자의 성과라는 관점에서 기업경영자의 성과평가에 많이 사용되는 재무비율이다.

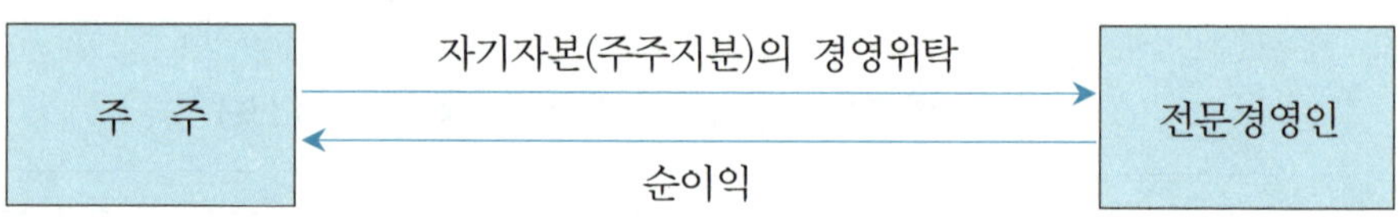

자기자본은 유상증자, 이익 및 손실 등에 의하여 증감하는데 회계연도 중 유상증자가 있는 경우 전년도와 유사한 수준의 이익이 발생하여도 증자로 인하여 평균자기자본이 증가하게 되므로 자기자본순이익률은 하락하게 된다. 물론 자기자본순이익률의 하락이 자기자본의 수익성 하락을 의미하기는 하지만 전년도와 유사한 수준의 이익이 있음에도 수익성이 하락하는 현상이 나타날 수 있으므로 해석에 유의하여야 한다.

전기말에는 완전자본잠식[부채가 자산을 초과하는 상태, (−)자본상태]이었던 회사가 경영개선노력에 의한 당기순이익의 증가로 인하여 당기말에는 어느 정도의 자기자본을 확보하는 경우에 위의 산식에 의한 자기자본순이익률은 전기 이전과 비교할 수 없을 정도로 높아지는 현상이 나타나게 된다. 왜냐하면 완전자본잠식으로 인하여 전기의 자기자본이 부(負, −)의 숫자로 나타나게 되고 그 결과 당기말 자기자본과 평균을 계산하게 되면 자기자본이 매우 적어지기 때문이다. 이러한 경우에는 물론 완전자본잠식을 벗어났으므로 좋은 평가를 받아야 하나 예외적으로 높아진 자기자본순이익률로 인하여 평가에 왜곡이 생길 수 있으므로 해석에 유의해야 한다.

한편, 기업이 당기순손실을 기록하고 평균자기자본도 완전자본잠식에 의하여 부(負)의 숫자를 기록하는 경우 자기자본순이익률은 계산이 불가능하므로 계산하지 않는다.

제조업 자기자본순이익률 추세(단위 : %)

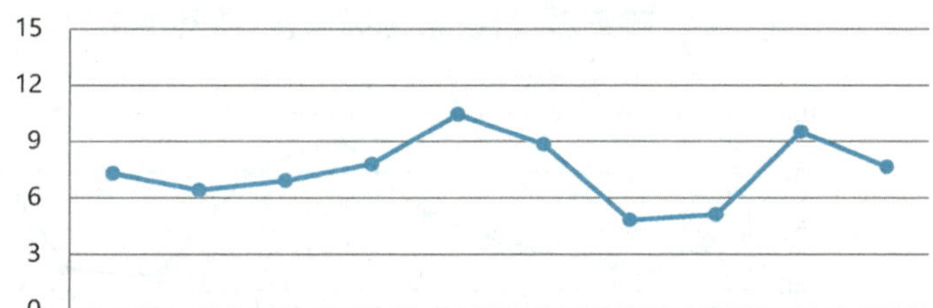

	2013	2014	2015	2016	2017	2018	2019	2020	2021	2022
자기자본순이익률	7.3	6.4	6.9	7.7	10.4	8.8	4.8	5.1	9.5	7.6

자기자본순이익률(단위 : %)

구 분	2013	2014	2015	2016	2017	2018	2019	2020	2021	2022	2023
삼성전자	15.7	11.4	9.1	8.5	19.9	20.2	8.8	8.6	16.5	12.6	11.7
현 대 차	13.1	11.2	11.4	8.0	4.8	0.8	5.3	1.0	1.2	6.8	12.6
포 스 코	3.9	2.7	3.1	4.1	5.6	2.4	2.6	2.1	11.0	1.2	3.6

주) 별도재무제표 기준

주) 포스코 2022, 2023년은 물적분할 신설법인인 ㈜포스코의 재무비율

3. 자본금순이익률

자본금순이익률(net income to capital stock)은 자본금에 대한 순이익의 비율을 말하며 기업의 배당능력을 측정하는 지표로 사용된다.

$$자본금순이익률 = \frac{당기순이익}{(기초자본금 + 기말자본금)/2} \times 100$$

자본금순이익률의 경우 회계연도 중 증자가 있는 경우에는 전년도와 동일한 수준의 이익이 발생하여도 자본금순이익률이 하락하는 현상이 나타나기도 한다. 또한 회계연도 중 감자가 있는 경우에는 전년도와 동일한 수준의 이익이 발생하여도 자본금순이익률이 상승하는 현상이 나타나기 때문에 해석에 유의하여야 한다.

제조업 자본금순이익률 추세(단위 : %)

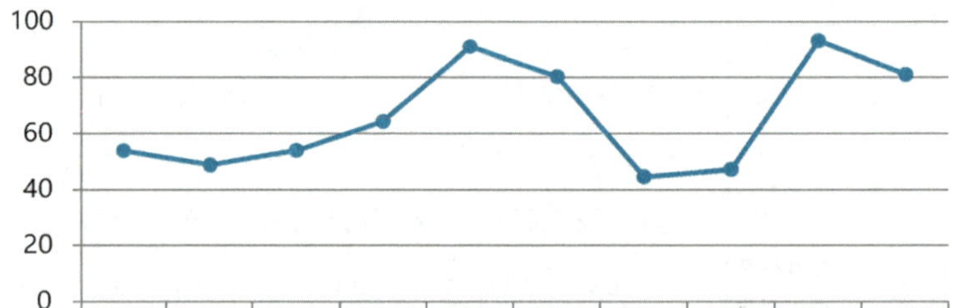

	2013	2014	2015	2016	2017	2018	2019	2020	2021	2022
자본금 순이익률	53.6	48.5	53.7	64.1	90.8	80.0	44.3	46.9	92.9	80.7

자본금순이익률(단위 : %)

구 분	2013	2014	2015	2016	2017	2018	2019	2020	2021	2022	2023
삼성전자	1,998	1,626	1,364	1,290	3,209	3,656	1,711	1,740	3,451	2,832	2,830
현 대 차	348	330	365	275	171	28	190	35	43	249	493
포 스 코	328	236	273	370	528	222	244	200	1074	104	245

주) 별도재무제표 기준

주) 포스코 2022, 2023년은 물적분할 신설법인인 ㈜포스코의 재무비율

4. 매출원가율

매출원가율(cost of goods sold to sales)은 매출원가를 매출액으로 나누어 계산하는데 기업의 생산성과 영업능력을 측정하는 중요한 지표로 사용되며 낮을수록 양호한 것으로 평가된다.

$$\text{매출원가율} = \frac{\text{매출원가}}{\text{매출액}} \times 100$$

매출원가율이 낮다는 것은 매출원가, 즉 제조원가가 적거나 매출액이 많다는 의미이다. 동일한 매출수준에서 제조원가의 투입이 적다는 것은 생산성이 양호하다는 의미이며, 동일한 매출원가 수준하에서 매출액이 많다는 것은 판매가격을 높게 받거나 많은 물량을 판매하는 등 기업의 영업활동이 원활하다는 것을 의미한다.

수익성지표는 손익계산서항목이 산식에 포함되므로 단기적 경영성과에 영향을 받아 재무비율이 단기적으로 변화하는 성향을 갖는 데 비하여 매출원가율은 비교적 장기적으로도 잘 변하지 않는 성향을 갖고 있다. 이는 매출원가율이 기업의 제품구성, 판매가격, 제조설비, 원가구조 등에 영향을 받기 때문이다. 따라서 매출원가율은 기업의 기본적 원가구조를 파악하는 데 매우 중요한 재무비율이라고 할 수 있다.

제조업 매출원가율 추세(단위 : %)

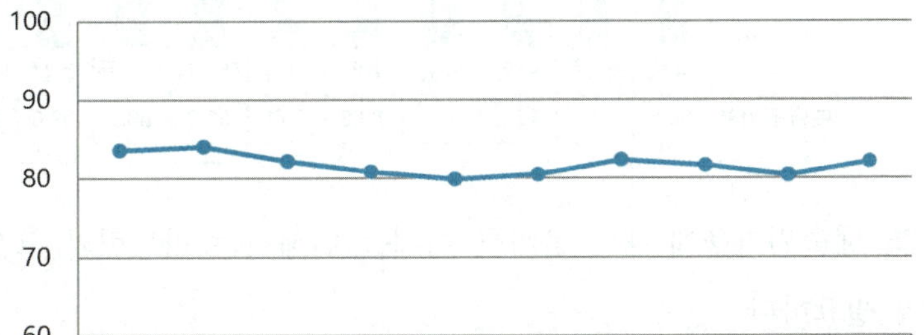

	2013	2014	2015	2016	2017	2018	2019	2020	2021	2022
매출원가율	83.6	84.0	82.2	80.8	79.8	80.4	82.3	81.6	80.3	82.1

매출원가율(단위 : %)

구 분	2013	2014	2015	2016	2017	2018	2019	2020	2021	2022	2023
삼성전자	69.9	72.0	73.7	72.6	62.6	59.7	73.4	70.2	68.0	72.0	84.5
현 대 차	76.7	76.8	75.1	76.7	78.4	84.3	82.0	80.9	83.7	81.4	79.1
포 스 코	86.7	85.4	83.9	81.8	83.5	83.9	87.9	91.8	80.5	93.1	91.6

주) 별도재무제표 기준

주) 포스코 2022, 2023년은 물적분할 신설법인인 ㈜포스코의 재무비율

모든 재무비율이 경제상황이나 산업의 특성 등에 따라 많은 영향을 받지만 매출원가율은 산업의 특성에 따라 그 모습을 상당히 달리 하는 편이다. 따라서 특정기업에 대한 재무분석을 하고자 하는 경우 해당 기업이 속하는 업종 전체에 대한 사전분석이 필수적이라 할 수 있다.

몇몇 업종을 중심으로 2022년 말 기준 매출원가율을 살펴보면 다음과 같다.

업종별 매출원가율(단위 : %)

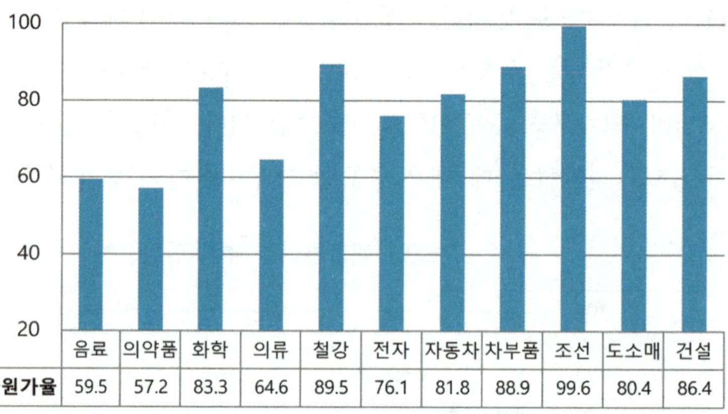

	음료	의약품	화학	의류	철강	전자	자동차	차부품	조선	도소매	건설
매출원가율	59.5	57.2	83.3	64.6	89.5	76.1	81.8	88.9	99.6	80.4	86.4

한편, 매출원가율에 대한 올바른 이해를 위해서는 변동비와 고정비에 대한 정확한 인식이 필요하다.

제조원가는 변동비와 고정비로 구분할 수 있다. 변동비는 총원가가 조업도(생산·판매량)의 증감에 따라 같이 변동하는 원가를 말하는데 재료비·전력비·용수비·가스비 등을 예로 들 수 있다. 반면, 고정비는 총원가가 조업도와는 관계없이 일정금액이 발생하는 원가로서 임차료·감가상각비·보험료 등을 예로 들 수 있다.

제조원가는 변동비와 고정비로 구성되므로 매출이 늘어나게 되면 변동비는 증가하

지만 고정비는 조업수준과 관계없이 일정금액이 발생하므로 매출액이 증가함에 따라 매출원가율은 예외적 사항이 없는 한 점차 낮아지는 것이 일반적이다.

또한 매출이 감소하게 되면 변동비도 감소하지만 고정비는 조업수준과 관계없이 일정금액이 발생하므로 매출액이 감소함에 따라 매출원가율은 예외적 사항이 없는 한 점차 증가하는 것이 일반적이다.

〈사례 1〉

예를 들어 A회사의 변동비율(매출액 대비 변동비의 비율)이 40%이고 고정비는 매년 40억 원 발생한다고 가정하면 100억 원, 120억 원, 150억 원의 매출수준에 대한 매출원가율은 다음과 같이 점차 낮아진다.

구분	20×1년			20×2년		20×3년	
매출액		100			120		150
매출원가							
변동비	40			48		60	
고정비	40	80		40	88	40	100
매출총이익		20			32		50
매출원가율		80.0%	➜		73.3%	➜	66.7%

〈사례 2〉

변동비율 40%이고 고정비는 매년 30억 원 발생하며 100억 원, 80억 원, 60억 원으로 감소하는 경우 매출원가율은 다음과 같이 점차 높아진다.

구분	20×1년			20×2년		20×3년	
매출액		100			80		60
매출원가							
변동비	40			32		24	
고정비	30	70		30	62	30	54
매출총이익		30			18		6
매출원가율		70.0%	➜		77.5%	➜	90.0%

다만, 변동비 요소 중 물가수준의 변화에 따라 가격이 달라지는 경우 위의 경우처럼 변동비율이 일률적으로 나타나지는 않으므로 재료비 등의 가격변화가 매출원가율에 미치는 영향도 분석하여야 한다.

고정비의 경우 일정시간(일정 조업도)이 지나게 되면 총원가가 일정금액 증가하게 되는 단계원가로 변하게 된다. 단계원가를 그림으로 표현하면 다음과 같다.

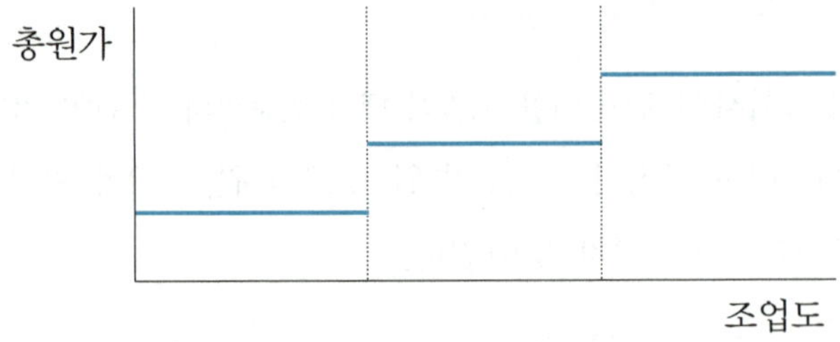

고정비는 주로 설비자산과 관련하여 발생하게 되는데 기업의 설비능력이 일정수준 이상 증가하기 위해서는 추가적인 설비투자가 필요하게 되고 이러한 경우 고정비는 과거와는 달리 일정금액 증가해서 발생하게 된다. 따라서 이러한 상황이 분석기간 내에 포함되는 경우에는 매출이 증가하여도 오히려 매출원가율은 증가하는 현상이 발생하기도 한다.

예를 들어 위의 〈사례 1〉에서 20×3년에 비하여 20×4년에 매출이 30억 원 증가하여 180억 원이 되고 고정비가 설비투자로 인하여 감가상각비 혹은 임차료가 15억 원 증가한다면 20×4년의 매출원가율은 다음과 같이 증가하게 된다.

구 분	20×3년		20×4년	
매출액		150		180
매출원가				
변동비	60		72	
고정비	40	100	55	127
매출총이익		50		53
매출원가율		66.7%	→	70.6%

매출원가율에 대한 분석은 기업의 원가구조에 대한 이해와 기업의 판매, 생산 및 구매 등 여러 가지 요소를 고려하여야 정확한 분석이 가능하다 할 수 있다.

5. 매출총이익률

매출총이익률(gross margin to sales) 매출액에 대한 매출총이익의 비율을 말하는데 높을수록 양호한 것으로 평가된다. 기업이 생산 및 판매활동에서 벌어들인 이익을 측정하는 지표이다.

$$\text{매출총이익률} = \frac{\text{매출총이익}}{\text{매출액}} \times 100 = 1 - \text{매출원가율}$$

제조업 매출총이익률 추세(단위 : %)

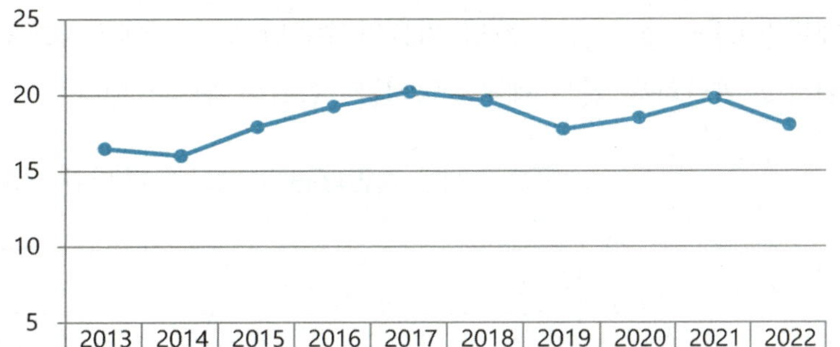

	2013	2014	2015	2016	2017	2018	2019	2020	2021	2022
매출총이익률	16.4	16.0	17.8	19.2	20.2	19.6	17.7	18.4	19.7	17.9

매출총이익률(단위 : %)

구 분	2013	2014	2015	2016	2017	2018	2019	2020	2021	2022	2023
삼성전자	30.1	28.0	26.3	27.4	37.4	40.3	26.6	29.8	32.0	28.0	15.5
현 대 차	23.3	23.2	24.9	23.3	21.6	15.7	18.0	19.1	16.3	18.6	20.9
포 스 코	13.3	14.6	16.1	18.2	16.5	16.1	12.1	8.2	19.5	6.9	8.4

주) 별도재무제표 기준

주) 포스코 2022, 2023년은 물적분할 신설법인인 ㈜포스코의 재무비율

6. 매출액판매관리비율

매출액판매관리비율(selling and administrative expenses to sales)은 매출액에 대한 판매관리비의 비율을 말하는데 낮을수록 양호한 것으로 평가된다. 기업의 판매활동 및 관리활동의 효율성을 의미하는 재무비율이다.

$$\text{매출액판매관리비율} = \frac{\text{판매비와관리비}}{\text{매출액}} \times 100$$

R&D활동과 관련하여 지출이 많은 기업의 경우에는 개발비 상각액이 판매관리비로 계상되거나 경상연구개발비가 판매관리비로 계상하므로 R&D활동과 관련하여 매출액판매관리비율이 높은 경우 해당 비율의 수준만 보고 판매관리활동이 비효율적으로 수행된다고 판단하는 것은 매우 어리석은 판단이 될 수 있다.

제조업 매출액판매관리비율 추세(단위 : %)

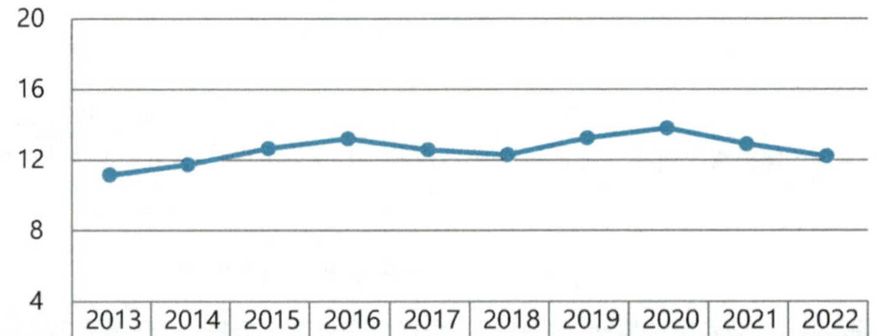

	2013	2014	2015	2016	2017	2018	2019	2020	2021	2022
매출액 판매관리비율	11.2	11.7	12.7	13.2	12.6	12.3	13.3	13.8	12.9	12.2

매출액판매관리비율(단위 : %)

구 분	2013	2014	2015	2016	2017	2018	2019	2020	2021	2022	2023
삼성전자	16.3	17.9	16.4	17.2	15.8	14.7	17.5	17.5	16.0	16.0	22.2
현 대 차	14.4	14.6	15.3	16.8	16.4	15.8	14.8	17.5	15.1	14.3	12.3
포 스 코	6.0	6.5	7.4	7.3	6.4	3.7	3.6	4.0	2.8	2.8	3.1

주) 별도재무제표 기준

주) 포스코 2022, 2023년은 물적분할 신설법인인 ㈜포스코의 재무비율

한편, 매출액판매관리비율 또한 업종별로 차이를 보이는데 몇몇 업종의 2022년 매출액 판매관리비율은 다음과 같다.

업종별 매출액판매관리비율(단위 : %)

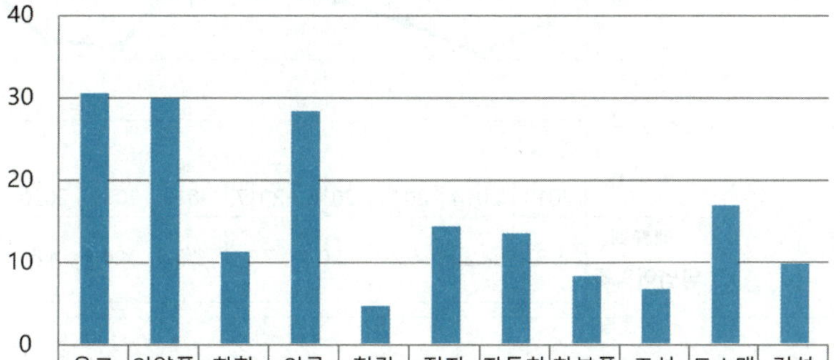

	음료	의약품	화학	의류	철강	전자	자동차	차부품	조선	도소매	건설
판매관리비율	30.5	30.0	11.2	28.3	4.6	14.3	13.5	8.2	6.6	16.8	9.7

7. 매출액영업이익률

매출액영업이익률(operating income to sales)은 매출액에 대한 영업이익의 비율을 말하는데 기업의 영업활동에 의한 성과와 효율성을 측정하기 위하여 사용된다. 높을수록 양호한 것으로 평가된다.

매출액영업이익률은 영업외수익·비용과 같은 투자 및 재무활동으로 인한 손익이 반영되지 않으므로 기업의 기본적인 영업구조의 효율성을 측정한다.

$$\text{매출액영업이익률} = \frac{\text{영업이익}}{\text{매출액}} \times 100$$

제조업 매출액영업이익률 추세(단위 : %)

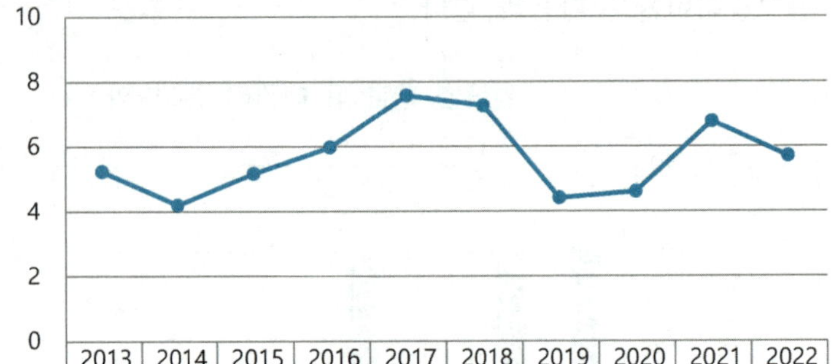

	2013	2014	2015	2016	2017	2018	2019	2020	2021	2022
매출액 영업이익률	5.3	4.2	5.2	6.0	7.6	7.3	4.4	4.6	6.8	5.7

매출액영업이익률(단위 : %)

구 분	2013	2014	2015	2016	2017	2018	2019	2020	2021	2022	2023
삼성전자	13.8	10.1	9.9	10.2	21.5	25.6	9.1	12.3	16.0	12.0	(−)6.8
현 대 차	8.9	8.7	9.6	6.5	5.2	(−)0.1	3.2	1.5	1.2	4.3	8.5
포 스 코	7.3	8.0	8.7	10.8	10.2	12.4	8.5	4.3	16.7	4.1	5.3

주) 별도재무제표 기준
주) 포스코 2022, 2023년은 물적분할 신설법인인 ㈜포스코의 재무비율

2022년 업종별 매출액영업이익률은 다음과 같다.

업종별 매출액영업이익률(단위 : %)

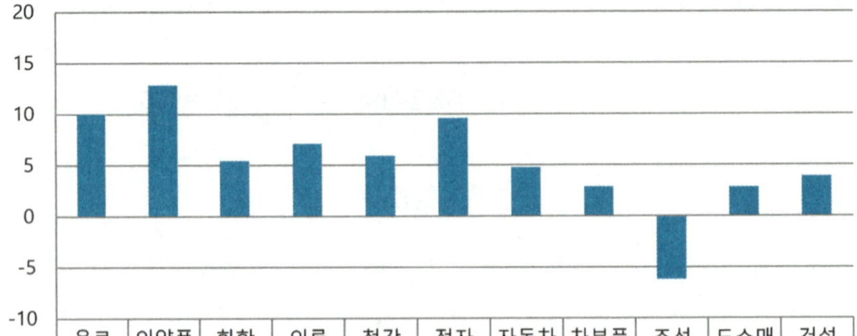

	음료	의약품	화학	의류	철강	전자	자동차	차부품	조선	도소매	건설
영업이익률	10.0	12.9	5.4	7.1	5.9	9.6	4.8	2.9	-6.2	2.8	3.9

8. 매출액순이익률

매출액순이익률(net income to sales)은 매출액에 대한 순이익의 비율을 말하는데 기업이 회계기간 동안 영업·투자·재무·세무활동 등을 하고 난 후에 최종적으로 얼마의 순이익을 냈는가를 측정하는 지표이다. 높을수록 양호한 것으로 평가된다.

$$\text{매출액순이익률} = \frac{\text{당기순이익}}{\text{매출액}} \times 100$$

제조업 매출액순이익률 추세(단위 : %)

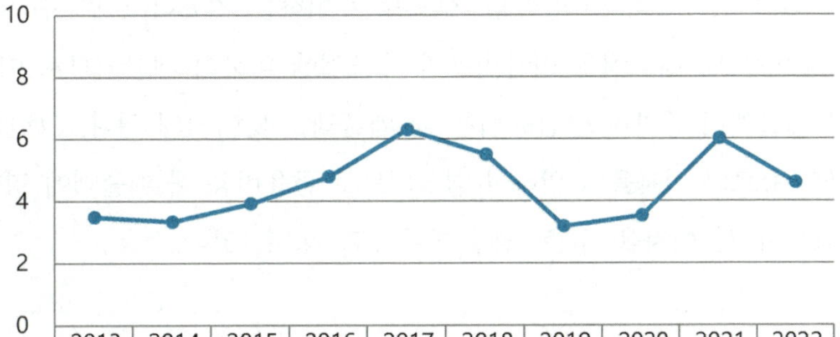

구분	2013	2014	2015	2016	2017	2018	2019	2020	2021	2022
매출액순이익률	3.5	3.3	3.9	4.8	6.3	5.5	3.2	3.5	6.0	4.6

매출액순이익률(단위 : %)

구 분	2013	2014	2015	2016	2017	2018	2019	2020	2021	2022	2023
삼성전자	11.3	10.6	9.1	8.6	17.8	19.3	9.9	9.4	15.5	12.0	14.9
현 대 차	12.4	11.4	12.2	9.8	6.1	1.0	5.8	1.0	1.2	5.7	9.4
포 스 코	5.2	3.9	5.1	7.3	8.9	3.5	3.9	3.6	13.0	1.4	3.0

주) 별도재무제표 기준

주) 포스코 2022, 2023년은 물적분할 신설법인인 ㈜포스코의 재무비율

9. 금융비용 대 매출액(금융비용부담률)

금융비용 대 매출액(interest expenses to sales)은 매출액에 대한 이자비용의 비율을 말하는데 낮을수록 양호한 것을 평가된다.

$$\text{금융비용 대 매출액} = \frac{\text{이자비용}}{\text{매출액}} \times 100$$

기업이 자기자본 대비 얼마만큼의 부채를 부담하고 있는가의 양적 부담 정도를 부채비율로 표시한다면 금융비용 대 매출액은 기업이 부채로 인하여 손익에 어느 정도 부담을 느끼고 있는지의 질적 부담 정도를 표현하는 지표라고 할 수 있다.

금융비용 대 매출액은 이자비용과 매출액에 의하여 계산되므로 이자비용이 낮아지거나 매출액이 증가하면 금융비용 대 매출액도 낮아지게 된다. 그런데 이자비용은 차입금의 규모와 이자율에 의하여 결정되므로 금융비용 대 매출액에 영향을 주는 요인은 차입금 규모, 이자율 수준, 매출액이라고 할 수 있다.

$$\frac{\text{이자비용}}{\text{매출액}} \times 100 = \frac{\text{차입금} \times \text{이자율}}{\text{매출액}} \times 100$$

기업이 적극적인 부채를 상환하여 차입금의 규모를 줄이거나 매출액을 늘리면 금융비용 대 매출액은 낮아지게 된다. 이는 기업 자체의 노력에 의하여 결정되는 요소라고 할 수 있다. 그러나 이자율은 개별기업이 결정할 수 있는 요소가 아니므로 기업의 외부적 요인이라고 할 수 있다. 따라서 금융비용 대 매출액이 낮아지는 경우 또는 높아지는 경우에 그것이 기업의 내부적 요인에 의한 변화인지, 외부적 요인에 의한 변화인지를 파악하여야 좀 더 정확한 재무분석을 할 수 있을 것이다.

이자율이 다른 회계기간의 금융비용 대 매출액의 비교는 이러한 이유로 인하여 그 해석에 주의를 기울여야 한다. 1990년대 말 외환위기시절의 이자율은 지금으로서는 상상하기도 힘들 정도의 높은 이자율이었다. 하지만 2005년경부터는 일부 경제선진국보다 금리가 낮아질 정도로 우리 경제의 이자율의 변화추이는 최근 매우 심한 등락을 보이고 있다. 구체적으로 1998년 제조업 전체의 금융비용 대 매출액은 8.95%이지만 2020년에는 0.85%로 매우 낮아졌다. 1998년의 이자율 수준과 2020년의 이자율 수준을 비교한다면 지난 약 20여 년간 금융비용 대 매출액의 하락이 전적으로 기업 자체의 노력에 의하여 이루어졌다고 보기는 힘들 것이다.

제조업 금융비용 대 매출액 추세(단위 : %)

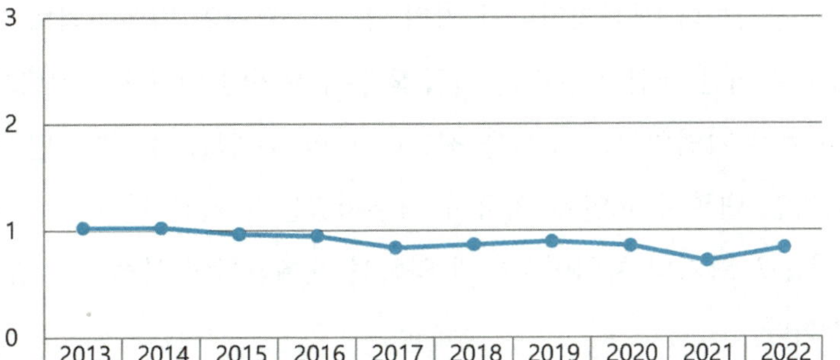

	2013	2014	2015	2016	2017	2018	2019	2020	2021	2022
금융비용 대 매출액	1.02	1.02	0.96	0.94	0.83	0.86	0.89	0.85	0.71	0.83

금융비용 대 매출액(단위 : %)

구 분	2013	2014	2015	2016	2017	2018	2019	2020	2021	2022	2023
삼성전자	0.08	0.16	0.21	0.25	0.23	0.23	0.24	0.11	0.08	0.14	0.35
현 대 차	0.29	0.28	0.25	0.31	0.46	0.36	0.23	0.24	0.16	0.29	0.15
포 스 코	0.89	0.88	0.91	0.64	0.41	0.47	0.52	0.83	0.40	0.53	0.93

주) 별도재무제표 기준

주) 포스코 2022, 2023년은 물적분할 신설법인인 ㈜포스코의 재무비율

10. 이자보상비율

이자보상비율(interest coverage ratio)은 영업이익을 이자비용으로 나누어 계산하는데 높을수록 양호한 것으로 평가된다. 기업의 이자부담능력을 측정하는 지표로 많이 사용된다.

$$\text{이자보상비율} = \frac{\text{영업이익}}{\text{이자비용}} \times 100$$

이자보상비율도 다음의 분해된 공식에서 보는 바와 같이 영업이익, 차입금규모, 차입이자율에 의하여 영향을 받게 되므로 금융비용부담률에서 언급한 것처럼 이자보상비율이 전기보다 개선되었다면 기업 내부적 요인인 영업이익의 개선이나 차입금규모의 감소로 인한 개선인지 혹은 기업 외부적 요인인 이자율의 하락으로 인한 개선인지를 파악하여야 기업의 재무분석을 적절하게 할 수 있을 것이다. 만약 이자보상비율의 개선이 기업 내부적 요인에 의하여 이루어졌는지 기간 간 비교를 하려면 과거 연도의 이자비용을 당기의 차입이자율에 의하여 재계산하여 분석하는 방법을 선택할 수도 있을 것이다.

$$\frac{\text{영업이익}}{\text{이자비용}} \times 100 = \frac{\text{영업이익}}{\text{차입금} \times \text{차입이자율}} \times 100$$

제조업 이자보상비율 추세(단위 : %)

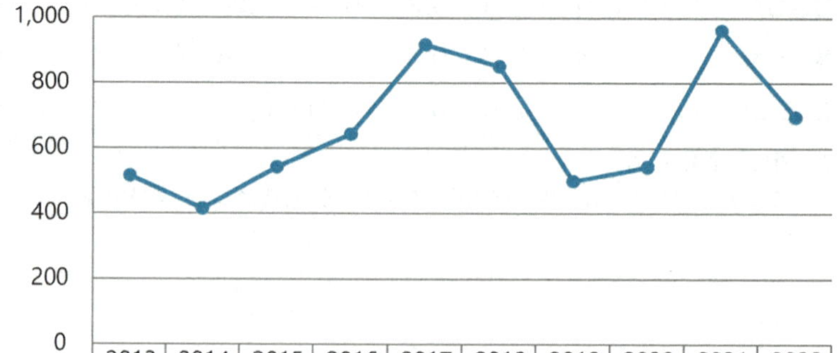

	2013	2014	2015	2016	2017	2018	2019	2020	2021	2022
이자보상비율	514	412	540	641	914	848	497	541	958	693

한편, 이자보상비율은 이자보상배율이라고도 표현된다. 단, 측정단위는 '배'로 표시된다. 따라서 2020년의 이자보상비율 541%를 이자보상배율로 표현하면 5.41배로 표시될 것이다. 실무적으로 많이 쓰이는 표현방식이다.

$$\text{이자보상배율} = \frac{\text{영업이익}}{\text{이자비용}}$$

이자보상배율(단위 : 배)

구 분	2013	2014	2015	2016	2017	2018	2019	2020	2021	2022	2023
삼성전자	183.4	62.0	46.5	41.2	95.3	110.0	37.7	108.4	213.3	87.3	-(*a)
현 대 차	30.9	30.5	38.5	21.0	11.3	-(*a)	14.2	6.2	7.6	14.9	57.7
포 스 코	8.2	9.2	9.6	17.0	24.9	26.6	16.3	5.2	41.8	7.7	5.7

주) 별도재무제표 기준
주) 포스코 2022, 2023년은 물적분할 신설법인인 ㈜포스코의 재무비율
(*a) 영업적자로 인하여 표시하지 않음

한편, 이자보상비율(배율)은 영업이익이 기업과 관련된 이해관계자 중 채권자, 정부, 주주들이 기업경영에 참여한 대가로 각자 받을 수 있는 몫이라는 의미를 설명하기도 한다.

매출액		
·		
·		
·		
영업이익		
이자비용	⇒	채권자의 몫
세전이익		
법인세비용	⇒	정부·지자체의 몫
당기순이익	⇒	주주의 몫

따라서 이자보상비율(배율)이 높을수록 채권자, 정부 및 주주가 분배받을 수 있는 각자의 몫이 많아진다는 의미가 된다.

11. 배당성향

배당성향(dividend to net income)은 당기순이익에 대한 배당금의 비율을 계산하는 것으로서 기업이 배당에 대하여 어떠한 성향을 보이고 있는지를 보여주는 지표이다. 당기순이익 중에서 배당에 사용된 금액을 제외한 나머지는 여러 가지 형태로 사내에 유보된다.

$$배당성향 = \frac{배당금}{당기순이익} \times 100$$

제조업 배당성향 추세(단위 : %)

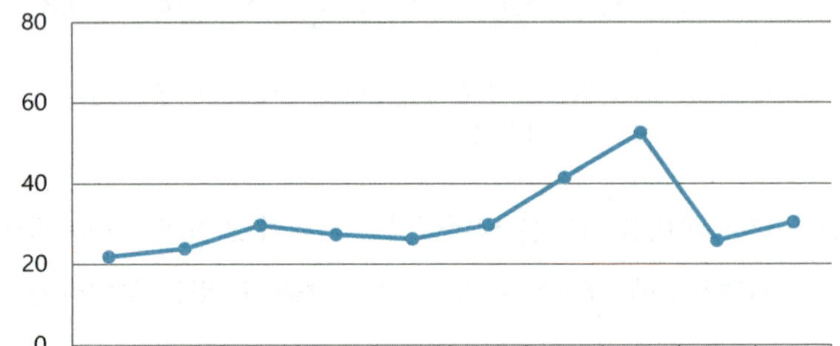

	2013	2014	2015	2016	2017	2018	2019	2020	2021	2022
배당성향	21.7	23.7	29.5	27.2	26.1	29.6	41.3	52.4	25.7	30.2

배당성향(단위 : %)

구 분	2013	2014	2015	2016	2017	2018	2019	2020	2021	2022	2023
삼성전자	12.0	20.6	25.1	34.5	20.2	29.3	62.7	130.2	31.7	38.6	38.6
현 대 차	10.3	16.6	19.9	26.3	42.3	256.9	37.2	149.1	201.5	49.4	40.8
포 스 코	40.0	56.2	48.5	35.9	25.1	74.6	68.1	64.2	24.8	64.6	50.0

주) 별도재무제표 기준
주) 포스코 2022, 2023년은 물적분할 신설법인인 ㈜포스코의 재무비율

배당성향과 자주 혼동하는 재무비율로 배당률이 있는데 배당률은 자본금에 대한 배당금의 비율을 계산하는 것이다. 즉, 주식의 액면금액대비 배당금의 비율을 의미한다.

$$배당률 = \frac{배당금}{자본금} \times 100$$

12. EBIT 대 매출액

(1) EBIT의 의미

EBIT(Earnings before interest and tax)는 이자비용과 법인세를 고려하기 전의 이익을 의미한다. EBIT는 자기자본에 의하여 자금조달을 하든, 자기자본과 타인자본에 의하여 자금조달을 하든지 간에 기업의 수익성에 대한 평가를 균형 있게 하기 위한 이익으로서 주로 수익성 분석을 통하여 세율과 이자율수준이 다른 회계단위에 대한 성과평가를 하기 위한 분석도구로 많이 쓰이기도 한다.

EBIT를 자본구조와 이자비용 측면에서 살펴보면 타인자본을 통하여 자금을 조달하면 이자비용이 발생하게 되지만 자기자본을 통하여 자금을 조달하면 이자비용은 발생하지 않는다. EBIT는 기업의 이익을 이자비용을 고려하기 전의 이익으로 측정하므로 자본조달구조와 관계없이 기업의 경영성과와 수익성을 측정하고자 하는 것이다.

법인세 측면에서 살펴보면 나라별로 법인세율은 차이가 발생하게 된다. EBIT는 기업의 이익을 법인세를 고려하기 전의 이익으로 측정하므로 나라별로 다른 세율차이와 관계없이 기업의 경영성과와 수익성을 측정하고자 하는 것이다.

따라서 EBIT는 세율과 이자율수준이 상이한 여러 나라에 있는 다국적기업들의 회계단위에 대한 성과평가의 목적으로 많이 쓰인다.

EBIT는 실무적으로는 다음과 같이 법인세비용차감전순이익에 이자비용을 가산하여 계산한다.

EBIT = 법인세비용차감전순이익 + 이자비용

(2) 영업이익과 EBIT

실무적으로 EBIT는 영업이익과 유사한 개념으로 설명되기도 하지만 양자는 상이한 개념이라고 할 수 있다. 영업이익은 영업외수익과 영업외비용을 고려하기 전 단계의 이익임에 비하여 EBIT는 이자비용을 제외한 모든 영업외수익과 영업외비용이 반영된 이익이라는 점에서 차이가 있다. 특히 최근에 이자수익, 지분법손익, 외환차손익 등이 상당한 금액적 중요성을 갖는 점을 고려하면 양자의 차이는 더욱 벌어진다고 할 수 있다.

다음의 사례를 통하여 EBIT와 영업이익의 차이점에 대하여 살펴보도록 한다.

〈사례1〉

매 출 액	₩1,000,000
⋮	
영 업 이 익	200,000
영업외수익	
유형자산처분이익	50,000
지분법이익	100,000
영업외비용	
이자비용	70,000
세 전 이 익	280,000
법 인 세 비 용	50,000
당 기 순 이 익	230,000

* 영업이익 = 200,000
* EBIT = 280,000 + 70,000 = 350,000

위의 손익계산서에서 EBIT는 ₩350,000(= 280,000 + 70,000)인 반면 영업이익은 ₩200,000이다. 양자의 차이인 ₩150,000은? 이는 유형자산처분이익 ₩50,000과 지분법이익 ₩100,000의 합이라고 할 수 있다. 즉, 영업이익 ₩200,000은 기업의 영업활동으로 인한 경영성과이지만 EBIT ₩350,000은 기업의 영업활동의 경영성과인 ₩200,000에 투자활동의 결과인 ₩150,000인 합산된 결과인 것이다.

결국, 앞서 설명한 바와 같이 EBIT는 이자비용과 법인세를 제외하고 나머지 모든 활동이 반영된 경영성과 측면의 이익이라고 할 수 있다.

(3) EBIT를 활용한 경영성과평가

〈사례 2〉

미국, 유럽, 일본, 중국 등에 현지법인이 있는 X산업은 다음과 같이 현지법인 A, B, C에 대하여 성과평가를 하려고 한다. 현지법인 A, B, C의 재무정보는 다음과 같다.

재무상태

구 분	A법인	B법인	C법인
자 산	1,000	1,000	1,000
부 채	700	500	200
자 본	300	500	800
이자율	10%	8%	5%
법인세율	30%	20%	10%

※ 부채는 모두 이자비용을 부담하는 차입금으로 가정

경영성과

구 분	A법인	B법인	C법인
매 출 액	1,000	1,000	1,000
⋮	⋮	⋮	⋮
영업이익	200	180	150
이자비용	70	40	10
세전이익	130	140	140
법 인 세	39	28	14
순 이 익	91	112	126

※ 영업활동 외에 투자활동이나 재무활동은 없는 것으로 가정

위와 같이 영업활동의 결과는 A법인이 매출액 대비 20%[영업성과 : A(20%)>B(18%)>C(15%)]로 가장 뛰어남에도 불구하고 최종적인 순이익으로 평가를 하게 되면 C법인이 126으로 가장 높은 평가(순이익 : C>B>A)를 받게 된다. 따라서 자본구조에 따른 이자비용과 법인세를 제외한 EBIT로 측정을 하면 본래의 영업성과인 A > B > C의 순서로 높은 평가를 받게 된다.

(4) EBIT 대 매출액

EBIT 대 매출액(Earnings before interest and tax to sales)은 자금조달원천 및 세율 차이에 관계없이 기업의 수익성을 적정하게 측정하기 위한 재무비율로서 높을수록 양호한 것으로 평가된다.

$$\text{EBIT 대 매출액} = \frac{\text{법인세비용차감전순이익} + \text{이자비용}}{\text{매출액}} \times 100$$

제조업 EBIT 대 매출액 추세(단위 : %)

	2013	2014	2015	2016	2017	2018	2019	2020	2021	2022
EBIT대 매출액	5.7	5.3	6.0	7.1	8.8	8.2	5.1	5.4	8.5	6.8

EBIT 대 매출액(단위 : %)

구 분	2013	2014	2015	2016	2017	2018	2019	2020	2021	2022	2023
삼성전자	15.4	12.7	10.8	11.2	22.8	26.3	12.5	12.4	19.5	14.2	10.6
현 대 차	15.5	14.5	15.3	12.2	7.9	2.0	6.7	1.3	1.9	6.7	12.5
포 스 코	7.4	6.8	7.4	9.6	12.2	7.8	6.6	4.7	17.9	2.7	5.1

주) 별도재무제표 기준
주) 포스코 2022, 2023년은 물적분할 신설법인인 ㈜포스코의 재무비율

13. EBITDA 대 매출액

(1) EBITDA의 의미

EBITDA(Earnings before interest, tax, depreciation, and amortization)는 이자비용, 법인세 및 감가상각비 차감전순이익으로 해석되나 본래의 의미는 현금흐름(cash flow)을 의미한다. 실무적으로는 법인세비용차감전순이익에 이자비용과 감가상각비 및 무형자산상각비를 가산하여 계산한다.

$$EBITDA = 법인세비용차감전순이익 + 이자비용 + 감가상각비 + 상각비$$
$$= EBIT + 감가상각비 + 상각비$$

EBITDA는 EBIT에 감가상각비(Depreciation)와 무형자산상각비(Amortization)를 가산하므로 현금흐름의 의미를 갖는다. 즉, 이자비용과 법인세를 제외한 나머지 모든 활동이 반영된 현금흐름으로서 기업의 현금흐름창출능력을 측정하는 지표로 사용된다.

다음의 사례를 통하여 EBITDA의 의미를 살펴보도록 한다.

매출액	₩10,000
급여	4,000
전력비	2,000
감가상각비	1,000
영업이익	3,000
이자비용	800
세전이익	2,200
법인세	1,200
순이익	₩ 1,000

EBIT = ₩2,200 + 800 = ₩3,000
EBITDA = EBIT + D·A
= ₩3,000 + 1,000 = ₩4,000

위의 손익계산서에서 감가상각비는 비용이므로 손익계산서에 비용으로 반영되어 있다. 하지만 감가상각비는 현금의 유출이 없는 비현금항목이므로 현금흐름을 계산할 때에는 계산과정에 포함되지 않는다. 즉, 감가상각비를 제외하고 나머지 항목으로 계산하는 것은 현금흐름만 고려하는 것이다.

위의 손익계산서에서 이자비용과 법인세를 제외한 EBIT항목들의 현금흐름을 계산하면 다음과 같다.

손익계산서			현금흐름
매 출 액	₩10,000	➡	₩10,000
급 여	4,000	➡	(−)4,000
전 력 비	2,000	➡	(−)2,000
감 가 상 각 비	1,000	➡	−
E B I T	₩3,000		₩4,000

위의 표에서 EBIT ₩3,000과 현금흐름 ₩4,000의 차이는 무엇일까? 양자의 차이는 ₩1,000으로서 감가상각비와 일치한다. 즉, EBIT ₩3,000에 감가상각비 ₩1,000을 더하면 현금흐름 ₩4,000이 계산된다.

현금흐름 = EBIT + 감가상각비
₩4,000 = ₩3,000 + 1,000
EBITDA = EBIT + D · A

실무적으로 EBITDA는 통상 영업현금흐름 정도로 이해되기도 하며 영업이익에 감가상각비와 상각비를 가산하여 계산하기도 하지만 엄밀하게 말하면 그러한 측정방식은 지분법손익 등의 효과가 큰 기업 등의 경우에는 정확한 계산이 되지 않으므로 위와 같이 EBIT에 감가상각비와 상각비를 가산하여 계산한다. 즉, 법인세비용차감전순이익에 이자비용·감가상각비·상각비 등을 가산하는 것이 정확하다고 할 수 있고 이는 이자비용과 법인세를 제외한 나머지 모든 활동이 반영된 현금흐름의 의미가 되는 것이다.

(2) EBITDA 대 매출액

EBITDA 대 매출액(Earnings before interest, tax, depreciation, and amortization to sales)은 자금조달원천과 관계없이 기업의 현금흐름에 기초한 수익성을 측정하기 위한 재무비율로서 높을수록 양호한 것으로 평가된다.

$$\text{EBITDA 대 매출액} = \frac{\text{법인세비용차감전순이익} + \text{이자비용} + \text{감가상각비} + \text{상각비}}{\text{매출액}} \times 100$$

제조업 EBITDA 대 매출액 추세(단위 : %)

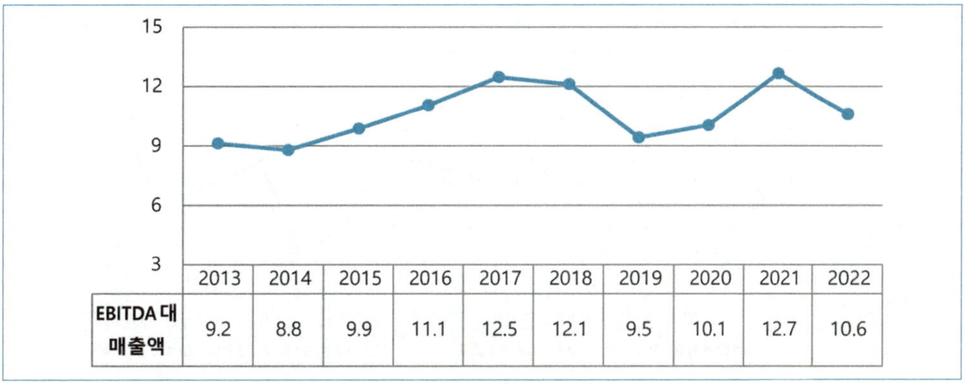

EBITDA 대 매출액(단위 : %)

구 분	2013	2014	2015	2016	2017	2018	2019	2020	2021	2022	2023
삼성전자	21.3	20.0	19.0	19.5	29.9	34.9	23.9	23.7	30.7	24.8	23.9
현 대 차	19.3	18.2	19.3	17.5	13.4	7.8	11.8	6.8	7.5	12.0	16.9
포 스 코	13.8	14.1	15.8	18.4	19.8	14.9	13.9	13.6	23.9	8.4	11.0

주) 별도재무제표 기준
주) 포스코 2022, 2023년은 물적분할 신설법인인 ㈜포스코의 재무비율

14. 재무비율 간의 연관관계를 통한 분석

여러 가지의 재무비율을 계산하다 보면 각각의 재무비율을 보느라 전체적인 분석을 놓치는 경우가 있을 수 있다. 재무비율은 각각의 분석도 의미가 있지만 여러 가지의 재무비율을 같이 분석하면 나름 의미 있는 분석이 가능하기도 한다.

대표적인 것이 손익계산서에서 산출되는 구성하는 매출원가율, 매출액판매관리비율, 매출액영업이익률, 매출액순이익률 등이 있는데 이들을 동시에 분석하면 기업의 손익구조를 좀 더 쉽게 분석할 수 있게 하기도 한다.

다음은 앞서 언급한 3개 회사의 4가지 비율을 분석한 그래프이다.

(1) 삼성전자 손익구조 분석(단위 : %)

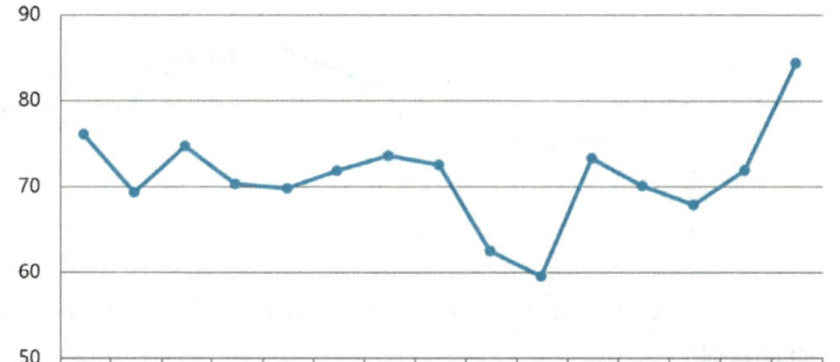

	'09	'10	'11	'12	'13	'14	'15	'16	'17	'18	'19	'20	'21	'22	'23
매출원가율	76.2	69.5	74.8	70.4	69.9	72.0	73.7	72.6	62.6	59.7	73.4	70.2	68.0	72.0	84.5

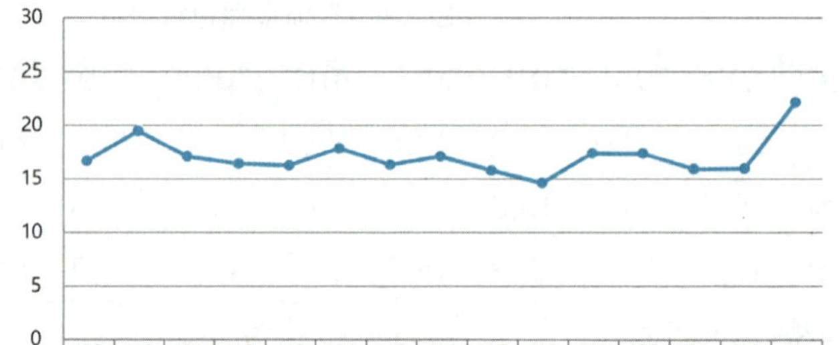

	'09	'10	'11	'12	'13	'14	'15	'16	'17	'18	'19	'20	'21	'22	'23
판매관리비율	16.7	19.6	17.2	16.5	16.3	17.9	16.4	17.2	15.8	14.7	17.5	17.5	16.0	16.0	22.2

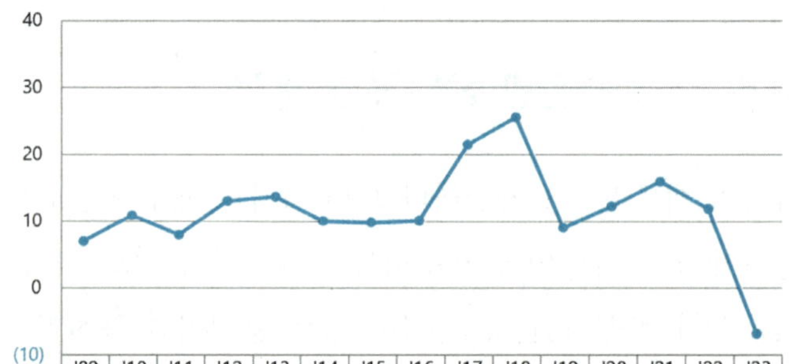

	'09	'10	'11	'12	'13	'14	'15	'16	'17	'18	'19	'20	'21	'22	'23
영업이익률	7.1	11.0	8.0	13.1	13.8	10.1	9.9	10.2	21.5	25.6	9.1	12.3	16.0	12.0	-6.8

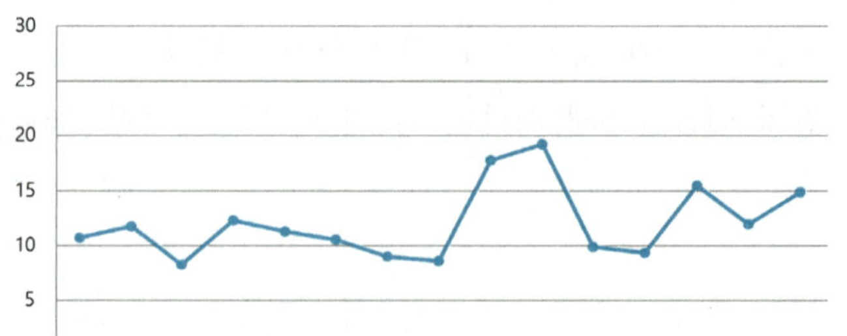

	'09	'10	'11	'12	'13	'14	'15	'16	'17	'18	'19	'20	'21	'22	'23
순이익률	10.8	11.8	8.3	12.3	11.3	10.6	9.1	8.6	17.8	19.3	9.9	9.4	15.5	12.0	14.9

(2) 현대차 손익구조 분석(단위 : %)

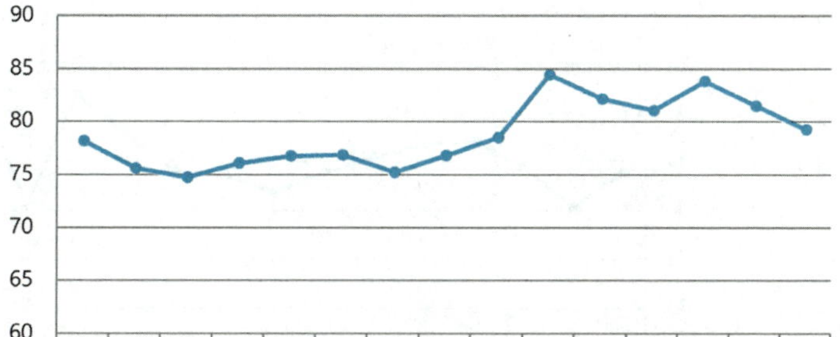

	'09	'10	'11	'12	'13	'14	'15	'16	'17	'18	'19	'20	'21	'22	'23
매출원가율	78.1	75.5	74.7	76.0	76.7	76.8	75.1	76.7	78.4	84.3	82.0	80.9	83.7	81.4	79.1

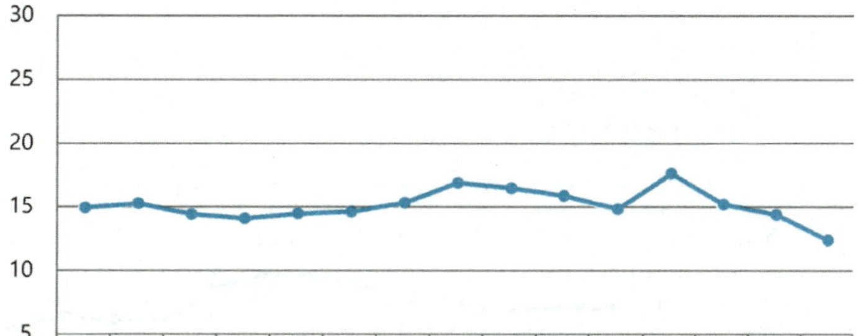

	'09	'10	'11	'12	'13	'14	'15	'16	'17	'18	'19	'20	'21	'22	'23
판매관리비율	14.9	15.2	14.4	14.0	14.4	14.6	15.3	16.8	16.4	15.8	14.8	17.5	15.1	14.3	12.3

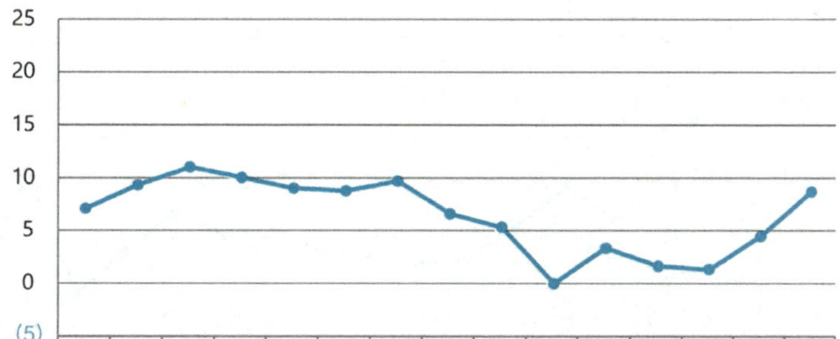

	'09	'10	'11	'12	'13	'14	'15	'16	'17	'18	'19	'20	'21	'22	'23
영업이익률	7.0	9.3	11.0	10.0	8.9	8.7	9.6	6.5	5.2	-0.1	3.2	1.5	1.2	4.3	8.5

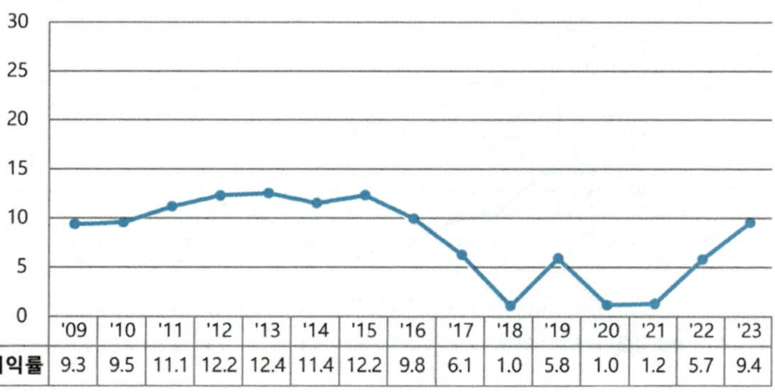

	'09	'10	'11	'12	'13	'14	'15	'16	'17	'18	'19	'20	'21	'22	'23
순이익률	9.3	9.5	11.1	12.2	12.4	11.4	12.2	9.8	6.1	1.0	5.8	1.0	1.2	5.7	9.4

(3) 포스코 손익구조 분석(단위 : %)

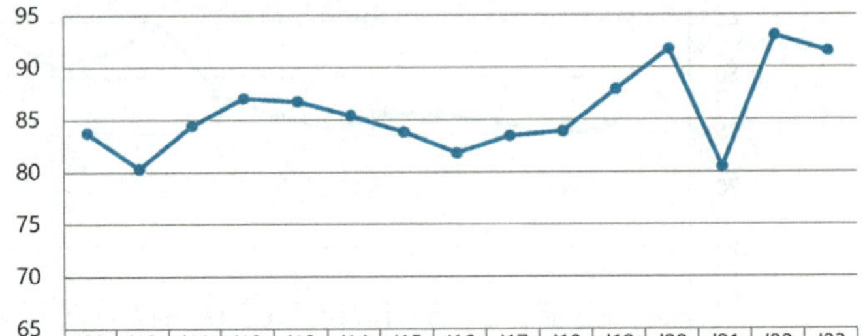

	'09	'10	'11	'12	'13	'14	'15	'16	'17	'18	'19	'20	'21	'22	'23
매출원가율	83.8	80.3	84.4	87.0	86.7	85.4	83.9	81.8	83.5	83.9	87.9	91.8	80.5	93.1	91.6

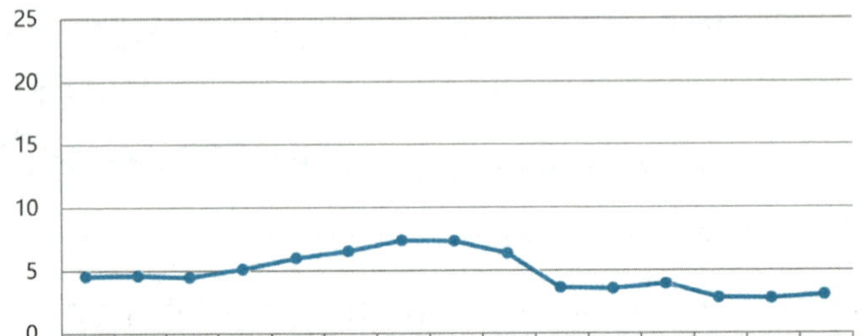

	'09	'10	'11	'12	'13	'14	'15	'16	'17	'18	'19	'20	'21	'22	'23
판매관리비율	4.6	4.6	4.5	5.1	6.0	6.5	7.4	7.3	6.4	3.7	3.6	4.0	2.8	2.8	3.1

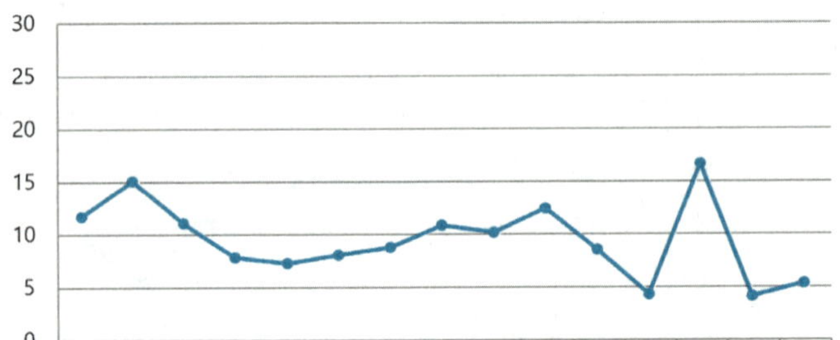

	'09	'10	'11	'12	'13	'14	'15	'16	'17	'18	'19	'20	'21	'22	'23
영업이익률	11.7	15.1	11.1	7.8	7.3	8.0	8.7	10.8	10.2	12.4	8.5	4.3	16.7	4.1	5.3

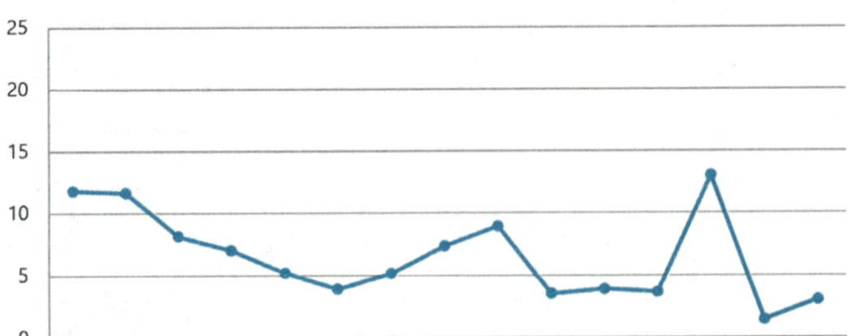

	'09	'10	'11	'12	'13	'14	'15	'16	'17	'18	'19	'20	'21	'22	'23
순이익률	11.8	11.6	8.1	7.0	5.2	3.9	5.1	7.3	8.9	3.5	3.9	3.6	13.0	1.4	3.0

앞서 그래프를 보면 양사 모두 매출원가율의 급등·급락에 따라 영업이익률의 등락이 두드러지게 나타나고 있다. 반면 매출액 대비 판매관리비는 추세에 큰 변화가 없어 영업이익률에 영향을 미치지 못하고 있음을 알 수 있다. 또한 순이익률은 영업이익률의 추세와 유사한 수준을 보이고 있다. 따라서 양사 모두 영업환경의 변화에 따르는 매출원가율의 변화가 최종적인 순이익 등락에 결정적 요인이라는 것을 알 수 있다.

한편 주로 이자수익·비용, 외환차익·차손 등으로 구성되는 영업외항목(금융항목, 기타항목)은 순이익의 추세에 큰 영향을 주지 못하고 있다. 즉, 이자율의 변화와 환율의 변화가 있다하더라도 나름대로 이를 방어할 수 있는 대처방안을 갖고 있으나 영업환경의 변화에는 회사의 손익구조가 그대로 노출되어 있다고 할 수 있는 것이다.

15. 최근 제조업 전체의 수익성 추세

제조업 매출액영업이익률과 매출액순이익률 추세(단위 : %)

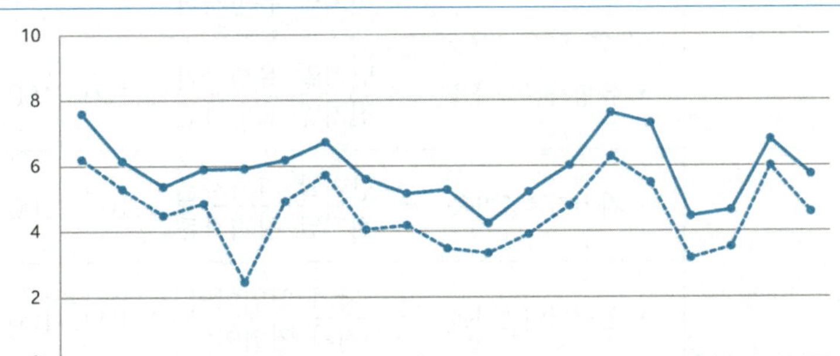

	'04	'05	'06	'07	'08	'09	'10	'11	'12	'13	'14	'15	'16	'17	'18	'19	'20	'21	'22
영업이익률	7.6	6.1	5.3	5.9	5.9	6.2	6.7	5.6	5.1	5.3	4.2	5.2	6.0	7.6	7.3	4.4	4.6	6.8	5.7
순이익률	6.2	5.3	4.5	4.8	2.4	4.9	5.7	4.0	4.2	3.5	3.3	3.9	4.8	6.3	5.5	3.2	3.5	6.0	4.6

앞의 그림과 같이 2022년까지 제조업 전체의 매출액영업이익률과 매출액순이익률의 추세를 살펴보면 2008년 전 세계적 금융위기시절에 특별한 현상이 발생하고 있는 것을 알 수 있다. 즉 매출액영업이익률은 특별한 증감 없이 유사한 수준을 보이고 있으나 매출액순이익률은 2008년 경제위기 때 급감하고 있다는 사실이다.

이는 영업이익과 순이익의 차이를 가져오는 영업외항목으로 인한 것으로서 주로 환율의 변화, 이자율의 증감이 주요 원인이라고 할 수 있다. 따라서 만약 어떤 개별 기업에게 이와 동일한 현상이 나타난다면 환율과 이자율의 변화에 대한 대처방안을 마련하는 것이 순이익의 변동성을 줄일 수 있는 중요한 경영정책이 될 수 있을 것이다.

제4절 성장성지표

성장성지표(indicators concerning growth)는 기업의 매출액이나 자산 등이 전년보다 얼마만큼 증가 혹은 감소했는가를 측정하는 지표로서 미래 기업의 잠재력을 측정할 수 있는 중요한 재무비율이다. 성장성 지표 중 주요 항목은 다음과 같다.

- 총자산증가율 $= \dfrac{\text{당기말 총자산}}{\text{전기말 총자산}} \times 100 - 100$
- 매출액증가율 $= \dfrac{\text{당기 매출액}}{\text{전기 매출액}} \times 100 - 100$
- 재고자산증가율 $= \dfrac{\text{당기말 재고자산}}{\text{전기말 재고자산}} \times 100 - 100$
- 유동자산증가율 $= \dfrac{\text{당기말 유동자산}}{\text{전기말 유동자산}} \times 100 - 100$
- 유형자산증가율 $= \dfrac{\text{당기말 유형자산}}{\text{전기말 유형자산}} \times 100 - 100$
- 자기자본증가율 $= \dfrac{\text{당기말 자기자본}}{\text{전기말 자기자본}} \times 100 - 100$
- 영업이익증가율 $= \dfrac{\text{당기 영업이익}}{\text{전기 영업이익}} \times 100 - 100$
- 순이익증가율 $= \dfrac{\text{당기 순이익}}{\text{전기 순이익}} \times 100 - 100$

성장성지표는 경영성과나 재무상태 등의 전기 대비 당기 증감비율을 계산하는 것이므로 수익성지표와 같이 단기적 결과에 따라 쉽게 변하는 성향을 갖는다. 이러한 점은 안정성지표와는 차별화되는 특성이라 할 수 있다.

기업의 성장성이 높다는 것은 미래의 잠재력이 높다는 의미이기는 하지만 기업의 규모가 커짐에 따라 설비투자 등을 위한 시설자금과 영업활동을 위한 운전자본에 대한 수요도 늘어나게 된다. 따라서 기업의 성장성은 자금의 안정적 조달이 있어야 그 의미를 갖게 되며 미래의 수익성이나 안정성도 확보할 수 있다. 만약 기업이 사업규모가 커지는 만큼의 자금조달을 원활하게 하지 못한다면 성장성은 그 한계를 가질 수밖에 없으며 기업의 안정성도 확보하기 힘들다고 할 수 있다.

또한 기업의 규모가 성장함에 따라 기업 내부구조의 조직화도 매우 중요한 요소라고 할 수 있다. 기업의 매출은 증가하는데 영업관리를 제대로 할 수 있는 조직이 없다면 거래업체의 불만, 사후서비스의 문제, 부실한 채권관리, 자금유용 등 많은 부작용이 발생할 수도 있다. 따라서 '성장통(成長痛)'으로 볼 수 있는 이러한 문제점을 사전에 예방하기 위해서는 조직규모의 성장에 맞는 효율적인 관리조직의 존재는 필수적인 요소라고 할 수 있다.

1. 총자산증가율

총자산증가율(growth rate of total assets)은 전기 대비 총자산의 증가율을 계산하는 것으로 기업전체의 성장 정도를 측정하는 지표이다.

$$\text{총자산증가율} = \frac{\text{당기말 총자산}}{\text{전기말 총자산}} \times 100 - 100$$

총자산증가율이 높을수록 양호하다고 평가하는 것은 매우 위험한 해석이라고 할 수 있다. 왜냐하면 자산의 증가가 외부 차입에 의존해서 증가하는 경우 재무적 건전성을 확보하기 어려울 수도 있기 때문이다. 즉, 총자산증가율은 자산증가율의 수치만으로 판단할 것이 아니라 다른 항목과의 연관성에 따라 재무적 건전성을 해석하여야 한다. 일반적으로 총자산의 증감은 부채 및 자기자본과의 관련성, 매출액과의 관련성 등과 같이 분석한다.

(1) 부채 및 자기자본과의 관련성

총자산의 증감은 부채증가율 및 자기자본증가율과 연계하여 판단하여야 한다. 기업은 타인자본 및 자기자본에 의하여 조달된 자금으로 자산에 투자하므로 자산의 증감은 항상 부채 혹은 자본의 증감을 수반한다.

가. 자산이 증가하는 경우

부채의 증가 〈 자본의 증가	➡	자본의 증가는 증자, 이익발생 등으로 인하여 나타나므로 양호한 기업의 성장이라고 볼 수 있음
부채의 증가 〉 자본의 증가	➡	주로 차입금 등에 의존한 자산규모의 증가로서 양호한 기업의 성장이라고 보기는 어려움

증자 혹은 이익 등으로 자기자본이 증가하면서 자산이 증가한다면 건전한 기업의 성장단계를 의미하므로 양호한 자산의 증가이지만 부채의 증가에 의하여 자산이 증가한다면 결코 양호한 자산의 증가라고 할 수 없다. 흔히 '차입금경영'이라고 불리는 경영형태는 거의 대부분 차입금에 의존하여 기업이 유지되는 형태이므로 부채의 증가에 의한 기업성장이라고 할 수 있으며, 이러한 경우 기업의 성장은 오히려 안정성에 대한 의구심만 들뿐 기업의 잠재력이 커진다고 보기는 곤란할 것이다.

나. 자산이 감소하는 경우

부채의 감소 〈 자본의 감소	➡	자본의 감소는 주로 영업적자 등에 의하여 발생하므로 자본의 감소를 동반한 자산의 감소는 매우 부정적 상황이 된다.
부채의 감소 〉 자본의 감소	➡	부채의 감소는 매입대금의 상환, 차입금의 상환 등으로 인한 것이므로 비록 기업의 규모는 감소하여도 향후 개선가능성이 있다고 할 수 있다.

자본이 감소하면서 자산이 감소하는 경우는 대부분 적자 발생으로 인한 자본의 감소와 이로 인한 자산매각, 자산손상차손 등이 같이 발생하는 경우이다. 파산직전의 기업의 경우에 흔히 발견되는 경우로서 매우 부정적 상황이라고 할 수 있다.

반면, 주로 부채가 감소하면서 자산이 감소하는 경우는 기업이 자산매각을 통하여 조달한 자금으로 매입대금 및 차입금 등을 상환하여 가는 상황으로서 비록 기업의 규모는 감소하였다 하더라도 향후 재무구조의 개선가능성이 높다고 할 수 있다.

(2) 매출액과의 관련성

가. 매출이 증가하며 자산이 증가하는 경우

일반적으로 매출이 증가하면 매출채권과 재고자산 등 운전자본의 확대와 설비자산의 증가로 인하여 자산규모도 증가하는 경향이 있다. 따라서 매출증가를 수반하는 자산의 증가는 정상적인 성장단계에 있는 기업이라고 할 수 있다.

다만, 이 경우에도 매출증가율과와 자산증가율의 상대적 관계는 검토하여야 한다. 만약 매출이 10% 증가하면서 자산도 10% 증가한다면 일반적 상황이 되겠지만 매출은 1% 증가하면서 자산은 30% 증가한다면 균형 있는 기업의 성장으로 보기에는 무리가 있다고 할 수 있다.

나. 매출이 증가하면서 자산이 감소하는 경우

일반적인 경우는 아니지만 기업이 매출증가를 통하여 창출한 현금으로 차입금 등 부채를 상환하는 경우일 수 있다. 또한 매출증가를 통하여 이익이 발생하지만 기존의 부실자산이 있는 경우 손상차손을 인식하여 부실가능성이 있는 자산을 줄여가는 경우일 수도 있다. 어느 경우이나 기업이 재무적으로 건전해지는 것은 동일하다.

다. 매출이 감소하면서 자산이 증가하는 경우

매출이 감소하면서 자산이 증가한다면 통상 차입금에 의존한 기업경영일 가능성이 높으므로 재무구조상 중요한 문제점을 내포하고 있는 확률이 매우 높을 것이다. 즉 기업에서 가장 중요한 자금의 창출원천이라 할 수 있는 매출이 점차 감소한다는 것은 기업의 영업력에 문제가 있다는 것인데 이 과정에서 자산이 증가하는 것은 차입금 등 여타의 방법을 통한 자금조달이 있다는 것을 의미한다. 따라서 이러한 상황의 자산증가는 재무건전성에 의문이 생긴다고 할 수 있다.

라. 매출이 감소하면서 자산도 감소하는 경우

매출이 감소하면서 자산이 감소하는 경우라면 일반적으로는 사업규모의 감소로 인한 기업의 쇠락현상을 의미한다고 볼 수 있다. 즉, 영업력의 약화로 인하여 매출이 감소하고 기업이 차입을 통하여 자금을 조달하는 것이 여의치 않아 결국은 자산매각을 통하여 자금을 마련하고 이를 여러 경비 등에 사용하는 경우일 가능성이 높다. 기업이 파산의 과정으로 가는 일반적 형태라 할 수 있다.

다만, 매출감소와 자산감소는 기업이 대대적인 구조조정을 통하여 일부 부실사업부를 매각하고 사업내용을 재정비하는 경우에도 발생할 수 있으므로 감사보고서의 주석이나 각종 공시사항 등을 통한 영업구조변화의 내용을 정확하게 분석하고 판단하여야 할 것이다.

제조업 총자산증가율 추세(단위 : %)

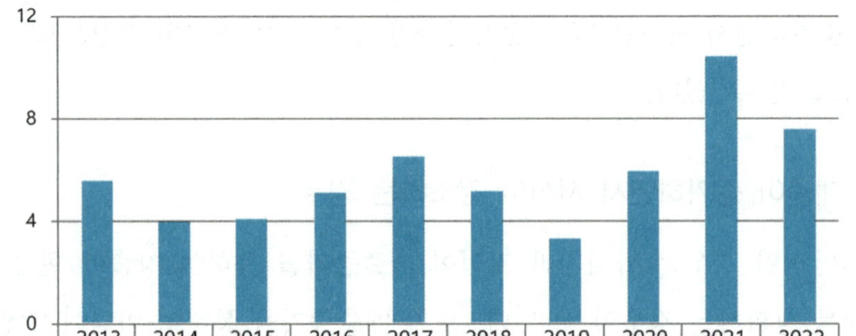

	2013	2014	2015	2016	2017	2018	2019	2020	2021	2022
총자산증가율	5.6	4.0	4.0	5.1	6.5	5.1	3.3	5.9	10.4	7.5

총자산증가율(단위 : %)

구 분	2013	2014	2015	2016	2017	2018	2019	2020	2021	2022	2023
삼성전자	16.2	6.0	3.0	3.5	13.4	10.5	(−)1.3	6.2	9.3	3.6	14.1
현 대 차	7.0	6.3	9.2	4.3	0.4	(−)0.6	6.3	6.1	1.4	4.6	2.0
포 스 코	3.7	(−)3.0	(−)2.4	1.5	3.1	0.8	2.9	1.9	13.1	−(*a)	2.9

주) 별도재무제표 기준

(*a) ㈜포스코는 2022년 3월초 포스코홀딩스㈜로부터 물적분할 후 신규설립되어 표시하지 않음

2. 매출액증가율

매출액증가율(growth rate of sales)은 경영성과의 변화를 설명하는 대표적인 지표로서 산업 전체의 매출액증가율보다 기업의 매출액증가율이 높으면 시장점유율이 확대되고 있다는 것을 의미하므로 기업경쟁력이 그만큼 향상되고 있다고 평가된다.

매출액이 증가하는 것은 대다수 회사의 경우 기업의 성장성을 보여주는 가장 중요한 지표가 되고 재무건정성이 증가되는 지표가 된다.

$$\text{매출액증가율} = \frac{\text{당기매출액}}{\text{전기매출액}} \times 100 - 100$$

제조업 매출액증가율 추세(단위 : %)

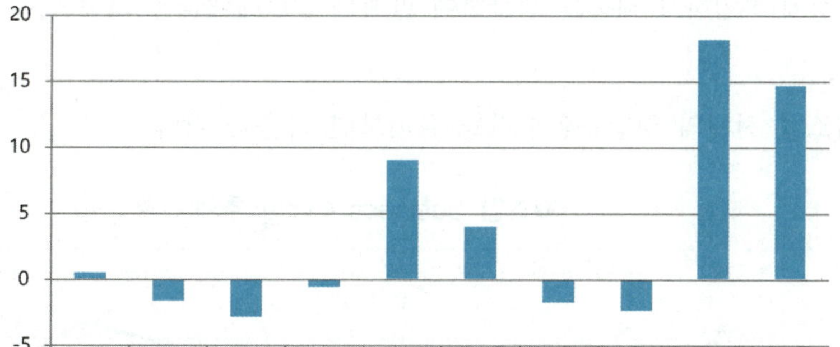

	2013	2014	2015	2016	2017	2018	2019	2020	2021	2022
매출액증가율	0.5	-1.6	-2.8	-0.6	9.0	4.0	-1.7	-2.3	18.1	14.6

매출액증가율(단위 : %)

구 분	2013	2014	2015	2016	2017	2018	2019	2020	2021	2022	2023
삼성전자	12.2	(-)13.0	(-)1.9	(-)0.9	20.9	5.2	(-)9.2	7.5	20.1	6.1	(-)19.6
현 대 차	(-)3.4	3.2	3.2	(-)6.1	(-)0.3	3.7	13.9	3.1	9.8	17.5	19.5
포 스 코	(-)14.4	(-)4.3	(-)12.4	(-)5.0	17.4	7.4	(-)0.9	(-)12.7	50.6	-(*a)	10.9

주) 별도재무제표 기준

(*a) ㈜포스코는 2022년 3월초 포스코홀딩스㈜로부터 물적분할 후 신규설립되어 표시하지 않음

(1) 영업순환주기 및 영업현금순환주기

매출증가가 기업의 재무건전성 확보에 매우 중요한 것은 당연하지만 기업의 현금흐름구조에 따라 매출의 증가가 오히려 기업의 재무건전성에 애로요인으로 작용할 수도 있으므로 분석대상 기업의 현금흐름구조의 성격을 제대로 파악한 후 평가하여야 한다.

현금흐름의 구조를 이해하기 위해서는 우선 '영업순환주기(Business cycle)'를 이해하여야 하는데 영업순환주기란 다음과 같다.

원재료 입고 → 재공품 → 제품 → 판매 (외상매출금) → 받을 어음 → 어음할인 또는 추심 → 현금유입 (외상매출금 회수)

영업순환주기(business cycle)란 정상적 영업활동의 과정에서 원재료를 매입하여 생산공정에 투입하고 제품을 생산하여 판매하고 판매대금을 회수하는 일련의 과정을 말한다.

제조업 전체의 영업순환주기를 살펴보면 다음과 같다.

제조업 Business Cycle 추세(단위 : 일)

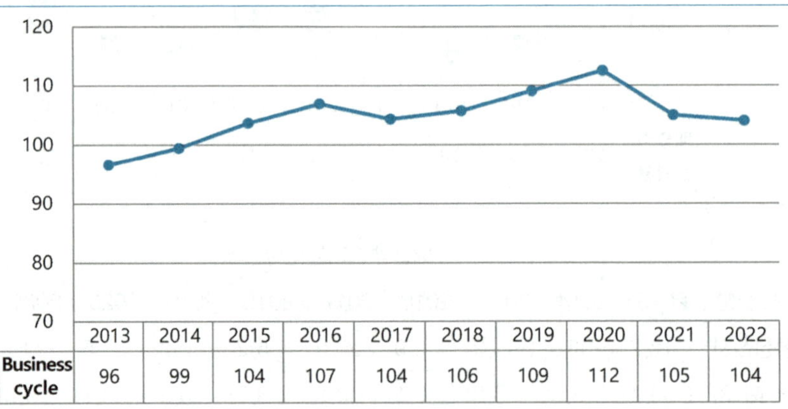

	2013	2014	2015	2016	2017	2018	2019	2020	2021	2022
Business cycle	96	99	104	107	104	106	109	112	105	104

한편, 대다수 기업들은 원재료 매입 시 외상구입을 하므로 영업순환구조상 현금의 순환구조는 다음과 같이 된다.

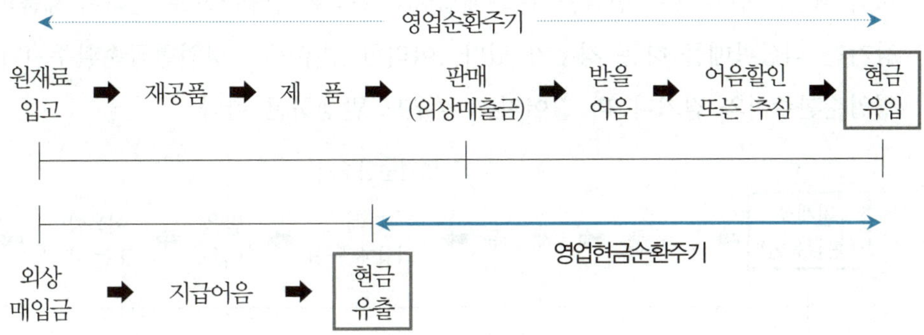

위와 같이 영업활동의 과정에서 현금이 유출되고 판매대금의 회수를 통하여 현금이 회수되는 과정을 '영업현금순환주기(business cash cycle)'라고 한다. 최근 제조업 전체의 영업현금순환주기는 다음과 같다.

제조업 Business Cash Cycle 추세(단위 : 일)

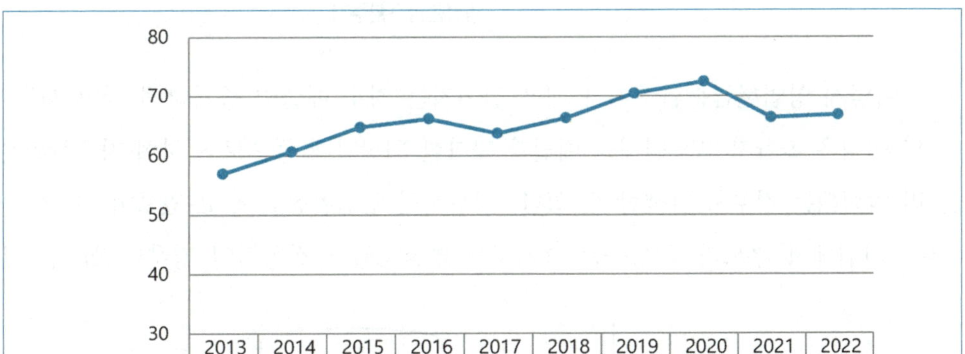

	2013	2014	2015	2016	2017	2018	2019	2020	2021	2022
Business cash cycle	57	61	65	66	64	66	70	72	66	67

(2) 취약한 영업구조로 인한 영업현금순환주기의 악화

구매력과 영업력이 떨어지는 일부 중소기업의 경우 취약한 구매력으로 인하여 원재료의 매입은 현금 혹은 선금을 주고 매입하고 취약한 영업력으로 인하여 제품의 판매는 장기간 외상판매를 하는 경우가 있다. 이러한 경우에는 영업현금순환주기가 오히려 영업순환주기와 같거나 더 길어지는 경우도 발생하곤 한다.

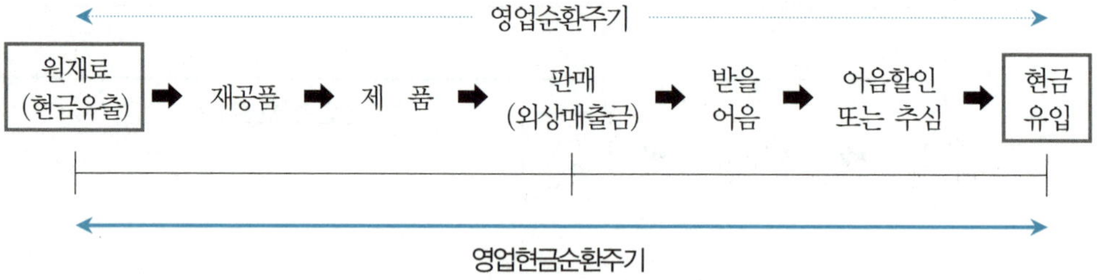

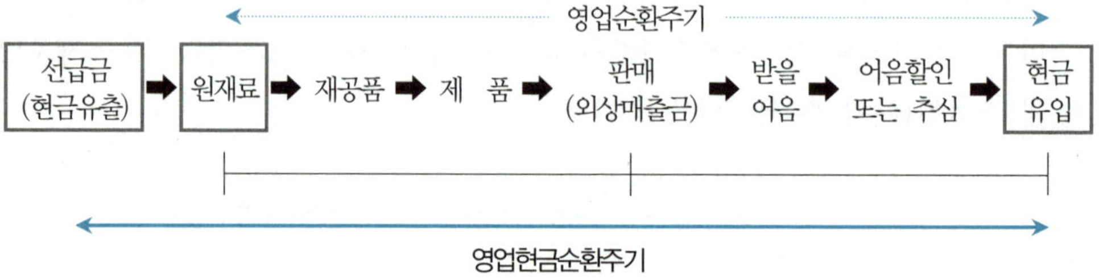

이렇게 영업현금순환주기가 매우 길어지는 경우 매출이 증가하게 되면 재무제표상의 이익은 좋아지지만 원재료 매입과 과다한 외상판매 등으로 인하여 자금상황은 오히려 악화되는 경우도 발생할 수 있다. 정상적인 영업활동을 하고 있으며 이익이 발생하는 기업에서 부도가 발생하는 흑자부도(黑字不渡)의 전형적인 경우라 할 수 있다.

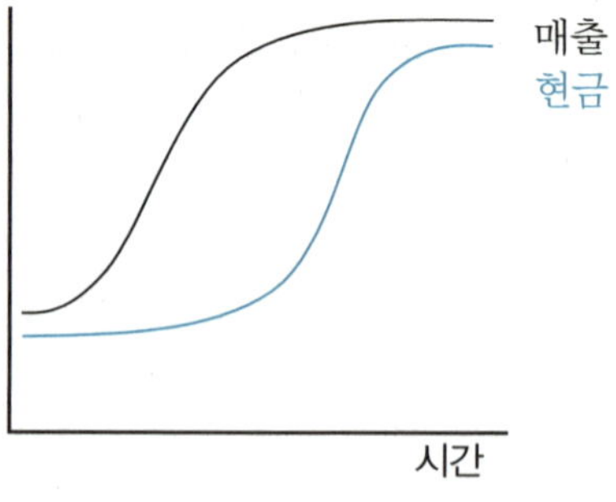

따라서 매출증가율에 대한 평가에서는 영업구조상 매출이 확대될수록 자금부담이 커지는 구조적 문제점이 있는지의 여부를 파악하는 과정이 매우 중요하다.

3. 재고자산증가율

재고자산증가율(growth rate of inventories)은 이익창출의 기본적인 원천이라 할 수 있는 재고자산의 전기말 대비 당기말 증감률을 나타내는 비율이다.

$$재고자산증가율 = \frac{당기말\ 재고자산}{전기말\ 재고자산} \times 100 - 100$$

재고자산의 증감률에 대한 해석은 상당한 주의를 하여야 한다. 기업은 판매 또는 제조를 위하여 재고자산을 보유하여야 하지만 재고자산의 유지비용, 진부화위험, 투자금액에 대한 기회비용 등을 감안하면 재고자산이 많다는 것은 결코 기업에게 유리한 현상이라고 보기는 곤란하다. 따라서 매출이 증가함에 따라 기업이 재고자산의 보유를 확대하여 재고자산이 증가한 것이라면 바람직하다고 볼 수 있으나, 판매부진으로 인하여 재고자산이 증가한 것이라면 좋은 평가를 받을 수 없을 것이다. 재고자산 증감의 적정성은 매출증가율과의 관련성에 따라 적정성을 판단한다.

제조업 재고자산증가율 추세(단위 : %)

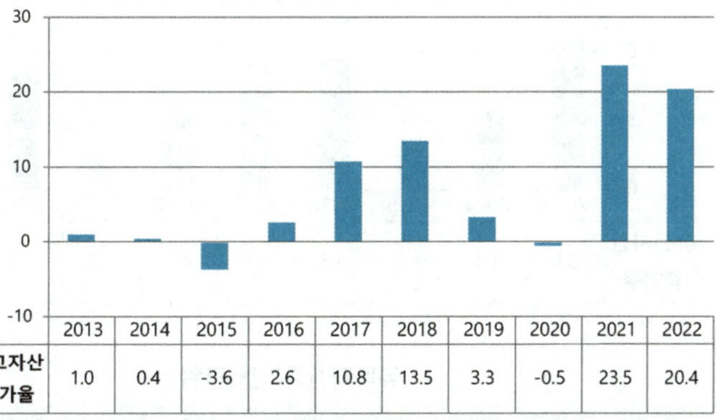

	2013	2014	2015	2016	2017	2018	2019	2020	2021	2022
재고자산 증가율	1.0	0.4	-3.6	2.6	10.8	13.5	3.3	-0.5	23.5	20.4

재고자산증가율(단위 : %)

구 분	2013	2014	2015	2016	2017	2018	2019	2020	2021	2022	2023
삼성전자	10.4	(−)5.6	18.4	(−)9.1	31.0	58.7	(−)1.9	13.4	15.5	75.2	4.8
현 대 차	27.4	1.1	3.0	(−)5.2	11.8	19.9	7.0	(−)0.7	(−)11.9	32.1	33.4
포 스 코	(−)16.0	(−)3.4	(−)21.8	16.6	13.7	16.4	(−)5.7	(−)17.9	86.2	−(*a)	(−)8.9

주) 별도재무제표 기준
(*a) ㈜포스코는 2022년 3월초 포스코홀딩스㈜로부터 물적분할 후 신규설립되어 표시하지 않음

4. 유동자산증가율

유동자산증가율(growth rate of current assets)은 기업의 단기적 지급능력이 얼마나 증가했는가를 측정하는 비율이다.

$$\text{유동자산증가율} = \frac{\text{당기말 유동자산}}{\text{전기말 유동자산}} \times 100 - 100$$

통상 유동자산은 매출채권과 재고자산 등으로 구성되므로 기업의 순운전자본(net working capital)이 증가한다는 긍정적 측면도 있으나, 과도한 매출채권(혹은 부실화된 매출채권 등)이나 장기적체재고 등으로 인하여 유동자산이 증가할 수도 있으므로 매출채권이나 재고자산의 부실화 여부를 확인하여야 한다.

제조업 유동자산증가율 추세(단위 : %)

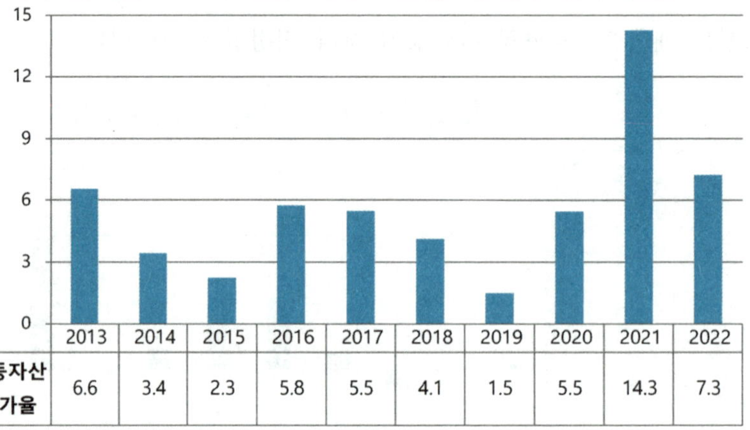

	2013	2014	2015	2016	2017	2018	2019	2020	2021	2022
유동자산 증가율	6.6	3.4	2.3	5.8	5.5	4.1	1.5	5.5	14.3	7.3

유동자산증가율(단위 : %)

구 분	2013	2014	2015	2016	2017	2018	2019	2020	2021	2022	2023
삼성전자	37.9	2.4	8.0	4.4	0.2	14.1	(-)9.2	1.6	(-)0.3	(-)19.7	16.1
현 대 차	8.3	11.0	(-)6.5	9.4	(-)3.6	(-)4.2	0.1	10.1	(-)5.2	2.1	(-)8.5
포 스 코	(-)5.2	(-)2.8	(-)1.7	2.7	26.5	13.2	8.5	7.5	32.4	-(*a)	(-)4.6

주) 별도재무제표 기준
(*a) ㈜포스코는 2022년 3월초 포스코홀딩스㈜로부터 물적분할 후 신규설립되어 표시하지 않음

5. 유형자산증가율

유형자산증가율(growth rate of tangible assets)은 기업의 생산능력에 대한 투자 정도를 측정하는 재무비율이다.

유형자산은 토지, 건물, 기계장치 등으로 이루어지는데 경영자가 이러한 유형자산에 대하여 투자를 한다는 것은 미래의 매출증가에 대한 기대를 갖고 투자를 한다는 의미이므로 유형자산증가율은 매출증가에 대한 선도적 의미를 갖기도 한다. 이러한 의미로 인하여 성장성지표 중에서 매출액증가율과 함께 중시되는 재무비율이다.

$$\text{유형자산증가율} = \frac{\text{당기말 유형자산}}{\text{전기말 유형자산}} \times 100 - 100$$

다만, 기업이 유형자산에 대하여 투자를 하지 않고, 매각도 하지 않았다 하더라도 유형자산증가율은 (−)로 나타나게 되는데 이는 감가상각이라는 유형자산 고유의 회계처리 때문이다. 유형자산증가율이 '0%'라면 감가상각으로 인한 감소액만큼 유형자산에 대하여 투자를 하고 있다고 보아야 할 것이다.

제조업 유형자산증가율 추세(단위 : %)

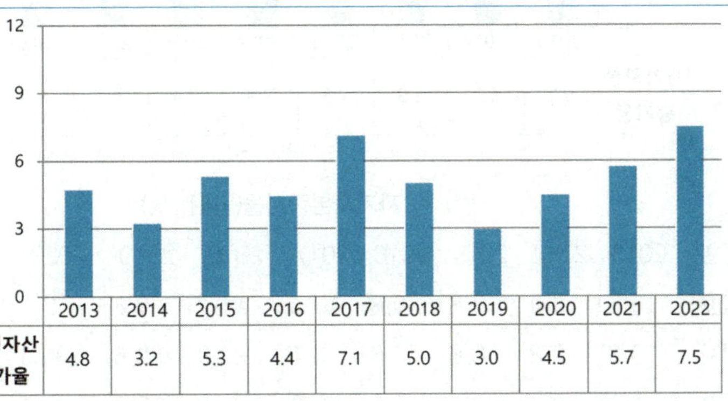

	2013	2014	2015	2016	2017	2018	2019	2020	2021	2022
유형자산 증가율	4.8	3.2	5.3	4.4	7.1	5.0	3.0	4.5	5.7	7.5

유형자산증가율(단위 : %)

구 분	2013	2014	2015	2016	2017	2018	2019	2020	2021	2022	2023
삼성전자	4.1	5.6	3.2	4.6	33.0	12.4	4.9	16.3	20.3	18.9	14.0
현대차	5.1	6.6	40.3	2.3	3.8	3.1	6.6	1.7	1.8	1.5	4.1
포스코	4.8	(−)3.9	(−)3.6	3.5	(−)3.1	(−)6.5	(−)0.1	0.4	(−)2.2	−(*a)	4.6

주) 별도재무제표 기준

(*a) ㈜포스코는 2022년 3월초 포스코홀딩스㈜로부터 물적분할 후 신규설립되어 표시하지 않음

6. 자기자본증가율

자기자본증가율(growth rate of stockholders' equity)은 전기 말 대비 당기 말 자기자본이 증가한 비율을 측정하는 것으로서 자기자본의 충실화 정도를 측정한다.

$$\text{자기자본증가율} = \frac{\text{당기말 자기자본}}{\text{전기말 자기자본}} \times 100 - 100$$

자기자본은 유상증자, 이익의 내부유보 등으로 증가하므로 자기자본이 증가한다는 것은 기업의 재무구조가 그만큼 충실해지고 있다는 것을 의미한다.

제조업 자기자본증가율 추세(단위 : %)

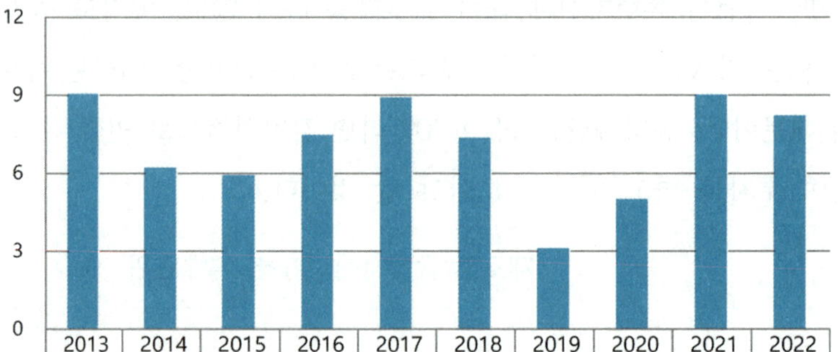

	2013	2014	2015	2016	2017	2018	2019	2020	2021	2022
자기자본 증가율	9.1	6.2	5.9	7.5	8.9	7.4	3.1	5.0	9.0	8.2

자기자본증가율(단위 : %)

구 분	2013	2014	2015	2016	2017	2018	2019	2020	2021	2022	2023
삼성전자	15.6	8.4	2.8	0.8	10.2	14.1	2.8	3.1	5.4	8.4	7.3
현대차	13.3	8.8	8.8	5.8	3.1	(−)3.0	2.6	(−)0.6	(−)1.7	5.8	9.0
포스코	8.0	0.4	1.3	3.0	3.6	(−)1.5	0.8	(−)1.1	8.7	−(*a)	1.9

주) 별도재무제표 기준

(*a) ㈜포스코는 2022년 3월초 포스코홀딩스㈜로부터 물적분할 후 신규설립되어 표시하지 않음

※ 현대차의 경우 당기순이익이 발생하였으나 당기순이익을 초과하는 배당으로 인하여 2018, 2020, 2021년 자기자본이 감소함

※ 포스코의 경우 당기순이익이 발생하였으나 신종자본증권의 상환, 자기주식 등으로 인하여 2018, 2020년 자기자본이 감소함

7. 영업이익증가율

영업이익증가율(growth rate of operating income)은 기업의 가장 기본적이고 핵심적인 이익창출능력을 보여주는 영업이익의 전기 대비 증가율을 말하는데 높을수록 양호한 것으로 평가된다.

$$\text{영업이익증가율} = \frac{\text{당기 영업이익}}{\text{전기 영업이익}} \times 100 - 100$$

영업이익증가율(단위 : %)

구 분	2013	2014	2015	2016	2017	2018	2019	2020	2021	2022	2023
삼성전자	17.8	(−)36.1	(−)3.8	1.9	155.4	25.4	(−)67.7	45.4	55.9	(−)20.9	적자전환
현대차	(−)13.4	0.4	14.2	(−)36.7	(−)19.9	적자전환	흑자전환	(−)51.4	(−)13.9	327.5	135.8
포스코	(−)20.6	6.1	(−)4.8	17.7	10.1	31.2	(−)32.1	(−)56.1	485.8	−(*a)	44.4

주) 별도재무제표 기준
(*a) ㈜포스코는 2022년 3월초 포스코홀딩스㈜로부터 물적분할 후 신규설립되어 표시하지 않음

영업이익은 매출액에서 매출원가와 판매관리비를 차감하여 계산하므로 영업이익의 증감은 3가지 항목의 변화와 함께 분석되어야 한다. 즉 매출의 증감, 매출원가의 증감 및 판매관리비의 증감에 대한 분석이 이루어져야 한다.

또한 제3편 제5장에서 설명하는 바와 같이 매출원가와 판매관리비에 포함되어 있는 고정비로 인한 레버리지효과도 고려할 필요가 있다. 즉, 변동비율에 특별한 변화가 없다면 고정비의 존재로 인하여 매출증감률보다 영업이익증감률이 크게 나타나게 된다.

8. 순이익증가율

순이익증가율(growth rate of net income)은 기업의 영업·투자·재무·세무활동 등 모든 활동이 반영된 순이익의 전기 대비 증가율을 말하는데 높을수록 양호한 것으로 평가된다.

$$\text{순이익증가율} = \frac{\text{당기 순이익}}{\text{전기 순이익}} \times 100 - 100$$

순이익증가율(단위 : %)

구 분	2013	2014	2015	2016	2017	2018	2019	2020	2021	2022	2023
삼성전자	3.1	(−)18.6	(−)16.1	(−)5.4	148.7	13.9	(−)53.2	1.7	98.3	(−)17.9	0.0
현대차	(−)1.7	(−)5.2	10.6	(−)24.5	(−)37.8	(−)0.8	5.8	(−)81.4	22.5	473.5	98.4
포스코	(−)36.7	(−)28.0	15.7	35.4	42.6	(−)57.9	9.6	(−)17.8	436.4	−(*a)	134.5

주) 별도재무제표 기준

(*a) ㈜포스코는 2022년 3월초 포스코홀딩스㈜로부터 물적분할 후 신규설립되어 표시하지 않음

영업이익과 순이익은 속성상 영업손실과 순손실이 되는 경우도 있다. 일반적인 영업이익증가율과 순이익증가율은 산식에 의하여 계산하지만 간혹 이익(흑자)과 손실(적자)이 반복되어 나타나기도 하므로 이익(흑자)이 손실(적자)로 되는 경우에는 "적자전환"이라는 표현을 하고 %의 계산은 하지 않는다. 또한 손실(적자)이 이익(흑자)으로 되는 경우에는 "흑자전환"이라 표현을 하고 %의 계산은 하지 않는다.

제5절 활동성지표

활동성비율(turnover ratios)은 다른 재무비율과는 달리 비교적 복합적 내용을 포함하고 있는데 활동성비율이 설명하는 내용은 다음과 같다.

- 자산항목 등에 대한 보유규모의 적성성
- 자산항목 등에 대한 운용의 효율성
- 현금화과정의 회전속도의 측정

활동성 비율의 예를 살펴보면 다음과 같다.

• 총자산회전율	$= \frac{\text{매출액}}{\text{총자산}}$
• 경영자산회전율	$= \frac{\text{매출액}}{\text{경영자산}}$
• 비유동자산회전율	$= \frac{\text{매출액}}{\text{비유동자산}}$
• 유형자산회전율	$= \frac{\text{매출액}}{\text{유형자산}}$
• 자기자본회전율	$= \frac{\text{매출액}}{\text{자기자본}}$
• 재고자산회전율	$= \frac{\text{매출액}}{\text{재고자산}}$
• 상품·제품회전율	$= \frac{\text{매출액}}{\text{상품·제품}}$
• 매출채권회전율	$= \frac{\text{매출액}}{\text{매출채권}}$
• 매입채무회전율	$= \frac{\text{매출액}}{\text{매입채무}}$

활동성비율이 갖는 특징을 살펴보면 다음과 같다.

- 활동성비율은 주로 매출액과 자산·부채·자본 등과의 관계에 의하여 계산한다.
- 활동성비율의 명칭은 △△회전율로 표시되며 다른 재무비율들과 달리 %로 표시되는 것이 아니라 ××회로 표시된다.
- 수익성비율과 같이 활동성비율을 계산할 때에도 저량(stock)개념의 재무상태표항목과 유량(flow)개념의 손익계산서항목을 동시에 고려하는 산식에서 재무상태표항목은 기초금액과 기말금액을 평균하여 계산하여야 한다.
- 활동성비율은 통상 높을수록 양호한 것으로 평가된다.

1. 총자산회전율

총자산회전율(total assets turnover)은 매출액을 평균총자산으로 나누어 계산하는데 높을수록 양호한 것으로 평가되며 총자산의 운용효율성을 측정하는 데 사용된다. 총자산회전율은 총자산이 매출에 얼마만큼 기여했는가를 의미하기도 한다.

$$총자산회전율 = \frac{매출액}{(기초\ 총자산 + 기말\ 총자산)/2}$$

총자산회전율이 높다는 것은 동일한 자산규모에 비하여 매출액이 많다는 의미이거나 동일한 수준의 매출액에 비하여 자산규모가 적다는 것을 의미하므로 기업의 자산운용효율성이 그만큼 확보되고 있다는 뜻이다. 따라서 총자산회전율을 이용하여 일정자산규모의 기업이 적정 매출수준을 유지하고 있는가를 평가할 수 있으며, 일정 매출규모의 기업이 어느 정도의 자산을 유지하고 있는가를 평가할 수도 있다.

제조업 총자산회전율 추세(단위 : 회)

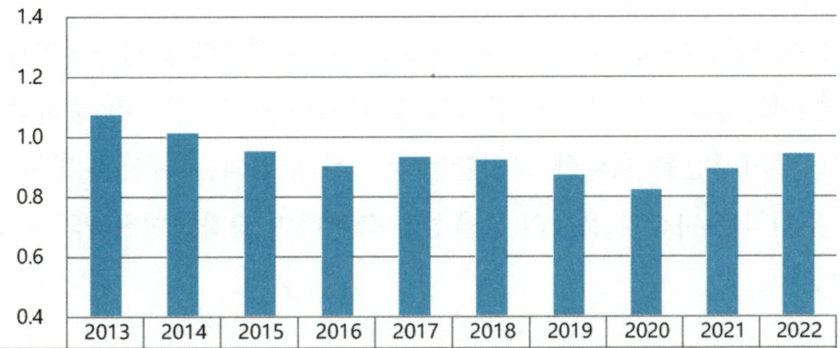

	2013	2014	2015	2016	2017	2018	2019	2020	2021	2022
총자산회전율	1.07	1.01	0.95	0.90	0.93	0.92	0.87	0.82	0.89	0.94

총자산회전율(단위 : 회)

구 분	2013	2014	2015	2016	2017	2018	2019	2020	2021	2022	2023
삼성전자	1.10	0.86	0.81	0.78	0.87	0.82	0.71	0.75	0.83	0.83	0.61
현 대 차	0.75	0.72	0.69	0.61	0.59	0.62	0.68	0.66	0.70	0.80	0.93
포 스 코	0.57	0.55	0.49	0.47	0.54	0.57	0.55	0.47	0.66	−(*a)	0.86

주) 별도재무제표 기준
(*a) ㈜포스코는 2022년 3월초 포스코홀딩스㈜로부터 물적분할 후 신규설립되어 표시하지 않음

총자산회전율을 이용하여 기업이 적정 매출수준을 유지하고 있는가를 평가할 수 있다. 예를 들어 평가대상회사의 평균총자산이 500억 원이고 매출액이 600억 원이라고 하자. 회사의 경영진은 현재 회사의 매출수준이 많은 편인지 적은 편인지를 알고 싶어 한다. 동종업계의 타 회사들은 워낙 규모의 차이가 있어 매출액의 절대금액규모를 가지고 직접적인 비교가 곤란하다. 이 경우 업종평균 총자산회전율이 1.4회라면 회사의 매출수준은?

회사의 총자산회전율이 업종평균과 유사한 수준이 되려면 현재의 총자산을 기준으로 매출액은 700억 원이 되어야 한다.

$$\frac{\text{매출액}}{\text{총자산}} = \frac{x}{500\text{억 원}} = 1.4\text{회} \quad \therefore\ x = 700\text{억 원}$$

따라서 회사의 현재 매출액 600억 원은 업계평균과 비교했을 때 적은 편이라 할 수 있다.

2. 경영자산회전율

경영자산회전율(operating assets turnover)은 매출액을 평균경영자산으로 나누어 계산하는데 높을수록 양호한 것으로 평가된다. 경영자산이란 총자산에서 건설중인 자산과 투자자산을 제외한 경영활동에 직접 투입되는 자산을 말한다. 경영활동에 직접 투입되는 자산의 운용의 효율성을 측정하며 총자산회전율의 보조적 지표로 사용된다.

$$\text{경영자산회전율} = \frac{\text{매출액}}{(\text{기초 경영자산} + \text{기말 경영자산})/2}$$

※ 경영자산 = 총자산 − 건설중인자산 − 투자자산

제조업 경영자산회전율 추세(단위 : 회)

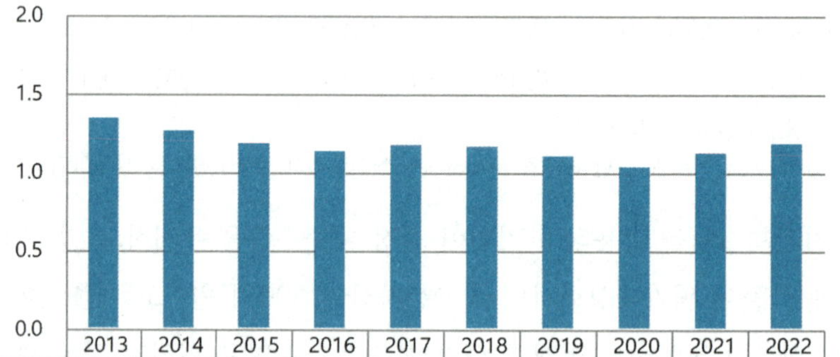

	2013	2014	2015	2016	2017	2018	2019	2020	2021	2022
경영자산 회전율	1.3	1.3	1.2	1.1	1.2	1.2	1.1	1.0	1.1	1.2

경영자산회전율(단위 : 회)

구 분	2013	2014	2015	2016	2017	2018	2019	2020	2021	2022	2023
삼성전자	1.66	1.32	1.22	1.16	1.31	1.18	1.04	1.11	1.19	1.16	0.83
현 대 차	1.17	1.12	1.03	0.89	0.86	0.89	1.00	0.98	1.04	1.18	1.39
포 스 코	0.95	0.89	0.77	0.74	0.84	0.85	0.82	0.69	0.94	−(*a)	0.96

주) 별도재무제표 기준

(*a) ㈜포스코는 2022년 3월초 포스코홀딩스㈜로부터 물적분할 후 신규설립되어 표시하지 않음

3. 비유동자산회전율

비유동자산회전율(non-current assets turnover)은 매출액을 평균비유동자산으로 나누어 계산하는데 높을수록 양호한 것으로 평가된다. 비유동자산 전체의 활용도를 측정하거나 매출액 대비 적정 비유동자산의 보유 여부 등을 측정하기 위하여 사용된다.

$$\text{비유동자산회전율} = \frac{\text{매출액}}{(\text{기초 비유동자산} + \text{기말 비유동자산})/2}$$

후술하는 유형자산회전율은 높지만 비유동자산회전율이 낮은 경우에는 과다한 투자자산 혹은 무형자산 등의 보유로 인하여 비유동자산의 규모가 커져 비유동자산회전율이 낮아지는 경우가 있다. 이는 투자자산 혹은 무형자산의 효율성이 낮은 수준이라는 것을 의미한다.

제조업 비유동자산회전율 추세(단위 : 회)

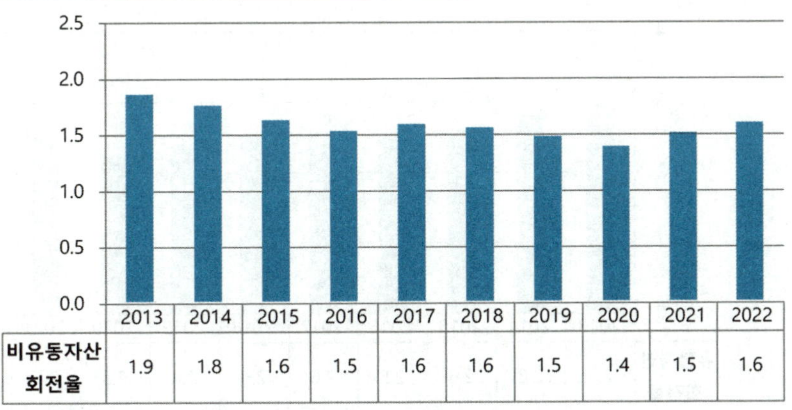

	2013	2014	2015	2016	2017	2018	2019	2020	2021	2022
비유동자산 회전율	1.9	1.8	1.6	1.5	1.6	1.6	1.5	1.4	1.5	1.6

비유동자산회전율(단위 : 회)

구 분	2013	2014	2015	2016	2017	2018	2019	2020	2021	2022	2023
삼성전자	1.73	1.40	1.33	1.30	1.39	1.28	1.10	1.11	1.20	1.12	0.79
현 대 차	1.18	1.16	1.08	0.92	0.90	0.92	0.99	0.96	1.01	1.13	1.27
포 스 코	0.74	0.70	0.63	0.61	0.72	0.80	0.81	0.71	1.06	-(*a)	1.54

주) 별도재무제표 기준

(*a) ㈜포스코는 2022년 3월초 포스코홀딩스㈜로부터 물적분할 후 신규설립되어 표시하지 않음

4. 유형자산회전율

유형자산회전율(tangible assets turnover)은 매출액을 평균유형자산으로 나누어 계산하는데 높을수록 양호한 것으로 평가된다. 설비자산 등의 활용도를 측정하거나 매출액 대비 적정 설비자산의 보유 여부 등을 측정하기 위하여 사용된다.

$$\text{유형자산회전율} = \frac{\text{매출액}}{(\text{기초 유형자산} + \text{기말 유형자산})/2}$$

적은 규모의 유형자산을 적극적으로 활용하여 최대조업도 수준으로 유지하는 경우 높은 매출액을 달성할 수 있으므로 유형자산회전율은 높게 산출된다. 따라서 유형자산회전율이 높다는 것은 유형자산의 활용도가 좋다는 것을 말한다. 하지만 간혹 매출수준에 비하여 설비투자 정도가 부진한 경우에도 유형자산회전율이 높게 계산될 수 있기 때문에 유형자산회전율을 주의 깊게 해석하여야 한다.

제조업 유형자산회전율 추세(단위 : 회)

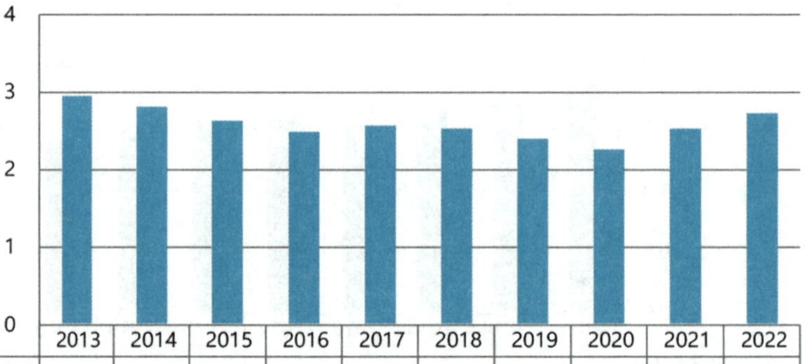

	2013	2014	2015	2016	2017	2018	2019	2020	2021	2022
유형자산 회전율	2.9	2.8	2.6	2.5	2.6	2.5	2.4	2.3	2.5	2.7

유형자산회전율(단위 : 회)

구 분	2013	2014	2015	2016	2017	2018	2019	2020	2021	2022	2023
삼성전자	3.90	3.24	3.04	2.90	2.94	2.55	2.14	2.08	2.10	1.87	1.29
현 대 차	3.06	2.98	2.48	1.97	1.91	1.91	2.08	2.06	2.22	2.57	2.98
포 스 코	1.35	1.28	1.17	1.11	1.30	1.47	1.51	1.31	2.00	-(*a)	1.94

주) 별도재무제표 기준

(*a) ㈜포스코는 2022년 3월초 포스코홀딩스㈜로부터 물적분할 후 신규설립되어 표시하지 않음

5. 자기자본회전율

자기자본회전율(stockholders' equity turnover)은 매출액을 평균자기자본으로 나누어 계산하는데 높을수록 양호한 것으로 평가된다. 자기자본 이용의 효율성을 측정하기 위하여 사용된다.

$$자기자본회전율 = \frac{매출액}{(기초\ 자기자본 + 기말\ 자기자본)/2}$$

자기자본회전율이 높다는 것은 적은 자기자본으로 높은 매출수준을 유지하고 있는 것을 의미하므로 자기자본을 효율적으로 이용하고 있다는 것을 뜻한다. 하지만 대규모의 유상증자, 출자전환, 전환사채의 전환 등이 있으면 자기자본회전율은 낮아지게 되며, 순이익이 발생하여 자기자본이 증가하여도 자기자본회전율은 낮아지게 되는 특성이 있다. 따라서 자기자본회전율을 계속 높은 수준으로 유지하기 위해서는 자기자본이 늘어나는 만큼 매출도 증가시켜야 한다.

제조업 자기자본회전율 추세(단위 : 회)

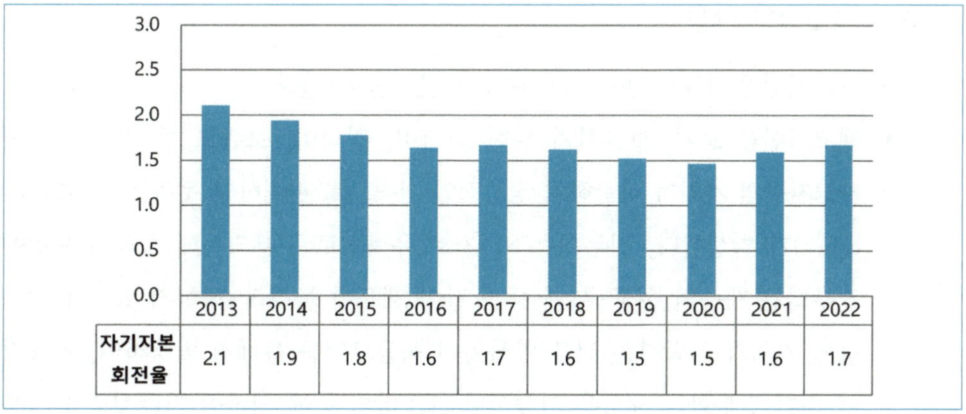

자기자본회전율(단위 : 회)

구 분	2013	2014	2015	2016	2017	2018	2019	2020	2021	2022	2023
삼성전자	1.39	1.08	1.00	0.98	1.12	1.05	0.88	0.92	1.06	1.05	0.78
현 대 차	1.06	0.98	0.93	0.82	0.78	0.81	0.92	0.94	1.05	1.20	1.34
포 스 코	0.75	0.69	0.60	0.56	0.63	0.67	0.67	0.58	0.85	−(*a)	1.19

주) 별도재무제표 기준
(*a) ㈜포스코는 2022년 3월초 포스코홀딩스㈜로부터 물적분할 후 신규설립되어 표시하지 않음

6. 재고자산회전율

어느 기업에게나 적정재고수준을 결정하는 문제는 어려운 과제에 해당한다. 전통적인 생산관리의 시각에서는 적정재고수준을 판단하기 위하여 판매예측, 생산가능규모, 원자재수급현황, 자금상황, 재고보관비용 등 많은 요인을 고려하여야 하는데 여기에서는 먼저 재고자산의 보유에 따르는 장단점을 살펴보도록 한다.

(1) 재고자산 보유에 따른 장단점

가. 재고보유의 장점

- 적정수준의 상품·제품 보유는 다양한 판매기회에 적절히 대응할 수 있다. 만약 적정수준의 재고를 보유하지 않는다면 거래처로부터 주문이 와도 정해진 납품기한 내에 판매를 하지 못할 수도 있다.
- 적정수준의 원재료 보유는 원활한 생산을 가능하게 한다. 원재료재고가 부족한 경우 생산공정에 문제가 없어도 생산에 차질이 발생할 수 있다.

나. 재고보유의 단점

- 재고자산을 취득·생산하기 위한 자금부담이 있다.
- 재고자산을 보관·보유하기 위한 인건비, 전력비, 보관료 등 비용이 발생한다.
- 재고자산의 가치가 하락하여 정상적인 가격으로 판매하지 못하는 진부화(obsolescence)가 발생한다. 진부화는 3가지로 유형으로 구분되는데 물리적 요인에 의한 진부화는 제품의 손상·부패 등과 같이 제품이 물리적·화학적 요인에 의하여 제품의 가치가 하락하는 것을 말하는데 식음료업종 등에서 발생하며, 기능적 요인에 의한 진부화는 새로운 기술이나 제조방법 등에 의하여 기존제품을 사용할 수 없는 경우 제품의 가치가 하락하는 것을 말하는데 기술적 변화가 빠른 IT업종 등에서 발생하고, 심리적 요인에 의한 진부화는 소비자의 선호도 변화에 따라 기존제품이 더 이상 정상적인 가격으로 판매되지 않는 경우 제품의 가치가 하락하는 것을 말하는데 의류업종 등에서 쉽게 발견된다.

(2) 재고자산회전율

위에서 언급한 적정재고수준의 결정을 위하여 재고자산회전율을 이용하기도 한다.

재고자산회전율(inventories turnover)은 매출액[4]을 재고자산으로 나누어 계산하는데 매출규모에 비하여 적정수준의 재고자산을 보유하고 있는지의 여부를 평가하기 위하여 사용된다. 일반적으로 재고자산은 적을수록 좋으므로 재고자산회전율은 높을수록 양호한 것으로 평가된다.

$$재고자산회전율 = \frac{매출액}{(기초\ 재고자산 + 기말\ 재고자산)/2}$$

주) 재고자산보유규모의 적정성 측정 및 한국은행 기업분석통계에 적용

재고자산회전율이 낮다면 매출액이 적거나 과다한 재고자산을 보유하고 있다는 의미가 된다. 이는 단순히 과다한 재고를 보유하고 있는 경우일 수도 있지만 때로는 진부화된 재고를 보유하고 있는 경우도 있을 수 있으므로 면밀한 분석이 필요하다고 할 수 있다.

재고자산회전율이 높다는 것은 매출액이 많거나 적은 재고를 보유한다는 의미가 되어 재고자산을 효율적으로 운용하고 있다는 의미가 된다.

다만, 재고자산을 너무 적게 보유하여 재고자산회전율이 과다하게 높게 산출되는 경우 정상적인 영업활동을 하는 과정에서 재고부족으로 인하여 수요변동에 적절히 대처하지 못할 수도 있다. 따라서 재고자산회전율이 높다고 해서 무조건 양호하다고 판단할 것이 아니라 생산이나 판매에 문제가 없을 정도의 적정재고를 유지하고 있는지의 여부를 검토하여야 한다.

적시재고방식(just－in－time inventory system)을 적용하고 있는 기업에서는 생산관리상 재고보유를 재고의 이동, 저장, 대기 등 비부가가치활동으로 보아 기업의 이익과 관련성이 없는 불필요한 활동으로 간주하므로 재고자산금액이 매우 낮아지게 되어 재고자산회전율이 매우 높은 수준을 유지하는 것이 일반적이다.

4) 실무적으로 재고자산회전율은 후술하는 매출원가로 계산하는 공식과 함께 매출액으로 계산하는 공식 모두 사용된다. 이는 각각의 공식이 측정하고자 하는 내용이 다르기 때문이다.

제조업 재고자산회전율 추세(단위 : 회)

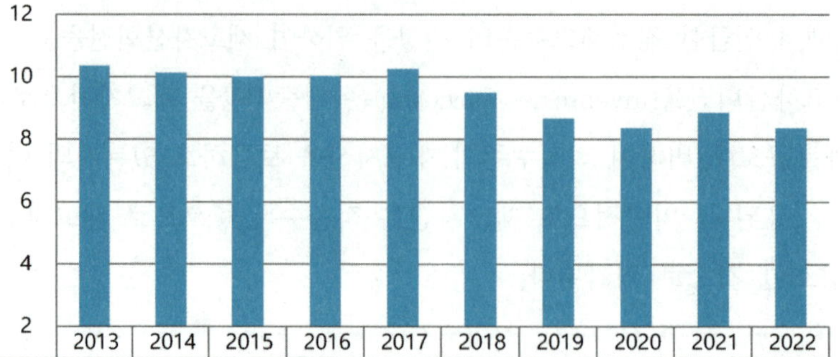

	2013	2014	2015	2016	2017	2018	2019	2020	2021	2022
재고자산 회전율	10.4	10.2	10.0	10.1	10.3	9.5	8.7	8.4	8.9	8.4

재고자산회전율(단위 : 회)

구 분	2013	2014	2015	2016	2017	2018	2019	2020	2021	2022	2023
삼성전자	28.3	24.1	22.3	21.3	23.4	16.8	12.6	12.8	13.4	9.6	5.9
현 대 차	21.6	19.8	20.0	19.0	18.4	16.4	16.6	16.6	19.4	21.0	18.9
포 스 코	6.1	6.5	6.6	6.6	6.7	6.2	5.9	5.8	6.8	−(*a)	5.5

주) 별도재무제표 기준

(*a) ㈜포스코는 2022년 3월초 포스코홀딩스㈜로부터 물적분할 후 신규설립되어 표시하지 않음

(3) 유동비율과 재고자산회전율과의 관계

앞서 유동비율에서 살펴본 바와 같이 유동비율의 경우에는 여러 가지 요인에 의하여 영향을 받게 된다. 일반적으로 유동자산을 구성하는 항목 중 주요항목을 살펴보면 현금·예금, 매출채권, 재고자산 등이 있는데 여기에서는 기업이 보유하는 재고자산이 많아서 유동비율이 높은 경우를 살펴보도록 한다.

재고자산이 많아서 유동비율이 높은 경우에는 재고자산이 정상적인 판매를 통하여 무리 없이 판매되고 있는지를 확인하여야 한다. 왜냐하면 재고자산은 많지만 부실재고 등이 많아서 판매에 애로가 있다면 그러한 재고자산으로 인하여 높아진 유동비율은 기업의 실질적인 자금지불능력을 보여줄 수 없기 때문이다.

따라서 재고자산으로 인하여 유동비율이 높은 경우에는 재고자산의 적정보유 여부를 확인하여야 하는데 앞서 살펴본 재고자산회전율과 비교하여 판단한다.

재무비율의 관계		해석	
유동비율	재고자산회전율	재고자산회전율	유동비율
업종평균에 비하여 높음	업종평균에 비하여 높음	재고자산회전율이 높다는 것은 매출규모에 비하여 재고자산이 적거나, 재고자산에 비하여 매출규모가 크다는 의미이므로 재고자산이 부담이 되지 않는 수준이다.	지급능력을 적정하게 표시
업종평균에 비하여 높음	업종평균에 비하여 낮음	재고자산회전율이 낮다는 것은 매출규모에 비하여 재고자산이 많거나, 재고자산에 비하여 매출규모가 적다는 의미이므로 재고자산이 부담되는 수준이다.	지급능력에 대한 의문

(4) 매출원가로 계산한 재고자산회전율과 재고자산회전일수

재고자산회전율은 재고의 과다보유여부를 분석하고자 사용될 수 있지만 재고자산의 회전속도를 분석하기 위하여 사용된다. 재고자산회전율은 재고자산의 회전속도 즉, 재고자산이 당좌자산(매출채권 혹은 현금)으로 변화하는 속도를 나타내는 의미로 사용되기도 한다.

재고자산의 회전속도를 계산하기 위한 목적의 재고자산회전율은 계산공식에서 분자를 매출액보다는 매출원가로 계산하는 것이 본래의 의미에 충실하다고 볼 수 있을 것이다. 왜냐하면 분모의 재고자산이 재무상태표에서 원가개념으로 표시되므로 분자인 매출액도 매출원가로 전환하여 분자와 분모를 상응하는 개념으로 만드는 것이다.

$$재고자산회전율 = \frac{매출원가}{(기초\ 재고자산 + 기말\ 재고자산)/2}$$

주) 재고자산 회전속도 측정

재고자산회전율의 의미가 1년에 재고자산이 평균적으로 몇 회전하는가를 측정하는 것이므로 위의 산식에 의하여 재고자산의 회전수를 계산한다. 만약 12회가 산출되면 평균적으로 재고자산이 1년에 12회전한다는 의미이다. 그렇다면 재고자산이 1회전한다는 것을 어떤 의미일까?

만약 매출원가가 360억이고 평균재고자산이 30억이라면 어떤 의미일까? 연간 매출원가가 360억이라면 월 매출원가가 30억이고 재고자산회전율은 12회가 된다. 이는 회사의 입장에서 30억의 재고는 한 달이면 소진된다는 의미이다. 즉, 한 달이면 현재 보유하고 있는 재고를 모두 소진 가능하므로 재고의 1회전에 약 한 달, 즉 30일이 소요된다는 뜻이다.

재고자산은 제조업의 경우 원재료로 입고되어 생산공정에 투입되면 재공품이 되고 완성되면 제품이 된다. 그 후 판매의 과정을 거쳐 출고가 이루어진다. 따라서 재고자산의 1회전은 원재료 입고시점부터 제품의 판매시점까지를 말한다.

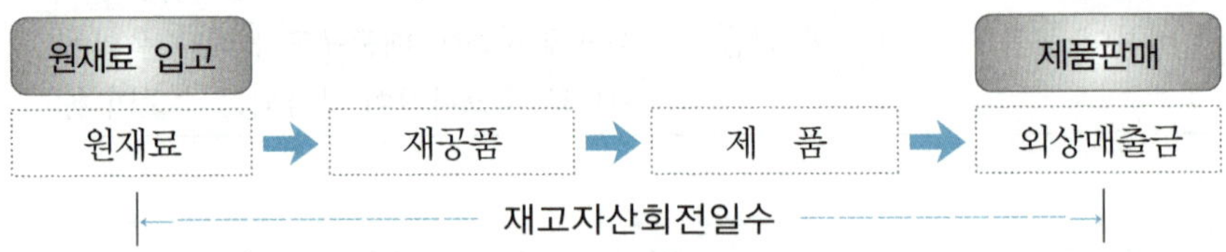

이렇게 원재료가 입고되어 제품으로 완성 후 출고될 때까지 소요되는 기간을 '재고자산회전일수'라고 하는데 이는 기업의 생산활동과 판매활동을 집약적으로 보여주는 매우 중요한 개념이라 할 수 있다.

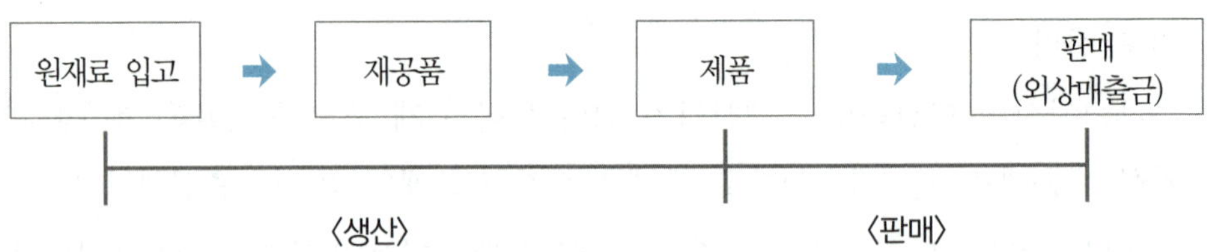

재고자산회전율을 이용하여 다음과 같이 재고자산회전일수를 계산할 수도 있다.

$$\text{재고자산회전일수} = \frac{\text{365일}}{\text{재고자산회전율}}$$

재고자산회전율의 의미가 1년에 재고자산이 평균적으로 몇 회전하는가를 측정하는 것이므로 위의 공식에 의하면 재고자산회전일수(days of average inventory on hand)는 재고자산이 1회전하는 데 소요되는 일수를 계산하는 것이다. 이는 재고자산의 평균보유기간을 의미하기도 한다.

재고자산회전일수는 재고자산이 최초에 회사에 입고된 시점부터 재고자산이 회사에서 출고되는 시점까지의 일수를 측정하는 것이다. 제조회사를 전제로 한다면 원재료의 형태로 입고된 시점부터 재공품을 거쳐 제품으로 완성된 이후 판매될 때까지의 시간을 의미한다. 재고자산회전율은 높을수록 양호하므로 재고자산회전일수는 짧을수록 양호하다고 볼 수 있다.

다만, 재고자산회전일수의 해석과 관련해서 주의해야 할 점은 재고자산회전일수를 기술적 분석을 통한 생산일수 등과 비교하지 말아야 한다는 점이다. 재무분석에서 설명하는 재고자산회전일수는 현재 생산 및 판매과정에 있는 재고자산뿐만 아니라 창고에 저장되어 있는 원자재와 제품 등도 포함하고 있는 개념이다. 하지만 기술적 분석을 통한 생산시간 혹은 생산일수 등은 현재 생산과 판매과정에 있는 재고자산만을 고려하므로 재무분석에서 설명하는 재고자산회전일수보다 훨씬 짧게 산출된다.

재고자산회전일수가 짧다는 것은 원재료에서 제품까지 걸리는 시간, 즉 '생산성'과 제품에서 판매까지 걸리는 시간, 즉 '영업력'이 양호하다는 것을 의미한다.

제조업 전체 재고자산회전일수 추세는 다음과 같다.

제조업 재고자산회전일수 추세(단위 : 일)

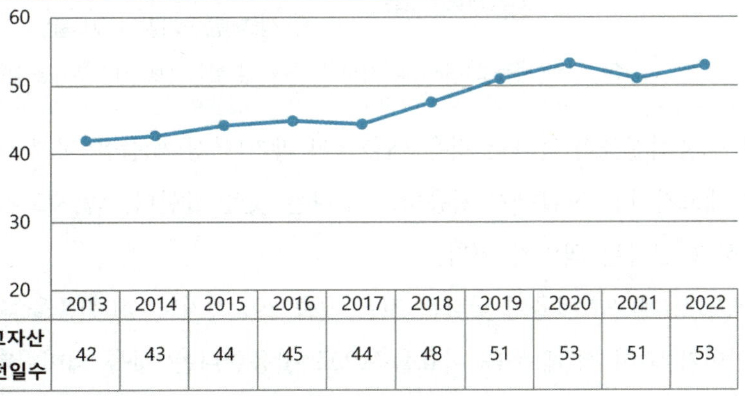

	2013	2014	2015	2016	2017	2018	2019	2020	2021	2022
재고자산 회전일수	42	43	44	45	44	48	51	53	51	53

재고자산회전일수(단위 : 일)

구 분	2013	2014	2015	2016	2017	2018	2019	2020	2021	2022	2023
삼성전자	18	21	22	24	25	36	40	41	40	53	73
현 대 차	22	24	24	25	25	26	27	27	22	21	24
포 스 코	68	65	66	68	65	70	70	68	67	-(*a)	73

주) 별도재무제표 기준
(*a) ㈜포스코는 2022년 3월초 포스코홀딩스㈜로부터 물적분할 후 신규설립되어 표시하지 않음

재고자산회전일수는 실무적 편의를 위하여 다음과 같이 계산하기도 한다.

$$\text{재고자산회전일수} = \frac{365\text{일}}{\text{재고자산회전율}}$$

$$= \frac{365\text{일}}{\text{매출원가}/\text{평균재고자산}} = \frac{\text{평균재고자산}}{\text{매출원가}} \times 365\text{일}$$

7. 상품 · 제품회전율

(1) 상품 · 제품회전율

상품 · 제품회전율(merchandise turnover)은 매출액을 상품(제품)으로 나누어 계산하는데 매출규모에 비하여 적정수준의 상품(제품)을 보유하고 있는지의 여부를 평가하기 위하여 사용된다. 일반적으로 재고자산은 적을수록 좋으므로 상(제)품회전율은 높을수록 양호한 것으로 평가된다.

$$\text{상품제품회전율} = \frac{\text{매출액}}{(\text{기초 상(제)품} + \text{기말 상(제)품})/2}$$

주) 상품 · 제품보유규모의 적정성 측정 및 한국은행 기업분석통계에 적용

상(제)품회전율이 높다는 것은 매출액이 많거나 상(제)품을 적제 보유한다는 의미가 되어 재고자산을 적절하게 활용하고 있다는 것을 말한다. 즉 재고자산을 효율적으로 운용하고 있다는 의미가 된다.

반면, 상(제)품회전율이 낮다는 것은 매출액이 적거나 상(제)품을 과다하게 보유한다는 의미가 되어 상(제)품을 비효율적으로 활용한다는 것을 의미한다.

제조업 상품제품회전율 추세(단위 : 회)

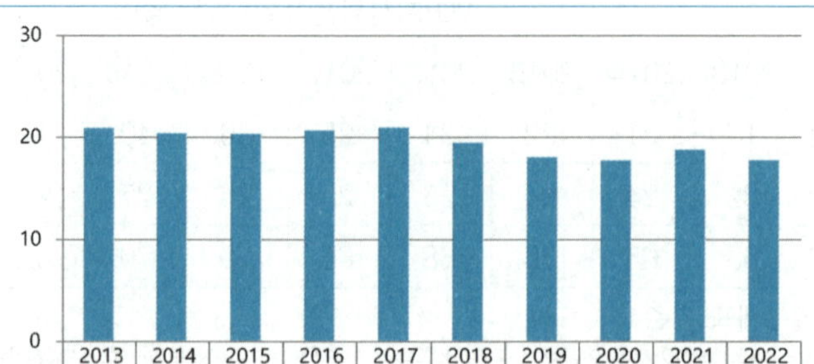

	2013	2014	2015	2016	2017	2018	2019	2020	2021	2022
상(제)품 회전율	20.9	20.4	20.3	20.7	21.0	19.5	18.0	17.7	18.8	17.8

상품제품회전율(단위 : 회)

구 분	2013	2014	2015	2016	2017	2018	2019	2020	2021	2022	2023
삼성전자	126.5	126.2	109.8	84.7	96.7	76.6	59.3	68.0	67.3	38.0	23.8
현 대 차	57.9	46.5	49.5	45.9	34.7	26.0	25.1	25.3	34.1	41.5	36.6
포 스 코	14.1	14.3	13.7	14.1	14.4	13.2	12.6	12.6	15.2	−(*a)	11.1

주) 별도재무제표 기준

(*a) ㈜포스코는 2022년 3월초 포스코홀딩스㈜로부터 물적분할 후 신규설립되어 표시하지 않음

(2) 매출원가로 계산한 상품제품회전율과 상품제품회전일수

상(제)품회전율은 상(제)품이 매출채권이나 현금과 같은 당좌자산으로 전환되는 속도를 계산하기 위하여 사용되기도 한다. 상(제)품의 회전속도를 계산하기 위한 목적의 재고자산회전율은 계산공식에서 분자를 매출액보다는 매출원가로 계산하는 것이 본래의 의미에 충실하다고 볼 수 있을 것이다. 왜냐하면 분모의 상(제)품이 재무상태표에서 원가개념이므로 분자인 매출액도 매출원가로 전환하여 분자와 분모를 상응하는 개념으로 만드는 것이다.

$$\text{상품제품회전율} = \frac{\text{매출원가}}{(\text{기초 상(제)품} + \text{기말 상(제)품})/2}$$

주) 상품제품 회전속도의 측정

상(제)품회전율의 의미가 1년에 상(제)품이 평균적으로 몇 회전하는가를 측정하는 것이므로 위의 산식에 의하여 상(제)품의 회전수를 계산하고 상(제)품회전일수를 계산하는 과정에 적용한다. 상(제)품회전일수란 상(제)품의 입고시점부터 출고, 즉 판매시점까지의 일수를 의미한다.

$$\text{상품제품회전일수} = \frac{\text{365일}}{\text{상(제)품회전율}}$$

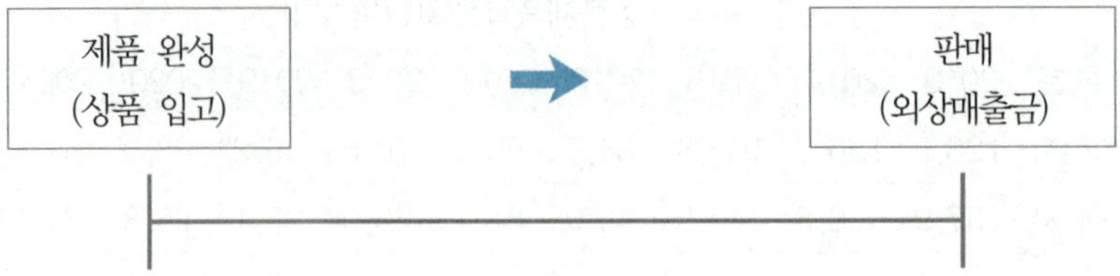

〈판매〉

제조업 상품제품회전일수 추세(단위 : 일)

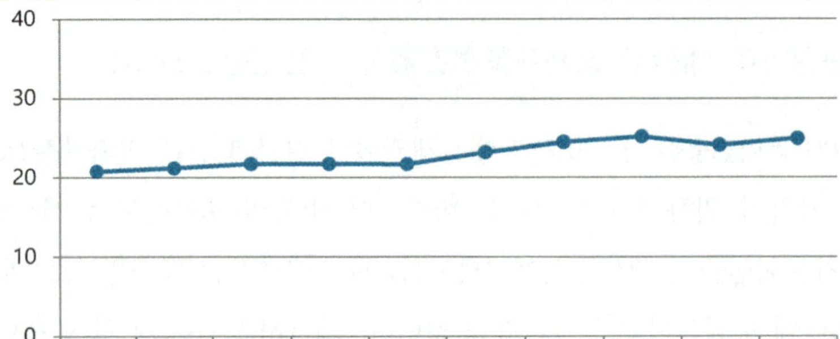

	2013	2014	2015	2016	2017	2018	2019	2020	2021	2022
상품제품 회전일수	21	21	22	22	22	23	25	25	24	25

상품제품회전일수(단위 : 일)

구 분	2013	2014	2015	2016	2017	2018	2019	2020	2021	2022	2023
삼성전자	4	4	5	6	6	8	8	8	8	13	18
현 대 차	8	10	10	10	13	17	18	18	13	11	13
포 스 코	30	30	32	32	30	33	33	32	30	−(*a)	36

주) 별도재무제표 기준
(*a) ㈜포스코는 2022년 3월초 포스코홀딩스㈜로부터 물적분할 후 신규설립되어 표시하지 않음

상품제품회전일수는 실무적 편의를 위하여 다음과 같이 계산하기도 한다.

$$상품제품회전일수 = \frac{365일}{상품제품회전율}$$

$$= \frac{365일}{매출원가/평균상품제품} = \frac{평균상품제품}{매출원가} \times 365일$$

8. 매출채권회전율

(1) 매출채권회전율

매출채권회전율(receivables turnover)은 매출액을 평균매출채권으로 나누어 계산하는데 매출채권의 규모를 매출액과 비교하여 매출채권의 양적 수준을 측정하는 지표이다. 매출채권회전율이 높다는 것은 매출채권의 규모를 적게 유지하거나 매출액이 많다는 뜻이므로 양호한 것으로 평가된다.

$$\text{매출채권회전율} = \frac{\text{매출액}}{(\text{기초 매출채권} + \text{기말 매출채권})/2}$$

그러나 매출채권회전율이 과도하게 높은 경우 해석상 주의해야 할 필요가 있다. 매출채권의 규모는 한 회사의 신용정책의 결과이므로 매출채권의 규모가 적다는 것은 엄격한 신용정책을 유지하고 있다는 의미이다. 물론 가능한 현금판매비율을 높이거나 외상매출의 경우에도 빠른 시간 내에 회수를 하다면 회사의 입장에서는 자금상 상당한 장점이 될 수도 있겠으나, 엄격한 신용정책으로 인하여 매출이 더 증가할 수 있는 기회를 포기한다면 손익측면에서는 상당한 단점이 될 수도 있다. 즉 기업의 활동성과 수익성이 충돌할 수도 있는 것이다. 따라서 경영자의 입장에서는 이러한 장단점을 감안하여 적절한 신용정책을 유지하여야 할 것이다.

매출채권회전율을 계산할 때 대손충당금을 차감한 매출채권의 장부가액으로 계산한다. 이는 부실채권을 제외한 정상채권으로 매출채권회전율을 계산한다는 의미이다.

한편, 건설업의 경우 도급공사 등에서 발생하는 상거래채권은 공사미수금으로 분류하므로 매출채권회전율은 공사미수금으로 계산한다. 물론 건설업의 경우에도 매출채권이 발생할 수 있으므로 매출채권도 포함하여 계산한다.

업종에 따라 계절별 매출의 등락이 심한 업종의 경우 매출액은 연간 매출액이 계산과정에 포함되지만 매출액과 유사한 증감을 보이는 매출채권의 경우에는 기초금액과 기말금액을 평균을 산출하므로 진정한 연간 평균금액을 산출하기 어려울 수도 있다. 이러한 경우에는 평균 매출채권을 산출할 때 월말 잔액 혹은 분기말 잔액을 평균하여 공식의 미비점을 보완할 수 있다(다만 검토과정에만 적용함).

제조업 매출채권회전율 추세(단위 : 회)

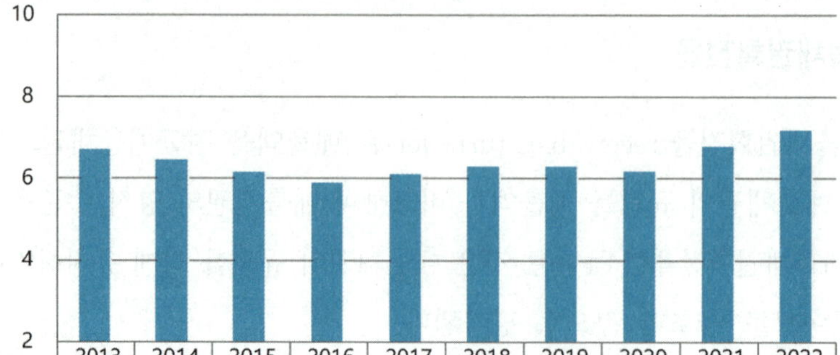

	2013	2014	2015	2016	2017	2018	2019	2020	2021	2022
매출채권 회전율	6.7	6.5	6.2	5.9	6.1	6.3	6.3	6.2	6.8	7.2

매출채권회전율(단위 : 회)

구 분	2013	2014	2015	2016	2017	2018	2019	2020	2021	2022	2023
삼성전자	9.0	7.5	6.9	6.1	6.3	6.5	6.0	6.5	6.9	7.9	7.1
현 대 차	11.6	12.9	12.4	10.7	11.9	12.8	11.4	10.8	11.3	10.8	13.3
포 스 코	8.2	8.9	8.7	8.2	8.1	7.8	7.6	6.9	8.2	-(*a)	8.1

주) 별도재무제표 기준

(*a) ㈜포스코는 2022년 3월초 포스코홀딩스㈜로부터 물적분할 후 신규설립되어 표시하지 않음

(2) 유동비율과 매출채권회전율과의 관계

앞서 유동비율에서 살펴본 바와 같이 유동비율의 경우에는 여러 가지 요인에 의하여 영향을 받게 된다. 일반적으로 유동자산을 구성하는 항목 중 주요항목을 살펴보면 현금·예금, 매출채권, 재고자산 등이 있는데 여기에서는 매출채권이 많아서 유동비율이 높은 경우를 살펴보도록 한다.

매출채권이 많아서 유동비율이 높은 경우에는 매출채권이 정상적으로 회수되고 있는지를 확인하여야 한다. 왜냐하면 매출채권은 많지만 부실채권 혹은 장기회수지연채권 등이 많아서 회수에 애로가 있다면 그러한 매출채권으로 인하여 높아진 유동비율은 기업의 실질적인 자금지불능력을 보여줄 수 없기 때문이다.

따라서 매출채권으로 인하여 유동비율이 높은 경우에는 매출채권규모의 적정성 여부를 확인하여야 하는데 앞서 살펴본 매출채권회전율과 비교하여 판단한다.

재무비율의 관계		해석	
유동비율	매출채권회전율	매출채권회전율	유동비율
업종평균에 비하여 높음	업종평균에 비하여 높음	매출채권회전율이 높다는 것은 매출규모에 비하여 매출채권이 적거나, 매출채권에 비하여 매출규모가 크다는 의미이므로 매출채권이 부담이 되지 않는 수준이다.	지급능력을 적정하게 표시
업종평균에 비하여 높음	업종평균에 비하여 낮음	매출채권회전율이 낮다는 것은 매출규모에 비하여 매출채권이 많거나, 매출채권에 비하여 매출규모가 적다는 의미이므로 매출채권이 부담되는 수준이다.	지급능력에 대한 의문

(3) 매출채권회전일수

매출채권회전율은 매출채권이 현금화되는 속도를 측정하는 지표로도 사용될 수 있다. 매출채권회전율이 높다는 것은 매출액에 비하여 매출채권을 적게 보유한다는 것이고 이는 매출채권이 현금화되는 속도가 빠르다는 의미이기도 하다. 따라서 다음과 같이 매출채권회전일수를 계산할 수 있다.

$$\text{매출채권회전일수} = \frac{365\text{일}}{\text{매출채권회전율}}$$

매출채권회전율의 의미가 1년에 매출채권이 평균적으로 몇 회전하는가를 측정하는 것이므로 위의 공식에 의하면 매출채권회전일수는 매출채권이 1회전하는 데 소요되는 일수(또는 매출채권의 평균적인 보유일수)를 계산하는 것이다. 매출채권회전일수는 매출채권이 생성되어 소멸될 때까지의 시간을 계산하는 것이므로 제품판매시점부터 대금을 현금으로 회수하는 데까지 걸리는 시간을 의미한다.

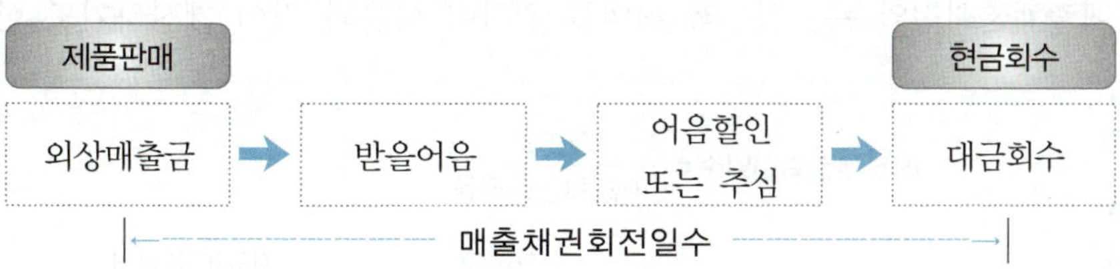

만약 매출채권회전율이 6회라면 매출채권회전일수는 약 61일(=365일/6회)이 된다. 매출채권회전율이 높을수록 양호하므로 매출채권회전일수는 짧을수록 양호하다고 볼 수 있다.

이렇게 매출채권회전일수를 계산하면 기업이 영업활동의 과정에서 매출채권을 얼마만큼 빨리 혹은 늦게 회수하는가를 측정할 수 있어서 자금흐름분석에 매우 유용한 정보를 얻을 수 있다.

제조업 매출채권회전일수 추세(단위 : 일)

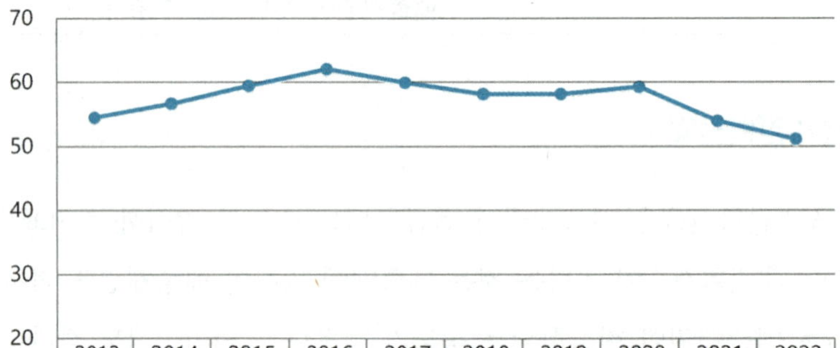

	2013	2014	2015	2016	2017	2018	2019	2020	2021	2022
매출채권 회전일수	54	57	59	62	60	58	58	59	54	51

매출채권회전일수(단위 : 일)

구 분	2013	2014	2015	2016	2017	2018	2019	2020	2021	2022	2023
삼성전자	40	49	53	60	58	57	60	56	53	46	51
현 대 차	31	28	29	34	31	29	32	34	32	34	27
포 스 코	45	41	42	45	45	47	48	53	44	−(*a)	45

주) 별도재무제표 기준

(*a) ㈜포스코는 2022년 3월초 포스코홀딩스㈜로부터 물적분할 후 신규설립되어 표시하지 않음

매출채권회전일수는 실무적 편의를 위하여 다음과 같이 계산하기도 한다.

$$\text{매출채권회전일수} = \frac{365\text{일}}{\text{매출채권회전율}}$$

$$= \frac{365\text{일}}{\text{매출액/평균매출채권}} = \frac{\text{평균매출채권}}{\text{매출액}} \times 365\text{일}$$

9. 매입채무회전율

(1) 매입채무회전율

매입채무회전율(payables turnover)은 매출액을 평균매입채무로 나누어 계산하는데, 매출액과 매입채무를 비교하여 매입채무의 양적 수준을 평가하는 지표로 사용된다. 매입채무회전율은 높을수록 양호한 것으로 평가된다.

$$\text{매입채무회전율} = \frac{\text{매출액}}{(\text{기초 매입채무} + \text{기말 매입채무})/2}$$

주) 매입채무보유규모의 적정성 측정 및 한국은행 기업분석통계에 적용

매입채무회전율이 높다는 것은 매출규모에 비하여 매입채무의 규모가 적은 것이므로 매입채무의 결제를 원활하게 하고 있다는 것을 의미한다. 즉 기업의 매입대금 지급능력이 양호하다는 것을 의미한다.

매입채무회전율에 대한 기업들의 입장은 상당히 다양한 형태로 나타나는데 일부에서는 매입채무회전율이 낮을수록 좋다고 해석하는 경우도 있다. 이는 매입채무의 규모를 증가시켜서, 즉 매입채무의 지급을 지연시킴으로써 자금의 운용을 원활하게 할 수 있다는 해석이다. 이러한 해석은 자금이라는 측면에서만 본다면 타당성을 지닐 수도 있으나 거래업체와의 관계, 대급지급의 지연으로 인한 납품단가의 인상가능성, 부품의 품질저하 가능성 등을 고려하면 기업에 무조건 유리한 정책이라고 보기는 곤란한 측면도 많이 있다.

특히 최근에 중시되고 있는 윤리경영의 측면에서 본다면 상당수의 협력업체들로부터 부품을 공급받는 대기업들은 매입채무의 지급을 원활하게 함으로써 거래업체와의 관계도 개선할 수 있으며, 더 좋은 품질의 원재료를 구입할 수 있다면 자금부담에서 오는 불리함보다는 오히려 더 많은 좋은 효과를 볼 수 있을 것이다.

제조업 매입채무회전율 추세(단위 : 회)

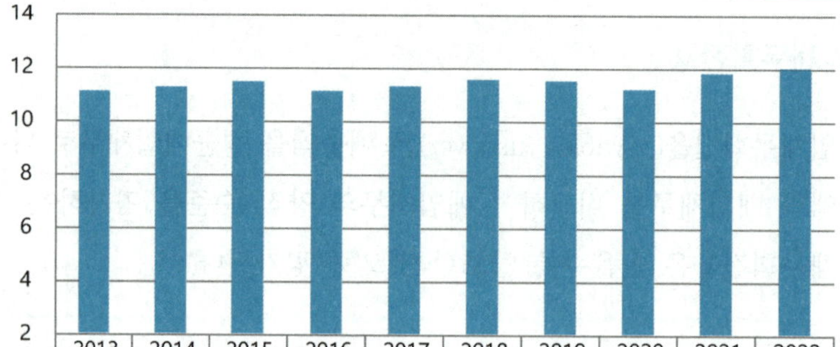

	2013	2014	2015	2016	2017	2018	2019	2020	2021	2022
매입채무 회전율	11.1	11.3	11.5	11.1	11.3	11.6	11.5	11.2	11.8	12.0

매입채무회전율(단위 : 회)

구 분	2013	2014	2015	2016	2017	2018	2019	2020	2021	2022	2023
삼성전자	27.5	26.5	31.6	26.7	25.8	24.8	20.8	23.5	22.0	20.9	20.4
현 대 차	11.0	11.6	12.1	11.5	12.5	12.1	11.6	11.3	11.2	11.4	12.6
포 스 코	35.6	38.6	37.8	29.3	27.1	28.8	34.2	27.5	21.5	−(*a)	18.6

주) 별도재무제표 기준
(*a) ㈜포스코는 2022년 3월초 포스코홀딩스㈜로부터 물적분할 후 신규설립되어 표시하지 않음

(2) 매출원가로 계산한 매입채무회전율과 매입채무회전일수

매입채무회전율은 매입채무의 결제속도를 평가하는 지표로도 사용된다. 이를 위해서는 앞서 살펴본 매입채무회전율을 다음과 같이 수정할 필요가 있다. 재고자산회전율에서 살펴본 바와 같이 분모인 매입채무는 원재료를 매입할 때 발생하므로 원가개념으로 기록된다. 따라서 분자인 매출액을 매출원가로 전환하는 것이 더 논리적이라 할 수 있다.

$$\text{매입채무회전율} = \frac{\text{매출원가}}{(\text{기초 매입채무} + \text{기말 매입채무})/2}$$

주) 매입채무의 회전속도 측정

매입채무회전율을 이용하여 매입채무를 결제하는 속도를 의미하는 매입채무회전일수를 다음과 같이 계산할 수 있다.

$$매입채무회전일수 = \frac{365일}{매입채무회전율}$$

매출원가에 의하여 계산된 매입채무회전율의 의미가 1년에 매입채무가 평균적으로 몇 회전하는가를 측정하는 것이므로 위의 공식에 의하면 매입채무회전일수는 매입채무가 1회전하는 데 소요되는 일수를 계산하는 것이다. 매입채무회전일수란 매입채무 발생일로부터 매입채무를 지급하는 날까지의 기간을 의미한다. 이는 매입채무의 평균 보유기간을 의미하기도 한다. 이를 그림으로 표현하면 다음과 같다.

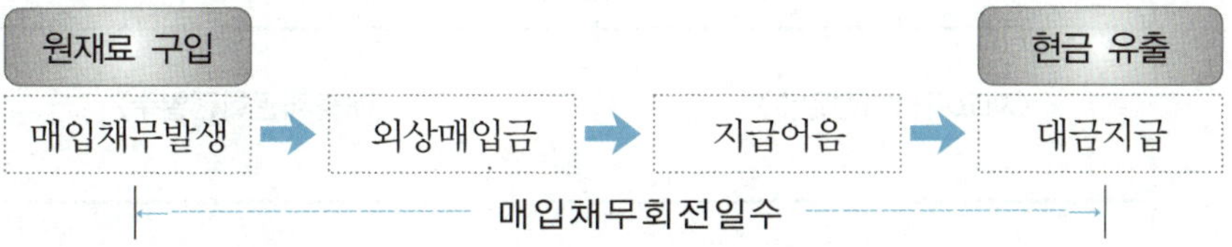

매입채무회전율은 높을수록 양호한 것으로 판단되므로 매입채무회전일수는 짧을수록 양호한 것으로 평가된다.

제조업 매입채무회전일수 추세(단위 : 일)

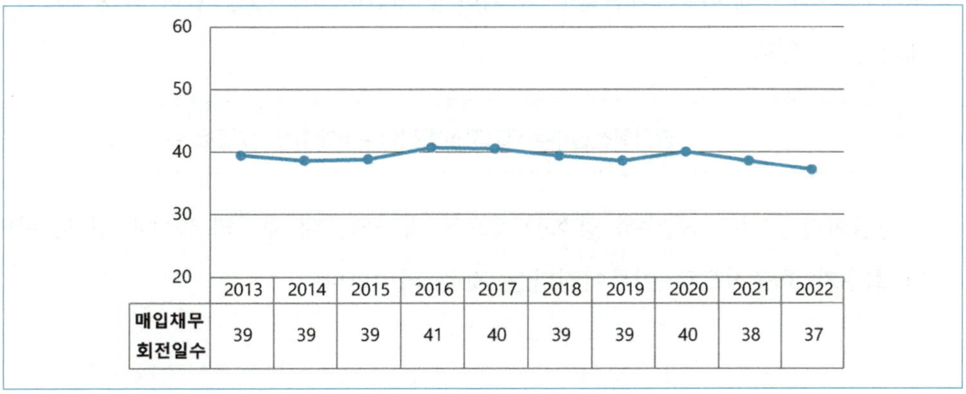

매입채무회전일수(단위 : 일)

구 분	2013	2014	2015	2016	2017	2018	2019	2020	2021	2022	2023
삼성전자	19	19	16	19	23	25	24	22	24	24	21
현 대 차	43	41	40	41	37	36	38	40	39	39	37
포 스 코	12	11	12	15	16	15	12	14	21	–(*a)	21

주) 별도재무제표 기준
(*a) ㈜포스코는 2022년 3월초 포스코홀딩스㈜로부터 물적분할 후 신규설립되어 표시하지 않음

10. 영업회전일수와 영업현금회전일수

(1) 영업회전일수(business cycle)

앞서 영업순환주기를 살펴본 바 있다. 이는 원재료를 매입하여 제품을 만들고, 판매한 후 대금을 회수하는 정상적인 영업활동과정을 말한다.

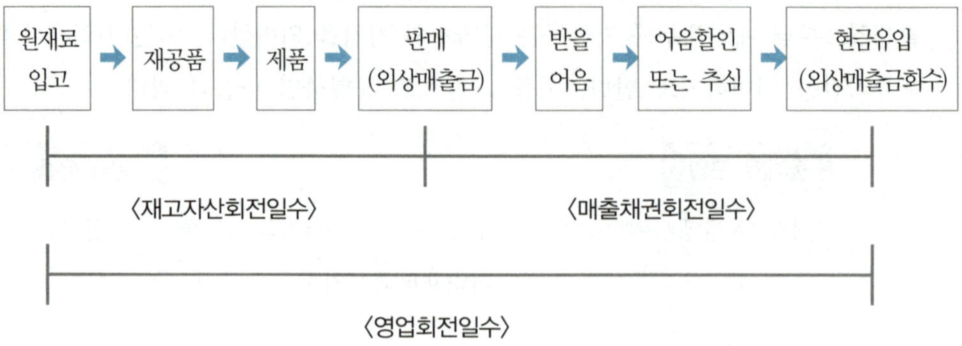

영업순환주기는 기간계산을 위하여 영업회전일수라고도 표현하는데 원재료 입고부터 제품판매시점까지는 '재고자산회전일수'에 의하여 계산하며, 판매시점부터 현금회수시점까지는 '매출채권회전일수'에 의하여 계산하므로 이를 합하여 영업회전일수를 계산할 수 있다.

영업회전일수 = 재고자산회전일수 + 매출채권회전일수

영업회전일수는 짧을수록 양호한 것으로 평가되는데 제품의 생산과 판매, 판매대금의 회수가 효율적으로 이루어진다는 것을 의미한다.

제조업 Business Cycle 추세(단위 : 일)

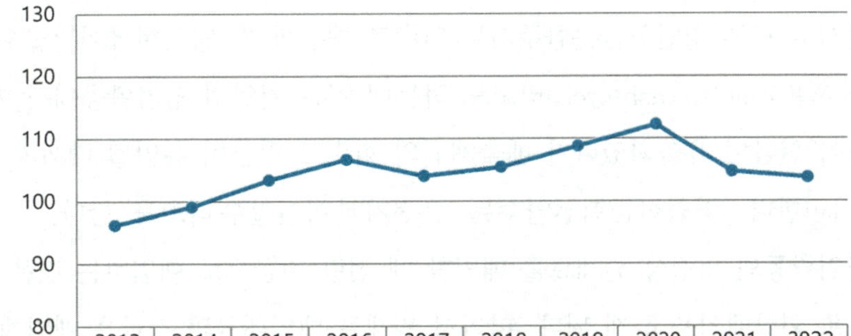

	2013	2014	2015	2016	2017	2018	2019	2020	2021	2022
Business cycle	96	99	104	107	104	106	109	112	105	104

제조3사 Business Cycle(단위 : 일)

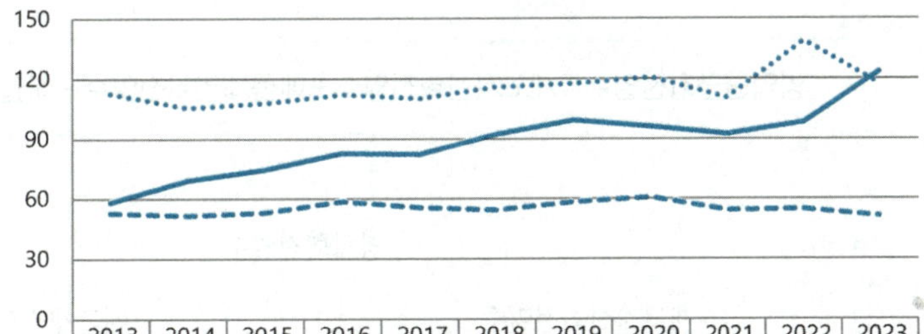

	2013	2014	2015	2016	2017	2018	2019	2020	2021	2022	2023
삼성전자	59	70	75	83	83	93	100	97	93	99	124
현대차	53	52	54	59	56	55	59	61	55	55	52
포스코	113	106	108	113	111	116	118	121	111	139	118

앞서 살펴본 바와 같이 영업순환주기가 짧다는 것은 기업의 영업활동이 효율적으로 원활하게 돌아간다는 의미이다. 만약 A기업의 영업순환주기가 2개월이고 B기업의 영업순환주기가 3개월이라고 가정하자. 이는 A기업은 1년에 영업순환이 여섯 차례 일어난다는 의미이고 B기업은 1년에 영업순환이 네 차례 일어난다는 의미이다. 그렇다면 A기업은 1년에 B기업보다 두 차례나 많은 영업활동이 발생하므로 그만큼 많은 수익을 창출할 수 있다는 의미이다. 따라서 기업의 활동성이 양호하다는 것은 수익성이 좋다는 의미로 연결될 수도 있다.

(2) 영업현금회전일수(business cash cycle)

앞서 살펴본 영업현금순환주기는 일수로 계산할 때 영업현금회전일수(business cash cycle 혹은 cash to cash cycle)라고도 하는데 이는 기업의 영업활동에서 매입대금지급을 위하여 현금이 유출되었다가 매출채권의 회수로 현금이 유입될 때까지 소요되는 일수를 의미한다. 영업현금회전일수는 '운전자본회전일수'라고도 한다.

영업활동의 과정상 원재료를 매입할 때 전량 현금으로 매입하는 것은 아니므로 상당 부분은 외상매입을 하게 된다. 따라서 원재료 매입대금의 지급은 매입채무를 상환하는 시점에 나타나게 되며 이러한 이유로 인하여 영업현금회전일수가 영업회전일수보다 통상 짧아지는 것이 일반적이다.

현금의 회전속도가 빠를수록 양호하므로 영업현금회전일수는 짧을수록 양호한 것으로 평가된다.

영업현금회전일수 = 재고자산회전일수 + 매출채권회전일수 − 매입채무회전일수

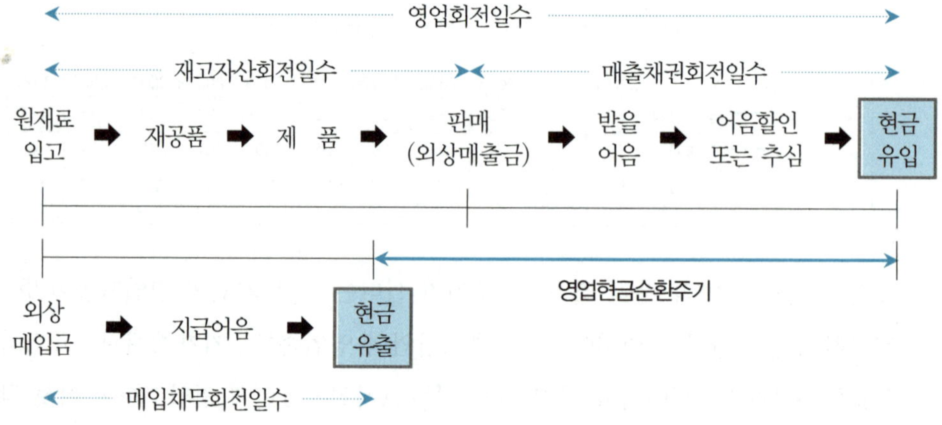

제조업 Business Cash Cycle 추세(단위 : 일)

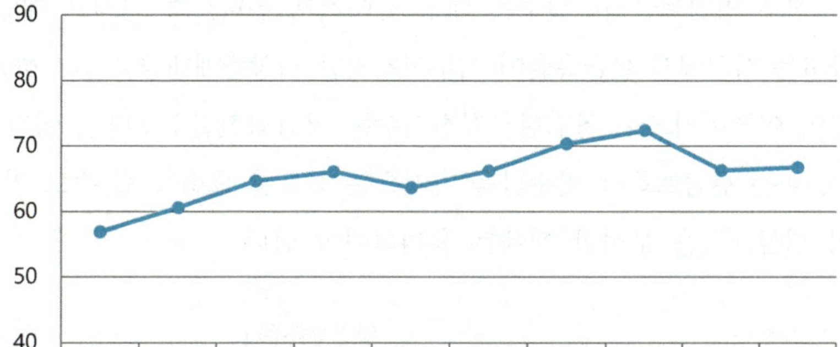

	2013	2014	2015	2016	2017	2018	2019	2020	2021	2022
Business cash cycle	57	61	65	66	64	66	70	72	66	67

제조3사 Business Cash Cycle 추세(단위 : 일)

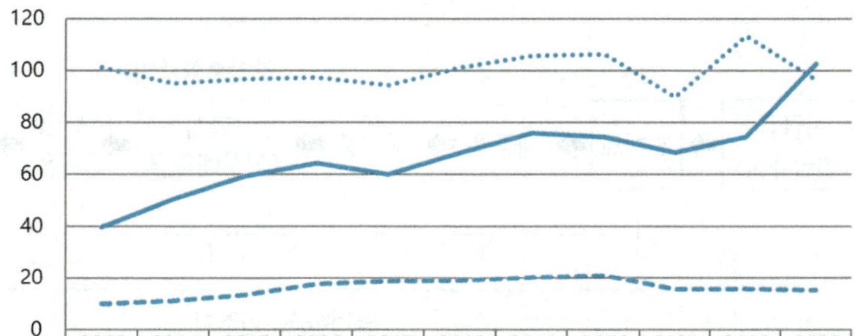

	2013	2014	2015	2016	2017	2018	2019	2020	2021	2022	2023
삼성전자	40	50	59	64	60	68	76	75	68	74	103
현대차	10	11	13	18	19	19	20	21	16	16	15
포스코	101	95	97	98	95	101	106	107	90	114	97

영업현금회전일수는 위와 같이 재고자산회전일수, 매출채권회전일수 및 매입채무회전일수에 의하여 계산된다. 따라서 기업의 영업활동 중 필수적으로 발생하는 급여 및 노무비의 지급, 제조경비 및 판매관리비의 발생으로 인한 현금흐름은 반영되어 있지 않다. 하지만 이러한 항목들은 영업활동의 과정상 특정시점에 유출되는 것이 아니라 꾸준하게 유출되므로 계산과정에서 제외된 것이며, 위와 같이 재고자산회전일수, 매출채권회전일수 및 매입채무회전일수의 3가지 항목만으로 계산하여도 기업의 영업현금흐름을 계산하는 데는 무리가 없다고 할 수 있다.

중소기업 등의 경우에는 구매력의 문제로 인하여 간혹 원재료 등을 매입할 때 현금을 주거나 심지어 선금을 주고 구입하는 경우도 있다. 반면, 제품판매 시에는 외상매출을 하는 경우 영업현금회전일수는 매우 길어지게 된다. 즉 원재료 매입을 위한 현금을 지급하는 시점에서 현금유출이 이루어지지만 외상판매대금을 회수하는 과정에서 현금유입이 이루어지므로 영업현금회전일수는 영업회전일수보다 길어지거나 같아지기도 한다. 이는 현금흐름에 악순환을 가져오는 중요한 요소가 될 수도 있으므로 중소기업 등의 현금흐름을 분석할 때에는 유의하여야 한다.

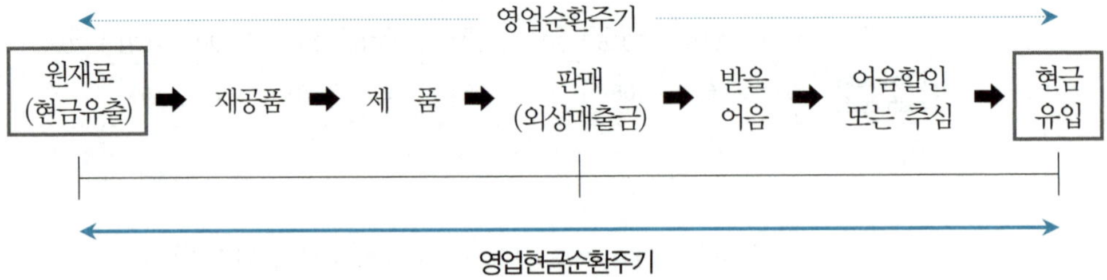

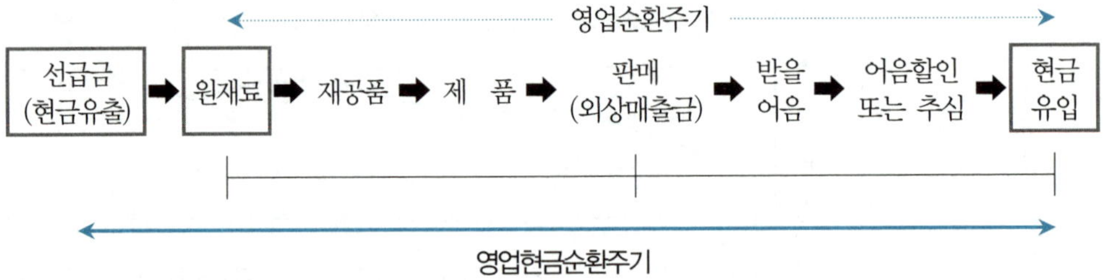

한편, 재고자산회전일수와 매출채권회전일수의 합보다 매입채무회전일수가 더 큰 경우가 간혹 발생하기도 하는데, 이러한 경우에는 영업현금회전일수는 (−)로 나타나게 된다. 매입거래처에 대한 외상대금 지급을 상당기간 미루는 경우 현금유입시점이 현금유출시점보다 빨리 나타나게 되어 (−)영업현금회전일수를 보이는 것이다.

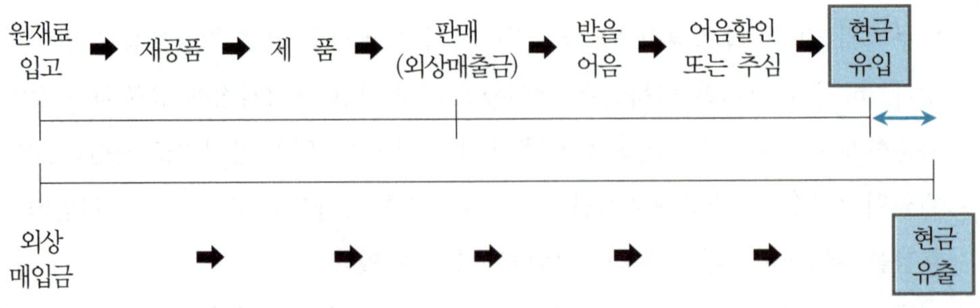

제6절 생산성지표

생산성지표(indicators concerning productivity)는 생산활동의 효율성과 성과배분의 합리성 등을 측정하기 위한 재무비율로서 일반적으로는 %로 표현되지만 몇몇 항목의 경우 금액으로 표시되기도 한다. 생산성지표는 후술하는 부가가치를 중심으로 분석하는 경우가 많은데 부가가치와 관련하여 기업의 생산성을 분석하기 위해서는 재무상태표와 손익계산서 등의 재무제표 외에 제조원가명세서가 필요하다.

생산성지표의 주요 항목은 다음과 같다.

• 노동장비율	$= \dfrac{\text{유형자산} - \text{건설중인자산}}{\text{종업원수}}$
• 자본집약도	$= \dfrac{\text{총자본}}{\text{종업원수}}$
• 총자본투자효율	$= \dfrac{\text{부가가치}}{\text{총자본}} \times 100$
• 설비투자효율	$= \dfrac{\text{부가가치}}{\text{유형자산} - \text{건설중인자산}} \times 100$
• 기계투자효율	$= \dfrac{\text{부가가치}}{\text{기계장치}} \times 100$
• 부가가치율	$= \dfrac{\text{부가가치}}{\text{매출액}} \times 100$
• 종업원 1인당 부가가치	$= \dfrac{\text{부가가치}}{\text{종업원수}}$
• 종업원 1인당 매출액	$= \dfrac{\text{매출액}}{\text{종업원수}}$

1. 노동장비율

노동장비율(property, plant and equipment per capita)은 1인당 유형자산가액을 계산하는 것으로서 금액단위로 표시되며, 종업원 1인당 설비자산의 투자 정도를 측정하기 위하여 사용된다. 일반적으로 경공업보다는 중공업에 속하는 업종의 노동장비율이 높은 편인데 이는 중공업 업종이 비교적 자본집약적 생산형태를 갖추고 있기 때문이다. 다만, 건설중인자산은 생산활동에 사용되고 있는 자산이 아니므로 계산대상에서 제외한다.

$$\text{노동장비율} = \frac{\text{유형자산} - \text{건설중인자산}}{\text{종업원수}}$$

2. 자본집약도

자본집약도(total assets per capita)는 1인당 자산가액을 계산하는 것으로 총자산을 종업원수로 나누어 계산한다.

$$\text{자본집약도} = \frac{\text{총자본(총자산)}}{\text{종업원수}}$$

3. 부가가치

부가가치(value added)는 기업의 산출가치(output value)에서 투입가치(input value)를 차감한 것으로 기업이 구매·제조·판매 등의 영업활동을 통하여 창출한 가치를 말한다. 산출가치는 매출액 등을 말하며 투입가치는 제품생산을 위하여 투입한 생산요소로서 재료비, 전력비, 통신비, 가스수도비 등을 말한다.

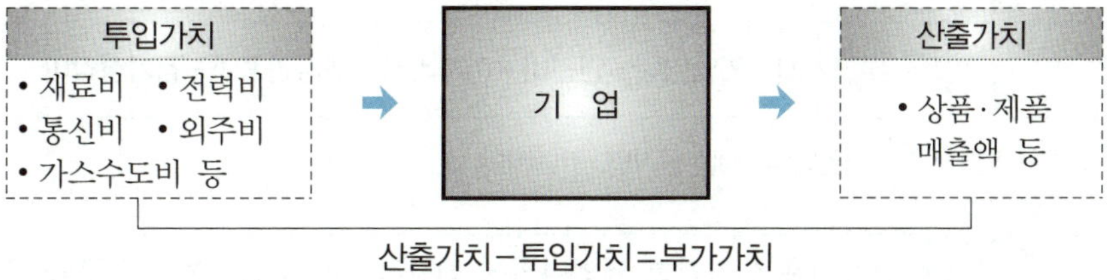

전통적인 경영학에서는 기업을 이익을 창출하기 위한 조직으로 보았다. 기업이 이익을 창출하기 위해서는 수익은 극대화하고 비용은 최소화하여야 한다. 따라서 인건비, 임차료, 이자비용, 세금과공과, 재료비, 전력비, 통신비 등 모든 비용은 이익을 극대화하기 위하여 최소화하여야 하는 대상으로 간주하였다. 특히 인건비 같은 항목을 단지 원가절감대상으로만 보게 되면 종업원을 생산을 위한 하나의 부품으로 보게 되고 이는 노사 간 갈등의 주요한 요인이 되는 경우도 많았다.

그러나 최근에는 기업을 단지 이익을 벌어들이는 조직이 아니라 하나의 사회조직으로 보아 기업경영에 참여한 주주, 채권자, 종업원, 정부 등 여러 참여자들이 참여의 대가로 기업의 경영성과를 분배받는 것으로 이해하기 시작하였다. 기업을 부가가치를 창출하는 조직으로 이해하면 기업은 여러 참여자의 성과를 높이기 위하여 단지 원가절감 혹은 비용절감보다는 산출가치를 높이고 투입가치를 줄여서 부가가치를 창출하기 위하여 노력하게 되며 이는 조직의 구성원에 대한 몫과 만족도를 높이는 효과가 나타나게 되는 것이다. 따라서 생산활동의 효율성과 성과배분의 합리성을 평가하는 생산성분석에서는 전통적인 개념의 '이익'보다는 '부가가치'의 개념을 강조하게 된다.

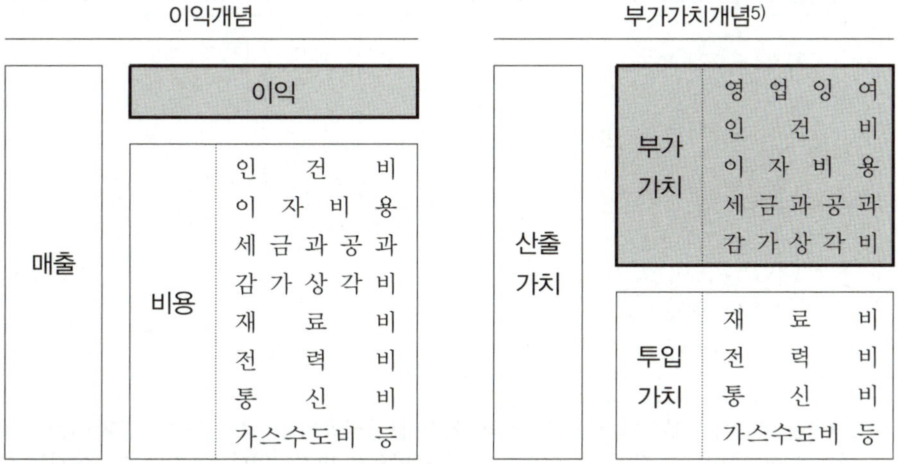

부가가치 = 영업잉여 + 인건비 + 이자비용 + 세금과공과 + 감가상각비

※ 영업잉여 = 영업이익 + 대손상각비 − 이자비용

영업잉여	금융비용을 차감한 영업이익에 해당하므로 영업잉여는 주주와 국가에 분배되는 몫으로 볼 수 있다.
인건비	종업원에 대한 몫을 말하는데 판매관리비와 제조원가에 포함된 급여·노무비·제 수당·상여금·잡급·퇴직급여·복리후생비 등을 말한다.
이자비용	차입금 등에서 발생하는 이자비용을 말하는데 채권자의 몫이라고 할 수 있다.
세금과공과	판매관리비와 제조원가에 포함된 세금과공과를 말한다. 국가나 지방자치단체에게 분배되는 몫으로 볼 수 있다.
감가상각비	판매관리비와 제조원가에 포함된 감가상각비를 말한다.

제조업 전체 부가가치의 구성비율을 살펴보면 다음과 같다.

구 분	부가가치의 구성비율(단위 : %)									
	2013	2014	2015	2016	2017	2018	2019	2020	2021	2022
영업잉여	24.32	18.75	21.33	24.40	30.94	29.46	18.21	18.37	28.16	25.22
인건비	49.70	54.40	53.13	51.31	47.22	47.47	54.55	54.28	47.98	49.68
이자비용	5.61	5.61	4.70	4.26	3.70	3.84	4.36	3.95	3.19	4.14
조세공과	1.46	1.62	1.64	1.58	1.51	1.50	1.79	1.77	1.58	1.59
감가상각비	18.91	19.62	19.21	18.45	16.63	17.73	21.09	21.63	19.08	19.36

5) 2006년 이전에는 부가가치는 경상이익·인건비·순금융비용·임차료·조세공과·감가상각비로 구성된다고 정의되었으나 2007년 이후 현재의 방법으로 변경되었다. 하지만 실무에서는 여전히 예전 항목들에 의하여 부가가치를 계산하는 경우도 있다.

4. 총자본투자효율

총자본투자효율(value-added to total assets)은 총자본(총자산)에 대한 부가가치의 비율을 말하는데 기업이 총자산을 운용하여 연간 얼마만큼의 부가가치를 창출하였는지를 측정하는 지표이다. 자본생산성(productivity of capital)을 측정하는 여러 가지 중 하나 방법이다.

$$총자본투자효율 = \frac{부가가치}{(기초\ 총자본 + 기말\ 총자본)/2} \times 100$$

총자본회전율(=매출액/총자본×100)이 기업의 경영활동에서 자산운용의 효율성을 측정하는 것이라면 총자본투자효율은 기업의 경영활동에서 자산의 생산성을 측정하는 것이라고 할 수 있다.

제조업 총자본투자효율 추세(단위 : %)

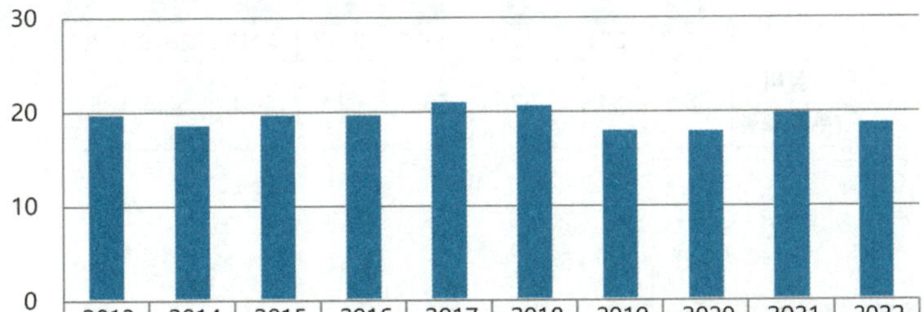

	2013	2014	2015	2016	2017	2018	2019	2020	2021	2022
총자본 투자효율	19.5	18.4	19.5	19.5	20.9	20.5	17.9	17.8	19.8	18.7

5. 설비투자효율

설비투자효율(value-added to property, plant and equipment)은 유형자산(건설중인 자산 제외, 평균금액으로 계산)에 대한 부가가치의 비율을 말하는데 기업이 사용하고 있는 설비자산의 생산성을 측정하기 위하여 사용된다.

$$\text{설비투자효율} = \frac{\text{부가가치}}{\text{유형자산}^{*} - \text{건설중인자산}^{*}} \times 100$$

제조업 설비투자효율 추세(단위 : %)

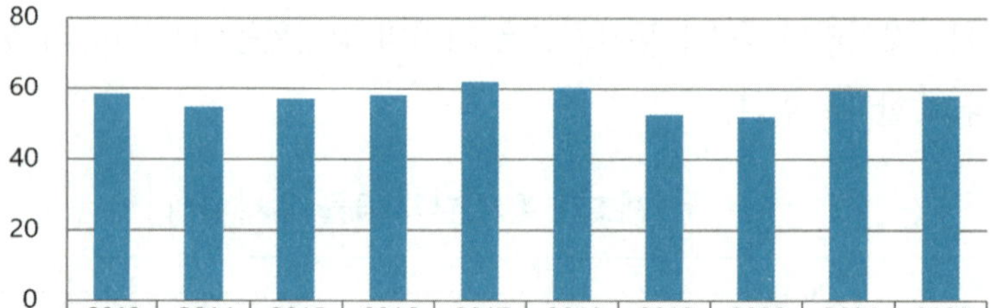

	2013	2014	2015	2016	2017	2018	2019	2020	2021	2022
설비 투자효율	58.5	54.9	57.1	58.1	62.1	60.4	52.6	52.1	59.6	58.0

6. 기계투자효율

기계투자효율(value-added to machinery and equipment)은 기계장치금액에 대한 부가가치의 비율을 말하는데 기업이 사용하고 있는 기계장치의 생산성을 측정하기 위하여 사용되며 설비투자효율의 보조지표로도 사용된다.

$$\text{기계투자효율} = \frac{\text{부가가치}}{(\text{기초기계장치} + \text{기말기계장치})/2} \times 100$$

제조업 기계투자효율 추세(단위 : %)

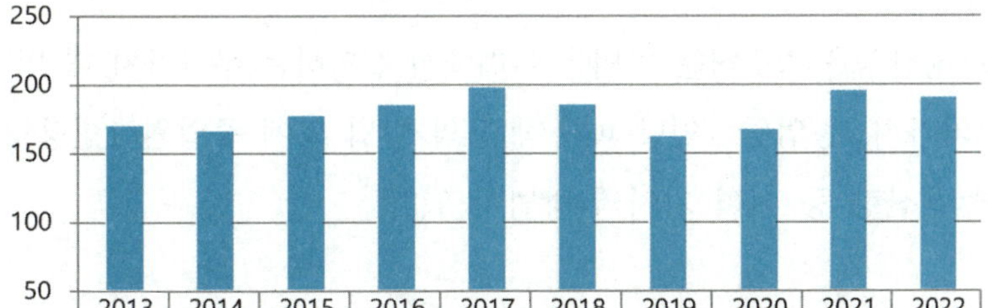

	2013	2014	2015	2016	2017	2018	2019	2020	2021	2022
기계 투자효율	169.1	165.2	176.5	184.3	197.0	184.6	161.5	166.7	194.8	189.7

7. 부가가치율

부가가치율(value－added to sales)은 산출액에 대한 부가가치의 비율을 말하는데 매출액등으로 구성되는 산출액 중 기업의 경영활동에 참여한 이해관계자에게 귀속되는 소득의 비율을 나타낸다. ‘소득률’이라고도 한다.

$$\text{부가가치율} = \frac{\text{부가가치}}{\text{산출액}} \times 100$$

※ 산출액＝매출액＋당기총제조원가－매출원가－외주가공비

부가가치율이 제품의 판매(산출)가치를 높였다는 것을 의미한다. 따라서 기업이 비교적 고난이도의 복잡한 생산과정이나 판매과정을 거쳐 제품을 생산한다는 것을 말한다.

제조업 부가가치율 추세(단위 : %)

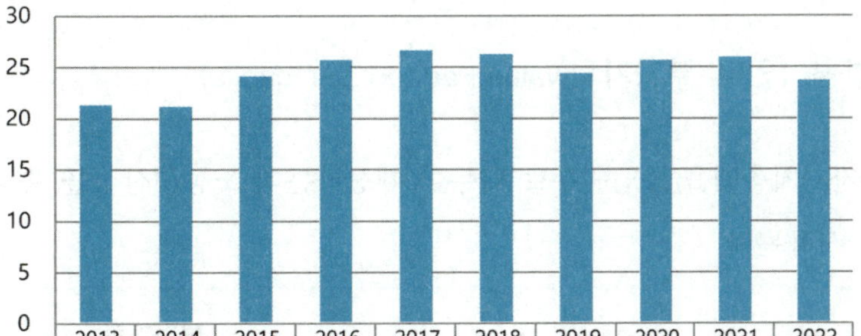

	2013	2014	2015	2016	2017	2018	2019	2020	2021	2022
부가가치율	21.3	21.1	24.0	25.6	26.5	26.2	24.3	25.6	25.9	23.6

8. 노동생산성

노동생산성을 측정하는 방법은 아래에서 설명하는 부가가치 대 인건비, 종업원 1인당 부가가치, 종업원 1인당 매출액 등의 방법 외에 종업원 1인당 세전이익, 종업원 1인당 생산량 등 여러 가지의 방법이 있다.

(1) 부가가치 대 인건비

부가가치 대 인건비(value added to labor costs)는 부가가치를 인건비로 나누어 노동생산성을 측정하는데 인건비가 부가가치창출에 얼마만큼 기여했는가에 의하여 노동생산성을 측정하는 것이다.

$$노동생산성 = \frac{부가가치}{인건비} \times 100$$

제조업 부가가치 대 인건비 추세(단위 : %)

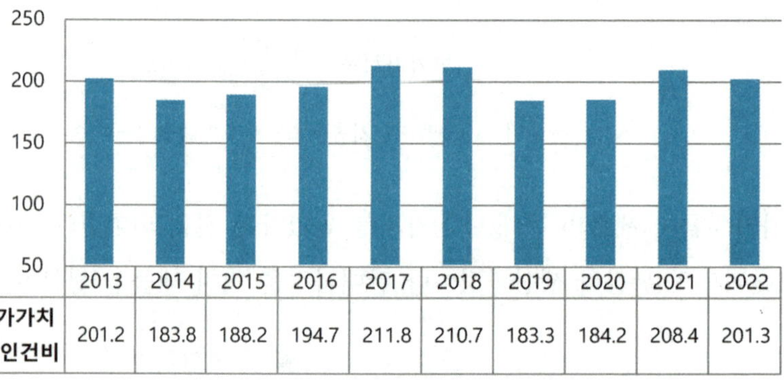

	2013	2014	2015	2016	2017	2018	2019	2020	2021	2022
부가가치 대 인건비	201.2	183.8	188.2	194.7	211.8	210.7	183.3	184.2	208.4	201.3

(2) 종업원 1인당 부가가치(value-added per capita)

부가가치총액을 종업원수로 나누어 계산하는데 노동생산성을 측정하는 중요한 수단으로 사용된다.

$$종업원\ 1인당\ 부가가치 = \frac{부가가치}{종업원수}$$

종업원 1인당 부가가치는 다음과 같이 설비투자효율과 노동장비율에 의하여 계산할 수 있다. 이는 기업이 노동생산성을 높이기 위해서는 설비자산의 활용도를 높이거나 노동장비율을 높여야 한다는 것을 의미한다.

$$
\begin{aligned}
\text{종업원 1인당 부가가치} &= \text{설비투자효율} \times \text{노동장비율} \\
&= \frac{\text{부가가치}}{\text{유형자산} - \text{건설중인자산}} \times \frac{\text{유형자산} - \text{건설중인자산}}{\text{종업원수}}
\end{aligned}
$$

(3) 종업원 1인당 매출액(sales per capita)

매출액을 종업원수로 나누어 계산하는데 종업원 1인당 부가가치와 함께 노동생산성을 측정하기 위하여 많이 쓰이는 지표이다.

$$
\text{종업원 1인당 매출액} = \frac{\text{매출액}}{\text{종업원수}}
$$

종업원 1인당 매출액(단위 : 백만 원)

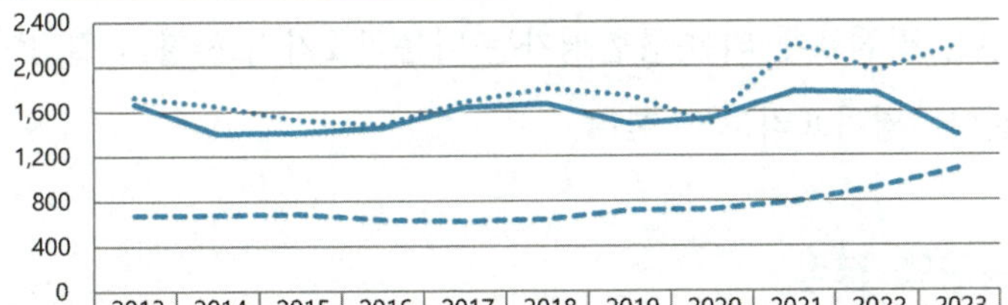

	2013	2014	2015	2016	2017	2018	2019	2020	2021	2022	2023
삼성전자	1,653	1,387	1,395	1,437	1,623	1,654	1,470	1,519	1,760	1,745	1,365
현대차	661	663	669	618	607	622	702	709	772	898	1,062
포스코	1,713	1,634	1,502	1,467	1,674	1,788	1,729	1,478	2,188	1,940	2,168

종업원 1인당 순이익(단위 : 백만 원)

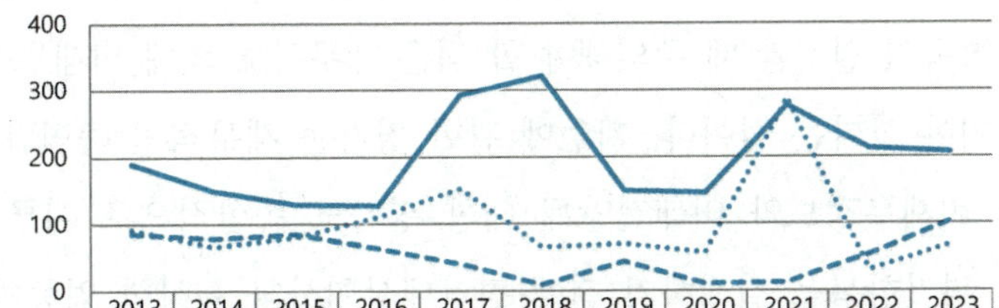

	2013	2014	2015	2016	2017	2018	2019	2020	2021	2022	2023
삼성전자	187	147	126	124	289	319	146	143	273	209	203
현대차	82	76	82	61	37	6	40	7	9	51	100
포스코	89	64	77	108	149	63	67	54	284	28	66

제7절 종합평가

기본적인 재무분석은 기업의 재무제표를 대상으로 하여 안정성·수익성·성장성·활동성·생산성 등 5가지 부문으로 나누어 접근한다. 각각의 내용에 대한 세밀한 분석도 필요하지만 중요한 것은 기업 전체의 모습을 살펴보는 것이다.

안정성은 뛰어나지만 수익성이 떨어지는 회사도 있고, 성장성을 높지만 안정성이 낮은 회사도 있을 수 있다. 이러한 기업의 여러 가지 모습을 종합적으로 살펴보는 과정은 경영분석에서 필수적이라고 할 수 있으므로 이번 절에서는 종합적인 평가과정에 대하여 살펴본다.

1. 종합평점표

평점표(scoring scheme)에 의한 평가방식은 기업에 대한 평가항목을 결정한 후 각각의 항목에 대하여 평가등급을 결정하고 이를 계량화하여 기업평가를 점수화하는 방법을 말한다. 평점표에 의한 종합평가는 다음의 2가지 사항의 결정이 매우 중요한 역할을 하게 된다. 평가표라고도 한다.

(1) 평가항목의 결정

평가자의 평가목적을 감안하여 평가항목 및 배점 등을 고려한다. 평가자는 은행의 입장일 수도 있고, 벤처투자자 입장일 수도 있으며 거래처를 파악하고자 하는 목적일 수도 있다. 실무적으로 평가항목의 선정에 따라 동일한 평가대상회사의 평점이 달라질 수도 있기 때문에 평가항목의 결정이 매우 중요하다고 할 수 있다.

평가항목의 결정할 때 주의해야 할 점은 재무정보 외에 비재무정보도 평가의 대상에 포함시켜야 한다는 점이다. 기업에 관한 평가는 재무적인 측면만으로 평가할 수 없기 때문에 비재무정보와 미래전망에 대한 평가도 종합적으로 이루어져야 할 것이다.

또한 평가항목을 결정하기 전에 평가대상회사와 유사한 업종의 회사들을 선택하여 여러 가지 재무비율을 계산하여 보고 어떤 재무비율을 선택하여 평가하는 것이 기업간 재무적·비재무적 측면의 우열을 가늠할 수 있는지 사전 시뮬레이션작업도 필요하다고 할 수 있다.

종합평점표에서는 주로 다음의 항목들을 고려하여 평가항목을 결정한다.

재무비율	재무제표에서 산출된 재무비율에 의하여 기업의 재무적 건전성을 평가하며 비교적 객관적 평가가 가능하다는 장점이 있다. 재무비율은 통상 안정성, 수익성, 성장성, 활동성, 생산성 등 5가지 영역으로 나누어 평가된다.
미래전망	재무제표에 의한 재무비율은 기본적으로 과거정보라는 한계를 가지고 있다. 과거정보는 검증가능성이나 객관성을 장점으로 들 수 있지만 미래에 대한 예측력에는 한계가 있을 수밖에 없다. 따라서 기업의 미래잠재력을 예측할 수 있는 미래전망에 대한 정보가 필요하다.
비재무정보	재무제표에 의한 재무비율은 재무정보이다. 그러나 기업이란 계량화할 수 없는 영역도 많으므로 이러한 부분에 대한 평가과정이 필요하다. 예를 들어 기업측면, 경영자측면, 종업원 혹은 노조측면 등을 꼽을 수 있다.

(2) 평가등급의 결정

사전에 평가등급의 범위 값을 설정하여 평가의 객관성을 확보한다. 평가등급의 결정은 경쟁회사와의 비교, 산업평균과의 비교 등의 방법이 있다.

경쟁회사와의 비교방법은 동업종 내에서 유사한 회사들을 선정하여 해당 회사들의 재무비율을 계산하고 이를 통하여 평가대상회사의 재무적 평가수준을 결정하는 방법을 말한다.

산업평균과의 비교 등의 방법은 평가대상회사의 재무비율과 업종평균비율을 비교하여 배수를 계산하고 이를 평가등급 구간수치에 맞추어 평가하는 방법을 말한다.

(3) 종합평점표의 작성

다음의 사례를 통하여 종합평점표에 대하여 살펴보도록 한다.

구 분		항 목	배점	평 가 A (100%)	B (80%)	C (60%)	D (40%)	E (20%)	평 점	
재무비율(60)	안정성(15)	유동비율	3		○				2.4	
		당좌비율	3		○				2.4	
		비유동장기적합률	3			○			1.8	
		부채비율	3		○				2.4	
		차입금의존도	3			○			1.8	10.8
	수익성(15)	총자산순이익률	3			○			1.8	
		자기자본순이익률	3		○				2.4	
		매출액영업이익률	3		○				2.4	
		매출액순이익률	3		○				2.4	
		이자보상비율	3			○			1.8	10.8
	성장성(10)	매출액증가율	4		○				3.2	
		총자산증가율	2		○				1.6	
		유형자산증가율	2	○					2.0	
		자기자본증가율	2	○					2.0	8.8
	활동성(10)	총자산회전율	2.5			○			1.5	
		재고자산회전율	2.5			○			1.5	
		매출채권회전율	2.5		○				2.0	
		매입채무회전율	2.5			○			1.5	6.5
	생산성(10)	노동장비율	2.5		○				2.0	
		총자본투자효율	2.5		○				2.0	
		설비투자효율	2.5		○				2.0	
		부가가치율	2.5			○			1.5	7.5
미래전망(20)	성장전망	예상매출증가율	4	○					4.0	
	이익전망	예상영업이익증가율	4	○					4.0	
	시장전망	예상시장성장률	4		○				3.2	
	제품전망	신제품개발	4		○				3.2	
	기술전망	기술개발	4		○				3.2	17.6
비재무정보(20)	경영자(6)	경영자성향	2	○					2.0	
		경영비전	2	○					2.0	
		경영전략	2		○				1.6	5.6
	기업(8)	경영전술	2		○				1.6	
		조직문화	1			○			0.6	
		연구개발능력	1				○		0.4	
		생산기술수준	1			○			0.6	
		시장점유율	1			○			0.6	
		자금조달	1			○			0.6	
		업력	1				○		0.4	4.8
	종업원(6)	노사관계	2			○			1.2	
		노조성향	2			○			1.2	
		인력수준	2			○			1.2	3.0
계			100							75.4

(A : 아주 좋음, B : 좋음, C : 보통, D : 나쁨, E : 아주 나쁨)

평점표 작성과정에서 어려운 부분은 평가등급의 결정방법이라 할 수 있다. 이론적으로 가장 좋은 방법은 평가대상회사가 속해 있는 업종의 재무비율 분포를 파악하여 평가대상회사의 재무비율과 비교하는 방법이라 할 수 있다. 하지만 업종의 재무비율 분포는 많은 노력, 시간 및 금전적 투자를 요하므로 현실적으로는 획득하기 매우 어려운 자료이다. 따라서 본서에서는 평가등급을 결정할 수 있는 간단한 방법을 소개하고자 한다.

가. 경쟁회사 재무비율과 비교하는 방법

경쟁회사 재무비율과 비교하는 방법은 동일업종 내의 여러 경쟁회사의 재무비율과 비교하는 방법으로 경쟁회사 들의 재무비율을 구체적으로 확인할 수 있고 업종 내에서 평가대상회사의 재무적 장·단점을 비교적 정확하게 수치화하여 평가할 수 있는 장점이 있다.

예를 들어 평가대상회사가 X회사이며 동일업종 내 경쟁회사들의 유동비율분포가 다음과 같다고 가정하자.

- 평가항목 : 유동비율
- X회사 유동비율 : 128%
- 동일 업종 내 경쟁회사의 유동비율

회사명	유동비율	회사명	유동비율
K사	157%	P사	78%
L사	65%	Q사	86%
M사	142%	R사	95%
N사	131%	S사	102%
O사	129%	T사	113%

경쟁회사의 재무비율을 파악하였다면 이를 양호한 재무비율순으로 재배열한다.

순위	유동비율	평가등급	평균
1위	157%	A 등급	110%
2위	142%		
3위	131%	B 등급	
4위	129%		
5위	113%	C 등급	
6위	102%		
7위	95%	D 등급	
8위	86%		
9위	78%	E 등급	
10위	65%		

따라서 최종적인 평가등급은 다음과 같이 결정되면 평가대상회사인 X회사의 유동비율은 128%이므로 C등급으로 평가한다.

평가항목	평 가 등 급				
	A	B	C	D	E
	142% 이상	142%~ 129% 이상	129%~ 102% 이상	102%~ 86% 이상	86% 미만
유동비율			●		

나. 업종평균비율과 비교하는 방법

업종평균비율과 비교하는 방법은 평가대상회사의 재무비율과 업종평균비율을 비교하여 '배수'를 계산하고 이를 평가등급 구간수치에 맞추어 평가하는 방법을 말한다. 예를 들어 평가대상회사를 X회사라 하고 X회사가 속해 있는 산업평균비율(업종평균비율)을 Y라 하면 다음과 같이 평가할 수도 있다.

- 평가항목 : 유동비율
- X회사 유동비율 : 128%
- 산업평균비율(Y) : 120%
- 배수(X/Y) : 1.07

평가항목	배수	평 가 등 급				
		A	B	C	D	E
		1.3 이상	1.3 미만 1.1 이상	1.1 미만 0.9 이상	0.9 미만 0.7 이상	0.7 미만
유동비율	1.07			●		

위의 평가등급표를 재무비율로 환산하면 다음과 같다.

평가항목	비율	평 가 등 급				
		A	B	C	D	E
		156% 이상	156% 미만 132% 이상	132% 미만 108% 이상	108% 미만 84% 이상	84% 미만
유동비율	128%			●		

다만, 평가등급 구간수치의 결정은 해당 업종의 재무비율의 분포와 경제적 상황 등을 고려하여야 하므로 위의 구간수치가 절대적인 것은 아니며 상황에 따라서는 더 넓혀야 하는 경우도 있을 수 있다. 구간수치는 해당 업종 경쟁회사들의 재무비율을 고려하여 적절하게 설정하여야 한다.

한편, 부채비율처럼 낮을수록 양호한 재무비율은 '배수'를 계산할 때 역으로 계산하여야 적절하게 평가된다.

- 평가비율 : 부채비율
- X회사 부채비율 : 75%
- 산업평균비율(Y) : 100%
- 배수(Y/X) : 1.33

평가항목	배수	평 가 등 급				
		A	B	C	D	E
		1.5 이상	1.5 미만 1.2 이상	1.2 미만 0.8 이상	0.8 미만 0.5 이상	0.5 미만
부채비율	1.33		●			

■ 평점표 작성 시 유의사항

평가목적에 따른 배점부여	평가자의 평가목적에 따라 중요시하는 재무비율이 달라진다. 따라서 사전에 평가목적을 정확하게 규정하고 이에 따라 배점을 항목별로 부여하여야 한다.
업종별 재무비율	평가대상기업은 수없이 많은 종류의 업종이 될 수 있다. 업종에 따라 모든 재무비율은 높고 낮음에 대한 해석과 평균재무비율이 다르므로 업종별 재무비율이 준비되어야 한다.
재무비율의 등급화	평가대상기업의 재무비율을 평가하기 위해서는 평가지표를 수준별로 구분하여야 한다. 따라서 모든 비율이 사전에 A, B, C, D, E수준에 따라 등급화되어 있어야 한다.
비재무정보의 객관적 평가	미래전망을 포함하여 비재무정보는 검증할 수 없는 정보이다. 따라서 검증은 불가능하여도 최소한의 객관성을 유지할 수 있는 평가체계가 마련되어야 한다. 즉 복수평가제도 등을 도입하는 것도 하나의 방법이 될 수 있다.
기업의 장단점 파악	평가 후 각 영역별 점수를 집계하여 기업의 장점과 단점을 파악하도록 한다.
추세분석	기업의 재무상황은 경제상황이나 산업의 변화에 영향을 받아 매년 달라지므로 최소한 3년 이상의 기업평가를 실시하여 기업이 변화해가는 모습을 파악하도록 한다.

(4) 전문신용평가기관의 신용평가등급표

전문신용평가기관들의 경우 다음과 같이 평가등급을 사전에 결정하여 두고 앞서 살펴본 평점표의 평가결과를 이용하여 신용평가등급을 결정한다.

가. 국내신용평가사

AAA	원리금 지급능력이 최상급임.
AA	원리금 지급능력이 매우 우수하지만 AAA의 채권보다는 다소 열위임.
A	원리금 지급능력은 우수하지만 상위등급보다 경제여건 및 환경악화에 따른 영향을 받기 쉬운 면이 있음.
BBB	원리금 지급능력이 양호하지만 상위등급에 비해서 경제여건 및 환경악화에 따라 장래 원리금의 지급능력이 저하될 가능성을 내포하고 있음.

BB	원리금 지급능력이 당장은 문제가 되지 않으나 장래 안전에 대해서는 단언할 수 없는 투기적인 요소를 내포하고 있음.
B	원리금 지급능력이 결핍되어 투기적이며 불황시에 이자지급이 확실하지 않음.
CCC	원리금 지급에 관하여 현재에도 불안요소가 있으며 채무불이행의 위험이 커 매우 투기적임.
CC	상위등급에 비하여 불안요소가 더욱 큼.
C	채무불이행의 위험성이 높고 원리금 상환능력이 없음.
D	상환 불능상태임.

※ 상기등급 중 AA부터 B등급까지는 +, −부호를 부가하여 동일 동급 내에서의 우열을 나타냄

나. S&P 신용평가등급

AAA	Extremely strong capacity to meet financial commitments. Highest Rating.
AA	Very strong capacity to meet financial commitments.
A	Strong capacity to meet financial commitments, but somewhat susceptible to adverse economic conditions and changes in circumstances.
BBB	Adquate capacity to meet financial commitments, but more subject to adverse economic conditions.
BBB−	Considered lowest investment grade by market participants.
BB+	Considered highest speculative grade by market participants.
BB	Less vulnerable in the near−term but faces major ongoing uncertainties to adverse business, financial and economic conditions.
B	More vulnerable to adverse business, financial and economic conditions but currently has the capacity to meet financial commitments.
CCC	Currently vulnerable and dependent on favorable business, financial and economic conditions to meet financial commitments.
CC	Currently highly vulnerable.
C	Currently highly vulnerable obligations and other defined circumstances.
D	Payment default on financial commitments.

※ Ratings from 'AA' to 'CCC' may be modified by the addition of a plus(+) or minus(−) sign to show relative standing within the major rating categories.

다. Moody's 신용평가등급

Aaa	Aaa are judged to be of the highest quality, with minimal credit risk.
Aa	Aa are judged to be of high quality and are subject to very low credit risk.
A	A are considered upper-medium grade and are subject to low credit risk.
Baa	Baa are subject to moderate credit risk.
Ba	Ba are judged to have speculative elements and are subject to substantial credit risk.
B	B are considered speculative and are subject to high credit risk.
Caa	Caa are judged to be of poor standing and are subject to very high credit risk.
Ca	Ca are highly speculative and are likely in, or very near, default, with some prospect of recovery of prinsipal and interest.
C	C are the lowest rated class and are typically in default, with little prospect for recovery of principal or interest.

※ Moody's appends numerical modifiers 1, 2 and 3 to each generic rating classification from Aa through Caa. The modifier 1 indicate that the obligation ranks in the higher end of its generic rating category; the modifier 2 indicates a mid-range ranking; and the modifier 3 indicates a ranking in the lower end of that generic rating category.

2. 레이더차트

레이더차트(radar chart)는 재무분석의 결과를 그림으로 표현하여 시각적 효과를 강조하는 방법으로서 프레젠테이션 등에서 많이 사용되는 방법이다. 측정지표에 따라 %, 회 또는 금액 등 각각 상이한 단위에 의하여 재무비율이 표현되기 때문에 여러 가지의 재무비율을 그림으로 표현함으로써 이해가능성을 높이고 분석하고자 하는 기업의 재무적인 강점과 약점을 쉽게 찾을 수 있으며 이를 시각적으로 전달할 수 있다는 장점을 가지고 있다.

(1) 평점표를 이용하는 방법

평점표의 평가결과를 레이더차트 작성에 이용하는 방법으로 레이더차트 작성을 비교적 단순화하는 방법이다. 예를 들어 평점표에 의한 평가결과가 다음과 같다고 가정하면 평가등급을 점수로 환산하여 레이더차트를 표현한다.

평가등급		점수 환산
A	➡	5
B	➡	4
C	➡	3
D	➡	2
E	➡	1

<table>
<tr><th rowspan="2">구 분</th><th rowspan="2">항 목</th><th colspan="5">평 가 등 급</th><th rowspan="2">점수 환산</th></tr>
<tr><th>A</th><th>B</th><th>C</th><th>D</th><th>E</th></tr>
<tr><td rowspan="4">안정성</td><td>유동비율</td><td></td><td>○</td><td></td><td></td><td></td><td>4</td></tr>
<tr><td>비유동장기적합률</td><td>○</td><td></td><td></td><td></td><td></td><td>5</td></tr>
<tr><td>부채비율</td><td>○</td><td></td><td></td><td></td><td></td><td>5</td></tr>
<tr><td>차입금의존도</td><td>○</td><td></td><td></td><td></td><td></td><td>5</td></tr>
<tr><td rowspan="4">수익성</td><td>총자산순이익률</td><td></td><td></td><td>○</td><td></td><td></td><td>3</td></tr>
<tr><td>자기자본순이익률</td><td></td><td></td><td>○</td><td></td><td></td><td>3</td></tr>
<tr><td>매출액영업이익률</td><td></td><td></td><td>○</td><td></td><td></td><td>3</td></tr>
<tr><td>이자보상비율</td><td>○</td><td></td><td></td><td></td><td></td><td>5</td></tr>
<tr><td rowspan="4">성장성</td><td>매출액증가율</td><td></td><td></td><td></td><td></td><td>○</td><td>1</td></tr>
<tr><td>총자산증가율</td><td></td><td></td><td></td><td>○</td><td></td><td>2</td></tr>
<tr><td>유형자산증가율</td><td></td><td></td><td></td><td>○</td><td></td><td>2</td></tr>
<tr><td>자기자본증가율</td><td></td><td></td><td>○</td><td></td><td></td><td>3</td></tr>
<tr><td rowspan="4">활동성</td><td>총자산회전율</td><td></td><td></td><td>○</td><td></td><td></td><td>3</td></tr>
<tr><td>재고자산회전율</td><td></td><td></td><td></td><td>○</td><td></td><td>2</td></tr>
<tr><td>매출채권회전율</td><td></td><td></td><td>○</td><td></td><td></td><td>3</td></tr>
<tr><td>매입채무회전율</td><td></td><td></td><td>○</td><td></td><td></td><td>3</td></tr>
<tr><td rowspan="4">생산성</td><td>노동장비율</td><td></td><td></td><td>○</td><td></td><td></td><td>3</td></tr>
<tr><td>총자본투자효율</td><td></td><td></td><td></td><td>○</td><td></td><td>2</td></tr>
<tr><td>설비투자효율</td><td></td><td></td><td>○</td><td></td><td></td><td>3</td></tr>
<tr><td>부가가치율</td><td></td><td></td><td></td><td>○</td><td></td><td>2</td></tr>
</table>

※ 레이더차트는 각 영역별로 동일한 개수의 재무비율에 의하여 작성되어야 균형있는 평가가 된다.

위의 환산표를 레이더차트로 표시하면 다음과 같다.

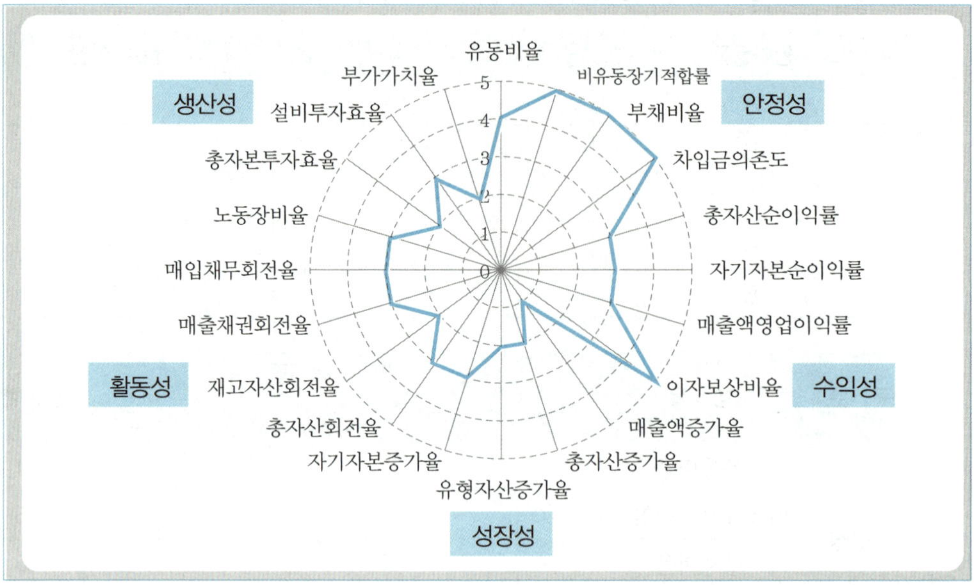

위의 예로 제시된 레이더차트를 해석하면 해당기업은 안정성을 뛰어나지만 생산성과 활동성은 업계평균수준이거나 저조한 수준이라는 것을 알 수 있다. 따라서 레이더차트에 의한 평가방법의 장점은 회계에 대한 지식이 많지 않은 일반인도 쉽게 이해할 수 있다는 점이다.

(2) 산업평균비율과 비교하는 방법

개별기업의 재무비율을 산업평균과 비교하여 배수를 산출, 이를 그림으로 표현하는 방법이다. 산업평균에 대한 배수를 계산하는 것은 측정지표에 따라 %, 회 또는 금액 등 각각 상이한 단위에 의하여 재무비율이 표현되기 때문에 산업평균에 대한 우열관계를 공통적으로 표현하기 위해서이다.

산업평균에 대한 우열관계는 다음과 같은 배수표를 작성하여 파악한다. 예를 들어 분석하고자 하는 A회사의 재무비율과 산업평균이 다음과 같은 경우 배수를 산정하면 다음과 같다.

구 분		A회사(A)	산업평균(B)	배수(A/B)
안정성	유동비율	150.20%	116.97%	1.28
	비유동장기적합률(*)	81.23%	90.57%	1.11
	부채비율(*)	65.20%	104.24%	1.60
	차입금의존도(*)	15.55%	24.01%	1.54
수익성	총자산순이익률	14.23%	9.38%	1.52
	자기자본순이익률	18.21%	15.61%	1.17
	매출액영업이익률	9.56%	7.56%	1.26
	이자보상비율	650.32%	575.79%	1.13
성장성	매출액증가율	9.54%	17.10%	0.56
	총자산증가율(#)	7.16%	7.96%	0.90
	유형자산증가율	3.25%	4.78%	0.68
	자기자본증가율	15.00%	14.50%	1.03
활동성	총자산회전율	1.56회	1.20회	1.30
	재고자산회전율	15.63회	10.82회	1.44
	매출채권회전율	19.54회	8.02회	2.44
	매입채무회전율	16.33회	11.35회	1.44
생산성	노동장비율	135백만 원	124백만 원	1.09
	총자본투자효율	43.55%	27.51%	1.58
	설비투자효율	70.45%	58.12%	1.21
	부가가치율	27.92%	22.86%	1.22

(*) 낮을수록 양호한 것으로 평가되는 재무비율은 역수로 계산한다(산업평균/A회사).
(#) 단순계산할 수 없는 항목들은 평가자의 종합적 판단으로 계산한다.

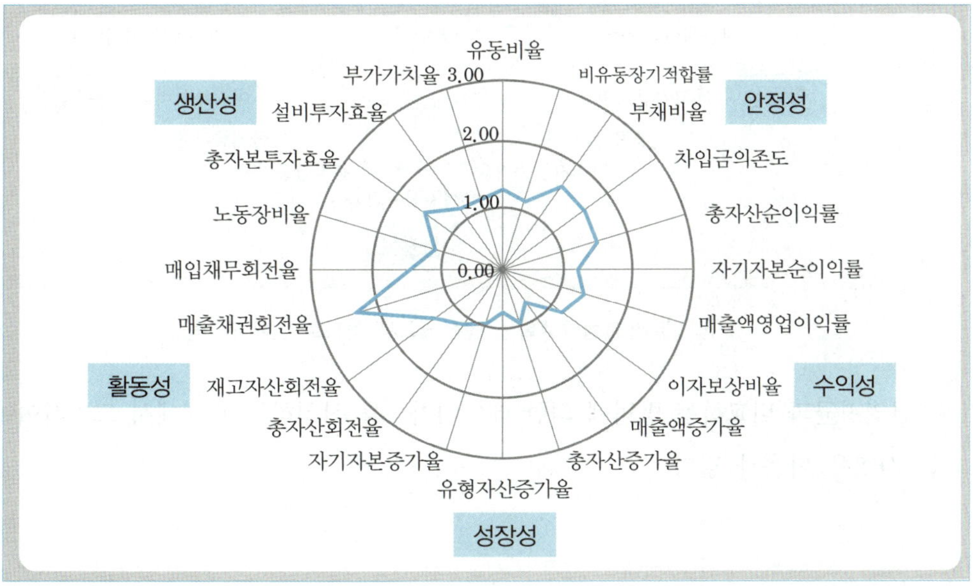

위의 레이더차트에서 3개의 동심원이 있는데 1.00으로 표시된 동심원은 산업평균수준을 의미한다. 이는 앞서 살펴본 배수계산에서 산업평균을 기준으로 개별회사의 재무비율을 계산하였기 때문이다. 따라서 1.00 밖으로 표시된 지표는 산업평균보다 양호한 상태를 의미하며 1.00 안으로 표시된 지표는 산업평균보다 열등한 상태를 의미한다. 위의 레이더차트에서 A회사는 성장성을 제외한 안정성, 수익성, 활동성 및 생산성부문에서 산업평균을 전체적으로 상회하고 있음을 알 수 있다. 다만, 성장성부문에서는 대부분의 지표가 1.00보다 작으므로 산업평균보다 못 미치는 수준을 유지한다는 것을 의미한다. 따라서 회사는 재무적 균형과 성과를 내기 위해서는 성장성을 높일 수 있도록 노력하여야 할 것이다.

한편, 레이더차트에 의한 종합평가방법은 다음처럼 추세분석뿐만 아니라 기업 간 비교에서도 사용할 수 있다.

추세분석의 사례

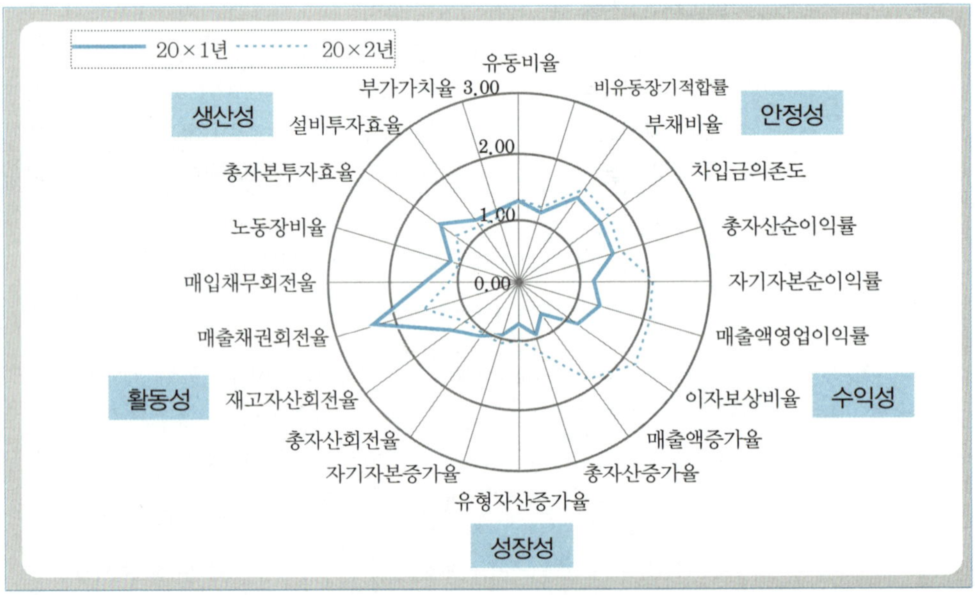

* 기업 간 비교(실선 A회사, 점선 B회사) 용도로 전환이 가능하다.

산업평균과 비교하는 방법에 의한 레이더차트를 작성하는 과정에서 고려하여야 하는 사항은 다음과 같다.

가. 평가스케일 설정

산업평균과 동일한 수준은 1.0으로 표시하지만 산업평균보다 양호한 경우 몇 점을 만점으로 할 것인가의 문제이다. 앞의 사례에서는 3.0으로 하였으나 평가항목에서 산출된 배수와 평가자의 판단에 따라 3.0 혹은 4.0 정도로 설정하는 것이 일반적이다.

나. 평가배수의 계산

① 산업평균이 매우 낮은 경우

산업평균 대비 개별회사의 배수를 계산할 때 배수가 간혹 매우 높게 산출되는 경우가 있다. 이는 주로 산업평균으로 인한 현상으로 예를 들어 다음과 같은 경우이다.

■ 평가항목 :	매출액증가율
■ 평가대상회사 :	10%
■ 산업평균 :	0.1%
■ 배수 :	100

만약 배수를 계산된 그대로 100으로 한다면 다른 항목과 같이 표시하는 것이 불가능할 것이다. 일반적으로 안정성항목은 배수가 3.0 정도 이상 산출되는 경우가 거의 없지만 수익성항목은 특성상 위와 같이 예외적으로 높게 산출되는 경우가 있다. 또한 계산상으로는 배수가 100이라 하더라도 의미상으로는 100배라고 보기는 곤란하므로 이러한 경우에는 레이더차트에서 평가자가 만점을 3.0으로 설정하였다면 3.0으로 수정표시한다든가 종합적 판단에 따라 2.5 내외의 배수를 부여할 수 있을 것이다. 평가자의 주관이 상당부분 개입될 수밖에 없다.

② 산업평균이 음수인 경우

산업평균이 음수(−)인 경우에는 배수 자체가 산정될 수 없다. 이러한 경우에도 위에서 언급한 것처럼 평가자의 판단에 따라 배수를 부여하고 표시한다.

■ 평가항목 :	매출액증가율
■ 평가대상회사 :	10%
■ 산업평균 :	(−)3%
■ 배수 :	?

③ 산업평균이 음수이고 평가대상회사의 재무비율도 음수인 경우

산업평균이 음수이고 평가대상회사의 재무비율도 음수인 경우인 경우에도 배수자체가 산정될 수 없다. 이러한 경우에도 위에서 언급한 것처럼 평가자의 판단에 따라 배수를 부여하고 표시한다.

■ 평가항목 :	매출액증가율
■ 평가대상회사 :	(−)9%
■ 산업평균 :	(−)3%
■ 배수 :	?

④ 낮을수록 양호한 지표

부채비율, 비유동비율, 비유동장기적합률, 차입금의존도, 매출원가율 등처럼 낮을수록 양호한 것으로 평가되는 재무비율들은 배수를 계산할 때 역수로 계산한다.

■ 일반항목의 배수계산 : $\dfrac{\text{분석대상회사의 재무비율}}{\text{산업평균비율}}$

■ 부채비율 등의 배수계산 : $\dfrac{\text{산업평균비율}}{\text{분석대상회사의 재무비율}}$

다. 추세분석 또는 기업 간 비교

동일회사에 대하여 2~3년간의 차트를 동시에 그려서 추세분석을 하거나 경쟁회사 2, 3개의 차트를 동시에 그려서 기업 간 비교를 한다면 보다 나은 정보를 얻을 수 있다.

라. 기타사항

레이더차트는 계량화할 수 있는 정보를 주 대상으로 하지만 비계량정보도 포함시킬 수 있다. 평점표에서 살펴본 미래전망이나 비계량정보도 일부 포함하여 분석한다면 보다 종합적인 평가가 가능할 것이다.

제 3 편

경영관리를 위한 원가관리회계

financial statements analysis & business management

CHAPTER 01

원가의 기초 및 흐름

제1절 원가관리회계시스템

원가관리회계는 원가회계와 관리회계로 구분할 수 있는데 각각에 대하여 살펴보면 다음과 같다.

1. 원가회계(cost accounting)

제품·재공품 등의 원가계산을 수행하는 회계분야로서 1차적으로는 기업의 외부공포용 재무제표를 작성하는 과정 중 가장 중요한 절차이며, 2차적으로는 원가계산에서 산출된 정보를 이용하여 기업이 의사결정이나 성과평가를 할 수 있는 기본적인 경영정보를 제공하여 주는 분야라고 할 수 있다. 따라서 원가회계는 기업의 결산절차라는 측면에서 어느 정도 기업회계기준 등 일반적으로 인정된 회계원칙(GAAP; generally accepted accounting principle)의 통제를 받게 되며, 주주·채권자·정부 등과 같은 기업 외부의 여러 이해관계자에게 원가정보를 제공하게 된다. 그러나 기업내부의 경영정보를 산출하는 과정에서는 기업회계기준과 관계없이 자유롭게 정보를 측정·분류·보고하게 되며 정보보고의 대상도 기업의 내부 이해관계자인 경영자에 국한된다.

2. 관리회계(managerial accounting)

원가회계에서 산출된 정보를 이용하여 경영의사결정과정에 활용하거나, 경영의사결정 후에 성과평가에 활용하는 분야로서 주로 기업의 내부 이해관계자를 위하여 정보를 제공하게 된다. 관리회계는 정보보고의 대상이 내부이해관계자인 경영자로 국한되기 때문에 일반적으로 인정된 회계원칙이 존재하지 않으며, 회계보고서도 재무제표처럼 회계원칙의 지배를 받지 않기 때문에 자유로운 형식에 따라 보고하고, 경영자의 경영 의사결정에 목적적합한 정보를 제공하기 위하여 과거정보뿐 아니라 미래정보도 보고 대상에 포함된다.

원가관리회계시스템을 그림으로 표시하면 다음과 같다.

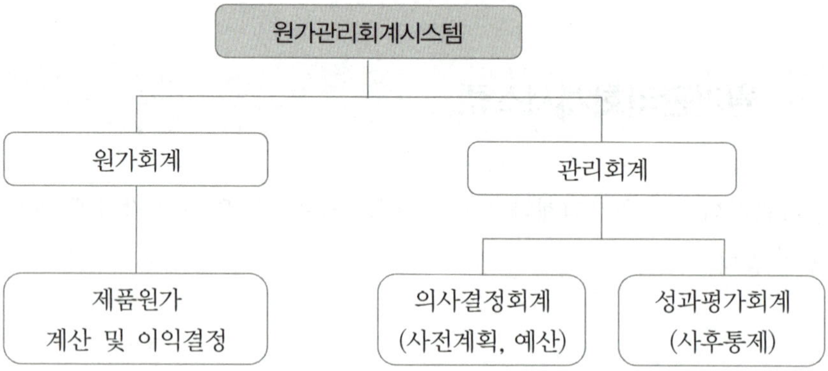

위의 그림에서 원가회계와 관리회계는 단지 강조하는 점만 차이가 나는 것이며 양자가 함께 원가관리회계시스템을 구축하게 되므로 관리회계라는 용어로 포괄적으로 사용하기도 하고 양자를 합하여 원가관리회계라고도 한다.

제2절 원가의 분류

원가의 분류체계를 살펴보기 전에 짚고 넘어가야 할 것은 원가(原價)에 대한 기본적인 정의이다. 이론적인 원가에 대한 정의와 달리 실무적으로 총원가(總原價)는 제조원가와 판매관리비로 구성된다고 정의된다. 물론 원가를 협의로 해석해서 제조원가만을 지칭하는 경우도 있기는 하지만 일반적으로는 재료비·노무비·경비 등으로 구성된 제조원가와 판매관리비를 지칭한다. 이를 그림으로 표현하면 다음과 같다.

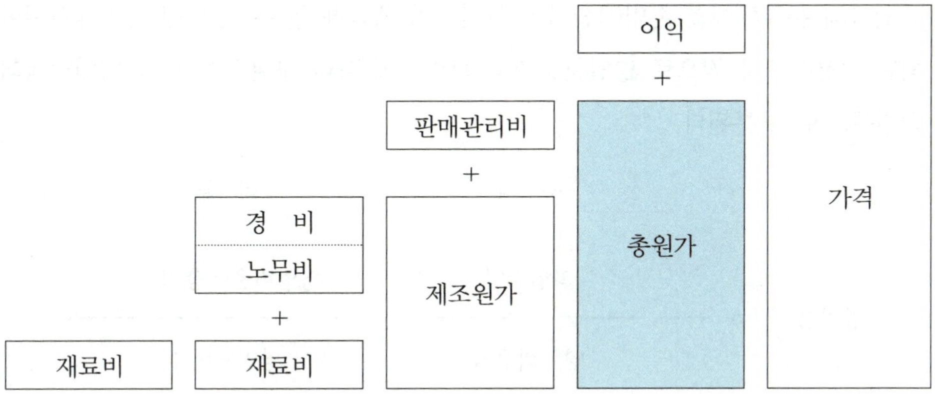

그림을 오른쪽부터 살펴본다면 가격은 원가와 이익으로 구성된다. 원가는 제조원가와 판매관리비로 구성되며 제조원가는 재료비, 노무비, 경비 등으로 구성된다.

이를 하나의 그림으로 합치면 다음과 같다.

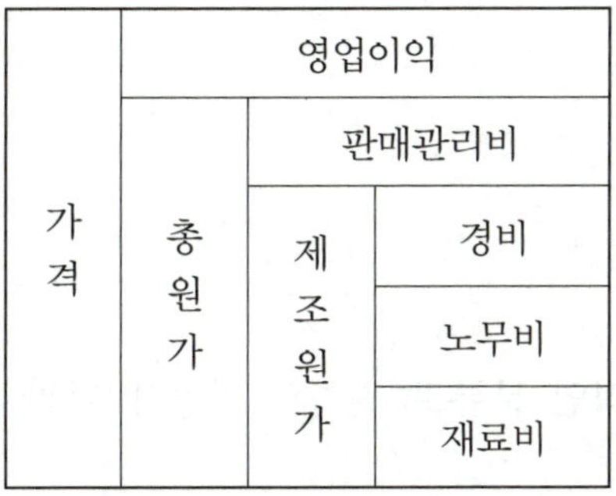

2022년 말 기준으로 제조업 평균 판매가격 구성은 다음과 같다.

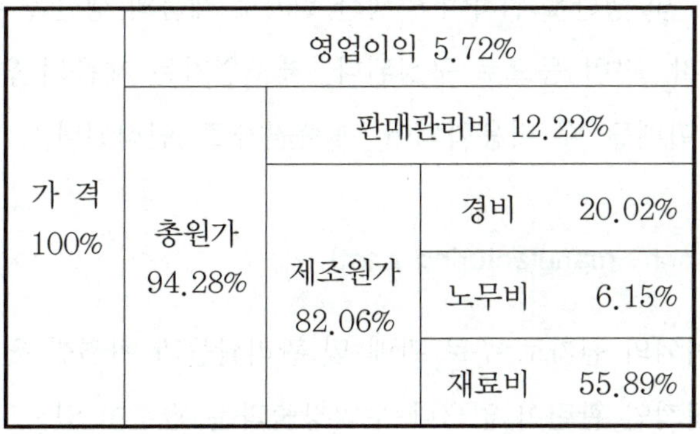

원가의 분류체계를 손익계산서와 연결하여 생각해 볼 수 있는데 손익계산서에서 수익과 비용은 기본적으로 영업활동과의 관련성에 따라 구분하여 각각 영업항목과 영업외항목으로 구분된다.

	수 익	비 용
영업성 ➡	영업수익	영업비용(=총원가)
	영업외수익	영업외비용

비용과 원가를 엄격하게 달리 설명하는 회계이론과 달리 총원가의 정의를 지극히 실무적인 측면에서 살펴본다면 위의 비용의 구분체계에서 영업비용을 지칭하는 의미로 사용된다. 따라서 앞으로 총원가에 대하여 살펴볼 때에는 영업외비용(제조업 등을 전제로 이자비용, 외환차손, 외화환산손실, 유형자산처분손실, 지분법손실, 기부금, 잡손실 등)은 포함되지 않는다.

1. 기능에 따른 분류

원가의 가장 기본적인 분류로 원가의 기능에 따라 다음과 같이 구분한다.

(1) 제조원가(manufacturing cost)

제품의 제조 및 생산을 위하여 발생한 원가로 제품의 생산을 위하여 공장에서 발생한 재료비, 노무비, 경비 등으로 구성된다. 제조원가는 제품의 원가를 구성하여 재고로 남아 있다가 판매될 때 비용화되어 '매출원가'로 인식된다.

(2) 비제조원가(non-manufacturing cost)

제조원가 이외의 원가로 주로 판매 및 관리활동과 관련한 원가들이다. 이는 제품의 제조와는 직접적인 관련이 없으나 수익창출과는 관련이 있으므로 기간수익과 대응되는 기간비용으로 인식된다. 일반적으로 판매비와 관리비가 여기에 속한다.

제조원가와 판매관리비의 구분사례

제조원가	판매비와 관리비
생산직 사원의 노무비	관리부서·판매부서 사원의 급여
기계장치의 감가상각비	본사건물 혹은 비품의 감가상각비
공장건물보험료, 수도광열비	본사건물의 보험료, 수도광열비
생산부서의 복리후생비	판매부서의 복리후생비
공장의 세금과공과	본사건물의 세금과공과

실무적으로는 대기업의 경우 통상 본사와 공장이 분리되어 있기 때문에 공장에서 발생하는 일체의 원가는 제조원가로 구분하고, 본사의 영업·관리·기획·재무·회계파트 등에서 발생하는 원가는 비제조원가(판매관리비)로 처리하고 하는 것이 일반적이다.

하지만 중소기업의 경우에는 본사와 공장이 구분되어 있지 않은 경우가 대부분이므로 부서단위로 구분하여 생산파트에서 발생하는 원가는 제조원가, 비생산파트(영업·관리·기획·재무·회계 등)에서 발생하는 원가는 비제조원가(판매관리비)로 구분하기도 한다. 다만, 특정부서에 귀속시킬 수 없는 회사전체에서 발생하는 원가는 일정한 기준을 설정하여 제조원가와 비제조원가로 구분한다.

〈대기업 등의 경우〉

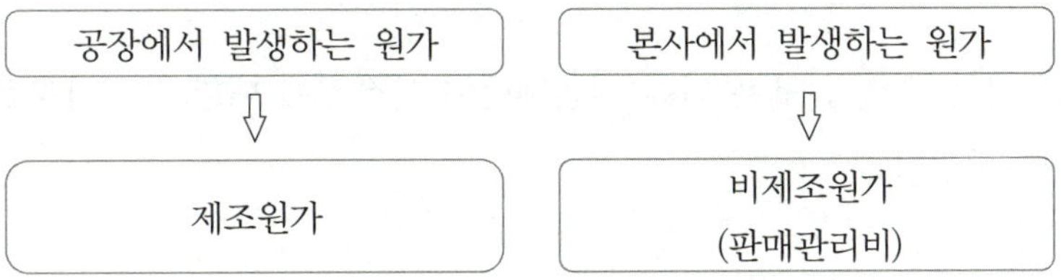

〈중소기업 등의 경우〉

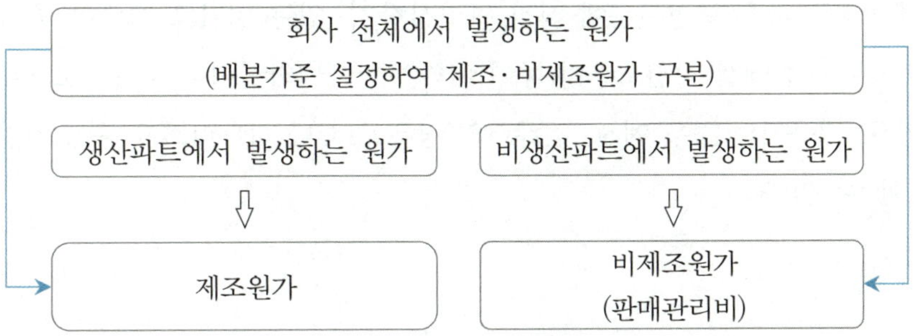

2. 제조원가의 요소별 분류

제품생산을 위한 제조원가는 생산요소의 종류에 따라 다음과 같이 나누어진다.

(1) 재료비

제품의 생산에 필수적인 원재료 등의 원가를 말한다.

(2) 노무비

제품을 생산하는 작업자의 근로에 대한 대가로 지출되는 원가로서 기본급, 수당, 상여, 잡급, 퇴직급여 등을 포함한다.

(3) 경비

재료비와 노무비를 제외한 기타의 원가로서 복리후생비, 전력비, 가스수도비, 운반비, 지급수수료, 감가상각비, 임차료, 보험료 등을 말한다.

3. 추적가능성에 따른 분류

제조원가는 요소별 구분 외에 개별제품이나 작업에 대한 추적가능성에 따라 다음과 같이 나누어진다.

(1) 직접원가(direct cost)

특정제품 혹은 특정부문에 직접 관련시킬 수 있는 원가로 재료비 중에서 직접재료비, 노무비 중에서 직접노무비 등이 있다. 즉 개별작업이나 제품별로 추적할 수 있는 원가로, 자동차의 경우 엔진, 컴퓨터의 경우 CPU나 하드디스크 등이 직접원가의 사례라 할 수 있다.

(2) 간접원가(indirect cost)

제조 및 생산과정상 발생하기는 하였지만 특정제품 혹은 특정부문에 직접 추적할 수 없는 원가로 간접재료비, 간접노무비, 간접경비 등으로 구성된다. 예를 들어 공장에서 발생하는 전력비, 기계수선비, 감가상각비, 보험료 등은 제품의 생산과는 관련이 있지만 개별제품과의 관련성을 추적하는 것은 일반적으로 곤란하므로 간접원가로 분류된다.

원가의 구분은 원가의 집적대상(cost object : 제품, 작업, 사업부 등)에 따라 달라지므로 특정원가가 직접원가인가 혹은 간접원가인가는 항상 고정되어 있는 것은 아니다. 예를 들어 건설부문, 섬유부문, 가구부문의 3개 사업부로 구성되어 있는 회사의 경우 회사 전체의 인지도를 높이기 위한 광고비는 각각의 사업부에 간접원가가 되지만 건설부문에서 건설하는 아파트를 선전하기 위한 광고비는 건설부문의 직접원가가 된다.

원가를 추적가능성에 따라 분류하는 경우 직접원가는 각 원가집적대상에 직접 부과하고, 간접원가는 별도의 부과방법에 따라 원가집적대상에 부과하는데 이렇게 간접원가를 원가집적대상에 부과하는 절차를 원가배부(cost application)라 한다.

4. 원가행태에 따른 분류

원가는 원가행태(cost behavior)에 따라 다음과 같이 구분되는데 원가행태란 조업도가 변함에 따라 총원가가 일정한 양상으로 변화하는 형태를 말한다. 원가의 행태에 따른 구분은 뒤에 다루게 되는 변동원가계산뿐 아니라 의사결정회계와 성과평가회계에서도 매우 중요하다.

(1) 변동비(variable cost)

조업도의 증감에 따라 총원가가 증감하는 원가이며 단위당 변동비는 조업도에 관계없이 일정하다. 직접재료비가 대표적인 변동비의 사례라고 할 수 있다.

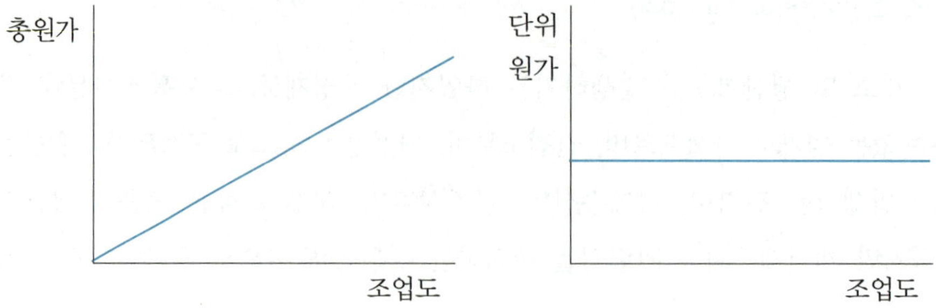

(2) 고정비(fixed cost)

조업도의 증감에 관계없이 항상 일정한 금액이 발생하는 원가로, 단위당 고정비는 조업도와 반비례하게 된다. 제조간접비 중 감가상각비, 임차료, 보험료 등이 여기에 해당한다.

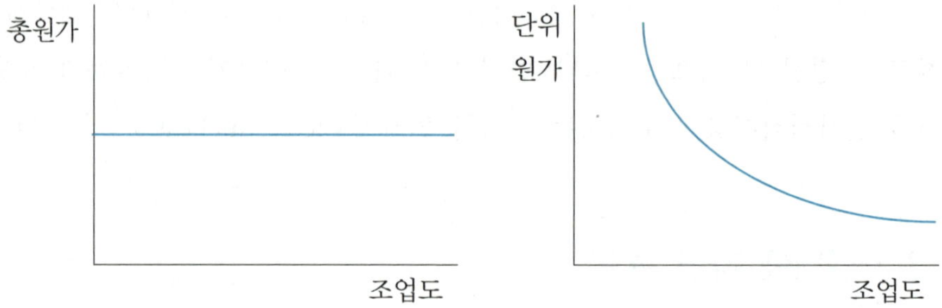

(3) 혼합원가(mixed cost)

조업도의 증감과 관계없이 일정하게 발생하는 고정비와 조업도의 증감에 따라 비례하여 발생하는 변동비를 모두 가지고 있는 원가로 준변동비(semi-variable cost)라고도 한다. 제조경비 중 전력비, 가스수도비 등이 여기에 해당한다.

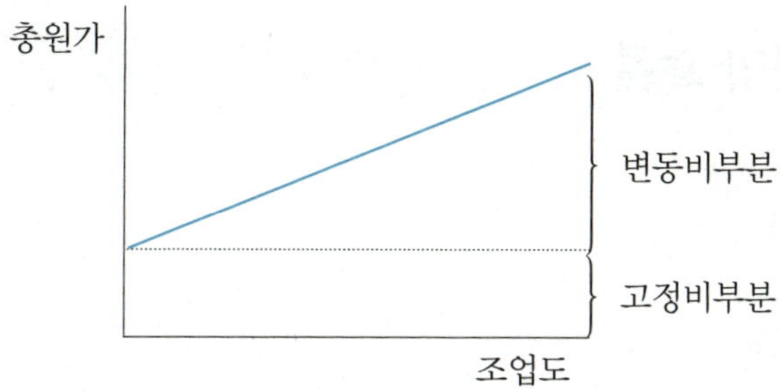

이를 수식으로 표현하면

$y = ax + b$로서

(a : 기울기로서 단위당 변동비, b : y 절편으로 총고정비)

(3) 단계원가(step cost)

일정 관련범위 내에서는 고정비처럼 발생하지만 관련범위를 벗어나면 총원가가 증가 또는 감소하는 원가로서 준고정비(semi-fixed cost)라고도 한다.

준고정비는 원가발생의 불가분성(indivisibility) 때문에 발생하는 것으로 설비 등의 유형자산을 예로 들면 기계 1대가 생산할 수 있는 제품수량이 1,000개라면 1,000개 이내의 생산량에서는 기계가 1대 있어야 하지만, 제품생산량이 1,600개라면 기계의 대수는 1.6대가 아니라 2대가 필요할 것이고 감가상각비도 2대분의 감가상각비가 발생할 것이다.

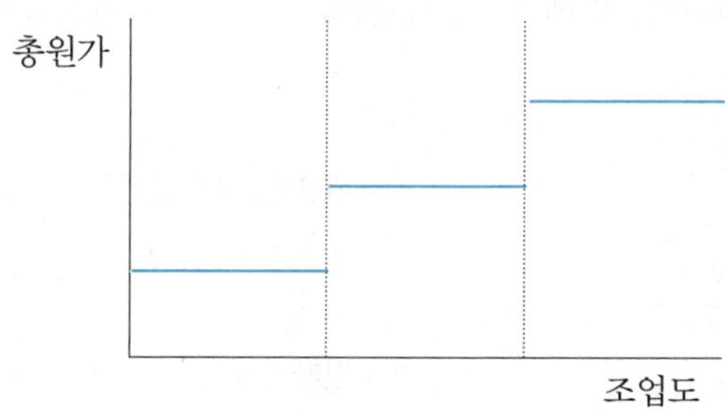

제3절 원가의 흐름

1. 원가의 흐름

(1) 일반적인 경우

앞에서 살펴본 바와 같이 원가의 분류는 그 기준에 따라 여러 가지로 나누어지는데 이를 전체적 흐름으로 손익계산서와 연결하여 보자. 우선 원가는 제조·생산활동과 관련된 '제조원가'와 판매·관리활동과 관련된 '비제조원가'로 나누어진다. 한편, 제조원가는 요소별 구분에 따라 재료비·노무비·경비로 나누어진다.

원가분류시스템이 정교하지 않은 기업의 경우에는 제조원가를 재료비·노무비·경비로만 구분하는 정도가 일반적이다. 이러한 경우 원가의 흐름은 다음과 같다.

〈제조원가의 흐름〉

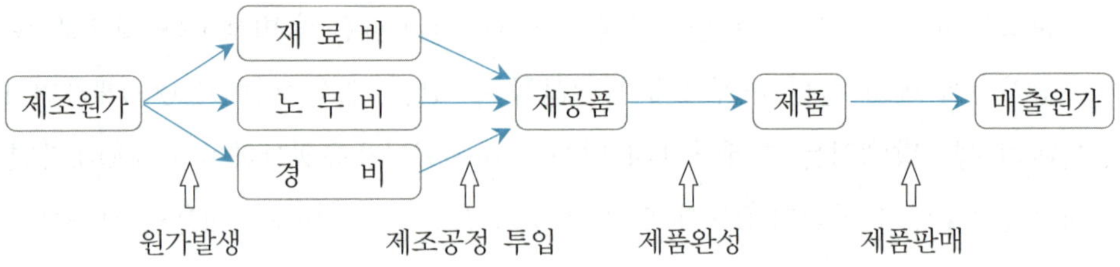

한편, 비제조원가는 판매 및 관리활동과 관련한 원가로 손익계산서상 판매비와 관리비로 인식된다.

〈비제조원가의 흐름〉

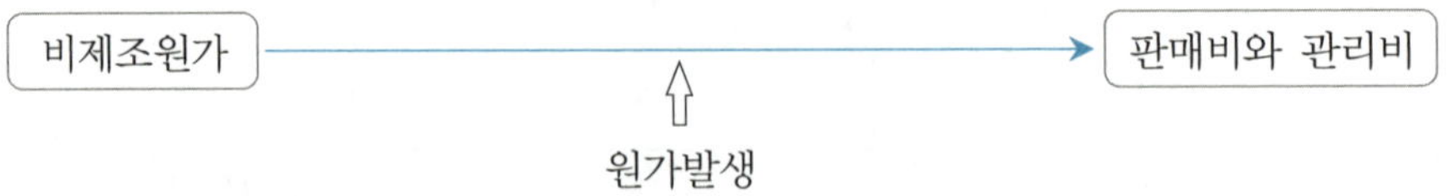

위의 내용을 종합하여 손익계산서와의 연결관계를 고려하면 다음과 같다.

〈원가의 흐름〉

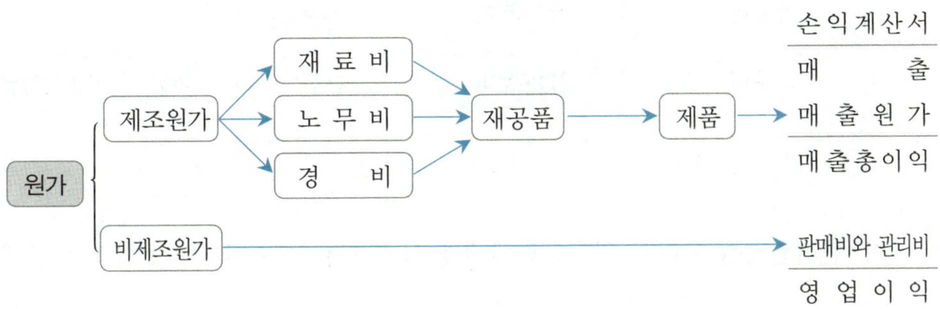

(2) 직·간접원가 구분을 적용하는 경우

그러나 정교한 원가시스템을 구축하기 위해서는 추적가능성에 따른 원가의 분류체계가 필수적이므로 제조원가는 다음과 같이 분류하기도 한다.

〈제조원가의 구분〉

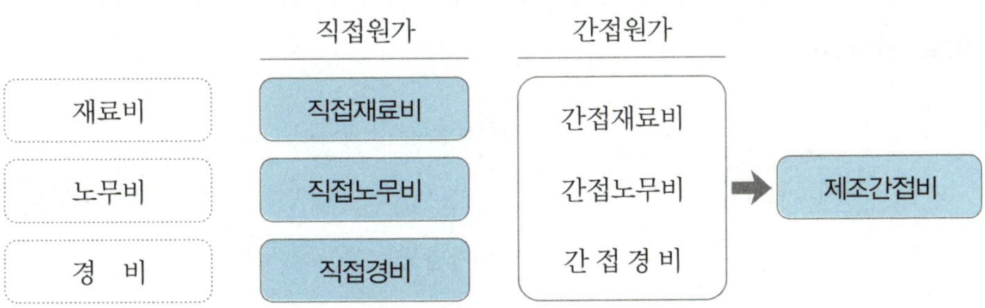

대부분의 재료비는 직접재료비이므로 간접재료비의 경우에는 실무적으로 고려하지 않거나 소모품비 등으로 하여 경비로 분류하는 경우도 있다. 또한 제조형태에 따라서는 직접경비(예 : 특정제품을 위한 전용설비의 감가상각비·외주가공비·시험검사비 등)가 중요한 항목으로 발생하는 경우도 있는데 이러한 경우에는 직접경비를 별도의 항목으로 취급하여 원가계산을 하게 된다.

다만, 직접경비의 경우에는 상당수의 기업에서 발생하지 않거나 발생한다 하더라도 금액적 중요성이 적은 경우가 많으므로 직접경비를 제외하고 다음과 같이 직접재료비(direct material cost), 직접노무비(direct labor cost), 제조간접비(factory overhead cost)로 분류하기도 한다.

〈직접경비를 고려하지 않는 경우 제조원가의 구분〉

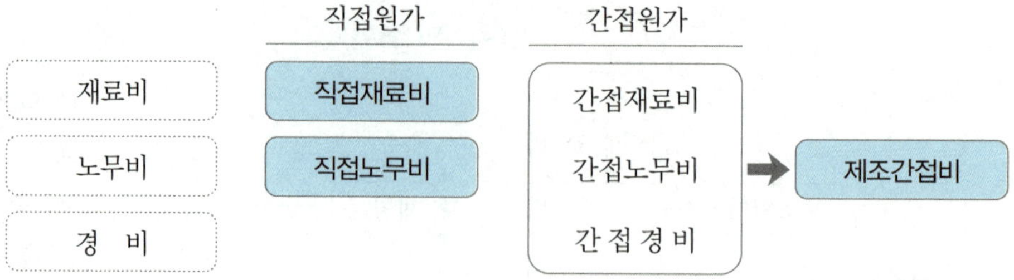

직·간접원가를 고려한 원가분류체계를 선택하는 경우 원가의 흐름은 다음과 같다.

〈제조원가의 흐름〉

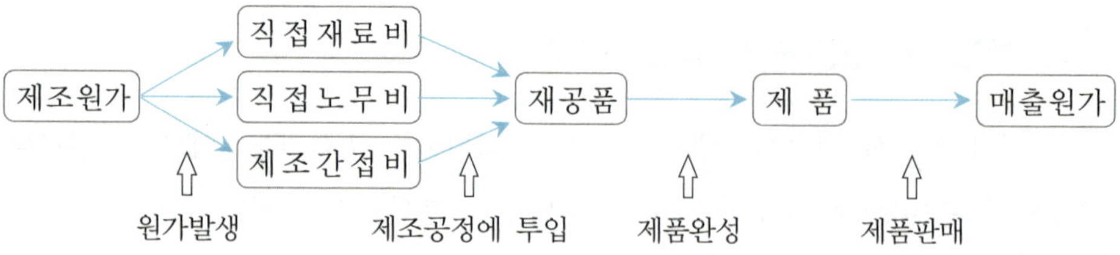

한편, 비제조원가는 판매 및 관리활동과 관련한 원가로 손익계산서상 판매비와 관리비로 인식된다.

〈비제조원가의 흐름〉

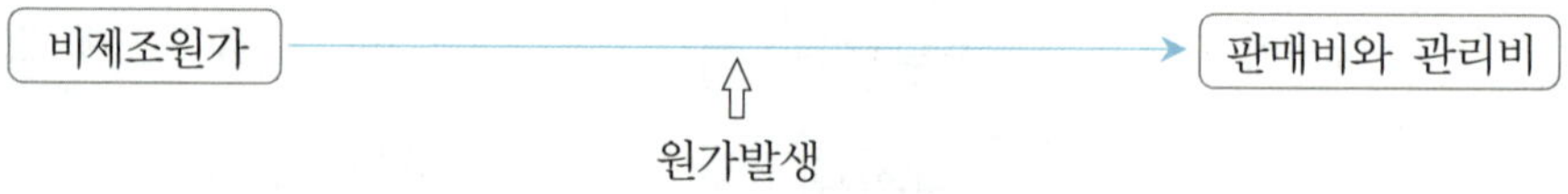

앞의 내용을 종합하면 다음과 같다.

〈원가의 흐름〉

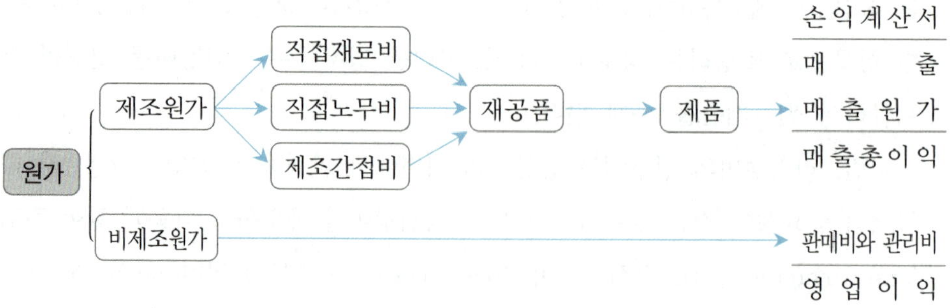

한편, 앞에서 제조원가의 3가지 분류, 즉 직접재료비·직접노무비·제조간접비를 원가의 행태와 관련하여 살펴보면 직접재료비와 직접노무비는 제품생산량의 증감에 따라 증가하거나 감소하므로 변동비에 해당한다. 그러나 제조간접비는 수도광열비, 전력비, 수선비 등 변동비성격의 원가와 감가상각비, 보험료, 임차료 등 고정비성격의 원가로 구성되어 있으므로 제조간접비는 변동제조간접비와 고정제조간접비로 나누어진다. 따라서 제조원가의 구분은 직접재료비·직접노무비·제조간접비의 3가지로 구분하기도 하고, 원가계산목적에 따라 직접재료비·직접노무비·변동제조간접비·고정제조간접비의 4가지로 구분하기도 한다.

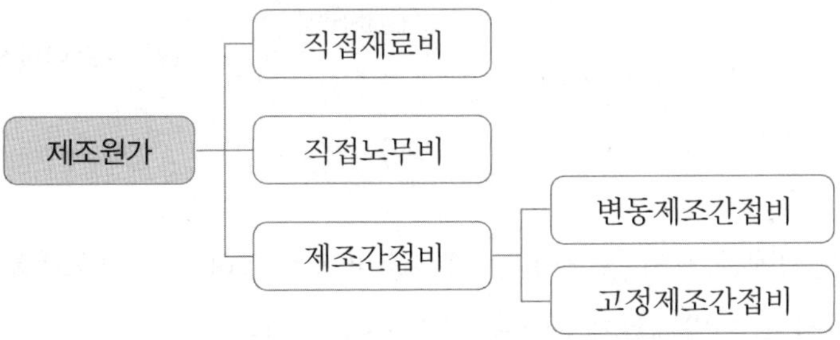

참고로 원가는 직접재료비·직접노무비·제조간접비로 나누어지는데 이 중 직접재료비와 직접노무비를 합하여 기본원가(prime cost) 또는 직접원가라고도 하며, 직접노무비와 제조간접비를 합하여 가공비(conversion cost) 또는 전환원가라고도 한다.

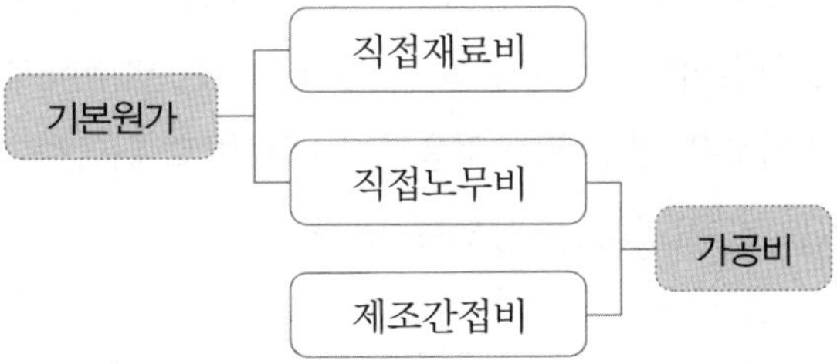

제4절 원가요소별 계산 및 제조원가명세서

1. 재료비의 계산

재료계정은 다음과 같이 차변에 기초재료재고액과 당기구입액이 기록되고 대변에 재료사용액(소비액)과 기말재료재고액이 기록된다.

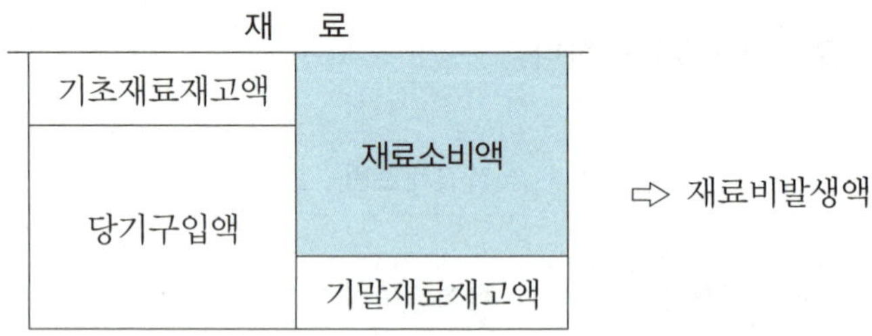

재료비발생액은 당기 중 사용한 재료소비액을 말하므로 기초재료재고액에 당기구입액을 합산하고 기말재료재고액을 차감하여 계산된다.

> 재료비 = 기초재료재고액 + 당기구입액 − 기말재료재고액

위의 재료비 발생액 중 개별제품이나 작업으로 추적가능한 원가는 직접재료비로 분류되고, 추적불가능한 원가는 간접재료비가 되어 제조간접비로 분류된다. 실무적으로 재료비는 대부분 직접비에 해당하므로 간접재료비는 발생하지 않을 수 있으며, 간접재료비의 계산이 번거로운 경우에는 처음부터 재료비로 취급하지 않고 경비항목 중 '소모품비' 등의 과목으로 처리하는 경우도 있다.

예제 01 재료비

재료비 관련 원가계산자료는 다음과 같다.

기초재료재고액	₩100,000
당기구입액	1,000,000
기말재료재고액	300,000

요구사항

당기의 재료비소비액을 계산하시오.

해설

재료비발생액 = 기초재료재고액 + 당기매입액 − 기말재료재고액

= ₩100,000 + 1,000,000 − 300,000 = ₩800,000

재료비의 계산과정에서 원재료의 수불(受拂)관리는 매우 중요한 절차인데 이는 별도의 내용으로 하여 제5절에서 후술하도록 한다.

2. 노무비의 계산

비용의 인식은 발생주의에 따라 인식하므로 미지급노무비가 있는 경우에는 발생주의에 따라 노무비발생액을 계산하여야 한다. 즉 기말 미지급노무비는 당기 중 발생하였으나 지급하지 못한 노무비이므로 당기발생액으로 인식한다. 기초 미지급노무비는 전기 이전에 발생한 노무비이므로 당기발생액을 계산하는 과정에서는 차감하여 계산한다. 따라서 노무비발생액은 당기지급액에 기말 미지급노무비를 가산하고 기초(전기말) 미지급노무비는 차감하여 계산한다.

노무비 = 당기지급액 + 당기말 미지급노무비 − 전기말 미지급노무비

위의 노무비발생액 중 개별제품이나 작업으로 추적가능한 원가는 직접노무비로, 추적불가능한 원가는 간접노무비가 되어 제조간접비로 분류된다.

3. 경비의 계산

경비는 재료비와 노무비를 제외한 나머지 제조원가로 전력비, 수도광열비, 수선비, 보험료, 임차료, 감가상각비 등으로 구성된다. 경비도 노무비와 마찬가지로 발생주의에 따라 발생액을 계산하며 경비의 특성상 많은 계정과목이 있어 계정과목마다 선급 또는 미지급이 발생할 수 있다. 미지급비용의 경우는 노무비에서 살펴보았으므로 여기에서는 선급비용에 관하여 살펴보도록 하자.

기말선급경비는 차기 이후에 발생할 비용을 당기에 미리 지급한 것이므로 당기 발생 비용은 아니다. 따라서 기말 선급경비는 당기지급액에서 차감하여 계산한다. 기초(전기말)선급경비는 당기에 발생할 비용을 전기 이전에 미리 지급한 것이므로 당기발생액으로 인식한다. 따라서 전기말 선급경비는 당기지급액에 가산하여 계산한다.

> 경비=당기지급액+당기말 미지급경비−전기말 미지급경비−당기말 선급경비
> +전기말 선급경비

앞에서 설명한 바와 같이 경비발생액은 대부분 간접원가이므로 제조간접비로 분류된다.

4. 당기총제조원가

직접재료비, 직접노무비와 제조간접비는 재공품계정으로 대체되어 원가계산의 절차를 거치는데, 여기에서 재공품계정에 집계된 직접재료비, 직접노무비와 제조간접비의 합계는 당기에 발생하여 제조과정에 투입된 제조원가를 의미하므로 당기총제조원가(current manufacturing cost)라고 한다.

> 당기총제조원가=직접재료비+직접노무비+제조간접비
> =재료비+노무비+경비

5. 당기제품제조원가

당기제품제조원가(cost of goods manufactured)는 당기에 완성된 제품의 제조원가를 의미하는 것으로 기초재공품재고액에 당기총제조원가를 가산하고 기말재공품재고액을 차감하여 계산한다. 재공품계정은 공정을 의미하므로 재공품계정의 차변합계금액, 즉 기초재공품재고액과 당기총제조원가의 합계는 전기에 완성하지 못하고 이월된 미완성품과 당기에 투입된 원가의 합계를 의미한다. 여기에서 당기에 완성하지 못하고 기말에 남아 있는 기말재공품재고액을 차감하면 당기에 완성된 제품의 원가, 즉 당기제품제조원가가 계산된다.

당기제품제조원가 = 기초재공품재고액 + 당기총제조원가 − 기말재공품재고액

재 공 품

차변	대변
기초재공품	당기제품제조원가 (완성품원가) ⇨ 제품계정
당기총제조원가 (재료비 또는 직접재료비 노무비 또는 직접노무비 경 비 또는 제조간접비)	기말재공품

한편, 당기에 제품제조를 위하여 제조공정에 투입된 생산요소와 재공품계정의 증감을 일목요연하게 파악할 수 있도록 제조원가명세서를 다음과 같이 작성한다.

제조원가명세서

과 목	금 액	
Ⅰ. 재 료 비		×××
1. 기 초 재 료 재 고 액	×××	
2. 당 기 재 료 매 입 액	×××	
계	×××	
3. 기 말 재 료 재 고 액	(−)×××	
Ⅱ. 노 무 비		×××
1. 기 본 급	×××	
2. 수 당	×××	
3. 상 여	×××	
4. 퇴 직 급 여	×××	
Ⅲ. 경 비		×××
1. 전 력 비	×××	
2. 가 스 수 도 비	×××	
3. 운 반 비	×××	
4. 감 가 상 각 비	×××	
5. 수 선 비	×××	
6. 세 금 과 공 과	×××	
7. 임 차 료	×××	
Ⅳ. 당 기 총 제 조 원 가		×××
Ⅴ. 기 초 재 공 품 원 가		×××
합 계		×××
Ⅵ. 기 말 재 공 품 원 가		(−)×××
Ⅶ. 당 기 제 품 제 조 원 가		×××

제조원가명세서에서 직접재료비는 앞에서 살펴본 바와 같이 기초재료재고액에 당기구입액을 가산하고 기말재료재고액을 차감하여 계산하며, 직접노무비와 제조간접비는 발생주의에 따라 인식한 금액을 제조원가명세서에 기록한다. Ⅳ에서 직접재료비, 직접노무비, 제조간접비를 합하여 당기총제조원가를 계산하며, 이에 기초재공품재고액을 합산하고 기말재공품재고액을 차감하여 Ⅶ에서 당기제품제조원가, 즉 당기완성품원가를 계산한다. 결국 제조원가명세서는 기업의 제조활동에 따른 완성품의 원가가 계산되는 과정을 작성한 부속명세서이다. 또한 제조원가명세서에서 계산된 당기제품제조원가는 손익계산서에서 매출원가를 계산하는 과정에 포함되므로 부속명세서와 재무제표가 연결되어 기업의 제조활동과 판매활동을 표시하게 된다.

한편, 앞서 살펴본 제조원가명세서에서 재료비, 노무비, 경비 등 제조원가의 3요소별 구성비율을 살펴보면 다음과 같다.

〈제조업 제조원가 구성비율〉[6)]

(단위 : %)

구 분	2013	2014	2015	2016	2017	2018	2019	2020	2021	2022
재료비	70.70	68.55	65.51	65.09	67.02	66.47	65.39	64.00	66.27	68.11
노무비	6.85	7.30	8.14	8.67	8.48	8.26	8.54	9.00	8.15	7.50
경 비	22.45	24.15	26.35	26.24	24.50	25.27	26.07	27.00	25.58	24.39
제조원가	100.0	100.0	100.0	100.0	100.0	100.0	100.0	100.0	100.0	100.0

(자료출처: 한국은행 기업경영분석)

2022년 대표적인 몇몇 업종의 제조원가의 구성은 다음과 같다.

(단위 : %)

구 분	전자	자동차	조선	식료품	자동차부품	화학	제약	건설
재료비	43.90	82.54	54.94	76.32	72.15	75.83	49.70	31.15
노무비	8.76	7.98	9.83	7.38	8.39	4.45	13.80	15.45
경 비	47.34	9.48	35.23	16.30	19.46	19.72	36.50	53.40
계	100.00	100.00	100.00	100.00	100.00	100.00	100.00	100.00

주) 전자업종은 총제조원가 중 감가상각비가 15.11%
주) 조선업종은 총제조원가 중 외주가공비가 19.62%
주) 제약업종은 총제조원가 중 외주가공비가 12.47%
주) 건설업종은 총제조원가 중 외주가공비가 31.17%

6) 자료출처 : 한국은행 기업경영분석

재무제표분석뿐 아니라 제조원가명세서를 통해서도 나름이 분석이 가능한데 예를 들러 분석대상회사의 재료비, 노무비, 경비의 비중을 업종평균과 비교하여 각 원가요소의 많고 적음에 따라 적절한 분석이 가능하다. 예를 들어 분석대상회사의 재료비 비중이 업종평균보다 높다면 이는 재료를 비싸게 구입하거나 상대적으로 많은 원재료를 투입하여 제품을 생산하고 있다는 의미이므로 구입단가와 수율 등에 대하여 검토할 수도 있다.

만약 노무비의 비중이 업종평균에 비하여 높다면 노무비는 임률과 투입시간에 의하여 결정되므로 임률에 대한 검토와 투입시간 등 생산성에 대한 검토가 필요할 것이다.

예제 02 제조원가명세서

예제 1에서 당기재료소비액은 모두 제품에 대하여 추적가능하며 직접노무비는 ₩1,000,000이고 경비내역은 다음과 같다.

전력비	400,000
수도광열비	300,000
임차비	320,000
보험료	380,000
감가상각비	300,000

요구사항

기초재공품재고액이 ₩150,000이고 기말재공품재고액이 ₩200,000일 때 다음의 사항에 답하시오.

1. 당기총제조원가
2. 당기제품제조원가
3. 제조원가명세서

해설

1. 당기총제조원가 = 직접재료비 + 직접노무비 + 제조간접비
   = ₩800,000 + 1,000,000 + 1,700,000 = ₩3,500,000
2. 당기제품제조원가 = 기초재공품재고액 + 당기총제조원가 − 기말재공품재고액
   = ₩150,000 + 3,500,000 − 200,000 = ₩3,450,000

3. 제조원가명세서

Ⅰ. 직 접 재 료 비		₩800,000
1. 기 초 재 료 재 고 액	₩100,000	
2. 당 기 재 료 매 입 액	1,000,000	
계	1,100,000	
3. 기 말 재 료 재 고 액	300,000	
Ⅱ. 직 접 노 무 비		1,000,000
Ⅲ. 제 조 간 접 비		1,700,000
1. 전 력 비	400,000	
2. 수 도 광 열 비	300,000	
3. 임 차 비	320,000	
4. 보 험 료	380,000	
5. 감 가 상 각 비	300,000	
Ⅳ. 당 기 총 제 조 원 가		3,500,000
Ⅴ. 기 초 재 공 품 원 가		150,000
합 계		3,650,000
Ⅵ. 기 말 재 공 품 원 가		200,000
Ⅶ. 당 기 제 품 제 조 원 가		₩3,450,000

6. 매출원가

재공품계정에서 대체된 당기제품제조원가는 제품계정 차변에 기록되며 기초제품재고액에 당기제품제조원가를 가산하고 기말제품재고액을 차감하여 매출원가(cost of goods sold)를 계산한다. 즉 매출원가는 당기 중 판매된 제품의 원가를 의미한다. 참고로 제품계정 차변합계금액을 판매가능제품재고액이라고도 한다.

제품	
기초제품	매출원가
당기제품제조원가	
	기말제품

매출원가 = 기초제품재고액 + 당기제품제조원가 − 기말제품재고액

제조업의 매출원가는 유통업의 매출원가와 같은 의미이다. 다만, 제조업은 제품을 판매하는 데 비하여 유통업은 상품을 판매한다는 점만 차이가 날 뿐이다. 유통업에서는 상품을 구매하여 판매하므로 재무회계에서 매출원가는 다음과 계산된다.

매출원가 = 기초상품재고액 + 상품순매입액 − 기말상품재고액

매출원가는 손익계산서에 표시되므로 제조업의 손익계산서와 유통업의 손익계산서를 살펴보면 다음과 같다(기능별 분류법을 적용하는 경우).

제조업 손익계산서		
매 출 액		×××
매 출 원 가		×××
기초제품재고액	×××	
당기제품제조원가	×××	
계	×××	
기말제품재고액	×××	
매 출 총 이 익		×××
판 매 관 리 비		×××
영 업 이 익		×××

유통업 손익계산서		
매 출 액		×××
매 출 원 가		×××
기초상품재고액	×××	
당기상품매입액	×××	
계	×××	
기말상품재고액	×××	
매 출 총 이 익		×××
판 매 관 리 비		×××
영 업 이 익		×××

예제 03 매출원가와 손익계산서

매출 및 원가관련자료는 다음과 같다.

매출액	₩5,000,000	판매부 사원급여	₩60,000
기초제품재고액	250,000	관리부 소모품비	50,000
기말제품재고액	400,000	영업부 여비교통비	100,000
		본사 세금과공과	90,000

요구사항

예제 2와 위의 자료를 이용하여 매출원가를 계산하고 손익계산서를 작성하시오.

해설

1. 매출원가

매출원가 = 기초제품재고액 + 당기제품제조원가 − 기말제품재고액
= ₩250,000 + 3,450,000 − 400,000 = ₩3,300,000

2. 손익계산서

Ⅰ. 매출액		₩5,000,000
Ⅱ. 매출원가		3,300,000
1. 기초제품재고액	₩250,000	
2. 당기제품제조원가	3,450,000	
계	3,700,000	
3. 기말제품재고액	400,000	
Ⅲ. 매출총이익		1,700,000
Ⅳ. 판매관리비		300,000
1. 급여	60,000	
2. 소모품비	50,000	
3. 여비교통비	100,000	
4. 세금과공과	90,000	
Ⅴ. 영업이익		₩1,400,000

앞에서 살펴본 원가의 흐름을 종합적으로 살펴보면 다음과 같다.

제조원가는 재료비, 노무비, 경비로 분류하며 재공품계정에서는 당기에 투입된 재료비, 노무비, 경비의 합계, 즉 당기총제조원가와 기초재공품원가를 합산하고 기말재공품원가를 차감하여 당기에 완성된 제품의 원가인 당기제품제조원가를 계산하며 이는 제품계정으로 대체된다. 제품계정에서는 기초제품재고액과 재공품계정에서 대체된 당기제품제조원가를 합하여 판매가능제품재고액을 구성하고 기말제품재고액을 차감하여 매출원가를 계산한다. 이러한 계산의 과정 중 원재료 등 생산요소의 발생액에서 당기 완성품원가계산까지의 과정(재공품계정)은 제조원가명세서에 표시되며 제품계정에서 계산되는 매출원가는 손익계산서에 표시된다.

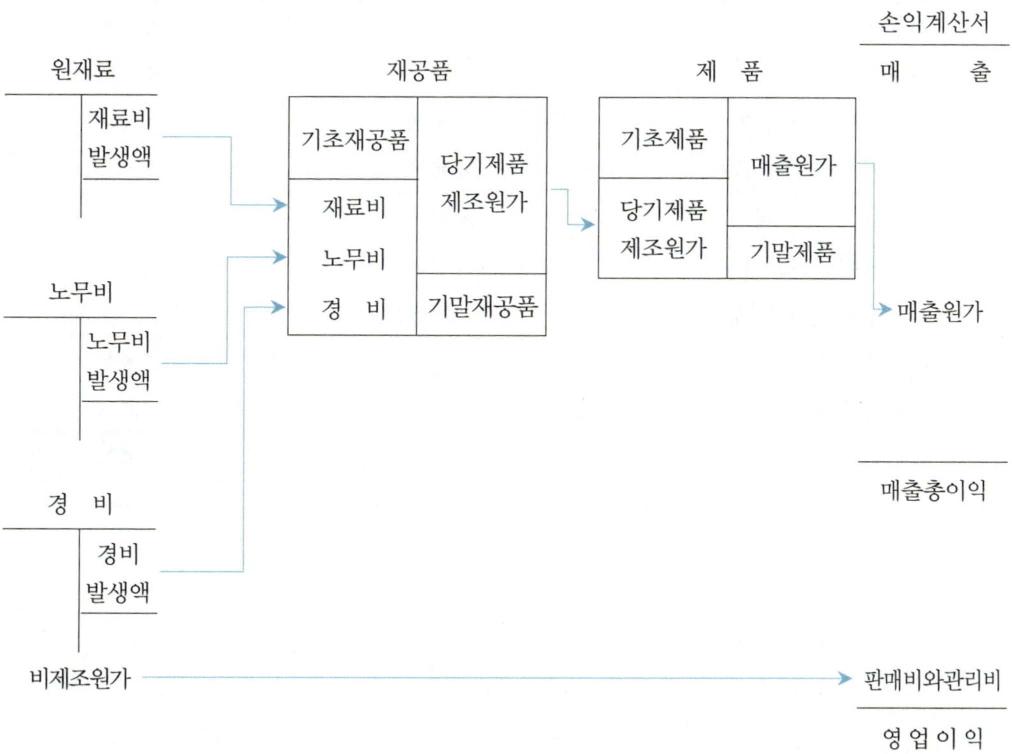

한편, 재료나 제품 중에서 제조과정이나 판매과정이 아닌 다른 목적으로 전용되는 부분은 '타계정대체'라는 과목으로 처리 및 표시한다. 즉, 제품의 경우 접대비, 광고선전비, 기부금 등의 목적으로 출고될 수 있으므로 이를 타계정대체라고 총칭하고 손익계산서의 매출원가를 계산하는 과정에서 차감하는 것이다.

제 품

차변	대변
기초제품	매출원가
당기제품제조원가	타계정대체
	기말제품

손익계산서(타계정대체가 있는 경우)

매출액		×××
매출원가		×××
기초제품재고액	×××	
당기제품제조원가	×××	
계	×××	
타계정으로 대체액	(×××)	
기말제품재고액	(×××)	
매출총이익		×××
판매비와 관리비		×××
영업이익		×××

제5절 재고수불관리

1. 단가결정방법

상품을 예를 든다면 기중에 여러 차례에 걸쳐 매입한 경우 각각 매입단가가 다를 수 있으므로 판매(출고)된 상품에 대하여 어떤 단가를 적용하는가에 따라 매출원가와 기말재고금액이 달라질 수 있다. 이를 결정하는 방법을 단가결정방법이라 한다.

(1) 개별법(Specific Identification Method)

재고자산을 개별적으로 식별하여 출고된 재고와 기말에 남은 것을 구별하여 재고자산원가를 결정하는 방법이다. 재고를 매입할 때 재고별로 원가를 표시하였다가 판매된 재고의 원가합계는 매출원가로, 기말에 남은 재고의 원가합계는 기말재고액으로 계산하는 방법으로서 재고별로 가격표를 붙이는 방법과 유사하다고 하여 tagging method 라고도 한다. 개별법은 거래수량 및 거래빈도가 많지 않고 고가인 상품 등의 수불에 적용하기 용이하다.

개별법은 원가흐름과 실제 물량흐름(actual physical flow)이 일치하는 가장 이상적인 방법이므로 수익·비용의 대응이 적절히 이루어진다는 장점이 있다. 하지만 개별재고의 원가를 달리 선택하여 이익조작에 악용될 위험도 있다.

예제 04 개별법

일자	입 고			출 고			기말재고		
	단가	수량	금액	단가	수량	금액	단가	수량	금액
5월 1일	₩200	200	₩40,000						
5월 10일					100			100	
5월 14일	230	500	115,000					600	
5월 24일	240	300	72,000					900	
5월 30일					700			200	
계		1,000	₩227,000		800				

㈜태백산의 5월 상품수불부는 위와 같다. 5월 30일 출고된 700개는 개당 ₩230인 재고 450개와 개당 ₩240인 재고 250개로 구성되어 있다(이 가정은 개별법에만 적용된다).

요구사항

1. 매출원가를 계산하시오.
2. 기말제품재고액을 계산하시오.

해설

1. 매출원가 = @200×100개 + @230×450개 + @240×250개 = ₩183,500
2. 기말제품재고액 = @200×100개 + @230×50개 + @240×50개 = ₩43,500

(2) 선입선출법(FIFO; First-in First-out Method)

먼저 입고된 재고가 먼저 출고되는 것으로 가정하여 계산하는 방법이다. 이 방법은 실제의 물량흐름과 원가흐름이 비슷해지는 효과가 있으나 상품을 개별적으로 식별하지 않으므로 개별법과는 차이가 발생한다. 선입선출법에 의하여 계산하는 경우 기말재고액은 최근의 원가가 반영되며 매출원가는 비교적 오래된 원가가 반영된다.

예제 05 선입선출법

예제 4의 자료를 이용하여 선입선출법으로 계산하시오.

해설

일자	입 고			출 고			잔 고		
	단가	수량	금액	단가	수량	금액	단가	수량	금액
5월 1일	₩200	200	₩40,000						
5월 10일				₩200	100	₩20,000	₩200	100	₩20,000
5월 14일	230	500	115,000				200 230	100 500	20,000 115,000
5월 24일	240	300	72,000				200 230 240	100 500 300	20,000 115,000 72,000
5월 30일				200 230 240	100 500 100	20,000 115,000 24,000	240	200	48,000
계		1,000	₩227,000		800	₩179,000			

(3) 후입선출법(LIFO; Last-in First-out Method)

나중에 입고된 상품이 먼저 판매(불출)되는 것으로 가정하여 계산하는 방법이다. 실제의 물량흐름과 원가흐름이 선입선출법과는 달리 반대로 나타나게 된다.

후입선출법에 의하여 계산하는 경우 기말재고액은 비교적 오래 전의 원가가 반영되며 매출원가는 최근의 원가가 반영된다. 지속적인 물가상승으로 인하여 재고의 매입가격이 오르는 경우 후입선출법에서는 최근의 원가가 매출원가에 반영되는 특성으로 인하여 타방법에 의한 매출원가보다 크게 표시되며 이로 인하여 매출총이익이 낮아지는 효과가 있다. 이는 결국 법인세부담액을 줄이는 효과로 나타나게 된다. 이를 후입선출법에 의한 법인세절감효과(tax shield effect)라고도 한다.

한국채택국제회계기준에서는 인정되지 않는 방법이다.

예제 06 후입선출법

예제 4의 자료를 이용하여 후입선출법으로 계산하시오.

해설

일자	입 고			출 고			잔 고		
	단가	수량	금액	단가	수량	금액	단가	수량	금액
5월 1일	₩200	200	₩40,000						
5월 10일				₩200	100	₩20,000	₩200	100	₩20,000
5월 14일	230	500	115,000				200 230	100 500	20,000 115,000
5월 24일	240	300	72,000				200 230 240	100 500 300	20,000 115,000 72,000
5월 30일				230 240	400 300	92,000 72,000	200 230	100 100	20,000 23,000
계		1,000	₩227,000		800	₩184,000			

(4) 평균법(Average Cost Method)

재고자산의 원가를 평균하는 방식으로 취득원가를 결정하는 방법이다. 평균법에는 후술하는 수량결정방식에 따라 다음의 두 가지 방법이 있다. 앞서 설명한 선입선출법, 후입선출법에 비하여 매출원가와 기말재고금액이 평균적인 수준에서 결정되므로 인플레이션의 여부와 관계없이 이익의 유연화효과(smoothing effect)가 있으며 적용하기 쉽기 때문에 실무적으로 많이 사용되는 방법이다.

① 이동평균법(Moving Average Method)

새로운 재고가 매입(입고)될 때마다 기존의 재고와 평균하여 원가를 계산하는 방법이다. 재고의 매입(입고)이 있을 때마다 재고의 원가가 달라지므로 계속기록법에서만 사용가능하다는 특징이 있다.

예제 07 이동평균법

예제 4의 자료를 이용하여 이동평균법으로 계산하시오.

해설

일자	입 고			출 고			잔 고		
	단가	수량	금액	단가	수량	금액	단가	수량	금액
5월 1일	₩200	200	₩40,000						
5월 10일				₩200	100	₩20,000	₩200	100	₩20,000
5월 14일	230	500	115,000				225*	600	135,000
5월 24일	240	300	72,000				230**	900	207,000
5월 30일				230	700	161,000	230	200	46,000
계		1,000	₩227,000		800	₩181,000			

* 225 = (₩20,000 + 115,000) ÷ (100개 + 500개)
** 230 = (₩135,000 + 72,000) ÷ (600개 + 300개)

② 총평균법(Weighted Average Method)

가중평균법이라고도 하는데 일정기간 동안 재고자산의 원가를 총평균하여 취득원가를 결정하는 방법이다. 즉 일정기간의 기초재고와 당기매입(입고)분을 모두 합하여 총평균을 계산하고 산정된 총평균단가를 매출원가와 기말재고계산에 적용하는 방법이다. 총평균법은 매월 말 혹은 회계기말에만 적용되므로 재고의 수불이 이루어지는 회계연도 중에는 재고의 평균단가를 계산하지 못하며, 이로 인하여 실지재고조사법에서만 적용가능하다는 특징이 있다.

예제 08 총평균법

예제 4의 자료를 이용하여 총평균법으로 계산하시오.

해설

총평균원가의 계산=(₩40,000+115,000+72,000)÷(200개+500개+300개)

=₩227,000÷1,000개=₩227

일자	입 고			출 고			잔 고		
	단가	수량	금액	단가	수량	금액	단가	수량	금액
5월 1일	₩200	200	₩40,000						
5월 10일				₩227	100	₩22,700			
5월 14일	230	500	115,000						
5월 24일	240	300	72,000						
5월 30일				227	700	158,900	227	200	₩45,400
계		1,000	₩227,000		800	₩181,600			

(5) 한국채택국제회계기준 및 일반기업회계기준 재고자산 단위원가 결정

한국채택국제회계기준에서는 재고자산의 단위원가 결정방법에 대하여 통상적으로 상호 교환될 수 없는 재고자산항목의 원가와 특정 프로젝트별로 생산되고 분리되는 재화 또는 용역의 원가는 개별법을 사용하도록 하고 있다.

한편, 개별법을 적용할 수 없는 재고자산의 단위원가는 선입선출법이나 가중평균법을 사용하도록 하고 있다. 단, 성격과 용도면에서 유사한 재고자산에는 동일한 단위원가 결정방법을 적용하여야 하며, 성격이나 용도면에서 차이가 있는 재고자산에는 서로 다른 단위원가 결정방법을 적용할 수 있다.

기존의 기업회계기준서에서 허용되던 후입선출법은 재고자산의 흐름을 충실하게 표현하고 있지 못하기 때문에 한국채택국제회계기준에서는 인정되지 않고 있다. 실무에서도 후입선출법을 사용하는 기업은 극히 드물기 때문에 실무적 혼선은 거의 없다고 보아도 될 것이다.

일반기업회계기준에서는 후입선출법을 인정하고 있다.

2. 수량결정방법

(1) 실지재고조사법(Periodic Inventory System)

실사법이라고도 하는데 당기입고수량은 기록하되 당기출고수량은 기록하지 않는다. 대신 기말에 재고수량을 일괄조사하여 기말재고수량을 확정하고 출고수량을 최종적으로 결정하는 방법을 말한다. 재고수량이 많고 입출고가 빈번하여 출고 때마다 기록하기 불편한 저가품 등의 경우에 적용하기 편안한 방법이다. 그러나 실지재고조사법을 적용하면 회계기간 중에는 재고수량을 파악할 수 없다는 단점이 있다.

기초재고수량 + 당기입고수량 − 기말재고수량 = 당기출고수량

예제 09 실지재고조사법을 이용한 선입선출법

㈜태백산의 5월 상품수불부는 다음과 같다.

일자	입 고			출 고			잔 고		
	단가	수량	금액	단가	수량	금액	단가	수량	금액
5월 1일	₩200	200	₩40,000						
5월 10일									
5월 14일	230	500	115,000						
5월 24일	240	300	72,000						
5월 30일								200	
계		1,000	227,000						

회사는 실지재고조사를 통하여 기말재고수량이 200개인 것을 확인하였다.

요구사항

1. 기말상품재고액을 계산하시오.
2. 매출원가를 계산하시오.

해설

1. 기말상품재고액

기말재고 200개는 5월 24일 입고된 개당 ₩240인 재고가 남아 있다고 본다.

∴ ₩240×200개=₩48,000

2. 매출원가

=기초재고액+당기매입액−기말재고액

=₩40,000+187,000−48,000=₩179,000

(2) 계속기록법(Perpetual Inventory System)

입고수량과 출고수량을 매번 거래가 일어날 때마다 기록하여 장부상으로 매일의 재고를 파악하는 방법이다. 따라서 이 방법을 적용하면 기말재고는 기초수량에 당기입고수량을 가산하고 당기출고수량을 차감하여 장부에서 계산된다. 장부상의 기록을 매일 유지하므로 매출원가와 기말재고금액의 파악도 실지재고조사법보다는 쉽게 파악된다.

기초재고수량+당기입고수량−당기출고수량=기말재고수량

앞의 예제 5에서 예제 7까지가 계속기록법하에서 선입선출법, 후입선출법, 이동평균법 등이 적용된 사례이다.

실무적으로는 실지재고조사법을 사용하는 회사는 기말에 재고수량의 확정을 통하여 매출원가와 기말재고금액을 확정한다.

하지만 계속기록법을 사용하는 회사는 기본적으로는 계속기록법으로 재고수불을 장부에 기록하고 일정기간마다 재고조사수량을 장부상의 수량과 확인하며 차이수량을 조정하여야 한다. 따라서 계속기록법을 사용하여도 재고실사의 과정은 필수적 절차라 할 수 있다.

제6절 원가계산제도의 분류

원가의 흐름은 각 회사의 생산형태와 관계없이 동일하지만 구체적 원가계산방법은 회사의 생산형태, 원가관리제도, 내부의사결정시스템의 운용 여부 등에 따라 달라진다.

〈원가계산제도의 구분〉

제조형태	원가의 속성	제품원가의 범위
개별원가계산	실제원가계산	전부원가계산
종합원가계산	정상원가계산	변동원가계산
	표준원가계산	

1. 제조형태별 원가계산제도

기업의 제조형태 혹은 생산방법에 따라 구분되는 원가계산제도이다.

(1) 개별원가계산(job-order costing)

조선업, 플랜트, 주문생산업 등처럼 다품종생산에 적합한 원가계산제도로 개별작업 혹은 개별제품별로 원가계산이 이루어지므로 정확한 원가계산이 가능하고 제품별 수익·비용의 대응이 정확하게 이루어진다.

(2) 종합원가계산(process costing)

화학공업, 자동차제조업 등처럼 단일품종 혹은 소품종의 제품을 대량생산하는 업종에 적합한 원가계산제도로 동일공정에서 생산되는 제품은 동질적인 것으로 보아 일정기간 동안의 총원가를 생산량으로 나누어 계산하는 평균화의 절차를 취하는 방법이다.

실무적으로 기업의 생산형태에 따라 다품종대량생산을 하는 경우도 있는데 이러한 경우에는 개별원가계산과 종합원가계산을 적절히 혼합하여 적용하든가, 표준원가계산을 적용하든가, 혹은 후술하는 결합원가계산을 적용하기도 한다.

2. 원가속성별 원가계산제도

원가계산제도가 다루고자 하는 원가의 속성(attribute)에 따라 구분되는 원가계산제도이다.

구 분	원가의 속성		
	실제원가계산	정상원가계산	표준원가계산
직접재료비	실제원가	실제원가	표준원가
직접노무비	실제원가	실제원가	표준원가
제조간접비	실제원가	예정배부원가	표준원가

(1) 실제원가계산(actual costing)

원가계산제도가 다루는 모든 원가요소, 즉 직접재료비, 직접노무비, 제조간접비를 실제로 발생한 원가로 집계·계산하는 원가계산제도이다. 생산 완료 후 실제원가를 집계하여 계산하므로 일종의 사후원가계산제도라 할 수 있다. 실제원가계산은 확실하다는 장점은 있으나 생산 후 원가집계에 상당한 시간이 소요되므로 원가계산이 지연되고, 조업도의 증감에 따라 단위원가가 불규칙하게 변하게 되는 단점이 있다.

(2) 정상원가계산(normal costing)

원가요소 중 직접재료비와 직접노무비는 실제원가로 계산하고 제조간접비는 예정배부액으로 계산하는 제도로 불완전한 사전원가계산제도이다. 정상원가계산은 제조간접비를 예정배부함으로써 원가계산을 신속하게 하여 원가계산의 적시성(timeliness)을 높이고, 계절적 원가변동과 조업도의 증감에 따른 제품원가계산의 불안전성을 제거하여 제품원가를 평준화하는 것을 목적으로 한다.

(3) 표준원가계산(standard costing)

직접재료비, 직접노무비, 제조간접비 모두를 사전에 과학적이고 통계적인 기법에 따라 미리 설정한 원가로 계산하는 원가계산제도로서 원가계산을 신속하게 하고, 차이분석을 통한 성과평가와 의사결정시스템 구축 등을 목적으로 한다.

실제원가계산보다 높은 수준의 원가계산제도이므로 기업들이 높은 수준의 경영정보시스템 구축을 원하는 경우 권장되는 원가계산제도이다.

3. 제품원가 범위별 원가계산제도

제품원가의 범위에 따라 구분되는 원가계산제도이다.

(1) 전부원가계산(absorption costing)

일반적으로 인정되는 회계원칙에서 일반목적 재무제표 작성을 위하여 사용되는 방법으로 직접재료비, 직접노무비, 변동제조간접비 및 고정제조간접비를 제품원가에 포함시키는 원가계산제도이다. 흡수원가계산이라고도 하며 한국채택국제회계기준(K-IFRS)과 일반기업회계기준에서 인정되는 방법이다.

(2) 변동원가계산(variable costing)

직접재료비, 직접노무비, 변동제조간접비를 제품원가에 포함시키고 고정제조간접비는 기간비용으로 처리하는 원가계산제도이다. 한국채택국제회계기준에서는 허용되지 않는 방법이지만 기업내부목적용 의사결정회계 혹은 성과평가회계에 적용할 있는 유용한 시스템이다.

구 분	제품원가의 인정 여부	
	전부원가계산	변동원가계산
직접재료비	○	○
직접노무비	○	○
변동제조간접비	○	○
고정제조간접비	○	×

원가계산제도에 대한 이해의 과정에서 주의하여야 할 점은 하나의 원가계산시스템을 구축할 때 위의 7가지 원가계산제도 중 하나를 선택하는 것이 아니라 각각의 구분 중 하나를 선택·결합하여 완성된 원가계산제도를 구축하는 것이다. 예를 들어 제조형태에 따른 구분에서는 종합원가계산을 선택하고, 원가의 속성에 따른 구분에서는 정상원가계산을 선택하고, 제품원가범위에 따른 구분에서는 전부원가계산을 선택하여 '종합원가계산+정상원가계산+전부원가계산'의 조합을 설정할 수 있다. 따라서 원가계산제도를 구축하려는 회사의 상황에 따라 다양한 원가제도의 조합이 가능하며 이는 회사의 제조형태, 관리시스템의 존재 여부 등에 따라 결정하게 된다.

CHAPTER 02

개별원가계산

제1절 개별원가계산의 개요

개별원가계산(job-order costing)은 플랜트·조선·주문생산 등처럼 다양한 제품을 소량생산하는 업종에 적합한 원가계산제도로서 각 제품 혹은 개별작업별로 원가를 정확하게 계산하여 작업별 혹은 제품별 수익과 비용을 적절히 대응하게 함을 주목적으로 하는 원가계산제도이다.

개별원가계산은 특성을 달리하는 제품을 생산하는 제조업뿐 아니라 컨설팅 등 용역 업종에서도 프로젝트별 원가계산에 적용할 수 있는 원가계산제도이다.

개별원가계산에서 고려하여야 할 점은 개별원가계산이 개별제품 혹은 개별작업별로 원가계산을 하기 때문에 작업별로 추적가능한 직접원가와 추적불가능한 간접원가로 나누는 것이다. 직접원가(직접재료비와 직접노무비)는 해당 제품별로 직접 추적하고, 간접원가인 제조간접비는 기말에 합리적인 배부기준을 설정하여 개별작업별로 배부하는 것이다.

개별원가계산의 정확성은 각 제품별 혹은 프로젝트별 추적 가능한 직접원가를 많이 파악하는 것에 달려있다고 할 수 있다.

- 직접비의 추적과정
- 제조간접비의 배부과정

〈개별원가계산제도의 계산절차〉

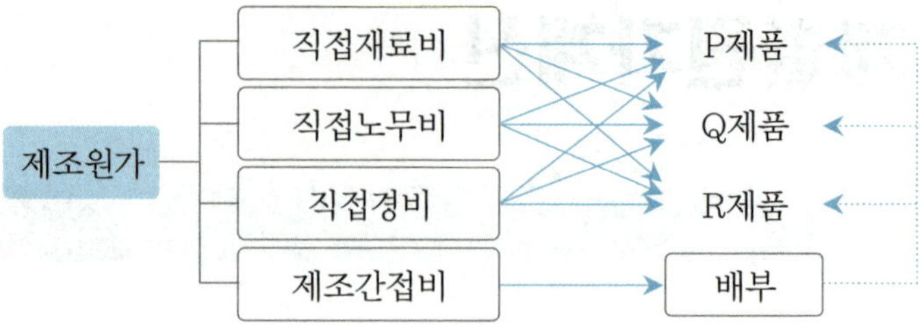

실무적으로 개별원가계산에서 제조간접비의 배부도 중요한 절차이지만 그 이전에 직접재료비와 직접노무비의 집계 및 계산시스템은 개별원가계산의 정확성을 좌우하는 매우 중요한 절차라고 할 수 있다.

1. 직접재료비

직접재료비는 '확장된 수불관리'를 전제로 한다. 원재료의 수불관리는 다음과 같은 원재료수불부로부터 출발한다.

품목	기초재고			입고			출고			기말재고		
	수량	단가	금액	수량	단가	금액	수량	단가	금액	수량	단가	금액
A												
B												
C												
…												
…												
계												

제1장에서는 재고수불부를 작성하기 위한 방법, 즉 원가흐름에 대한 가정과 수량결정방법에 대하여 설명하였다. 재고수불부는 원가계산제도의 종류와 관계없이 재고수불을 기록하기 위해서 작성되어야 하지만 개별원가계산을 위한 재고수불부는 출고에 대한 좀 더 상세한 정보를 요구한다. 예를 들어 회사에서 P, Q, R 세 가지의 제품을 생산하고 있다고 가정하면 위의 원재료수불부의 출고수량이 각 제품별로 정확하게 몇

개씩 투입되었는지에 대한 정보까지도 필요하다.

이러한 정보는 원재료의 관리를 책임지는 자재부서, 출고된 원재료를 투입하여 제품을 생산하는 생산부서 그리고 원가담당부서에 모두 제공되어야 하며, 기말에 이러한 정보를 이용하여 수불에 관한 모든 사항이 상호체크되어야 한다.

〈원재료수불부〉

품목	기초재고			입고			출고			기말재고		
	수량	단가	금액	수량	단가	금액	수량	단가	금액	수량	단가	금액
A												
B												
C												
계									1,000,000			

〈제품별 원가계산서〉

제품명	P제품		Q제품		R제품		합계
원가요소	직접재료비	500,000	직접재료비	300,000	직접재료비	200,000	1,000,000
	직접노무비		직접노무비		직접노무비		
	제조간접비		제조간접비		제조간접비		
	계		계		계		

2. 직접노무비

직접재료비와 마찬가지로 직접노무비는 직접원가의 성격상 각 제품별 투입액이 정확하게 계산되어야 한다. 직접노무비의 각 제품별 투입액은 '시간관리(공수관리)'에 의하여 계산된다. 시간관리는 단순히 근태기록을 위한 출근시간과 퇴근시간만 파악하는 것이 아니라 각 작업자가 각각의 제품을 생산하기 위하여 투입한 시간과 기타시간 등이 정확하게 기록되어야 한다.

실무적으로는 각 제품별 작업시간에 정보가 정확하게 기록되지 않는 경우가 많이 있다. 제품별 작업시간(노동시간)에 대한 정보가 정확하게 집계되지 않으면 직접노무비는 기타 제조간접비와 함께 일률적으로 배부할 수밖에 없다. 만약 이러한 원가계산방법을 사용하게 되면 원가계산의 논리성뿐만 아니라 원가계산의 정확성도 상당히 떨어질 수밖에 없다. 이러한 사례는 후술하는 보론에서 설명이 되겠지만 원가계산의 생명은 산출되는 원가정보의 정확성에 있으므로 가능한 직접노무비도 직접재료비와 마찬가지로 제품별 투입시간에 대한 정보를 정확하게 집계할 수 있는 시스템의 구축은 필수적이라고 할 수 있다.

실무적으로 각 작업별(제품별) 노동시간은 각 작업자가 작업일지에 기록할 수도 있으며, ERP시스템에 기록·저장할 수도 있다. 심지어 작업자에 센서를 부착하여 자동적으로 시간을 집계하는 기업들도 있다.

성명	출퇴근			시간투입내역				
	출근시간	퇴근시간	총근무시간	P제품	Q제품	R제품	기타	합계
○○○			200h	100h	50h	40h	10h	200h
△△△			210h	80h	70h	50h	10h	210h
□□□			220h	70h	100h	40h	10h	220h
총계				250h	220h	130h	30h	630h
평균임률				21,000	21,000	21,000		
노무비				5,250,000	4,620,000	2,730,000		12,600,000

〈제품별 원가계산서〉

	P제품		Q제품		R제품		합 계
제조원가	직접재료비		직접재료비		직접재료비		
	직접노무비	5,250,000	직접노무비	4,620,000	직접노무비	2,730,000	12,600,000
	제조간접비		제조간접비		제조간접비		
	계		계		계		

위에서 시간당 임률 ₩21,000은 총노무비 ₩12,600,000을 작업자들의 총직접노동시간 600시간(250h+220h+130h)으로 나누어 계산하였다. 즉, 임률산정 시 기타시간(즉, 작업준비, 작업정리, 교육 등 특정작업과 연관성이 없는 시간)은 제외하고 계산하였다.

기타시간, 즉 간접시간도 임률산정에 반영할 수는 있으나 일반적으로 잘 사용되지 않는 방법이므로 보통은 위와 같은 방법으로 임률을 산정한다.

한편, 제조원가의 구분체계를 재료비, 노무비, 경비로 구분하는 경우 제품별 원가산정은 다음과 같이 할 수도 있다.

예를 들어, 공장 내의 비생산부서, 즉 지원부서(보조부문) 등에서 발생한 간접노무비가 ₩3,780,000이라면 직접노무비 대비 간접노무비가 30%($=\frac{3,780,000}{12,600,000}$)이므로 각 제품의 직접노무비에 30%의 간접노무비를 배부하여 노무비합계를 계산할 수도 있다.

구 분	P제품	Q제품	R제품	합 계
재료비				
노무비				
직접노무비	5,250,000	4,620,000	2,730,000	12,600,000
간접노무비	1,575,000	1,386,000	819,000	3,780,000
소계	6,825,000	6,006,000	3,549,000	16,380,000
경비				
제조원가 합계				

3. 제조간접비

개별원가계산은 직접재료비와 직접노무비는 앞에서 언급한 바와 같이 각 작업별로 직접 배부하고 제조간접비는 일정한 배부기준에 따라 각 작업별로 배부되는데 제조간접비를 배부하기 위한 기준으로는 일반적으로 금액기준과 시간기준이 있다.

금액기준에는 각 작업(제품)별 직접재료비를 기준으로 제조간접비를 배부하는 직접재료비기준, 각 작업(제품)별 직접노무비를 기준으로 제조간접비를 배부하는 직접노무비기준, 각 작업(제품)별 직접원가를 기준으로 제조간접비를 배부하는 직접원가기준 등이 있고, 시간기준에는 각 작업(제품)별 직접노동시간기준, 기계시간기준 등이 있다.

- 시간기준법
  - 직접노동시간기준
  - 기계시간기준
- 금액기준법
  - 직접재료비기준
  - 직접노무비기준
  - 직접원가기준

제조간접비의 배부절차는 위에서 설명한 배부기준 중 하나의 기준을 선택하여 다음의 절차에 따라 진행된다.

> ① $\text{제조간접비 배부율} = \dfrac{\text{총제조간접비}}{\text{총배부기준}}$
>
> ② 제조간접비 배부액＝제조간접비배부율×개별작업의 배부기준

참고

위에서 제조간접비 배부액은 "제조간접비배부율×배부기준"으로 계산된다고 설명하였다. 이와 관련하여 원가계산의 기본에 대하여 잠시 생각해보자.

원가계산은 흔히 P와 Q의 곱으로 계산된다. 즉, 가격(price)과 수량(quantity)의 곱으로 인식되는 것이다. 이를 직접재료비, 직접노무비에 대하여 적용하다면 직접재료비는 "가격"과 "수량"의 곱으로 계산되며 직접노무비는 "임률"과 "시간"의 곱으로 인식된다. 따라서 제조간접비에 대해서도 동일한 방식을 적용하면 "배부율"과 "배부기준"의 곱으로 계산되는 것이다.

앞으로 원가계산에서 이러한 기본적 사항을 잊지 않도록 하여야 한다.

	Price		Quantity
• 직접재료비＝	가 격	×	수 량
• 직접노무비＝	임 률	×	시 간
• 제조간접비＝	배부율	×	배부기준

예제 01 제조간접비의 배부

회사는 당월 중 #501, #502, #503 3개의 작업에 착수하여 #501과 #502를 완성하였다. 제조간접비는 ₩1,200,000이며 제조활동과 관련된 자료는 다음과 같다.

	#501	#502	#503	합계
직접재료비	₩400,000	₩240,000	₩160,000	₩800,000
직접노무비	240,000	180,000	180,000	600,000
직접노동시간	450시간	350시간	200시간	1,000시간
기계시간	800시간	400시간	800시간	2,000시간

회사는 각 작업에 대하여 사전계약방식으로 수주하고 있으며 사전계약에 의한 판매가격은 다음과 같다.

	#501	#502	#503
판매가격	₩1,600,000	₩1,400,000	₩1,000,000

요구사항

1. 직접노동시간을 기준으로 제조간접비를 배부하고 작업별 원가를 계산하시오.
2. 직접재료비를 기준으로 제조간접비를 배부하고 작업별 원가를 계산하시오.

해설

물량흐름을 표시하면 다음과 같다.

재 공 품

기초재공품	–	완성품	#501 #502
당기투입	#501 #502 #503	기말재공품	#503

제 품

기초제품	–	판매	#501
당기생산 입고	#501 #502	기말제품	#502

1. 직접노동시간기준

(1) 제조간접비배부율

$$\frac{\text{총제조간접비}}{\text{직접노동시간}} = \frac{₩1,200,000}{1,000\text{시간}} = @1,200/\text{시간}$$

(2) 작업별 원가

	#501	#502	#503	합계
직접재료비	₩400,000	₩240,000	₩160,000	₩800,000
직접노무비	240,000	180,000	180,000	600,000
제조간접비	540,000*	420,000	240,000	1,200,000
합　계	1,180,000	840,000	580,000	2,600,000

* #501 제조간접비배부액＝450시간×@1,200＝₩540,000

(3)

제조원가명세서

Ⅰ. 직접재료비	₩800,000
Ⅱ. 직접노무비	600,000
Ⅲ. 제조간접비	1,200,000
Ⅳ. 당기총제조원가	2,600,000
Ⅴ. 기초재공품원가	－
합　계	2,600,000
Ⅵ. 기말재공품원가	580,000
Ⅶ. 당기제품제조원가	₩2,020,000

(4)

손 익 계 산 서

Ⅰ. 매　출　액		₩1,600,000
Ⅱ. 매 출 원 가		1,180,000
1. 기초제품재고액	－	
2. 당기제품제조원가	2,020,000	
계	2,020,000	
3. 기말제품재고액	840,000	
Ⅲ. 매 출 총 이 익		₩420,000

2. 직접재료비기준

(1) 제조간접비배부율

$$\frac{\text{총제조간접비}}{\text{직접재료비}} = \frac{₩1,200,000}{₩800,000} = 150\%$$

(2) 작업별 원가

	#501	#502	#503	합계
직접재료비	₩400,000	₩240,000	₩160,000	₩800,000
직접노무비	240,000	180,000	180,000	600,000
제조간접비	600,000*	360,000	240,000	1,200,000
합 계	₩1,240,000	₩780,000	₩580,000	₩2,600,000

* #501 제조간접비배부액=₩400,000×150%=₩600,000

(3)

제조원가명세서

Ⅰ. 직접재료비	₩800,000
Ⅱ. 직접노무비	600,000
Ⅲ. 제조간접비	1,200,000
Ⅳ. 당기총제조원가	2,600,000
Ⅴ. 기초재공품원가	–
합 계	2,600,000
Ⅵ. 기말재공품원가	580,000
Ⅶ. 당기제품제조원가	₩2,020,000

(4)

손 익 계 산 서

Ⅰ. 매 출 액		₩1,600,000
Ⅱ. 매 출 원 가		1,240,000
1. 기 초 제 품 재 고 액	–	
2. 당 기 제 품 제 조 원 가	2,020,000	
계	2,020,000	
3. 기 말 제 품 재 고 액	780,000	
Ⅲ. 매 출 총 이 익		₩360,000

참고

앞의 예제에서는 원가계산을 "결산용도"로만 살펴보았다. 하지만 원가계산은 단지 결산을 위한 기능만 있는 것이 아니라 의사결정 및 성과평가의 기능도 있다. 제조간접비를 직접노동시간을 기준으로 배부한 경우 제품별 성과평가와 의사결정에 대하여 살펴보면 다음과 같다.

	#501	#502	#503
판매가격	₩1,600,000	₩1,400,000	₩1,000,000
제조원가	1,180,000	840,000	580,000
제품별 이익	420,000	560,000	–

※ #503은 기말재공품이므로 이익검토대상에서 제외한다.

만약 기업이 차기 이후 이익을 중심으로 영업방향을 설정하다면 #501 제품보다는 #502와 같은 제품이 이익도 많이 발생하고 이익률도 양호하므로 #502 같은 제품을 수주할 수 있도록 영업을 하는 것이 좋을 것이다.

다만 제조간접비 배부기준을 직접노동시간이 아닌 직접재료비를 기준으로 계산하면 다음과 같다.

	#501	#502	#503
판매가격	₩1,600,000	₩1,400,000	₩1,000,000
제조원가	1,240,000	₩780,000	₩580,000
제품별 이익	360,000	620,000	–

여기에서 고려할 것은 제조간접비배부기준을 달리함에 따라 제품별 이익이 달라진다는 점이다. 따라서 기업이 적절한 의사결정이나 성과평가를 하려면 정확한 원가계산이 필요하며, 좀 더 정확하게 배부기준을 설정하여 제조간접비를 배부하여야 한다.

또한 가능하면 직접비를 세밀하게 추적하여 제조간접비의 비중을 줄임으로써 원가계산의 정확성을 높이는 것도 하나의 방법이 될 수 있다. 최근의 원가계산은 이렇게 직접비를 강조함으로서 제조간접비의 배부에 따른 원가계산의 변동성을 줄이는 방향으로 가고 있다.

제2절 제조간접비배부율

제1절에서는 개략적인 제조간접비의 배부절차와 개별원가계산의 개념을 살펴보았다. 이번 절에서는 제조간접비의 배부절차와 배부율 산정범위에 대하여 좀 더 상세하게 살펴보도록 한다.

제조간접비를 개별작업에 배부하는 배부기준은 금액기준법(직접재료비법, 직접노무비법, 직접원가법 등)과 시간기준법(기계시간법, 직접노동시간법) 등이 있으며 위의 기준 중 한 가지를 선택하여 제조간접비배부율(overhead rate)을 산정하고 작업별 원가를 계산하는 것은 이미 설명하였다.

① 제조간접비 배부율 $= \dfrac{\text{총제조간접비}}{\text{총배부기준}}$

② 제조간접비 배부액 = 제조간접비배부율×개별작업의 배부기준

하지만 기업의 생산체제, 관리시스템, 공정 및 제품특성 등에 따라 제조간접비 배부율 산정방식은 여러 가지의 방법이 있을 수 있는데 일반적으로 기업들이 적용하고 있는 배부율 산정방법에는 다음과 같은 방법들이 있다.

- 공장전체 제조간접비 배부율
- 원가항목별 공장전체 제조간접비 배부율
- 부문(공정)별 제조간접비 배부율
- 활동별 제조간접비 배부율

제조간접비 배부율 산정절차에서는 공장의 조직구조를 살펴보아야 하는데 공장의 부문은 제품생산에 직접 관여하는 제조부문(production department)과 간접적으로 지원성격의 부문인 보조부문(auxiliary department)으로 구분된다.

보조부문	타제조부문에 용역을 제공하면서 기업의 생산활동에 간접적으로 기여하는 부문으로 주로 동력부문·수선부문·창고부문·공장사무부문·식당부문 등이 여기에 속한다.
제조부문	보조부문으로부터 용역을 제공받아 생산활동을 수행하는 부문으로 주로 절단부·절삭부·선반부·압연부·가공부·조립부 등이 여기에 속한다.

이를 그림으로 표현하면 다음과 같다.

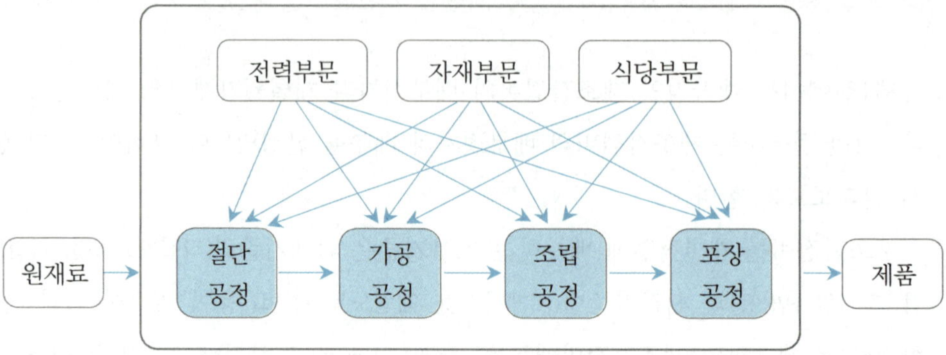

위의 그림에서 생산공정 초에 원재료가 투입되면 절단공정, 가공공정, 조립공정, 포장공정 등 제조부문을 거쳐 생산이 되며, 이러한 과정상 전력부문, 자재부문, 식당부분 등 보조부문은 조립부문이 원활하게 생산활동을 할 수 있도록 지원해주는 역할을 하게 된다.

이러한 공정구조를 감안할 때 제조간접비 배부율은 기본적으로 공장전체를 하나의 생산단위로 보아 제조간접비를 배부할지 아니면 절단, 가공, 조립, 포장공정 하나하나를 생산단위로 보아 제조간접비를 배부할지 결정되어야 한다. 이에 따라 제조간접비 배부율 산정 방법을 구분하면 다음과 같다.

구분	내용
공장전체 제조간접비 배부율	제조부문의 수와 특성을 고려하지 않고 공장전체의 제조간접비에 대하여 단일의 배부기준을 정하여 배부율을 산정하는 방법
원가항목별 공장전체 제조간접비 배부율	공장전체 제조간접비 배부율을 적용하되 계정과목별로 배부기준을 달리 하여 배부율을 산정하는 방법
부문(공정)별 제조간접비 배부율	제조부문의 특성을 고려하여 각 부문별로 제조간접비를 집계하고 각각의 배부기준을 정하여 배부율을 산정하는 방법
활동별 제조간접비 배부율	생산부문을 활동(activity)이라는 더 작은 단위로 구분하여 활동별로 제조간접비 배부율을 산정하는 방법

이하 각각의 제조간접비 배부율에 대하여 살펴보되 활동별 제조간접비배부율은 활동기준원가계산(activity based costing)이라는 별도의 설명을 통하여 살펴보도록 한다.

1. 공장전체 제조간접비 배부율(plant-wide overhead rate)

각 부문(공정)의 구조와 원가발생요인을 고려하지 않고 공장전체에서 단일의 배부기준을 선정하여 공장전체의 제조간접비배부율을 산정·계산하는 방법이다. 즉 공장전체의 제조간접비를 공장전체의 배부기준으로 나누어 계산한다. 원가계산시스템이 비교적 정교하지 않은 중소기업 등에서 사용하는 방법이다.

$$\text{공장전체 제조간접비배부율} = \frac{\text{공장전체 제조간접비}}{\text{공장전체 배부기준}}$$

공장전체 배부율을 그림으로 나타내면 다음과 같다.

〈공장전체 제조간접비 집계, 단일 배부기준 선정〉

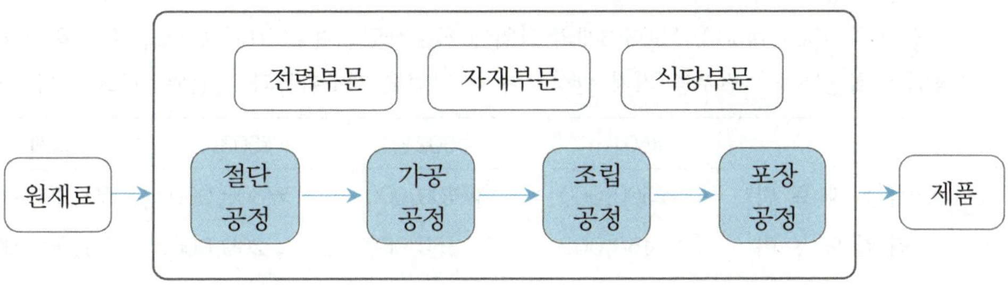

위의 그림과 같이 공장 내의 각 부문을 고려하지 않고 공장전체의 제조간접비와 단일 배부기준을 이용하여 제조간접비 배부율을 산정하는 방법이다.

참고

실무적으로 공장전체 제조간접비 배부율을 사용하는 경우는 다음과 같은 경우이다.

- 공정분석이 되지 않아 부문(공정)에 대한 구분인식이 제대로 되지 않는 경우
- 부문에 대한 구분은 되지만 부문별 제조간접비를 파악하지 못하는 경우
- 원가계산의 중요성을 인식하지 못하여 원가계산을 실무적 편의성 측면에서만 보는 경우

예제 02 공장전체 제조간접비 배부율

㈜한국의 공장에는 보조부문으로 전력부와 수선부가 있고, 제조부문으로 절단부와 조립부가 있다. 공장에서 발생한 제조간접비는 다음과 같다.

복리후생비	₩700,000
여비교통비	900,000
통신비	800,000
전력비	1,100,000
보험료	1,500,000
감가상각비(건물분)	2,000,000
총계	₩7,000,000

다만, 위의 제조간접비가 어느 부문에서 얼마 발생했는지는 회사의 사정상 파악하는 것이 불가능한 상황이다.

당기 중 #501, #502, #503 3개의 작업에 착수하였으며 #501과 #502을 완성하였다. 모든 작업은 절단부와 조립부를 거쳐 완성되며 각 작업별 제조활동과 관련된 자료는 다음과 같다.

	#501	#502	#503	합계
직접재료비	₩500,000	₩400,000	₩300,000	₩1,200,000
직접노무비	450,000	350,000	200,000	1,000,000
기계시간				
절단부	800시간	800시간	400시간	2,000시간
조립부	325시간	75시간	100시간	500시간
직접노동시간				
절단부	100시간	60시간	40시간	200시간
조립부	500시간	300시간	200시간	1,000시간

요구사항

기계시간을 기준으로 공장전체 제조간접비배부율을 사용하여 작업별 제조원가를 계산하시오.

해설

공장전체 제조간접비배부율

1) 제조간접비 배부율

$$\frac{₩7,000,000}{2,500시간} = @2,800/시간$$

2) 작업별 원가계산

	#501	#502	#503	합계
직접재료비	₩500,000	₩400,000	₩300,000	₩1,200,000
직접노무비	450,000	350,000	200,000	1,000,000
제조간접비	3,150,000	2,450,000	1,400,000	7,000,000
합계	₩4,100,000	₩3,200,000	₩1,900,000	₩9,200,000

#501의 제조간접비배부액 = 1,125시간 × @2,800 = ₩3,150,000

#502의 제조간접비배부액 = 875시간 × @2,800 = ₩2,450,000

#503의 제조간접비배부액 = 500시간 × @2,800 = ₩1,400,000

2. 원가항목별 공장전체 제조간접비 배부율

앞서 살펴본 공장전체 제조간접비 배부율과 유사한 방법이지만 제조간접비 전체를 하나의 배부기준을 적용하여 계산하는 것은 원가계산의 정확성 측면에서 논리적 문제가 있으므로 원가항목(계정과목)별로 각각의 배부기준을 설정하여 제조간접비를 배부하는 방법이다.

이는 각각의 제조간접비 항목별로 발생요인이 다를 수 있기 때문에 이러한 특성을 고려하는 방법으로 앞서 살펴본 공장전체 제조간접비 배부율보다는 좀 더 원가계산의 정확성을 높이는 방법이라고 할 수 있다. 다만, 여전히 각 공정의 특성을 고려하지 못한다는 단점은 존재한다.

예제 03 원가항목별 공장전체 제조간접비 배부율

㈜한국은 공장전체 제조간접비배부율을 사용하고 있으나 각 계정에 대하여 배부기준을 달리 적용하고 있다. 관련자료는 다음과 같다.

	#501	#502	#503	합계
직접재료비	₩500,000	₩400,000	₩300,000	₩1,200,000
직접노무비	450,000	350,000	200,000	1,000,000
기계시간				
절단부	800시간	800시간	400시간	2,000시간
조립부	325시간	75시간	100시간	500시간
직접노동시간				
절단부	100시간	60시간	40시간	200시간
조립부	500시간	300시간	200시간	1,000시간
예정판매가				
제품별 예정판매가	₩8,000,000	7,000,000	5,000,000	₩20,000,000

각 계정과목별 배부기준은 다음과 같다.

구 분	금액	배부기준
복리후생비	₩700,000	노동시간
여비교통비	900,000	〃
통신비	800,000	〃
전력비	1,100,000	기계시간
보험료	1,500,000	〃
감가상각비(건물분)	2,000,000	예정판매가격
	₩7,000,000	

요구사항

계정과목별 공장전체배부율을 이용하여 각 작업별 원가를 계산하시오.

해설

	배부기준	#501	#502	#503	합계
직 접 재 료 비		₩500,000	₩400,000	₩300,000	₩1,200,000
직 접 노 무 비		450,000	350,000	200,000	1,000,000
제 조 간 접 비					
복리후생비	노동시간	350,000	210,000	140,000	700,000
여비교통비	〃	450,000	270,000	180,000	900,000
통 신 비	〃	400,000	240,000	160,000	800,000
전 력 비	기계시간	495,000	385,000	220,000	1,100,000
보 험 료	〃	675,000	525,000	300,000	1,500,000
감가상각비	판매가격	800,000	700,000	500,000	2,000,000
계		4,120,000	3,080,000	2,000,000	9,200,000

※ 제품별 노동시간비율＝600시간 : 360시간 : 240시간＝50% : 30% : 20%
제품별 기계시간비율＝1,125시간 : 875시간 : 500시간＝45% : 35% : 20%
제품별 판매가격비율＝8,000천원 : 7,000천원 : 5,000천원＝40% : 35% : 25%

3. 부문(공정)별 제조간접비 배부율(departmental overhead rate)

일반적으로 제품은 2개 이상의 제조부문(공정)을 거쳐 완성된다. 따라서 여러 제조부문을 거쳐서 완성되는 제품은 각 부문에서 제조간접비를 배부받게 되는데 각 제조부문은 부문의 특성상 제조간접비를 발생시키는 원인이 각각 상이할 수 있다. 예를 들어 절단부문은 프레스를 사용하여 원재료를 절단하기 때문에 기계시간이 중요한 원가발생요인[7]이 될 수도 있고, 조립부문은 수작업에 의하여 조립하는 경우 직접노동시간이 중요한 원가발생요인이 될 수도 있다.

7) 원가를 발생시키는 중요한 요인으로서 원가동인(原價動因, cost driver)이라고도 한다.

부문별 제조간접비 배부율은 각 부문별로 제조간접비를 발생시키는 요인이 상이하므로 부문별로 각각의 제조간접비 배부기준을 선정하여 부문의 제조간접비 배부율을 산정·계산하는 방법이다. 즉, 부문별 제조간접비배부율은 각 제조부문의 제조간접비를 각각의 배부기준으로 나누어 계산한다.

$$\text{부문별(공정별) 제조간접비배부율} = \frac{\text{부문별 제조간접비}}{\text{부문별 배부기준}}$$

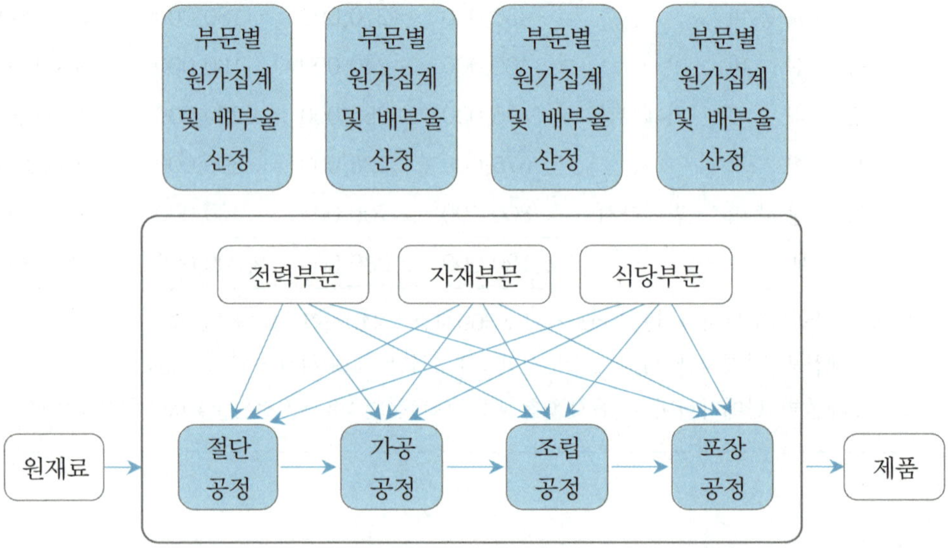

다만, 부문별 제조간접비 배부율을 산정하는 과정에서 보조부문과 제조부문과의 관계 및 보조부문의 제조간접비를 주의하여 살펴보아야 한다. 제조부문과 보조부문과의 관계를 이해하기 위하여 앞서 살펴본 공장의 제조부문과 보조부문과의 관계를 다시 살펴보도록 한다.

위와 같이 생산공정에서 제품은 절단, 가공, 조립, 포장공정을 통하여 생산된다. 또한 이러한 제조부문이 원활하게 생산활동을 할 수 있도록 전력부문, 자재부문, 식당부문 등 보조부문이 간접적으로 생산활동을 지원한다.

하지만 보조부문에서 발생한 제조간접비는 개별제품과의 인과관계를 설명하기 곤란하므로 보조부문 제조간접비의 각 제품에 대한 배부금액을 알 수가 없다. 따라서 부문별 제조간접비 배부율 산정절차에서는 보조부문 제조간접비를 우선 제조부문으로 배분하고, 제조부문에 배분된 제조간접비는 제조부문 자체에서 발생한 제조간접비와 합하여 각 제품별로 배부하는 절차를 취하고 있다.

즉, 제조간접비의 배부절차는 다음의 그림과 같이 보조부문에서 제조부문으로 제조간접비를 배분하는 첫 번째 절차와 제조부문에서 각 제품별로 제조간접비를 배부하는 두 번째 절차로 구분된다.

〈부문별 제조간접비 배부율의 배부절차〉

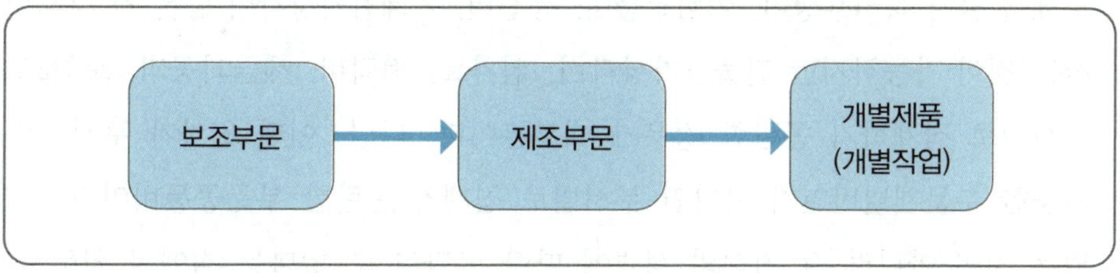

첫 번째 절차 : 보조부문에서 발생한 제조간접비를 제조부문으로 배분하는 절차
두 번째 절차 : 제조부문에 배분된 제조간접비를 제품에 배부하는 절차

참고

실무적으로 부문별(공정별) 제조간접비배부율을 사용하는 경우는 다음의 조건들이 모두 충족되는 경우이다.

- 부문(공정)에 대한 정확한 인식과 구분이 가능한 경우
- 부문별 제조간접비 금액을 파악할 수 있는 경우
- 부문별 제조간접비 배부기준을 확정할 수 있는 경우

(1) 보조부문 제조간접비의 제조부문으로의 배분

제조간접비의 배부과정에서 보조부문의 제조간접비를 제조부문에 배분하는 것이 첫 번째 절차라는 것은 앞에서 언급한 바 있다. 그러나 이보다 먼저 선행되어야 하는 절차는 각 부문별로 제조간접비를 집계(accumulation)하는 과정이다. 보조부문 제조간접비의 제조부문 배분은 이러한 원가집계절차가 끝난 후에 이루어진다.

가. 부문별 제조간접비의 집계

제조간접비는 다음과 같이 부문개별비와 부문공통비로 나누어 집계된다.

- 부문개별비 : 각 부문별로 집계가 가능한 원가
- 부문공통비 : 공장전체로 발생하여 부문별 집계가 곤란한 원가

예를 들어 복리후생비, 여비교통비, 통신비, 기계감가상각비 등은 각 부서별로 집계하는 것이 가능하지만 건물감가상각비, 임차료, 전력비, 세금과공과, 보험료 등은 각 부서별로 집계하기 곤란한 경우가 대부분이다. 다만, 어떤 원가가 부서별로 집계가 가능한 부문개별비인지 아니면 부서별로 집계가 곤란한 부문공통비인지는 결정되어 있는 것이 아니라 각 거래의 성격에 따라 달라질 수 있다는 점에 유의하여야 한다.

공장 전체에서 발생하기 때문에 부문별로 집계가 곤란한 부문공통 제조간접비는 합리적 배분기준을 설정하여 각 부문별로 집계하는데, 각 원가별 배분기준을 예시하면 다음과 같다.

원 가	배분기준의 예
건물감가상각비	면적(㎡)
임차료	면적
세금과공과	인원수, 면적, 부문의 수 등
전력비	면적, 기계대수, 기계시간 등
보험료	기계의 금액, 기계대수, 면적 등

따라서 각 부문별 제조간접비의 집계는 부문개별비(부문별로 집계가 가능한 제조간접비)와 부문공통비(공장 전체로 발생하여 부문별로 집계가 곤란한 제조간접비)를 합하는 과정으로 이루어진다.

구 분	보조부문		제조부문			합계
	A	B	X	Y	Z	
부문개별비						
○○○	×××	×××	×××	×××	×××	×××
○○○	×××	×××	×××	×××	×××	×××
부문공통비						
○○○	×××	×××	×××	×××	×××	×××
○○○	×××	×××	×××	×××	×××	×××
계	×××	×××	×××	×××	×××	×××

다만, 부문공통비를 각 부문별로 배분하는 과정에서 원가와 원가배분기준과의 인과관계를 정확하게 파악하여 배분하는 것도 중요하지만 원가배분의 일반적 기준이라 할 수 있는 공평성과 공정성, 수혜기준, 부담능력기준 등은 적절히 감안되어야 한다. 이는 원가의 배분과정이 단지 원가계산절차에 그치는 것이 아니라 각 부문별 성과평가에도 직결될 수 있기 때문이다.

예제 04 부문개별비와 부문공통비를 활용한 제조간접비의 집계

㈜한국의 공장에는 보조부문으로 전력부와 수선부가 있고, 제조부문으로 절단부와 조립부가 있다. 다음은 ㈜한국의 공장에서 발생한 제조간접비이다.

복리후생비	₩700,000
여비교통비	900,000
통신비	800,000
전력비	1,100,000
보험료	1,500,000
감가상각비(건물분)	2,000,000
	₩7,000,000

복리후생비, 여비교통비, 통신비 등은 부문별로 집계하는 것이 가능하며 부문별 원가는 다음과 같다.

구 분	전력부	수선부	절단부	조립부	계
부문개별비					
복리후생비	₩250,000	₩40,000	₩130,000	₩280,000	₩700,000
여비교통비	40,000	50,000	330,000	480,000	900,000
통 신 비	250,000	50,000	200,000	300,000	800,000

전력비, 감가상각비, 보험료 등은 부문별로 집계하는 것이 불가능하다. 부문공통비를 각 부문별로 배분하기 위하여 회사는 다음의 기준을 선택하기로 하였다.

과 목	배부기준	전력부	수선부	절단부	조립부	계
전 력 비	기계대수	1대	1대	4대	4대	10대
보 험 료	기계대수	1대	1대	4대	4대	10대
감가상각비	면 적	20㎡	20㎡	30㎡	30㎡	100㎡

요구사항

각 부문별로 제조간접비를 배분하고 집계하시오.

해설

1. 부문공통비 배부기준

	배부기준	전력부	수선부	절단부	조립부	계
전 력 비	기계대수	10%	10%	40%	40%	100%
보 험 료	기계대수	10%	10%	40%	40%	100%
감가상각비	면 적	20%	20%	30%	30%	100%

2. 부문별 제조간접비의 집계

구 분	전력부	수선부	절단부	조립부	계
부문개별비					
복리후생비	₩250,000	₩40,000	₩130,000	₩280,000	₩700,000
여비교통비	40,000	50,000	330,000	480,000	900,000
통 신 비	250,000	50,000	200,000	300,000	800,000
부문공통비					
전 력 비	110,000	110,000	440,000	440,000	1,100,000
보 험 료	150,000	150,000	600,000	600,000	1,500,000
감가상각비	400,000	400,000	600,000	600,000	2,000,000
계	₩1,200,000	₩800,000	₩2,300,000	₩2,700,000	₩7,000,000

나. 보조부문 제조간접비의 제조부문으로의 배분

이제 각 부문별로 집계된 제조간접비의 배분절차에 대하여 살펴보도록 한다. 공장 내에서 보조부분은 제조부분을 위하여 보조적 역할을 수행하며 제조부문은 각각의 생산활동을 하게 된다. 보조부문 A, B, 제조부문 X, Y가 있다고 가정하면 부문 간 용역수수관계는 다음과 같다.

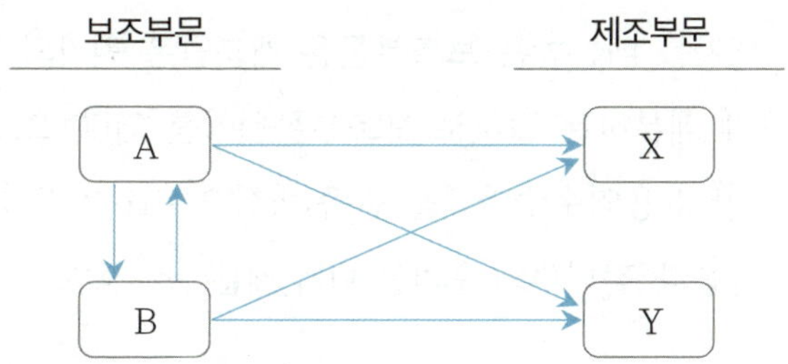

보조부문의 제조간접비를 제조부문으로 배분하는 과정에서 보조부문 상호간의 용역수수관계를 어떻게 고려하느냐에 따라 다음과 같이 세 가지 방법이 존재한다.

- 직접배분법(direct method)
- 단계배분법(step method)
- 상호배분법(reciprocal method)

① 직접배분법

보조부문 상호간의 용역수수는 완전히 무시하고 보조부문원가를 제조부문에 배분하는 방법으로 원가의 흐름은 다음과 같다.

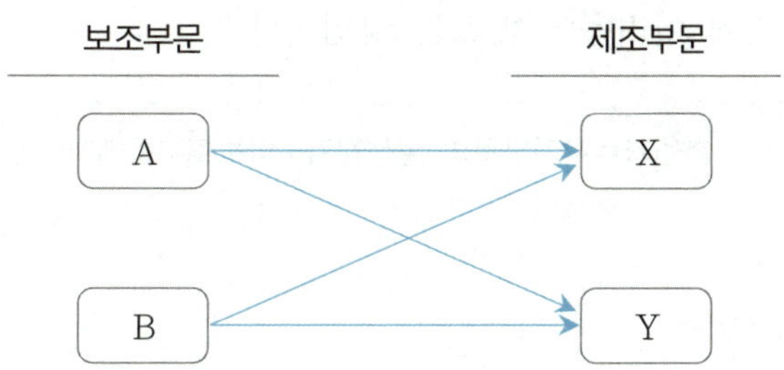

이 방법은 실제로는 보조부문 간에 용역수수관계가 존재하므로 원가배분을 하여야 하나, 원가배분의 간편성을 위하여 보조부문 상호간의 용역수수관계를 고려하지 않고 보조부문의 원가를 일정한 배분기준을 선정하여 제조부문에만 배분하는 방법이다. 실무적으로 대부분 이 방법을 사용한다.

② 단계배분법

보조부문 간에 배분순위를 정하여 우선순위의 보조부문원가를 타보조부문과 제조부문에 배분하고, 원가를 배분받은 보조부문은 배분받은 원가와 자기부문의 원가를 합한 금액을 제조부문에 배분하는 절차로 보조부문원가를 역(逆)으로 배분하지 않는 방법이다. 즉 보조부문 간의 용역수수관계를 한쪽 방향으로만 인정하는 방법이다. 이를 그림으로 표시하면 다음과 같다(A의 원가를 먼저 배분하는 경우).

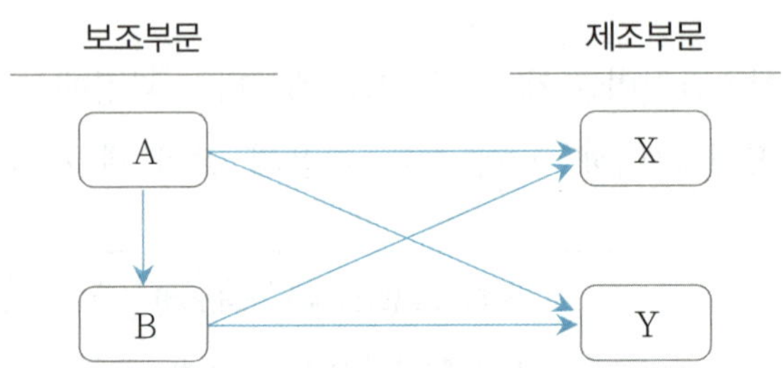

③ 상호배분법

보조부문 간의 상호관련성을 모두 고려하여 원가를 배분하는 방법으로 각 보조부문의 원가를 타보조부문과 제조부문에 배분하는 방법이다. 각 보조부문의 총원가는 보조부문 상호간의 용역수수관계를 고려하여 다음과 같이 계산되며 상호배분법은 이를 연립방정식으로 설정, 계산한 후 배분한다. 이론적으로 가장 우수한 방법이지만 실무적으로는 사용하기에 어려움이 따르는 방법이다.

> 총원가=자기부문의 발생원가+타보조부문에서 배분된 원가

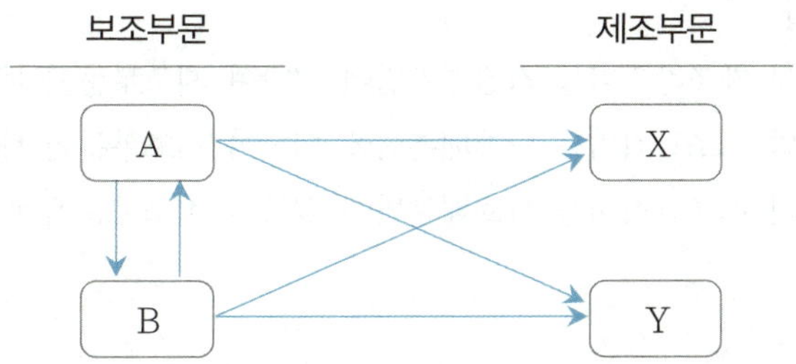

보조부문원가를 제조부문에 배분하는 경우에 배분기준을 무엇으로 할 것인가의 문제가 발생한다. 보조부문 제조간접비의 배분기준은 보조부문이 제조부문에 제공한 용역량을 기준으로, 즉 용역제공비율에 따라 배분한다. 이 경우 보조부문이 제공한 용역은 보조부문원가의 발생과 밀접한 인과관계가 있어야 함은 물론이다.

다음은 보조부문원가를 제조부문에 배분하기 위한 기준을 예시한 것이다.

보조부문	배분기준	보조부문	배분기준
전력부	전력량	관리부	인원수
수선부	수선시간, 수선횟수	식당부	인원수
창고부	보관수량, 입출고횟수	시설관리부	면적

예제 05 보조부문원가의 제조부문 배분

전력부, 수선부의 보조부문과 절단부, 조립부의 제조부문으로 구성된 ㈜한국의 각 부문별 제조간접비는 다음과 같다.

	보조부문		제조부문		계
	전력부	수선부	절단부	조립부	
제조간접비	₩1,200,000	₩800,000	₩2,300,000	₩2,700,000	₩7,000,000

보조부문의 제조간접비를 배분하기 위한 부문간 용역수수관계는 다음과 같다.

제공 \ 사용	보조부문		제조부문		계
	전력부(A)	수선부(B)	절단부(X)	조립부(Y)	
전력부(A)	–	400kw	600kw	1,000kw	2,000kw
수선부(B)	100hr	–	450hr	450hr	1,000hr

요구사항

1. 보조부문의 제조간접비를 직접배분법에 의하여 제조부문에 배분하시오.
2. 보조부문의 제조간접비를 단계배분법에 의하여 제조부문에 배분하시오.
3. 보조부문의 제조간접비를 상호배분법에 의하여 제조부문에 배분하시오.

해설

1. 직접배분법

	보조부문		제조부문		
	전력부(A)	수선부(B)	절단부(X)	조립부(Y)	계
배분 전 원가	₩1,200,000	₩800,000	₩2,300,000	₩2,700,000	₩7,000,000
전력부원가배분	(1,200,000)		450,000	750,000	
수선부원가배분		(800,000)	400,000	400,000	
계	0	0	₩3,150,000	₩3,850,000	₩7,000,000

전력부 원가의 배분 X부문 : Y부분 = 600kw : 1,000kw = 450,000 : 750,000
수선부 원가의 배분 X부문 : Y부분 = 450hr : 450hr = 400,000 : 400,000

2. 단계배분법

	보조부문		제조부문		
	전력부(A)	수선부(B)	절단부(X)	조립부(Y)	계
배분 전 원가	₩1,200,000	₩800,000	₩2,300,000	₩2,700,000	₩7,000,000
전력부원가배분	(1,200,000)	240,000	360,000	600,000	
수선부원가배분		(1,040,000)	520,000	520,000	
계	0	0	₩3,180,000	₩3,820,000	₩7,000,000

전력부 원가의 배분 B부문 : X부문 : Y부분 = 400kw : 600kw : 1,000kw
= 240,000 : 360,000 : 600,000

수선부 원가의 배분 X부문 : Y부분 = 450hr : 450hr = 520,000 : 520,000

3. 상호배분법

먼저 연립방적식을 설정하여 전력부(A)와 수선부(B)의 원가를 계산한다.

A = 1,200,000 + 0.1B

B = 800,000 + 0.2A

∴A = 1,306,122 B = 1,061,224

	보조부문		제조부문		
	전력부(A)	수선부(B)	절단부(X)	조립부(Y)	계
배분 전 원가	₩1,200,000	₩800,000	₩2,300,000	₩2,700,000	₩7,000,000
전력부원가배분	(1,306,122)	261,224	391,837	653,061	
수선부원가배분	106,122	(1,061,224)	477,551	477,551	
계	0	0	₩3,169,388	₩3,830,612	₩7,000,000

전력부 원가의 배분 B부문 : X부문 : Y부분 = 400kw : 600kw : 1,000kw

= 261,224 : 391,837 : 653,061

수선부 원가의 배분 A부문 : X부문 : Y부분 = 100hr : 450hr : 450hr

= 106,122 : 477,551 : 477,551

(2) 제조부문 제조간접비의 개별제품 배부

앞에서 살펴본 바와 같이 보조부문의 제조간접비를 제조부문에 배분하는 절차가 종료되면 제조부문에서는 보조부문에서 배분받은 제조간접비와 제조부문 자체의 원가를 합하여 이를 개별작업(또는 제품)에 배부한다.

다만, 각 제조부문별로 제조간접비를 발생시키는 요인이 상이하므로 제조부문별로 별도의 제조간접비 배부기준을 선정하여 부문별 제조간접비배부율을 산정·계산한다. 부분별 제조간접비배부율은 공정별 특성을 감안하여 각 부문별 제조간접비 배부기준을 달리 선정하게 되므로 공장전체 제조간접비배부율보다 제조간접비의 배부를 좀 더 정확하게 하는 특성이 있다.

$$\text{부문별 제조간접비배부율} = \frac{\text{부문별 제조간접비}}{\text{부문별 배부기준}}$$

예제 06 부문별 제조간접비배부율

전력부, 수선부의 보조부문과 절단부, 조립부의 제조부문으로 구성된 ㈜한국의 각 부문별 제조간접비는 다음과 같다.

	보조부문		제조부문		계
	전력부	수선부	절단부	조립부	
제조간접비	₩1,200,000	₩800,000	₩2,300,000	₩2,700,000	₩7,000,000

보조부문의 제조간접비를 배분하기 위한 부문 간 용역수수관계는 다음과 같다.

사용 / 제공	보조부문		제조부문		계
	전력부(A)	수선부(B)	절단부(X)	조립부(Y)	
전력부(A)	–	400kw	600kw	1,000kw	2,000kw
수선부(B)	100hr	–	450hr	450hr	1,000hr
기계시간			2,000시간	500시간	2,500시간
직접노동시간			200시간	1,000시간	1,200시간

당기 중 #501, #502, #503 3개의 작업에 착수하였으며 #501과 #502을 완성하였다. 또한 작업 #501은 ₩5,000,000에 판매되었다. 모든 작업은 절단부와 조립부를 거쳐 완성되며 각 작업별 제조활동과 관련된 자료는 다음과 같다.

	#501	#502	#503	합계
직접재료비	₩500,000	₩400,000	₩300,000	₩1,200,000
직접노무비	450,000	350,000	200,000	1,000,000
기계시간				
절단부	800시간	800시간	400시간	2,000시간
조립부	325시간	75시간	100시간	500시간
직접노동시간				
절단부	100시간	60시간	40시간	200시간
조립부	500시간	300시간	200시간	1,000시간

요구사항

절단부문은 기계시간을 기준으로, 조립부문은 직접노동시간을 기준으로 부문별 제조간접비 배부율을 사용하여 작업별 제조원가를 계산하시오(단, 보조부문의 제조간접비는 직접배분법에 의하여 제조부문에 배분).

해설

1. 부문별 제조간접비배부율의 계산

	보조부문		제조부문		계
	전력부(A)	수선부(B)	절단부(X)	조립부(Y)	
배분 전 원가	₩1,200,000	₩800,000	₩2,300,000	₩2,700,000	₩7,000,000
A부문원가배분	(1,200,000)		450,000	750,000	
B부문원가배분		(800,000)	400,000	400,000	
계	0	0	₩3,150,000	₩3,850,000	₩7,000,000
		기계시간	÷ 2,000시간		
		노동시간		÷ 1,000시간	
			@1,575	@3,850	

2. 작업별 원가계산

	#501	#502	#503	합계
직접재료비	₩500,000	₩400,000	₩300,000	₩1,200,000
직접노무비	450,000	350,000	200,000	1,000,000
제조간접비				
절단부문	1,260,000*	1,260,000	630,000	3,150,000
조립부문	1,925,000**	1,155,000	770,000	3,850,000
합계	₩4,135,000	₩3,165,000	₩1,900,000	₩9,200,000

* 800시간×@15,755=₩1,260,000 ** 500시간×@3,850=₩1,925,000

참고 제조간접비배부율 산정 난이도

앞서 살펴본 제조간접비배부율의 실무적 난이도는 다음과 같다.

난이도 높음 ↑

활동별 제조간접비배부율

↑

부문별 제조간접비배부율

↑

원가항목별 공장전체 제조간접비배부율

↑

공장전체 제조간접비배부율

난이도 낮음

참고 제조간접비배부율별 배부절차의 차이점

- 공장전체 제조간접비배부율

  공장전체 제조간접비배부율을 사용하면 배부율 계산 시 공장전체의 제조간접비를 공장전체 배부기준으로 나누게 되므로 공장전체 제조간접비에는 제조부문뿐만 아니라 보조부문의 원가까지도 포함된다. 따라서 공장 내의 모든 부문의 제조간접비가 포함되므로 보조부문원가를 제조부문에 배분하는 절차는 그 의미가 없어진다.

- 부문별 제조간접비배부율

  부문별 제조간접비배부율을 사용하면 각 제조부문별로 얼마의 제조간접비가 집계되는가에 따라 제조간접비배부율이 달라지게 된다. 제조부문의 제조간접비는 보조부문원가를 제조부문에 배분하는 과정을 전제로 하므로 부문별 제조간접비배부율 산정절차는 보조부문원가를 제조부문에 배분하는 첫 번째 절차와 제조부문원가를 개별작업(제품)에 배부하는 두 번째 절차로 나누어 계산하게 된다.

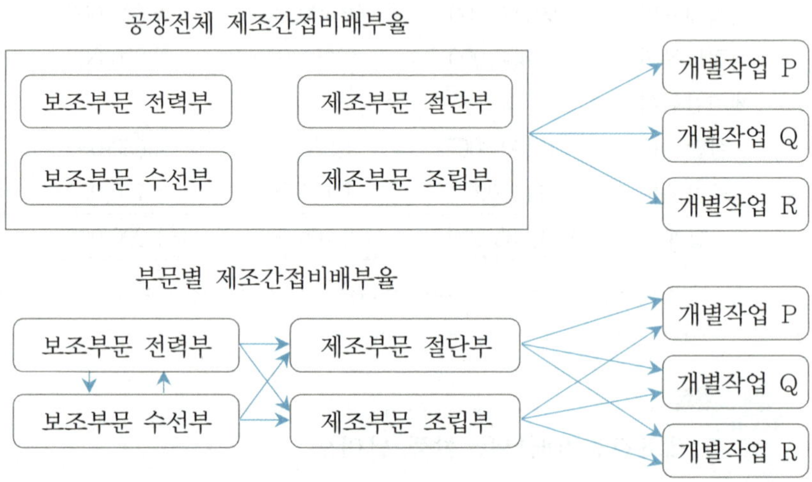

보론 : 개별원가계산의 기타 방법

앞에서 개별원가계산제도에 대하여 살펴보았다. 하지만 원가계산시스템이 취약한 회사들의 경우에는 원가이론에 충실한 원가계산제도를 구축할 수 없는 경우도 많이 있다. 따라서 보론에서는 비록 원가계산의 합리성이 조금은 떨어지더라도 원가계산시스템이 취약한 회사들이 실무적으로 많이 사용되고 있는 개별원가계산에 대하여 살펴보고자 한다.

상당수의 중소기업들은 원재료수불과 작업자의 시간관리를 통한 정확한 개별원가계산을 하지 못하고 있다. 이는 대부분 원가정보를 수집하는 원가계산시스템의 미비로 인한 것으로서 단시일 내에 해결하기에는 많은 어려움이 있다. 이러한 경우 원론적인 개별원가계산을 적용하는 것은 곤란하지만 최소한 각 제품별 단위당 표준원재료투입량 혹은 표준자재명세[실무적으로 흔히 B.O.M(bill of materials)이라 하므로 이하 "BOM"으로 한다]를 확보할 수 있다면 어느 정도의 개별원가계산을 수행할 수 있다.

1. 재료비 계산

회사는 제품생산에 투입되는 원재료수불부를 다음과 같이 작성하여 재료비 66,780,000원을 계산하였다. 하지만 수불부에 의하여 계산한 66,780,000원의 재료비는 회사가 생산하는 P, Q, R, S, T 다섯 가지의 제품에 각각 얼마만큼 투입되는지 알 수 없는 상황이라고 가정한다.

〈원재료수불부〉

품목	기초재고			입고			출고			기말재고		
	수량	단가	금액	수량	단가	금액	수량	단가	금액	수량	단가	금액
A			…			…			…			…
B			…			…			…			…
C			…			…			…			…
계			8,935,000			83,450,000			66,780,000			25,605,000

이 경우 개별원가계산을 수행하기 위하여 각 제품별 BOM을 파악, BOM에 따른 제품 단위당 표준재료비를 계산한다. 여기에 각 제품별 생산량을 곱하여 제품별 총표준재료비를 계산한다.

일반적으로 실제 재료비(₩66,780,000)는 작업과정에서 원재료 불량, 작업자 실수, 분실 혹은 수율 등 여러 가지 원인에 의하여 총표준재료비와 차이가 나기 마련이다(대부분 실제 재료비가 총표준재료비보다 많을 것이다).

BOM에 의한 단위당 표준재료비와 생산량을 감안한 총표준재료비를 계산하면 다음과 같다.

〈제품별 총표준재료비와 비율〉

제품명	제품 단위당 표준재료비 (BOM에 의하여 계산)	생산량	총표준재료비 (적수)	비율
P	45,000	400	18,000,000	0.27842
Q	55,000	350	19,250,000	0.29776
R	28,000	600	16,800,000	0.25986
S	34,000	200	6,800,000	0.10518
T	38,000	100	3,800,000	0.05878
계	200,000	1,650	64,650,000	1.00000

실제 재료비와 총표준재료비와의 차이(₩2,130,000=66,780,000−64,650,000)는 각 제품별 총표준재료비 비율에 따라 안분하여 계산, 각 제품별 재료비를 계산한다.

〈제품별 재료비〉

제품명	총표준재료비(X)	비율	차이금액배분(Y)	제품별 재료비 (Z=X+Y)
P	18,000,000	0.27842	593,035	18,593,035
Q	19,250,000	0.29776	634,229	19,884,229
R	16,800,000	0.25986	553,502	17,353,502
S	6,800,000	0.10518	224,033	7,024,033
T	3,800,000	0.05878	125,201	3,925,201
계	64,650,000	1.00000	2,130,000	66,780,000

2. 가공비 및 단위당 제조원가계산

노무비는 각 제품별 시간관리에 의하여 계산하고, 제조간접비(혹은 경비)는 제품별 배부기준을 결정하여 배부하여야 하는 것이 정확한 접근방법이겠지만 중소기업의 경우 실무적으로 제품별 시간관리를 못하는 경우가 대부분이다. 노무비와 제조간접비를 합한 금액을 가공비라고 하는데 노무비와 제조간접비를 별도의 배부기준에 따라 배분하지 않고 각 제품별 총표준재료비 비율에 따라 배분한다. 이는 앞서 살펴본 배부기준 중에서 직접재료비기준을 적용하는 것이라 할 수 있다. 가공비를 총표준재료비 비율에 따라 배분하는 것은 회사의 가공비 발생이 노동시간이나 기계시간보다 직접재료비에 의하여 좌우된다고 보는 것으로서 어느 정도는 타당성을 갖는 배부기준이라고 할 수 있다. 물론 기업의 제조형태나 상황에 따라 가공비를 재료비에 따라 배분하는 것이 비합리적인 경우도 있을 수 있으나 저자가 보론에서 설명하고자 하는 것은 어디까지나 원가계산시스템이 정교하지 않은 기업을 전제로 하는 것이므로 실무적으로 용인될 수 있는 방법이라고 할 수 있다.

제조원가명세서에 집계된 노무비가 ₩130,000,000, 경비가 ₩256,560,000이라고 가정하여 제품별 원가계산을 작성하면 다음과 같다.

〈제품별 제조원가〉

제품명	총표준재료비 비율	재 료 비	노 무 비	경 비	계
P	0.27842	18,593,035	36,194,600	71,431,435	126,219,070
Q	0.29776	19,884,229	38,708,800	76,393,306	134,986,335
R	0.25986	17,353,502	33,781,800	66,669,682	117,804,984
S	0.10518	7,024,033	13,673,400	26,984,981	47,682,414
T	0.05878	3,925,201	7,641,400	15,080,596	26,647,197
계	1.00000	66,780,000	130,000,000	256,560,000	453,340,000

〈제품단위당 원가〉

제품명	제조원가	생산량	단위원가
P	126,219,070	400	315,547.68
Q	134,986,335	350	385,675.24
R	117,804,984	600	196,341.64
S	47,682,414	200	238,412.07
T	26,647,197	100	266,471.97
계	453,340,000	1,650	

3. 직접경비를 이용한 원가계산

총표준재료비를 이용한 개별원가계산은 제품별 BOM의 설정이 원가계산의 정확성을 좌우하는 가장 중요한 요소라고 할 수 있다. 또한 가능한 각 제품별 직접투입원가를 파악하여 원가계산에 반영하면 더욱 정확성을 높이게 된다. 예를 들어 기업에 따라 외주가공비가 매우 중요한 부분을 차지하는 경우도 많은데 외주가공비는 각 제품별 외주가공처가 다를 수 있으므로 각 제품별 외주가공비를 파악하여 직접원가로 계산하고 나머지 항목은 총표준재료비에 따라 계산하는 것도 하나의 방법이 될 수 있다.

위의 제조간접비 ₩256,560,000의 내역이 다음과 같다고 가정하자.

〈제조원가명세서〉

<table>
<tr><th>과목</th><th colspan="2">금 액</th><th colspan="2">비 고</th></tr>
<tr><td>재 료 비</td><td></td><td>66,780,000</td><td colspan="2"></td></tr>
<tr><td>노 무 비</td><td></td><td>130,000,000</td><td colspan="2"></td></tr>
<tr><td>경 비</td><td></td><td>256,560,000</td><td colspan="2"></td></tr>
<tr><td>복리후생비</td><td>12,530,350</td><td></td><td colspan="2"></td></tr>
<tr><td>감가상각비</td><td>98,450,000</td><td></td><td colspan="2"></td></tr>
<tr><td>수도광열비</td><td>35,000,870</td><td></td><td colspan="2"></td></tr>
<tr><td>소 모 품 비</td><td>5,680,050</td><td></td><td colspan="2"></td></tr>
<tr><td>보 험 료</td><td>2,540,560</td><td></td><td colspan="2"></td></tr>
<tr><td>세금과공과</td><td>6,785,000</td><td></td><td colspan="2"></td></tr>
<tr><td>지급임차료</td><td>16,593,170</td><td></td><td colspan="2"></td></tr>
<tr><td rowspan="7">외주가공비</td><td rowspan="7">78,980,000</td><td rowspan="7"></td><td colspan="2">제품별 투입내역</td></tr>
<tr><td>P</td><td>25,000,000</td></tr>
<tr><td>Q</td><td>13,350,000</td></tr>
<tr><td>R</td><td>18,000,000</td></tr>
<tr><td>S</td><td>22,630,000</td></tr>
<tr><td>T</td><td>–</td></tr>
<tr><td>계</td><td>78,980,000</td></tr>
<tr><td>당기총제조원가</td><td></td><td>453,340,000</td><td colspan="2"></td></tr>
</table>

위와 같이 제품별 외주가공비가 파악된다면 원가계산은 다음과 같이 달라진다.

<table>
<tr><th rowspan="2">제품명</th><th rowspan="2">비율</th><th rowspan="2">재 료 비</th><th rowspan="2">노 무 비</th><th colspan="2">경 비</th><th rowspan="2">계</th></tr>
<tr><th>직접경비
(외주가공비)</th><th>기타 경비</th></tr>
<tr><td>P</td><td>0.27842</td><td>18,593,035</td><td>36,194,600</td><td>25,000,000</td><td>49,441,824</td><td>129,229,459</td></tr>
<tr><td>Q</td><td>0.29776</td><td>19,884,229</td><td>38,708,800</td><td>13,350,000</td><td>52,876,221</td><td>124,819,250</td></tr>
<tr><td>R</td><td>0.25986</td><td>17,353,502</td><td>33,781,800</td><td>18,000,000</td><td>46,145,939</td><td>115,281,241</td></tr>
<tr><td>S</td><td>0.10518</td><td>7,024,033</td><td>13,673,400</td><td>22,630,000</td><td>18,677,864</td><td>62,005,297</td></tr>
<tr><td>T</td><td>0.05878</td><td>3,925,201</td><td>7,641,400</td><td>–</td><td>10,438,152</td><td>22,004,753</td></tr>
<tr><td>계</td><td>1.00000</td><td>66,780,000</td><td>130,000,000</td><td>78,980,000</td><td>177,580,000</td><td>453,340,000</td></tr>
</table>

〈제품단위당 원가〉

제품명	제조원가	생산량	단위원가
P	129,229,459	400	323,073.65
Q	124,819,250	350	356,626.43
R	115,281,241	600	192,135.40
S	62,005,297	200	310,026.49
T	22,004,753	100	220,047.53
계	453,340,000	1,650	

4. 표준작업공수를 이용한 가공비 배부

앞서 살펴본 내용은 결국은 표준재료비를 기준으로 모든 제조원가를 각 제품별로 배부하는 방법이었다. 하지만 노무비와 경비의 경우에는 가공작업과의 관련성이 높은 경우도 있으므로 각 제품별 표준작업공수("작업계수"라고 표현하기도 한다)를 기초로 하여 가공비를 각 제품에 배부하는 방법을 고려할 수도 있다.

만약 회사는 각 제품의 작업난이도를 고려하여 P제품은 단위당 1.0, Q제품은 1.2, R제품은 1.5, S제품은 1.8, T제품은 2.0공수(工數)를 부여하였다고 가정하자. 여기에서 작업공수는 소요시간을 의미할 수도 있으며 작업난이도를 고려한 작업등급의 의미가 될 수도 있다. 각 제품의 표준공수에 생산량을 곱하면 각 제품을 생산하기 위하여 투입되어야 할 총표준공수가 산출되며 이러한 총표준공수비율에 따라 노무비 혹은 경비를 배부할 수도 있다.

재료비는 표준재료비를 기준으로, 노무비와 경비는 작업공수 기준으로 배부한다면 다음과 같이 계산된다.

〈제품별 가공공수 비율〉

제품명	제품 단위당 표준공수	생산량	총표준작업공수	비율
P	1.0	400	400	0.17544
Q	1.2	350	420	0.18421
R	1.5	600	900	0.39474
S	1.8	200	360	0.15789
T	2.0	100	200	0.08772
계		1,650	2,280	1.00000

〈제품별 제조원가〉

제품명	재료비		가공비				계
	표준재료비 비율	금 액	총표준작업공수 비율	노 무 비	경비		
					직접경비	기타경비	
P	0.27842	18,593,035	0.17544	22,807,200	25,000,000	31,154,635	97,554,870
Q	0.29776	19,884,229	0.18421	23,947,300	13,350,000	32,712,012	89,893,541
R	0.25986	17,353,502	0.39474	51,316,200	18,000,000	70,097,929	156,767,631
S	0.10518	7,024,033	0.15789	20,525,700	22,630,000	28,038,106	78,217,839
T	0.05878	3,925,201	0.08772	11,403,600	–	15,577,318	30,906,119
계	1.00000	66,780,000	1.00000	130,000,000	78,980,000	177,580,000	453,340,000

〈제품단위당 원가〉

제품명	제조원가	생산량	단위원가
P	97,554,870	400	243,887
Q	89,893,541	350	256,839
R	156,767,631	600	261,279
S	78,217,839	200	391,089
T	30,906,119	100	309,061
계	453,340,000	1,650	

5. 기타사항

앞에서 언급한 내용은 모든 제품이 완성된 경우를 가정하였다. 하지만 생산현장에는 미완성된 기말재공품도 있을 수 있으므로 이러한 상황을 감안하여 원가계산에 반영하여야 한다.

미완성 재공품에 대하여 실제투입된 제품별 재료비를 계산할 수 있다면 가장 정확한 방법이 될 것이다. 하지만 제품별 BOM 외에는 실제 투입재료비를 파악하기 곤란한 경우가 많을 수 있으므로 이러한 경우에는 재공품의 완성도를 감안하여 계산한다.

예를 들어 위의 '4. 표준작업공수를 이용한 가공비 배부'에서 T제품의 경우 기말 현재 미완성상태이며 생산부에서는 T제품이 완성품을 기준으로 약 60% 완성된 것으로 판단한다고 가정한다. 이러한 경우에는 기말재공품의 완성도를 약 60%로 보아 총표준재료비계산에 반영하고 원가계산(단, 이러한 원가계산은 원재료의 투입이 생산이 진행되는 비율에 따라 비례적으로 투입된다는 전제임. 후술하는 종합원가계산에서 설명하는 원재료투입과정과 다를 수 있음)을 하여야 한다.

〈제품별 총표준재료비와 비율〉

제품명	구분	단위당 표준재료비	완성도	환산재료비	생산량	총표준재료비	비율
P	제품	45,000	100%	45,000	400	18,000,000	0.28513
Q	제품	55,000	100%	55,000	350	19,250,000	0.30493
R	제품	28,000	100%	28,000	600	16,800,000	0.26612
S	제품	34,000	100%	34,000	200	6,800,000	0.10771
T	재공품	38,000	60%	22,800	100	2,280,000	0.03611
계		200,000		184,800	1,650	63,130,000	1.00000

〈제품별 재료비〉

제품명	총표준재료비(X)	비율	차이금액배분(Y)	제품별 재료비 (Z=X+Y)
P	18,000,000	0.28513	1,040,724	19,040,724
Q	19,250,000	0.30493	1,112,995	20,362,995
R	16,800,000	0.26612	971,338	17,771,338
S	6,800,000	0.10771	393,142	7,193,142
T	2,280,000	0.03611	131,801	2,411,801
계	63,130,000	1.00000	3,650,000	66,780,000

(재료비 차이금액=실제재료비－총표준재료비=₩66,780,000－63,130,000=₩3,650,000)

〈제품별 제조원가〉

제품명	재 료 비		가 공 비				계
	표준재료비비율	금 액	총표준작업공수비율	노 무 비	경 비		
					직접경비	기타경비	
P	0.28513	19,040,724	0.17544	22,807,200	25,000,000	31,154,635	98,002,559
Q	0.30493	20,362,995	0.18421	23,947,300	13,350,000	32,712,012	90,372,307
R	0.26612	17,771,338	0.39474	51,316,200	18,000,000	70,097,929	157,185,467
S	0.10771	7,193,142	0.15789	20,525,700	22,630,000	28,038,106	78,386,948
T	0.03611	2,411,801	0.08772	11,403,600	－	15,577,318	29,392,719
계	1.00000	66,780,000	1.00000	130,000,000	78,980,000	177,580,000	453,340,000

〈제품단위당 원가〉

제품명	제조원가	생산량	단위원가
P	98,002,559	400	245,006
Q	90,372,307	350	258,207
R	157,185,467	600	261,976
S	78,386,948	200	391,935
T	29,392,719	100	293,927
계	453,340,000	1,650	

CHAPTER 03

종합원가계산

제1절 종합원가계산의 의의

1. 종합원가계산의 개요

종합원가계산(process costing)은 표준규격제품을 대량으로 연속 생산하는 업종에 적합한 원가계산제도로 화학공업, 제지업 등에서 주로 사용한다. 종합원가계산은 하나 또는 그 이상의 연속된 제조공정에서 제품을 대량생산하는 제조형태의 원가계산제도이므로 '공정'을 중심으로 원가계산이 이루어진다. 원가계산이 공정을 중심으로 이루어진다는 측면에서 '제품'을 중심으로 원가계산이 이루어지는 개별원가계산과는 기본논리나 절차에서 상당한 차이가 난다.

종합원가계산은 공정을 중심으로 원가계산이 이루어지고 동일공정에서 생산된 제품은 동질적이라는 가정을 하므로 일정 회계기간 동안 발생한 총원가를 그 기간 동안의 작업량(완성품환산량)으로 나누어 계산하는 평균화의 개념이 적용된다.

종합원가계산은 process costing이라는 명칭처럼 원가계산에서 공정단위로 원가계산이 이루어지게 된다. 공정의 흐름은 후술하겠지만 단일공정, 연속공정, 별도공정, 복합공정 등 여러 가지의 형태가 있으므로 공정의 흐름을 정확하게 이해하고 원가계산에 반영하여야 한다. 또한 생산하는 제품의 종류도 단일품종, 소품종, 다품종 등 생산형태에 따라 다양해지므로 제품의 특성과 공정의 특성을 정확하게 이해하여야 정확한 원가계산이 될 것이다.

다음은 개별원가계산과 종합원가계산의 개념을 그림으로 표시한 것이다.

개별원가계산

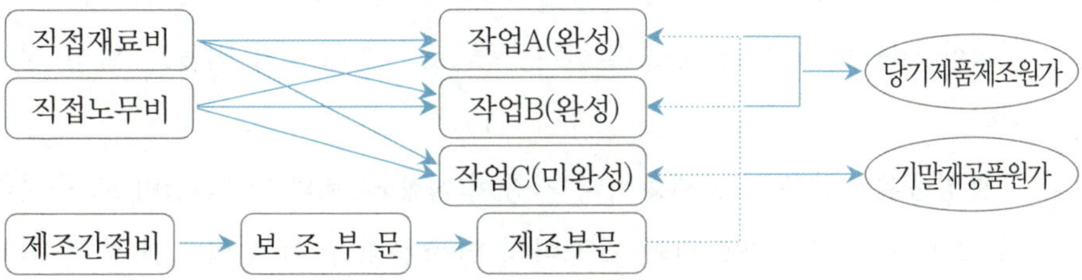

종합원가계산

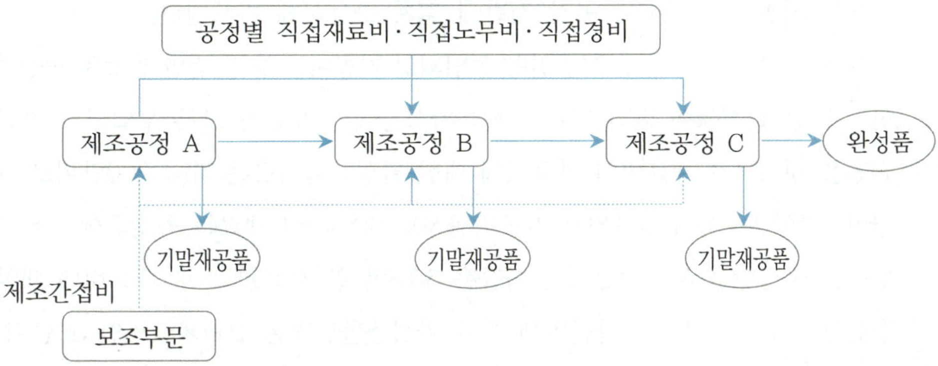

종합원가계산은 동일공정에서 생산된 제품은 동질적이라는 가정을 하므로 제품의 단위당 원가는 일정 회계기간 동안 발생한 원가를 재료비와 가공비(직접노무비+제조간접비)로 구분하여 각각의 완성품환산량으로 나누어 계산하는 평균화의 개념이 적용된다.

$$\text{제품단위당 원가} = \frac{\text{직접재료비}}{\text{재료비완성품환산량}} + \frac{\text{가공비}}{\text{가공비완성품환산량}}$$

2. 완성품환산량

종합원가계산의 기본개념이 발생한 원가를 작업량으로 나누어 계산하는 것이므로 작업량의 개념이 매우 중요한데, 작업량이란 단순한 물량이 아니라 '완성품환산량'을 의미한다. 완성품환산량(EUP; equivalent unit of production)이란 제조공정에서의 작업량을 완성품으로 환산하였을 경우의 수량을 의미하는 것으로 완성품뿐만 아니라 기말재공품에 대한 작업량도 포함하게 된다.

기말재공품의 작업량을 계산할 때 완성도의 개념을 먼저 이해하여야 하는데 완성도(degree of completion)란 완성품을 100%로 볼 때 미완성품인 재공품의 완성정도를 일정한 비율로 표시한 것을 말한다. 즉 50%나 60%의 비율로 완성 정도를 표시하게 된다.

완성품환산량은 직접재료비와 가공비(직접노무비와 제조간접비)로 구분하여 계산하는데 그 이유는 직접재료비와 가공비의 발생형태가 서로 다르기 때문이다. 일반적으로 직접재료비는 공정의 일정시점에서 전량 투입되는 반면, 가공비는 투입된 재료를 완성품으로 가공하기 위하여 공정 전반에 걸쳐 균등하게 발생한다.

예를 들어 재료가 공정초에 전량 투입되고 가공비는 공정 전반에 걸쳐 균등하게 발생하는 경우 완성품이 200단위 있다면 완성품에는 재료가 모두 투입되고 가공도 모두 끝났을 것이므로 재료비와 가공비에 대한 완성품환산량은 각각 200단위로 계산된다. 한편, 기말재공품 100단위가 가공비완성도 50%라면 재료는 공정초에 100단위에 해당하는 물량만큼 투입되었으나 가공은 50%만 완성되었으므로 재료비에 대한 완성품환산량은 100단위이나 가공비에 대한 완성품환산량은 100×50%인 50단위가 된다. 다음의 예제를 통하여 완성품환산량의 계산을 이해하도록 한다.

예제 01 완성품환산량의 계산

㈜고려는 당기에 1,000단위의 작업에 착수하여 1월 중 800단위를 완성하고 200단위는 1월말 현재 가공 중이다. 원재료는 공정초 전량 투입되고 가공비는 공정 전반에 걸쳐 균등하게 발생하며 기말재공품의 가공완성도가 50%라면 재료비와 가공비의 완성품환산량은 각각 얼마인가?

재공품

기초	0	완성	800
착수	1,000	기말	200

<재료비>

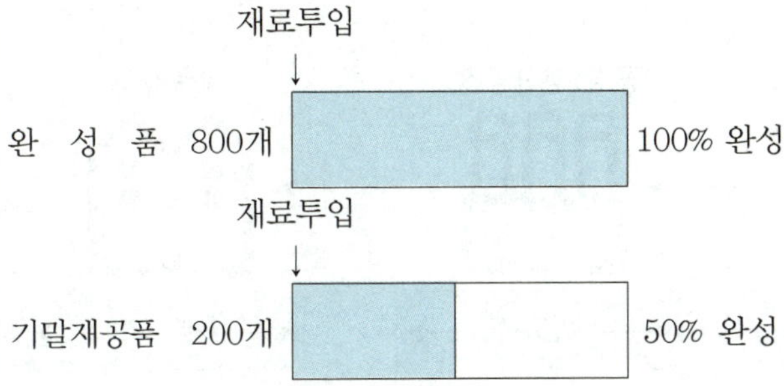

가공정도는 차이가 나지만 재료는 공정초 전량 투입되었으므로 완성품환산량은
800+200=1,000개

<가공비>

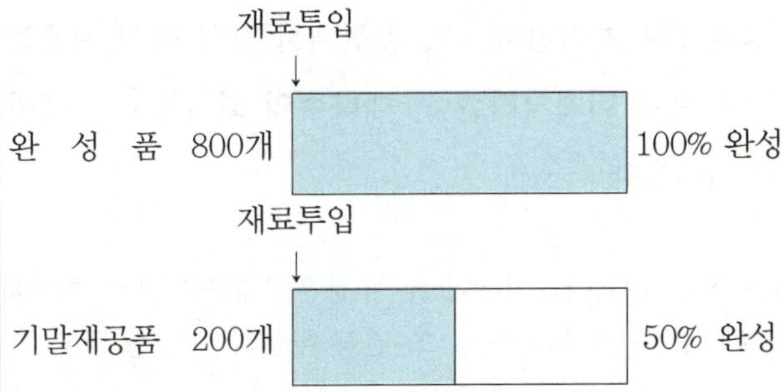

완성품은 100% 가공되었지만 기말재공품은 50% 가공되었으므로 완성품환산량은
800+200×50%=900개

이를 정리하면 다음과 같다.

		완성품환산량	
	물량단위	재료비	가공비
완 성 품	800	800	800
기말재공품	200(50%)	200	100
합 계	1,000	1,000	900

3. 원재료투입과 재고자산의 수불관계

종합원가계산에서는 특별한 경우가 아니면 원재료는 공정초 투입된다는 전제하에 원가계산이 이루어진다. 이를 이해하기 위해서는 원재료·재공품·제품으로 이루어지는 재고자산 전체의 흐름과 대체시점에 대하여 살펴보아야 한다.

(1) 부품 등을 자재창고 출고시점에 "원재료"에서 "재공품"으로 대체하는 경우

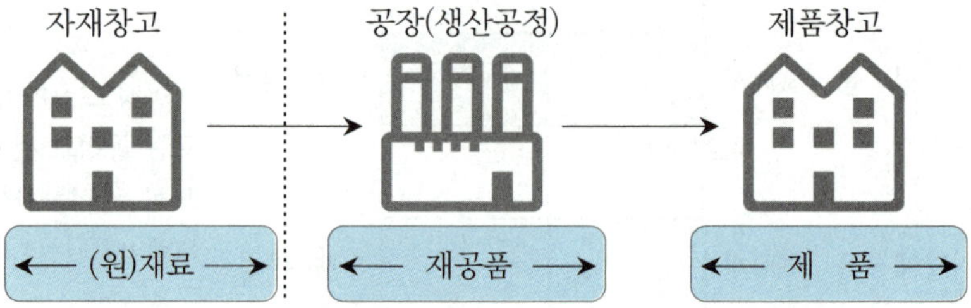

부품 등을 자재창고 출고시점에 "원재료"에서 "재공품"으로 대체하는 경우에는 생산공정에 있는 모든 부품은 재공품으로 처리된다. 즉, 공정에서 작업 중인 부품뿐 아니라 공정에 대기 중인 부품도 재공품으로 회계처리한다. 대다수의 회사들이 선택하고 있는 재고자산의 수불형태라고 할 수 있다.

> 공정에서 작업 중이든 공정 대기상태이든 모두 부품은 "재공품"으로 회계처리
> ⇨ 원가계산에서 모든 원재료는 공정 초 전량 투입과 동일한 효과

(2) 공정에서 부품을 실제 투입하는 시점에 "원재료"에서 "재공품"으로 대체하는 경우

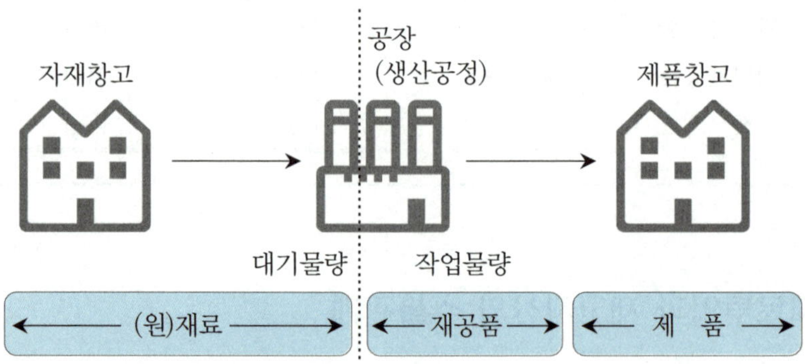

생산공정에서 부품이 실제 투입(조립)되는 시점에 "원재료"에서 "재공품"으로 대체하는 경우로서 공장 내에 있는 부품 중 생산공정에서 작업 중인 것만 "재공품"으로 회계처리되고 미조립되어 공정 대기상태에 있는 부품은 "원재료"로 회계처리하는 방법(rollback)이다. 실무적으로 사용하는 회사는 많지 않은 편인데 기말에 원재료 수량을 확인하기 위해서는 자재창고뿐 아니라 공정에 대기 중인 부품까지도 확인을 하여야

하므로 실사과정에 많은 번거로움이 따르기 때문이다.

> 공정 대기 중인 부품은 "원재료"계정으로,
> 공정 작업 중인 부품은 "재공품"계정으로 회계처리
> ⇨ 원가계산에서 재료의 투입시점은 부품의 실제투입시점

(3) 생산공정 제품출고시점에 "원재료"에서 "제품"으로 대체하는 경우

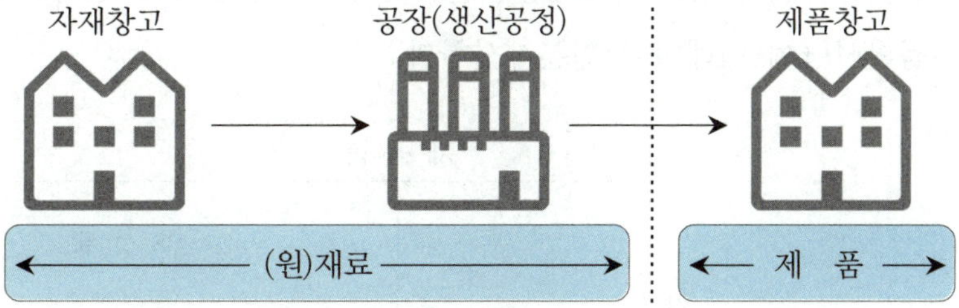

생산공정 종점에서 제품이 완성되어 제품창고로 넘어가는 시점에 해당 제품을 생산하기 위하여 투입될 부품 BOM등을 이용하여 "원재료"계정에서 "제품"계정으로 대체하는 방법으로 위의 그림과 같이 자재창고에 있는 부품물량뿐 아니라 생산공정에 있는 모든 부품물량을 "원재료"로 간주한다. 이 방법은 재공품을 인식하지 않는 간편법의 일종으로서 원가계산이 쉬워지는 장점이 있으나 재공품을 인식하지 않기 때문에 논리적 문제가 있고 위의 두 번째 방법과 마찬가지로 기말에 원재료 수량을 확인하기 위해서는 자재창고뿐 아니라 공정에 모든 부품물량까지 확인을 하여야 하므로 실사과정이 매우 어려워지게 된다. 사실상 원재료 수량을 장부상의 수량으로만 파악하는 방법으로서 실무적으로는 극히 일부의 회사들만 사용하는 방법이다.

> 자재창고와 공정에 있는 모든 부품물량을 "원재료"계정으로 회계처리
> ⇨ 재공품 계정의 존재는 없는 것으로 간주
> ⇨ 원가계산에서 재료의 투입시점은 제품완성시점

제2절 종합원가계산의 절차 및 방법

1. 종합원가계산의 절차

각 제품별로 원가계산을 하는 개별원가계산과는 달리 종합원가계산은 대량생산을 전제로 모든 제품이 동질적이라는 가정으로 출발하므로 완성품과 기말재공품을 평가할 때 기본적으로는 완성품환산량을 기준으로 원가를 배분한다. 즉 종합원가계산은 재공품계정의 차변에 있는 기초재공품원가와 당기투입원가를 '완성품'과 '기말재공품'에 완성품환산량에 비례하여 안분계산한다.

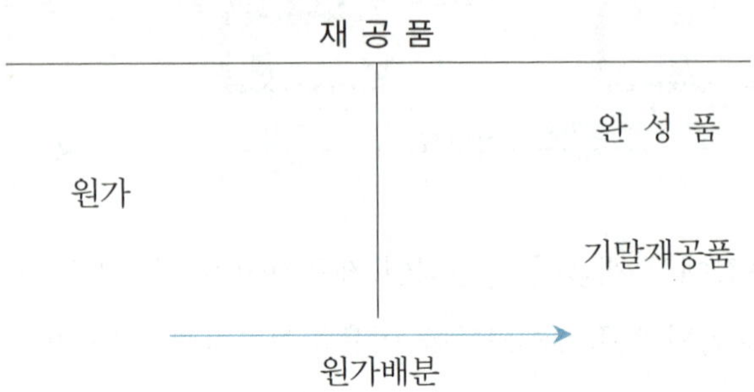

종합원가계산은 다음에 설명하는 5단계에 따라 진행되나 우선 직관적 이해를 위하여 위의 예제 1에서 당기에 ₩500,000의 재료비와 ₩630,000의 가공비가 발생한 경우 다음과 같은 방법으로 종합원가계산을 이해할 수도 있다.

■ 재료비 ₩500,000

완성품과 기말재공품의 재료비 완성품환산량 800단위와 200단위의 비율로 안분계산한다.

재료비 ₩500,000	↗	(완성품)	× $\frac{800}{1,000}$	=	₩400,000
	↘	(기말재공품)	× $\frac{200}{1,000}$	=	₩100,000

■ 가공비 ₩630,000

완성품과 기말재공품의 가공비 완성품환산량 800단위와 100단위의 비율로 안분계산한다.

가공비 ₩630,000
↗ (완성품) × $\frac{800}{900}$ = ₩560,000
↘ (기말재공품) × $\frac{100}{900}$ = ₩70,000

■ 원가계산 결과

- 완성품원가＝₩400,000(재료비)＋560,000(가공비)＝₩960,000
- 기말재공품원가＝₩100,000(재료비)＋70,000(가공비)＝₩170,000

따라서 당기에 생산된 제품의 단위당 원가는 단위당 ₩1,200(＝₩960,000/800단위)이 된다.

일반적으로 사용되는 종합원가계산의 절차를 살펴보면 다음과 같이 다섯 단계로 나누어 계산절차가 진행된다.

단계	내용
1단계	물량단위(기초재공품수량 · 당기착수량 · 완성품수량 · 기말재공품수량)를 파악한다.
2단계	원가요소별(재료비와 가공비)로 완성품환산량을 계산한다.
3단계	원가요소별로 기초재공품원가와 당기발생원가를 집계한다.
4단계	원가요소별로 완성품환산량 단위원가를 계산한다.
5단계	완성품원가(당기제품제조원가)와 기말재공품원가를 계산한다.

제조원가보고서

	1. 물량단위	2. 완성품환산량 재료비	가공비	합계
기초재공품	0			
당기착수	1,000			
계	1,000			
당기완성품	800	800	800	
기말재공품	200(50%)	200	100	
계	1,000	1,000	900	
3. 원가집계				
기초재공품원가				₩0
당기총제조원가		₩500,000	₩630,000	1,130,000
				₩1,130,000
4. 완성품환산량 단위원가		÷ 1,000	÷ 900	
		@500	@700	@1,200
5. 원가계산				
완성품원가		800×@500 + 800×@700=		₩960,000
기말재공품원가		200×@500 + 100×@700=		170,000
				₩1,130,000

위의 종합원가계산의 절차를 재공품계정에 표시하면 다음과 같다.

재 공 품

차변	금액	대변	금액
기초재공품원가	0	당기제품제조원가 (완성품원가)	960,000
당기총제조원가			
직접재료비	500,000	기말재공품원가	170,000
가공비	630,000		
	1,130,000		1,130,000

또한 당기에 완성된 제품 800단위 중 600단위가 단위당 ₩2,000에 판매되었다면 매출은 600×@2,000=₩1,200,000이고, 매출원가는 단위당 @1,200이므로 600×@1,200=₩720,000이 되어 매출총이익은 ₩480,000이 된다.

제 품

기초제품재고액	0	매출원가 (600단위)	720,000
당기제품제조원가 (800단위)	960,000	기말제품재고액 (200단위)	240,000
	960,000		960,000

손익계산서

Ⅰ. 매출액	600×@2,000 =		₩1,200,000
Ⅱ. 매출원가			720,000
1. 기초제품재고액		₩0	
2. 당기제품제조원가	800×@1,200 =	960,000	
합계		960,000	
3. 기말제품재고액	200×@1,200 =	240,000	
Ⅲ. 매출총이익			₩480,000

2. 종합원가계산의 방법

앞에서 살펴본 내용은 기초재공품이 없는 경우였다. 그러나 기초재공품이 존재하는 경우에는 기초재공품원가와 당기투입원가를 완성품과 기말재공품에 배분하기 위하여 원가흐름에 대한 가정이 필요한데 종합원가계산은 이러한 가정에 따라 선입선출법과 평균법으로 나누어진다.

(1) 평균법

평균법은 기초재공품과 당기착수량이 구분되지 않고 혼합되어 일부는 완성되고, 일부는 기말재공품으로 남는다고 가정하는 방법이다. 이는 재무회계의 재고자산원가흐름 가정 중 총평균법이 재고층(inventory layer)을 구분하지 않고 단일의 단가를 계산하여 매출원가와 기말상품원가계산에 적용하는 것처럼 기초재공품원가와 당기발생원가를 합하여 완성품과 기말재공품에 안분계산한다고 가정하는 방법이다.

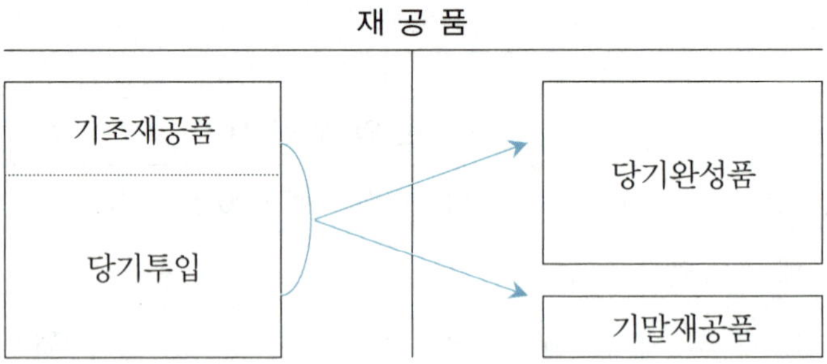

기초재공품원가와 당기투입원가를 구분하지 않고 합하여 이를 완성품과 기말재공품에 안분하므로 평균법의 완성품환산량은 당기완성품과 기말재공품의 '총작업량'을 의미한다. 또한 완성품환산량의 계산시 당기완성품을 기초재공품 완성물량과 당기투입 완성물량으로 구분할 필요가 없게 된다.

평균법에 의한 종합원가계산의 5단계 절차는 다음과 같다.

1단계	물량흐름을 파악한다. 물량은 완성품과 기말재공품으로만 구분·파악한다.
2단계	완성품환산량을 원가요소별로 계산한다. 평균법의 완성품환산량은 총작업량을 의미한다.
3단계	원가를 집계한다. 기초재공품원가와 당기발생원가의 합계가 4단계의 완성품환산량 단위원가계산에 사용된다.
4단계	완성품환산량 단위원가를 계산한다.
5단계	완성품원가와 기말재공품원가를 계산한다.

(2) 선입선출법

기초재공품을 우선 가공하여 완성시키고 당기착수량 중 일부는 완성되고, 일부는 기말재공품으로 남는다는 가정이다. 이는 재무회계의 재고자산 원가흐름가정 중 선입선출법이 재고층(inventory layer)을 구분하는 것처럼 기초재공품원가(전기원가)와 당기투입원가를 구분하여 기초재공품원가는 완성품원가의 일부를 구성하고 당기투입원가 중 일부는 완성품원가로, 일부는 기말재공품원가로 배분된다고 가정한다.

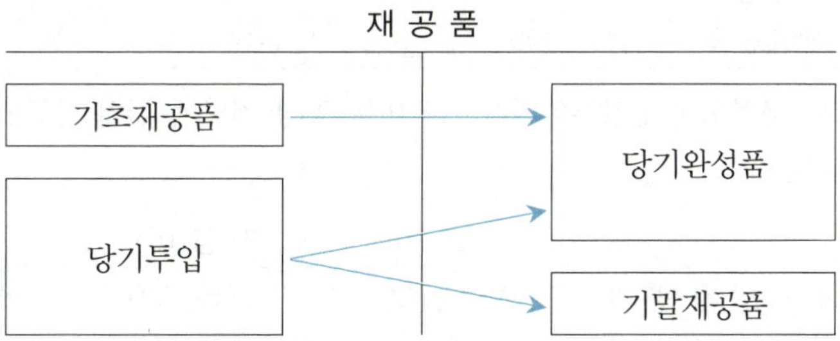

선입선출법의 가정상 기초재공품은 당기에 모두 완성되고 당기투입량이 완성품과 기말재공품으로 나누어지므로 선입선출법의 완성품환산량은 '순수한 당기의 작업량'을 의미한다. 선입선출법에서 종합원가계산의 5단계 절차는 다음과 같다.

1단계	물량흐름을 파악한다. 이때 중요한 것은 완성품을 기초재공품이 완성된 부분과 당기착수 완성된 부분으로 구분하는 것이다.
2단계	완성품환산량을 원가요소별로 계산한다. 선입선출법의 완성품환산량은 순수한 당기의 작업량을 의미한다.
3단계	원가를 집계한다. 단, 2단계의 완성품환산량이 당기의 작업량이므로 당기발생원가만이 4단계의 완성품환산량 단위원가계산에 사용된다.
4단계	당기의 완성품환산량 단위원가를 계산한다.
5단계	완성품원가와 기말재공품원가를 계산한다.

종합원가계산에서 선입선출법은 실무에서 흔히 쓰이는 방법은 아니지만 뒤에서 설명할 '표준원가계산'과 종합원가계산이 결합되는 경우 선입선출법에 의한 완성품환산량 계산방식을 적용하여야 하므로 매우 중요한 개념이라 할 수 있다.

예제 02 단일공정종합원가계산

종합원가계산제도를 채택하고 있는 ㈜한라는 단일공정에서 단일제품을 생산하고 있으며 제조활동과 관련된 자료는 다음과 같다.

1. 생산관련자료

	물량단위	완성도
기초재공품	200단위	30%
당기착수량	800	
당기완성량	700	
기말재공품	300	50%

2. 재료는 공정초에 전량투입되며 가공비는 공정 전반에 걸쳐 균등발생한다.
3. 원가관련자료

	재료비	가공비	합계
기초재공품원가	₩20,000	₩12,700	₩32,700
당기총제조원가	88,000	189,600	277,600
	₩108,000	₩202,300	₩310,300

요구사항

1. 평균법에 의한 완성품환산량을 구하시오.
2. 선입선출법에 의한 완성품환산량을 구하시오.
3. 평균법과 선입선출법에 의한 완성품환산량의 차이는 무엇을 의미하는지 설명하시오.
4. 평균법에 의한 완성품원가와 기말재공품원가를 계산하시오.
5. 선입선출법에 의한 완성품원가와 기말재공품원가를 계산하시오.

해설

1. 평균법에 의한 완성품환산량

	물량흐름	완성품환산량 재료비	완성품환산량 가공비
기초재공품	200(30%)		
당기착수	800		
	1,000		
당기완성품	700	700	700
기말재공품	300(50%)	300	150
	1,000개	1,000개	850개

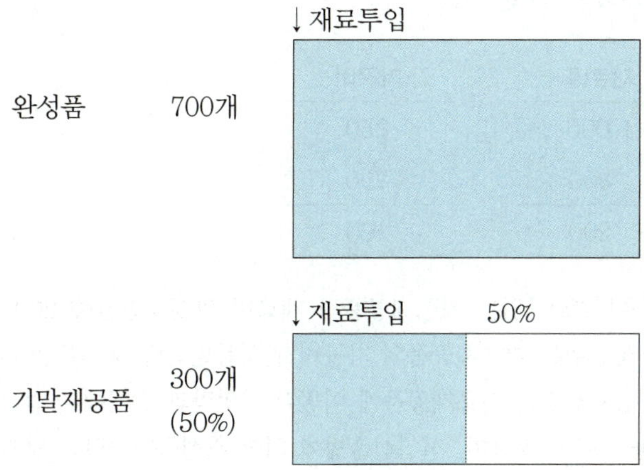

완성품은 기초재공품이 완성된 부분과 당기에 투입·완성된 부분으로 구분하지 않으며 재료비, 가공비 모두 100% 투입되고 완성됨.

기말재공품은 재료는 300개 투입되었으나 가공비는 50% 완성됨.

2. 선입선출법에 의한 완성품환산량

	물량흐름	완성품환산량 재료비	완성품환산량 가공비
기초재공품	200(30%)		
당기착수	800		
	1,000		
완성품			
기초재공품완성	200	0	140
당기착수완성	500	500	500
기말재공품	300(50%)	300	150
	1,000개	800개	790개

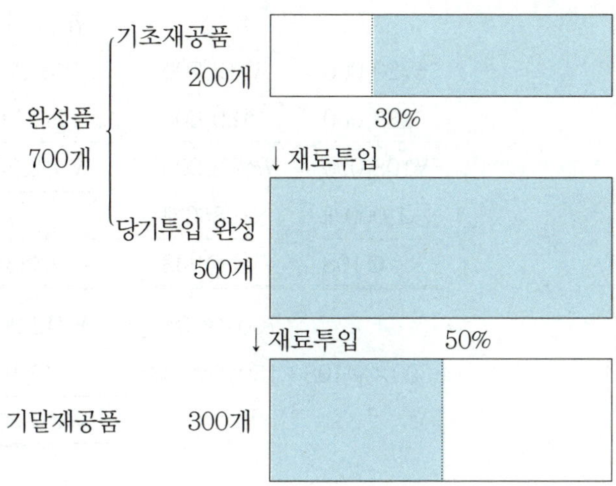

기초재공품 200개는 당기에 30%에서 100%까지 가공되고 당기투입완성 500개는 당기에 전공정에 걸쳐 가공됨. 재료는 공정초에 투입되므로 500개만 투입됨.

기말재공품은 재료는 300단위 투입되었으나 가공비는 50% 완성됨.

3. 평균법과 선입선출법에 의한 완성품환산량의 차이

	재료비	가공비
평 균 법	1,000	850
선 입 선 출 법	800	790
차 이	200	60

재료비 완성품환산량의 차이 200단위는 기초재공품의 재료비 완성품환산량 200단위이며 가공비완성품환산량의 차이 60단위는 기초재공품의 가공비 완성품환산량 60단위(200×30%)이다. 즉 평균법에 의한 완성품환산량은 기초재공품에 이월된 작업량과 당기에 투입된 작업량을 합한 총작업량(총완성품환산량)을 말하며, 선입선출법에 의한 완성품환산량은 당기의 작업량만을 의미하므로 양 방법에 의한 완성품환산량의 차이는 기초재공품에 포함된 작업량(완성품환산량)을 의미한다.

4. 평균법에 의한 원가계산

	물량흐름	완성품환산량 재료비	완성품환산량 가공비	
기 초 재 공 품	200(30%)			
당 기 착 수	800			
	1,000			
당 기 완 성 품	700	700	700	
기 말 재 공 품	300(50%)	300	150	
	1,000개	1,000개	850개	
원 가 집 계				합 계
기초재공품원가		₩20,000	₩12,700	₩32,700
당 기 총제조원 가		88,000	189,600	277,600
		₩108,000	₩202,300	₩310,300
완 성 품 환 산 량		÷ 1,000개	÷ 850개	
환산량단위당원가		@108	@238	@346
완 성 품 원 가			700×@346=	₩242,200
기말재공품원가		300×@108+150×@238=		68,100
합 계				₩310,300

5. 선입선출법에 의한 원가계산

	물량흐름	완성품환산량 재료비	완성품환산량 가공비	합 계
기 초 재 공 품	200(30%)			
당 기 착 수	800			
	1,000			
완 성 품				
기초재공품완성	200	0	140	
당기착수완성	500	500	500	
기 말 재 공 품	300(50%)	300	150	
	1,000개	800개	790개	
원 가 집 계				
기초재공품원가				₩32,700
당기총제조원가		₩88,000	₩189,600	277,600
				₩310,300
완성품환산량		÷ 800개	÷ 790개	
환산량단위당원가		@110	@240	@350

완 성 품 원 가	₩32,700 + 140×@240 + 500×@350 =	241,300
기말재공품원가	300×@110 + 150×@240 =	69,000
합 계		₩310,300

선입선출법에서 계산된 완성품환산량 단위당 원가인 ₩110의 재료비와 ₩240의 가공비는 당기발생원가를 당기의 완성품환산량으로 나누어 계산하므로 순수한 당기발생 단위원가를 의미한다. 선입선출법에 의한 완성품원가의 의미를 앞에서 살펴본 그림과 비교하면 다음과 같다.

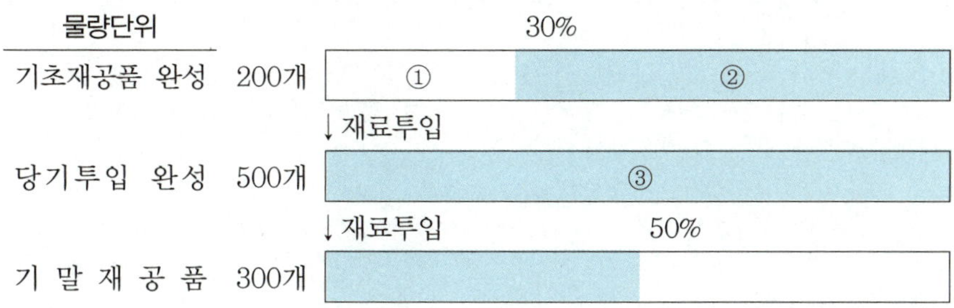

완성품원가는 위의 그림처럼 ①, ②, ③의 부분으로 구성되어 있는데, ①부분은 이미 전기에 재료가 투입되었고 가공비도 30% 투입되어 있는 상태로 기초재공품원가 ₩32,700을 의미한다. ②부분은 당기에 기초재공품을 완성시키기 위하여 추가로 투입한 원가로 재료는 이미 투입되어 있으므로 추가투입이 필요없으나 가공은 30~100% 구간동안 하게 되는데, 140단위×@240=₩33,600의 금액이다. ③부분은 당기에 투입하여 당기에 완성된 물량으로 당기에 재료도 투입되고 가공도 100% 하게 되므로 500단위×(@110+@240)=₩175,000이 된다. 이를 정리하면 다음과 같다.

①	기초재공품원가		₩32,700
②	기초재공품추가원가	140단위×@240	=33,600
③	당기투입완성원가	500단위×(@110+@240)	=175,000
			₩241,300

참고

위의 예제 중 평균법으로 계산하는 경우 완성품단위원가(완성품환산량 단위원가가 아님)는 ₩346(=₩242,200÷700단위)으로 완성품환산량 단위원가(₩346)와 같음을 알 수 있다. 이는 평균법의 특성상 전기원가(기초재공품원가)와 당기원가(당기발생원가)를 합하여 단일의 단가를 산정하기 때문이다.

그러나 선입선출법에서 완성품단위원가는 ₩344.71(₩241,300÷700단위)으로 완성품환산량 단위원가 ₩350과 다르다. 완성품단위원가는 기초재공품원가(₩32,700)와 당기발생원가 중 완성품으로 배분된 원가(₩208,600=140×@240+500×@350)의 합계(₩241,300)를 완성품수량 700단위로 나누어 계산하나, 완성품환산량 단위원가는 당기발생원가(₩277,600)를 당기의 작업량인 완성품환산량으로 나누어 계산하기 때문이다. 즉 완성품원가에 전기원가와 당기원가가 혼재되기 때문에 나타나는 현상이며 제품수불부로 대체될 때에는 700단위를 단위당 @344.71으로 인식하여 계산한다.

제3절 연속공정의 종합원가계산

연속공정의 종합원가계산은 제2공정 이후의 원가계산을 말하는 것으로 제1공정의 원가계산과 차이점을 갖게 되는데, 제1공정에서는 원가가 재료비와 가공비로 분류되지만 제2공정 이후에는 제1공정에서 넘어온 전공정대체원가(transferred-in cost), 재료비, 가공비의 세 가지로 분류된다. 이는 제1공정에서 완성된 물량이 제2공정으로 넘어가 추가적으로 가공되기도 하고 재료가 투입되기도 하기 때문에 제2공정 자체의 원가와는 별도로 전공정에서 가공·완성된 부분에 대한 인식의 필요성에 의하여 분류되는 것이다. 제2공정 이후의 전공대체원가는 각 공정의 공정초에 투입되는 것으로 보아 계산한다.

연속공정의 원가흐름

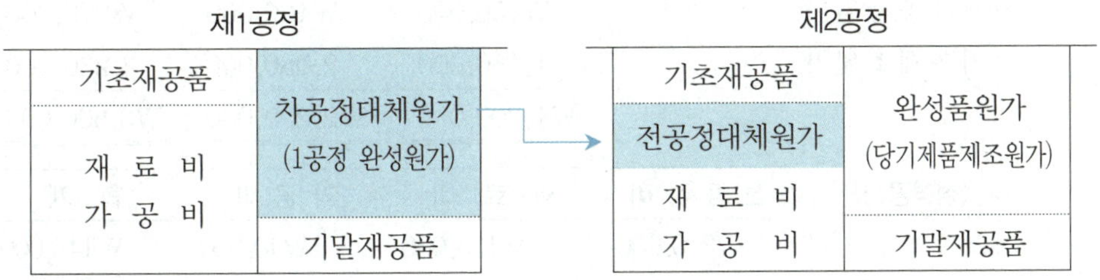

실무적으로 위에서 설명하고 있는 공정별 원가계산을 적용하는 것이 쉽지 않은데 이는 공정분석을 통하여 정확한 공정의 구분과 공정별 원가집계, 공정별 물량파악이 어렵기 때문이다. 따라서 개별원가계산의 공정별 제조간접비배부율을 설명할 때처럼 다음과 같은 조건이 충족되어야 연속공정의 공정별 원가계산이 가능하다.

참고

실무적으로 연속공정의 공정별 원가계산을 위한 전제조건은 다음과 같다.

- 공정에 대한 정확한 인식과 구분이 가능한 경우
- 공정별 제조원가를 정확하게 파악할 수 있는 경우
- 공정별 물량파악이 가능한 경우

예제 03 연속공정 종합원가계산

㈜발해산업의 제조공정은 연속되는 1공정인 사출공정과 2공정인 성형공정으로 이루어져 있다. 사출공정에서 완성된 제품은 성형공정으로 대체되어 추가가공 후 완성된다. 사출공정과 성형공정에서 가공비는 공정 전반에 걸쳐 균등하게 발생하며 재료는 공정초 전량 투입된다. 각 공정의 생산관련자료는 다음과 같다.

	사출공정(1공정)		성형공정(2공정)	
	물량단위	완성도	물량단위	완성도
기초재공품	1,500	40%	1,000	20%
당기착수량	11,500		8,000	
당기완성량	8,000		7,000	
기말재공품	5,000	60%	2,000	75%

각공정의 원가는 다음과 같다.

〈사출공정〉	재료비	가공비	합계
기초재공품원가	₩150,000	₩120,000	₩270,000
당기총제조원가	1,150,000	2,080,000	3,230,000
	₩1,300,000	₩2,200,000	₩3,500,000

〈성형공정〉	전공정비	재료비	가공비	합계
기초재공품원가	₩300,000	₩108,000	₩40,000	₩448,000
당기총제조원가	?	720,000	1,660,000	?
		₩828,000	₩1,700,000	

요구사항

2공정(성형공정)에서 최종 완성된 제품의 단위당 원가를 구하시오.

해설

1. 공정별 원가계산

(1) 사출공정 원가계산

	물량흐름	완성품환산량	
		재료비	가공비
기초재공품	1,500(40%)		
당기착수	11,500		
	13,000		

당 기 완 성	8,000	8,000	8,000
기 말 재 공 품	5,000(60%)	5,000	3,000
	13,000	13,000	11,000

	재료비	가공비	합 계
기초재공품원가	₩150,000	₩120,000	₩270,000
당기총제조원가	1,150,000	2,080,000	3,230,000
	₩1,300,000	₩2,200,000	₩3,500,000
완성품환산량	÷ 13,000	÷ 11,000	
단 위 당 원 가	@100	@200	@300
완 성 품 원 가		8,000×@300=	₩2,400,000
기말재공품원가		5,000×@100+3,000×@200=	1,100,000
합 계			₩3,500,000

(2) 성형공정원가계산

		완성품환산량		
	물량흐름	전공정비	재료비	가공비
기 초 재 공 품	1,000(20%)			
당 기 착 수	8,000			
	9,000			
당 기 완 성	7,000	7,000	7,000	7,000
기 말 재 공 품	2,000(75%)	2,000	2,000	1,500
	9,000	9,000	9,000	8,500

	전공정비	재료비	가공비	합 계
기초재공품원가	₩300,000	₩108,000	₩40,000	₩448,000
당기총제조원가	2,400,000	720,000	1,660,000	4,780,000
	₩2,700,000	₩828,000	₩1,700,000	₩5,228,000
완성품환산량	÷ 9,000	÷ 9,000	÷ 8,500	
단 위 당 원 가	@300	@92	@200	@592
완 성 품 원 가			7,000×@592=	₩4,144,000
기말재공품원가			2,000×@300+2,000×@92+1,500×@200=	1,084,000
합 계				₩5,228,000

2. 완제품의 단위당 제조원가

=₩4,144,000÷7,000단위=₩592

예제 04 연속공정의 원가계산_단일공정으로 간주하여 원가계산하는 경우

예제 3의 연속공정 원가계산에서 회사는 공정을 정확하게 구분할 수 없으며 공정별 제조원가의 파악도 어려워서 원가계산의 편의를 위하여 단일공정으로 간주하고 원가계산을 한다면 최종 완성된 제품의 단위당 제조원가는 얼마인가?(평균법 적용)

단, 단일공정으로 간주하는 경우 1공정과 2공정은 각각 전체공정의 절반을 차지하고 있는 것으로 가정한다.

해설

2개의 연속공정을 단일공정으로 간주하는 경우 1공정에서 2공정으로 대체된 물량은 내부대체물량일뿐이므로 물량흐름에서 고려할 필요가 없다.

제1공정

기초재공품 1,500(40%)	완성량 (차공정대체) 8,000
당기착수량 11,500	기말재공품 5,000(60%)

제2공정

기초재공품 1,000(20%)	완성량 7,000
전공정대체 8,000	기말재공품 2,000(75%)

➡

단일공정

기초재공품 1,500(20%) 1,000(60%)	완성량 7,000
당기착수량 11,500	기말재공품 5,000(30%) 2,000(87.5%)

또한 단일공정으로 간주하는 경우 기초재공품과 기말재공품의 완성도는 다음과 같이 계산된다.

연속공정 원가계산				단일공정 원가계산		
구분	물량	완성도		조정후 완성도		
1공정 기초재공품	1,500	40%		50%*40%		= 20%
2공정 기초재공품	1,000	20%	➡	50%	+ 50%*20%	= 60%
1공정 기말재공품	5,000	60%		50%*60%		= 30%
2공정 기말재공품	2,000	75%		50%	+ 50%*75%	= 87.5%

공정에서 파악된 원가도 다음과 같이 집계된다.

	재 료 비	가 공 비	합 계
기초재공품원가	₩258,000	₩160,000	₩418,000
당기총제조원가	1,870,000	3,740,000	5,610,000
	₩2,128,000	₩3,900,000	₩6,028,000

		완성품환산량	
	물량흐름	재료비	가공비
기 초 재 공 품	1,500 (20%)		
	1,000 (60%)		
당 기 착 수	11,500		
	14,000		
당 기 완 성	7,000	7,000	7,000
기 말 재 공 품	5,000 (30%)	5,000	1,500
	2,000 (87.5%)	2,000	1,750
	14,000	14,000	10,250

	재료비	가공비	합 계
기초재공품원가	₩258,000	₩160,000	₩418,000
당기총제조원가	1,870,000	3,740,000	5,610,000
	₩2,128,000	₩3,900,000	₩6,028,000
완성품환산량	÷ 14,000	÷ 10,250	
단 위 당 원 가	@152	@380.49	@532.49
완 성 품 원 가		7,000×@532.49=	₩3,727,430
기말재공품원가		7,000×@152+3,250×@380.49=	2,300,570
합 계			₩6,028,000

최종 완제품의 단위당 제조원가 = @532.49

제4절 별도공정 종합원가계산

앞에서 살펴본 종합원가계산은 단일공정 혹은 연속되는 공정의 종합원가계산이었다. 그러나 생산형태상 2가지 품목을 각각의 공정에서 동시에 대량생산하는 경우도 있다. 이렇게 소품종을 별도의 공정에서 대량생산하는 경우가 실무적으로 가장 흔한 생산방식 중 하나라 할 수 있다. 이러한 경우 직접재료비와 직접노무비는 공정별로 파악이 가능하므로 공정별로 집계하나, 제조간접비는 공정별로 추적하기 곤란하므로 '제2장 개별원가계산'에서 살펴본 보조부문원가의 제조부문배분방법을 적용하여 계산한다.

〈공장〉

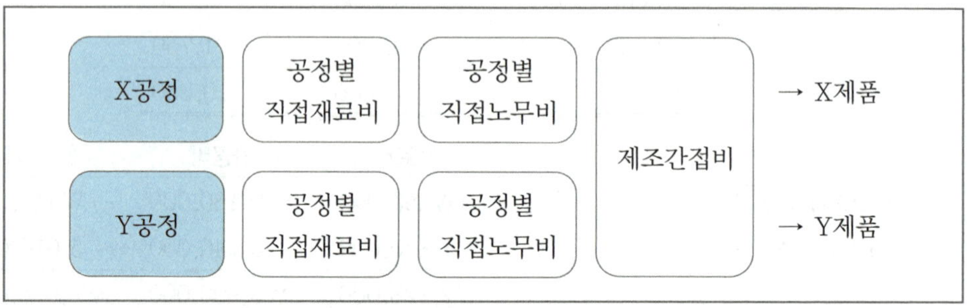

예제 05 별도공정 종합원가계산

㈜발해산업에는 두 개의 제조공정 X와 Y가 있으며 X공정에서는 진공청소기를, Y공정에서는 선풍기를 생산하고 있다. 당기 중 제조공정 X, Y를 위한 원가자료는 다음과 같다.

1. 재료비 및 노무비

재 료 비		노 무 비	
원재료 X공정투입액	900,000	노무비 X공정투입액	470,000
원재료 Y공정투입액	600,000	노무비 Y공정투입액	738,000

2. 제조간접비

   두 개의 제조공정 X와 Y를 위한 전력부와 수선부의 보조부문이 있으며 회사는 직접배분법에 의하여 보조부문원가를 제조부문에 배부한다.

제공 \ 사용	보조부문		제조부문		합 계
	전력부	수선부	X	Y	
전력부	–	200kwh	1,200kwh	1,000kwh	2,400kwh
수선부	100hr	–	300hr	600hr	1,000hr
계	₩550,000	₩1,020,000	₩300,000	₩300,000	₩2,170,000

3. 각 공정의 생산관련자료는 다음과 같다.

X공정			Y공정		
구 분	수 량	완성도	구 분	수 량	완성도
기 초 재 공 품	1,000대	20%	기 초 재 공 품	2,000대	25%
당 기 투 입	9,000		당 기 투 입	12,000	
당 기 완 성	8,000		당 기 완 성	11,000	
기 말 재 공 품	2,000	80%	기 말 재 공 품	3,000	60%

4. 각 공정의 기초재공품관련자료는 다음과 같다.

	재료비	가공비	계
X공정	₩50,000	₩174,000	₩224,000
Y공정	100,000	80,000	180,000

5. 원재료는 공정초 투입되고 가공비는 공정전체를 통하여 균등하게 발생한다. 회사는 X, Y공정 모두에 대하여 평균법에 의한 종합원가계산을 적용하고 있다.

요구사항

X공정 진공청소기와 Y공정 선풍기의 완성품원가를 계산하시오.

해설

1. 보조부문원가의 제조부문배분

	보조부문		제조부문		
	전력부	수선부	X	Y	합계
배 분 전 원 가	₩550,000	₩1,020,000	₩300,000	₩300,000	₩2,170,000
전 력 부 원 가	(550,000)		300,000	250,000	
수 선 부 원 가		(1,020,000)	340,000	680,000	
배 분 후 원 가	0	0	₩940,000	₩1,230,000	₩2,170,000

2. X공정 원가계산

	물량흐름	완성품환산량 재료비	완성품환산량 가공비	
완 성 품	8,000	8,000	8,000	
기 말 재 공 품	2,000(80%)	2,000	1,600	
	10,000개	10,000	9,600	
원 가 집 계				합 계
기초재공품원가		₩50,000	174,000	₩224,000
당기총제조원가		900,000	1,410,000*	2,310,000
		950,000	1,584,000	₩2,534,000
완 성 품 환 산 량		÷ 10,000	÷ 9,600	
환산량 단위원가		@95	@165	@260
원 가 배 분				
완 성 품 원 가			8,000×@260=	₩2,080,000
기말재공품원가			2,000×@95+1,600×@165=	454,000
합 계				₩2,534,000

* 당기발생가공비=직접노무비+제조간접비=₩470,000+940,000=₩1,410,000

3. Y공정 원가계산

	물량흐름	완성품환산량 재료비	완성품환산량 가공비	
완 성 품	11,000	11,000	11,000	
기 말 재 공 품	3,000(60%)	3,000	1,800	
	14,000개	14,000	12,800	
원 가 집 계				합 계
기초재공품원가		₩100,000	80,000	₩180,000
당 기 발 생 원 가		600,000	1,968,000*	2,568,000
		700,000	2,048,000	₩2,748,000
완 성 품 환 산 량		÷ 14,000	÷12,800	
환산량 단위원가		@50	@160	@210
원 가 배 분				
완 성 품 원 가			11,000×@210=	₩ 2,310,000
기말재공품원가			3,000×@50+1,800×@160=	438,000
합 계				₩ 2,748,000

* 당기발생가공비=직접노무비+제조간접비=₩738,000+1,230,000=₩1,968,000

참고 종합원가계산이 적용되는 생산공정 특성구분

앞서 살펴본 종합원가계산은 모두 실제원가계산시스템을 전제로 설명된 종합원가계산이다. 하지만 모든 종합원가계산이 실제원가계산을 전제로 수행될 수 있는 것은 아니다. 가장 대표적인 형태가 "다공정(복합공정)·다품종·대량생산" 형태를 예를 들 수 있다.

다공정·다품종 생산형태는 별도공정과 연속공정이 결합된 형태로서 여러 공정에서 각각의 제품을 연속공정을 통하여 생산하는 형태를 말한다. 식품회사 등과 같이 여러 종류의 제품을 여러 공정을 통하여 대량생산하는 경우가 대표적이라 할 수 있다.

종합원가계산이 적용되는 제조형태 중 가장 복잡한 형태의 공정으로서 이러한 복잡한 제조형태는 실제원가계산을 전제로 수행하기에는 매우 어려우므로 추후 다루어질 표준원가계산을 전제로 원가시스템을 구축하는 것이 훨씬 효율적일 수 있다.

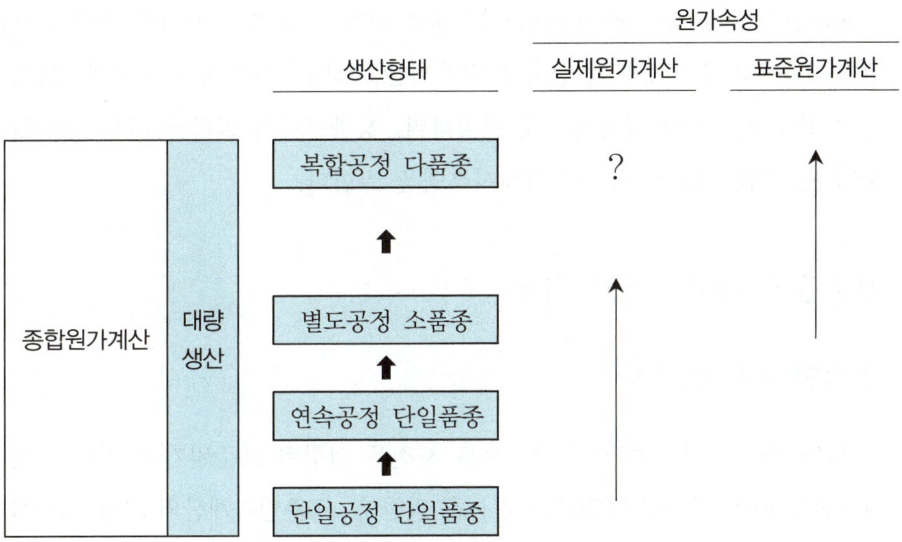

CHAPTER 04

표준원가계산

제1절 표준원가계산의 의의

표준원가계산(standard costing)시스템은 과학적·통계적 기법과 관리목적에 따라 사전에 표준원가를 설정하여 신속한 원가계산을 하고, 사후에 실제발생원가와 표준원가의 차이를 분석하여 성과평가에 반영하며, 성과평가의 결과를 다음 연도의 예산편성 등에 반영하는 원가 및 관리회계시스템을 말한다.

1. 표준원가계산의 주요 기능

(1) 신속한 원가계산기능

표준원가계산의 일반적인 기능으로 사전에 설정된 표준원가에 의하여 신속하게 원가계산을 하여 결산에 반영하는 기능을 말한다. 표준원가계산의 가장 고전적 기능이라고 할 수 있으며 실무적으로 상당수의 회사는 표준원가계산을 원가계산기능에 국한하여 사용하고 있다.

(2) 성과평가기능

사전에 설정된 표준원가와 사후에 발생하는 실제원가와의 차이를 이용하여 구매부·생산부 등의 성과평가에 반영하는 원가중심점(cost center)의 책임회계제도(responsibility accounting) 기능을 말한다. 표준원가계산을 활용한 가장 높은 수준의 기능이라고 할 수 있다.

(3) 예산편성기능

성과평가의 결과를 다음 회계연도의 예산편성에 반영하여 예산의 적정성 및 활용가능성을 증대시키는 기능을 말한다.

(4) 원가절감기능

표준은 목표로서의 역할을 하게 되며 조직구성원들은 목표를 달성하기 위하여 노력하게 된다. 따라서 목표달성을 위하여 노력하는 과정에서 원재료 구입원가 절감, 원재료 투입의 효율적 관리, 직접노동시간·기계시간 등의 절감 등이 이루어져 원가절감효과가 나타나게 된다.

2. 표준원가계산의 절차

2차연도가 표준원가계산적용 대상연도인 경우

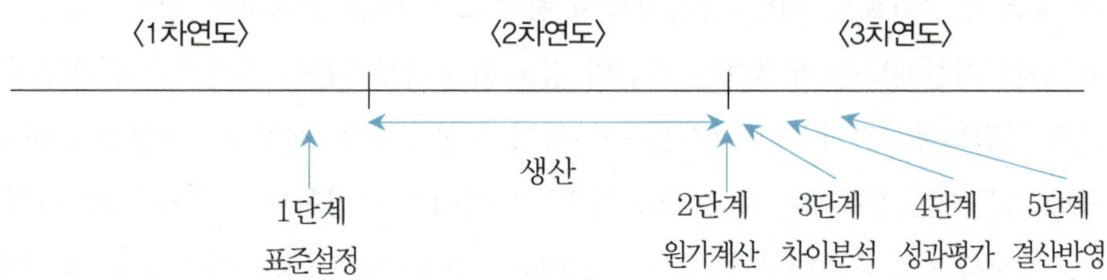

(1) 1단계 : 표준설정

가. 제조원가의 구분

표준원가계산시스템은 표준설정을 제품단위당 원가로 설정하며 다음과 같이 4가지의 원가로 분류한다.

- 직접재료비
- 직접노무비
- 변동제조간접비
- 고정제조간접비

① 표준직접재료비

표준가격은 과거의 구매경험에 따른 적정구입단가, 향후 물가변동 및 환율변동, 목표원가관리(target cost management)에 따른 적정구매가격 등을 고려하여 설정한다.

표준수량은 기본적으로 BOM을 바탕으로 허용 가능 loss율 등을 감안하며, BOM을 설정하지 않은 기업의 경우에는 과거 생산경험을 바탕으로 적정 표준수량을 설정한다.

② 표준직접노무비

표준임률은 과거 평균임률을 바탕으로 향후 예상되는 임금인상율 등을 고려하며, 표준시간은 과거 평균투입시간에서 비효율적 시간은 제외하며 학습효과 등을 고려하여 설정한다.

물론 향후 신규설비투자 등으로 인하여 일부 생산공정이 자동화되는 경우 이 또한 표준시간 설정 시 고려할 중요한 요소가 된다.

③ 표준제조간접비

표준배부율은 과거 제조간접비 배부율을 바탕으로 물가변동, 환율변동 및 신규설비투자 혹은 상각완료로 인한 감가상각비 증감효과 등을 고려하여 설정한다.

표준원가계산제도를 채택하는 기업의 경우 표준배부기준은 시간기준을 대부분 사용하므로 직접노동시간과 기계시간을 구분하여 설정하는데, 직접노동시간을 표준배부기준으로 사용하는 경우에는 위의 표준직접노무비에서 설명한 요소 등을 고려하여 설정하며, 기계시간을 표준배부기준으로 사용하는 경우에는 공정분석을 통한 적정기계시간, 신규투자를 통한 기계시간절감률, 기계장치 등의 노후화 등을 고려하여 설정한다.

나. 과학적·통계적 기법 및 관리목적에 따른 표준설정

표준을 미리 설정하는 단계로 회사의 과거 경험자료와 공정분석을 통하여 과학적이고 통계적인 기법으로 표준을 설정한다. 단, 표준설정에서 주의해야 할 점은 표준이 목표(object)로서의 역할을 수행한다는 것이다. 공정분석과 통계자료를 이용하여 아무리 정확하게 표준을 설정한다 하여도 작업자들의 실무적인 상황을 전혀 고려하지 않고 달성하기 불가능할 정도로 표준을 설정한다면 표준은 이미 목표로서의 가치를 상실하게 되어 작업자들에게 전혀 동기유발(motivation)의 효과를 발휘하지 못하게 된다. 따라서 적절한 동기유발을 할 수 있을 정도의 표준을 설정하여야 작업자들이 달성하려고

하는 적절한 목표가 된다. 따라서 적절한 표준을 설정하는 것은 표준원가제도의 존립에 영향을 미칠 정도로 중요한 과정이다.

다. 표준의 update

생산요소의 가격변화 및 생산방법의 변경, 생산성 등을 고려하여 표준은 1년에 한 번 정도 재설정한다. 다만, 최근 국제 원자재가격 등의 급등으로 인하여 표준 재설정을 1년에 한 번 하게 되는 경우 원가차이가 심각하게 큰 금액으로 발생하는 경우가 있다. 이러한 경우 원가차이는 성과평가, 신속한 원가계산이라는 표준원가계산 본래의 기능을 훼손할 수 있으므로 가급적 표준을 짧은 주기로 재설정하는 편이 좋다고 할 수 있다. 기업의 내부회계시스템에 따라 차이가 있지만 분기에 한 번씩 표준을 재설정할 수도 있을 것이다.

(2) 2단계 : 원가계산

1단계에서 설정된 표준원가에 의해서 매출원가·제품·재공품에 대한 원가계산을 수행한다. 생산이 완료되면 생산관련자료와 단위당 표준원가를 이용하여 신속한 원가계산이 이루어지는 단계이다.

(3) 3단계 : 차이(variance)분석

생산이 완료된 후에 발생한 실제원가(actual cost)와 표준원가를 비교하여 차이를 분석하는 단계로 다음 단계인 성과평가 및 사후관리를 하기 위한 기본준비절차이다.

(4) 4단계 : 성과평가 및 사후관리

① 성과평가(performance evaluation)

표준원가계산은 원가중심점(cost center)이라는 책임중심점, 즉 주로 생산부서 등의 성과평가에 사용되는 성과평가시스템이므로 차이분석의 결과를 성과평가에 반영한다.

② 피드백(feedback)

차이분석 결과를 피드백하여 표준설정을 갱신하며 차기 이후의 예산편성에 반영한다.

(5) 5단계 : 원가차이 조정 및 결산반영

재무회계목적의 재무제표를 작성하는 과정에서 재고자산과 매출원가를 실제원가로 표시하기 위하여 원가차이를 표준원가로 표시되어 있는 재고자산과 매출원가에 조정하거나, 매출원가를 실제원가로 표시하기 위하여 원가차이를 표준원가로 표시되어 있는 매출원가에 조정한다.

앞에서 살펴본 표준원가계산의 절차를 간략하게 예를 들어 살펴보자(성과평가단계 생략).

단계	구분				
1단계	표준설정	제품의 단위당 표준원가 : ₩100			
2단계	물량파악 및 원가계산	제품생산 현황 : 500개 생산 후 400개 판매(재공품 없음)			
2단계	물량파악 및 원가계산	매출원가	=@100×400=₩40,000		
2단계	물량파악 및 원가계산	기말제품	=@100×100= 10,000		
2단계	물량파악 및 원가계산	계	₩50,000		
3단계	차이분석	실제원가 발생액 : ₩52,000 차이금액=실제원가−표준원가 =₩52,000−50,000=₩2,000			
5단계	원가차이 조정 및 결산반영	구분	표준원가	원가차이배분	실제원가
5단계	원가차이 조정 및 결산반영	매출원가	₩40,000	₩1,600	₩41,600
5단계	원가차이 조정 및 결산반영	제 품	10,000	400	10,400
5단계	원가차이 조정 및 결산반영	계	₩50,000	₩2,000	₩52,000

제2절 원가차이분석

1. 차이분석의 기본개념

표준원가계산시스템에서 차이분석과정은 실제원가와 표준원가의 차이를 분석하여 후술하는 성과평가, 재무제표의 작성 그리고 표준의 재설정 등에 활용한다. 차이분석은 원가를 직접재료비·직접노무비·변동제조간접비·고정제조간접비 등 4가지로 구분하여 실시하는데 다음과 같이 실제원가와 표준원가의 크기에 따라 원가차이분석 결과를 표시한다.

> 실제원가(Actual cost) − 표준원가(Standard cost) > 0　불리한 차이(U)
> 실제원가(Actual cost) − 표준원가(Standard cost) < 0　유리한 차이(F)

(1) 불리한 차이(U : Unfavorable Variance)

'실제원가 − 표준원가 > 0'의 경우에는 사전에 미리 설정한 표준원가보다 실제원가가 많이 발생했다는 의미로서 이는 회사의 이익에 좋지 않은 영향을 미치게 되므로 '불리한 차이'라고 한다.

(2) 유리한 차이(F : Favorable Variance)

'실제원가 − 표준원가 < 0'의 경우에는 사전에 미리 설정한 표준원가보다 실제원가가 적게 발생했다는 의미로서 이는 회사의 이익에 좋은 영향을 미치게 되므로 '유리한 차이'라고 한다.

원가차이의 계산은 실제원가와 표준원가를 비교하는데 원가는 '가격(Price)×수량(Quantity)'이므로 차이분석은 다음과 같다.

원가차이(variance) = 실제원가 − 표준원가
= 실제가격 × 실제수량 − 표준가격 × 표준수량
= Actual Price × Actual Quantity − Standard Price × Standard Quantity
= AP × AQ − SP × SQ

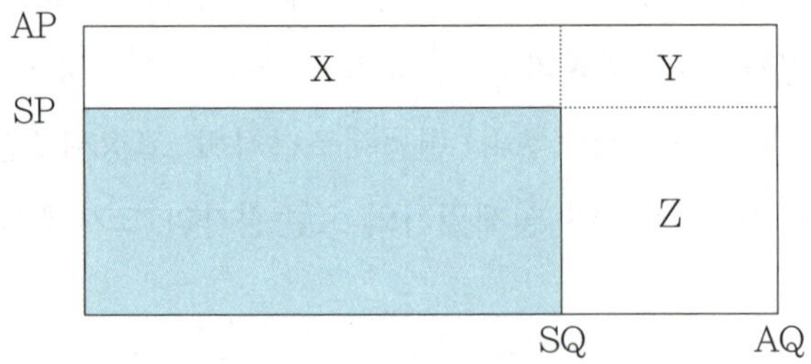

위의 그림에서 X, Y, Z의 영역이 실제원가가 표준원가를 초과하는 부분으로 차이영역이 된다. X영역의 경우 순수한 가격차이(price variance) 부분이 되고, Z영역의 경우 순수한 수량차이(quantity variance) 부분이 된다. 하지만 Y영역의 경우 가격차이와 수량차이가 혼합되는데 원가관리회계에서는 수량차이를 엄격하게 해석하는 취지하에 Y영역을 가격차이에 포함하여 분석한다. 따라서 표준원가계산에서 차이분석은 다음과 같이 표시되고 계산된다.

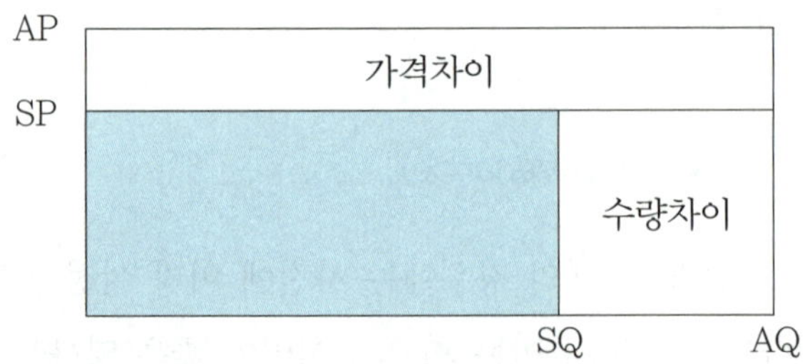

가격차이 = (AP − SP) × AQ = (실제가격 − 표준가격) × 실제수량
수량차이 = (AQ − SQ) × SP = (실제수량 − 표준수량) × 표준가격

2. 직접재료비 차이분석

차이분석의 기본개념은 앞에서 이미 설명하였지만 분석의 편의를 위하여 앞으로는 다음과 같이 분석하기로 한다.

직접재료비차이＝실제직접재료비－표준직접재료비＝AP×AQ－SP×SQ이므로

AP×AQ	SP×AQ	SP×SQ
가격차이		수량차이

■ **가격차이**(price variance)

실제구입가격이 표준가격에 비하여 높거나 낮아서 발생하는 원가차이로서 구매부의 성과평가지표가 된다(실무에서는 구매부의 성과평가에 적용하지 못하는 경우도 있다).

■ **수량차이**(quantity variance)

실제투입수량이 허용표준수량에 비하여 많거나 적어서 발생하는 원가차이로서 생산부의 성과평가지표가 된다.

예제 01 직접재료비 차이분석

회사는 표준원가계산제도를 채택하기로 하고 제품단위당 직접재료비 표준원가를 다음과 같이 설정하였다.

	표준가격	표준수량	표준원가
직 접 재 료 비	₩10/kg	5kg	₩50

제품생산량 3,000단위를 생산하기 위하여 kg당 ₩12인 재료를 16,000kg 사용하였다. 당기 중 원재료 계정은 다음과 같다.

원 재 료

기 초 원 재 료	－	사 용 량	16,000kg
당 기 구 입 량	20,000kg	기 말 원 재 료	4,000kg
	20,000kg		20,000kg

요구사항

직접재료비 가격차이와 수량차이를 계산하시오.

해설

$AP \times AQ$	$SP \times AQ$	$SP \times SQ$
@12×16,000kg	@10×16,000kg	@10×3,000개×5kg
=₩192,000	=₩160,000	=₩150,000

가격차이 32,000U　　수량차이 10,000U

(1) SQ(허용표준수량)의 의미

원가차이를 계산하는 과정에서 표준수량(SQ)의 의미는 '실제생산량에 허용된 표준투입수량'으로 이해하여야 한다. 즉 허용표준수량을 계산할 때에는 실제생산량을 생산하기 위하여 투입되어야 할 표준투입수량을 계산한다. 표준원가는 완제품 1단위의 생산에 소요되는 표준원가로 표시되므로 표준수량을 계산할 때에는 단위당 표준수량에 실제생산량을 감안하여 계산하여야 실제사용량과의 적절한 비교가 이루어진다.

한편, 공정에 재공품이 존재하는 경우에는 재공품에도 직접재료가 투입된 부분이 있으므로 표준종합원가계산제도에서는 허용표준수량(SQ)의 의미는 '완성품환산량에 허용된 표준투입수량'이 되며, 당기의 실제투입수량과 당기의 허용표준투입수량을 적절히 비교하기 위하여 완성품환산량은 선입선출법에 의한 완성품환산량으로 계산되어야 한다.

(2) 회계처리

사용시점에 원가차이를 분리하는 것은 원재료가 재공품계정에 투입되기 이전에 원가차이를 분리하는 것을 의미한다. 위의 예제 1을 예로 든다면 회계처리는 다음과 같다.

■ 투입시점

(차) 재 공 품	150,000	(대) 원 재 료	192,000
직접재료비 가격차이	32,000		
직접재료비 수량차이	10,000		

가격차이와 수량차이가 모두 불리한 차이인데 불리한 차이란 이익에 미치는 효과가 불리한 원가차이를 말하므로 차변에 기록된다. 한편, 재공품은 원가차이가 분리된 후 원가가 집계되므로 항상 표준원가(SP×SQ)로 기록된다. 원재료 투입시점의 각 계정의 내용은 다음과 같다.

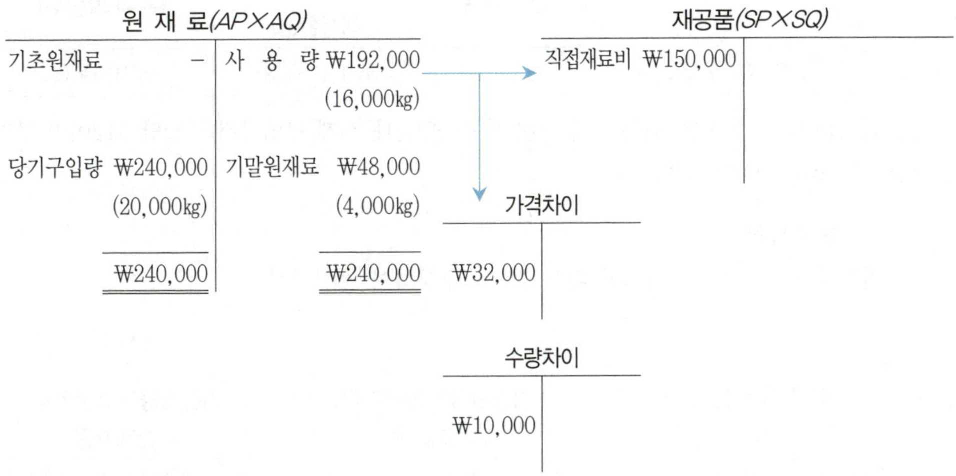

(3) 환율차이

원재료를 해외에서 수입하는 경우 가격차이는 순수한 가격변동으로 인한 부분뿐만 아니라 환율로 인한 부분에 의해서도 영향을 받게 된다. 따라서 수입원자재 등의 가격차이는 '환율차이'와 '순수가격차이'로 구분하여 분석한다. 환율차이는 개별기업의 입장에서는 통제하기 곤란한 요소이므로 통제불능요소라 할 수 있다.

따라서 적정한 성과평가를 위하여 가격차이는 '환율차이'와 '순수가격차이'로 구분하여 '순수가격차이'만 성과평가에 반영하는 것이 좀 더 적절하다고 할 수 있다.

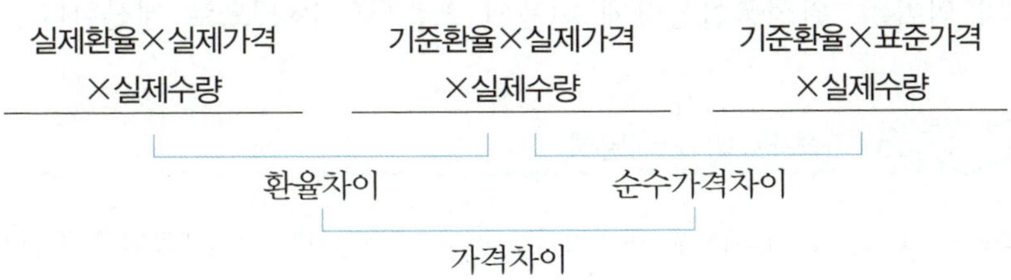

예제 02 직접재료비 가격차이분석

회사는 표준원가계산제도를 채택하기로 하고 제품단위당 직접재료비 표준원가를 다음과 같이 설정하였다.

	표준가격	기준환율 (예상환율)	표준가격(원화)
직 접 재 료 비	$ 10/kg	₩1,000/$	₩10,000

회사는 당기 중 4,000kg을 구입하여 사용하였는데 실제 구입가격은 kg당 $12이며 구입당시 환율은 ₩1,100/$이었다.

요구사항

가격차이를 순수가격차이와 환율차이로 구분하여 계산하시오.

해설

실제환율×실제가격 ×실제수량	기준환율×실제가격 ×실제수량	기준환율×표준가격 ×실제수량
@1,100×$12×4,000kg =₩52,800,000	@1,000×$12×4,000kg =₩48,000,000	@1,000×$10×4,000kg =₩40,000,000

환율차이 4,800,000U　　순수가격차이 8,000,000U

가격차이 12,800,000U

(4) 기말재공품이 존재하는 경우의 직접재료비 차이분석

기말에 재공품이 존재하는 경우 재공품에도 직접재료가 투입되었으므로 표준수량(SQ)의 의미는 "완성품환산량에 허용된 표준투입수량"으로 계산한다.

예제 03 직접재료비 차이분석

회사는 표준원가계산제도를 채택하기로 하고 제품단위당 직접재료비 표준원가를 다음과 같이 설정하였다.

	표준가격	표준수량	표준원가
직 접 재 료 비	₩10/kg	5kg	₩50

• 기초재공품은 없었으며 당기 중 4,000단위의 생산에 착수하여 3,000단위를 완성하였다.
• 기말재공품은 1,000단위이며 기말재공품의 가공완성도는 50%이다.
• 재료는 공정 초 투입되고 가공비는 공정전반에 걸쳐 발생한다.
• 당기 중 kg당 ₩11에 구입한 원재료를 19,000kg 사용하였다.

요구사항

직접재료비 차이분석을 하시오.

해설

AP×AQ	SP×AQ	SP×SQ
@11×19,000kg	@10×19,000kg	@10×4,000개×5kg
₩209,000	=₩190,000	=₩200,000

가격차이 19,000U　　수량차이 10,000F

※ 재료비 완성품환산량=완성품 3,000단위+기말재공품 1,000단위=4,000단위

(5) 기타

실무에서는 다음과 같은 내용도 검토의 대상이 되나 본서에서는 설명이 생략되었다.

- 원재료를 상이한 단가로 여러 차례 구입한 경우의 가격차이분석
- 구입가격차이(가격차이 계산 시 실제구입량으로 계산)
- 구매부서와 생산부서의 성과평가 왜곡현상

3. 직접노무비차이분석

직접노무비의 원가차이분석은 기본적으로 직접재료비 차이분석과 같은 분석방법을 사용한다. 다만, 직접재료비가 '단가×수량'의 개념이라면 노무비는 '임률(price)×시간(quantity)'이므로 다음과 같이 임률차이(price variance)와 능률(시간)차이(efficiency variance)로 구분하여 분석된다.

> 임률차이 = $(AP-SP)\times AQ$ = (실제임률−표준임률)×실제시간
> 능률차이 = $(AQ-SQ)\times SP$ = (실제시간−표준시간)×표준임률

■ **임률차이(price variance)**

실제임률이 표준임률에 비하여 높거나 낮아서 발생하는 원가차이를 말한다. 임률은 노사 간의 합의에 의하여 결정되므로 임률차이는 일반적으로 성과평가에 사용되지는 않는다.

■ **능률차이(efficiency variance)**

실제투입시간이 허용표준시간에 비하여 많거나 적어서 발생하는 원가차이로서 생산부 노동생산성 평가의 중요한 지표가 된다.

예제 04 직접노무비 차이분석

회사는 표준원가계산제도를 채택하기로 하고 제품 단위당 직접노무비 표준원가를 다음과 같이 설정하였다.

	표준임률	표준시간	표준원가
직접노무비	₩5/hr	2hr	₩10

제품생산량은 3,000단위이며 당기에 5,400시간을 투입하였다. 실제 총노무비는 ₩32,400이다.

요구사항

직접노무비 차이분석을 하시오.

해설

$AP \times AQ$	$SP \times AQ$	$SP \times SQ$
₩32,400	@5×5,400hr =₩27,000	@5×3,000개×2hr =₩30,000

임률차이 5,400U　　능률차이 3,000F

(1) 기말재공품이 존재하는 경우의 직접노무비 차이분석

기말에 재공품이 존재하는 경우 재공품에도 직접노동시간이 투입되었으므로 표준투입시간(SQ)의 의미는 "완성품환산량에 허용된 표준투입시간"으로 계산한다.

예제 05 직접노무비 분석

회사는 표준원가계산제도를 채택하기로 하고 제품단위당 직접재료비 표준원가를 다음과 같이 설정하였다.

	표준가격	표준수량	표준원가
직접재료비	₩5/hr	2hr	₩10

- 기초재공품은 없었으며 당기 중 4,000단위의 생산에 착수하여 3,000단위를 완성하였다.
- 기말재공품은 1,000단위이며 기말재공품의 가공완성도는 50%이다.
- 재료는 공정 초 투입되고 가공비는 공정전반에 걸쳐 발생한다.
- 생산공정에서 발생한 직접노동시간은 6,800시간이며 실제 총노무비는 ₩37,000이다.

요구사항

직접노무비 차이분석을 하시오.

해설

$AP \times AQ$	$SP \times AQ$	$SP \times SQ$
₩37,000	@5×6,800hr =₩34,000	@5×3,500개×2hr =₩35,000

가격차이 3,000U　　수량차이 1,000F

※ 가공비 완성품환산량=완성품 3,000단위+기말재공품 500단위=3,500단위

(2) 복수제품을 생산하는 경우의 노무비 차이분석

동일한 공정에서 동일한 노동력을 투입하여 두 가지 이상의 제품을 생산하는 경우 노무비 차이분석은 각 제품별 노동시간을 파악하여 계산한다.

예제 06 복수제품의 노무비 차이분석

회사는 A, B 두 가지 제품을 생산하고 있으며 각 제품별 단위당 직접노무비 표준원가는 다음과 같다.

제품	표준임률	표준시간	표준원가
A	₩10/hr	3hr	₩30
B	₩10/hr	2hr	₩20

제품별 생산현황은 다음과 같다.

제품	생산량	판매량	기말제품
A	500개	400개	100개
B	300개	250개	50개

실제 총 노무비는 ₩24,200이며 2,250시간이 투입되었다.

요구사항

직접노무비 차이분석을 계산하시오.

해설

$AP \times AQ$	$SP \times AQ$	$SP \times SQ$
₩24,200	@10×2,250hr =₩22,500	@10×(3hr×500+2hr×300) =₩21,000

임률차이 1,700U　　능률차이 1,500U

4. 변동제조간접비 차이분석

제조간접비배부액은 '배부율×배부기준'으로 계산되므로 '배부율'은 '가격'의 개념과 같고 '배부기준'은 '수량'의 개념이 된다. 변동제조간접비는 '예산차이(budget variance)' [소비차이(spending variance)라고도 한다]와 '능률차이(efficiency variance)'로 구분하여 분석한다.

$AP \times AQ$ (실제발생액)	$SP \times AQ$ (표준배부율×실제배부기준)	$SP \times SQ$ (표준배부율×허용표준배부기준)
예산차이		능률차이

예산차이 = $AP \times AQ - SP \times AQ$ = 실제 발생액 − (표준배부율×실제배부기준)
능률차이 = $(AQ - SQ) \times SP$ = (실제배부기준 − 허용표준배부기준)×표준배부율

■ **예산차이**(budget variance)

변동제조간접비 실제발생액과 실제조업도(실제배부기준)하의 제조간접비 예산과의 차이를 말한다. 변동제조간접비 생산요소의 가격변동으로 인하여 발생한다. 외부 생산요소의 가격변동으로 인한 부분을 생산부서의 성과평가에 적용하기에는 무리가 있으므로 일반적으로 성과평가에 사용되지 않는다.

■ **능률차이**(efficiency variance)

실제배부기준(실제노동시간이나 실제기계시간 등)이 허용표준배부기준(허용표준노동시간이나 허용표준기계시간 등)에 비하여 많거나 적어서 발생하는 원가차이로서 생산부의 생산성이 변동제조간접비에 미치는 영향을 평가하는 중요한 지표가 된다.

5. 고정제조간접비 차이분석

(1) 고정제조간접비 표준배부율 및 고정제조간접비 예산

고정제조간접비의 차이분석은 고정비의 특성상 앞에서 살펴본 직접재료비·직접노무비·변동제조간접비의 차이분석과는 상당한 차이가 있다. 제1장 원가의 기초에서 살펴본 바와 같이 고정비는 발생총액이 조업도와 관계없이 일정한 원가를 말하는데 단위당 고정비는 조업도에 반비례하여 계산되는 특성이 있다.

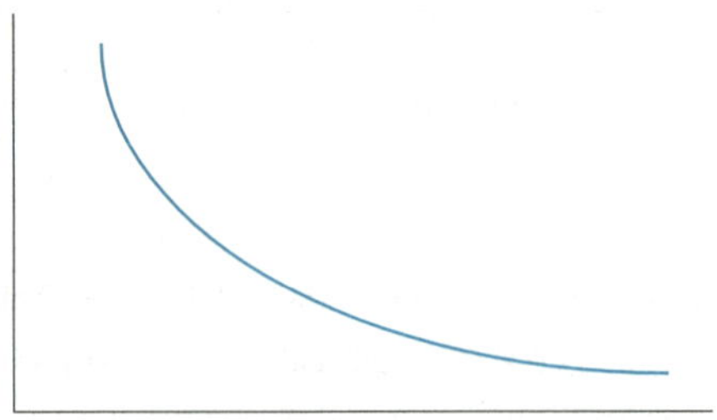

단위당 고정제조간접비(또는 고정제조간접비 배부율)는 조업도수준에 따라 달라진다. 그러나 표준원가계산의 특성상 고정제조간접비 배부율은 사전에 결정되어야 하므로 기준조업도를 미리 결정하여 다음과 같이 계산하게 된다.

> 고정제조간접비 표준배부율 = 고정제조간접비예산 ÷ 기준조업도

따라서 고정제조간접비 예산은 다음과 같이 계산할 수도 있다.

> 고정제조간접비예산 = 표준배부율(*SP*) × 기준조업도

표준원가계산제도에서 제조간접비 예정배부율을 계산하는 데 사용하는 조업도를 '기준조업도(Normal capacity)'라고 하는데 기준조업도로 사용될 수 있는 조업도는 다음과 같은 것들이 있다.

- **이론적 최대조업도(Theoretical Full Capacity)**
  모든 설비와 인원이 항상, 최상의 조건에 있을 경우에 달성가능한 최대조업도를 말한다.
- **실제적 최대조업도(Practical Full Capacity)**
  이론적 최대조업도의 85~90% 수준에서 결정되며 실제상황에서 달성가능한 최대조업도로 실무적으로 가장 많이 사용되는 조업도이다.
- **평균조업도(Average Capacity)**
  과거 3~5년간 실적조업도의 평균조업도를 말한다.
- **연간기대조업도(Annual Expected Capacity)**
  실제적 최대조업도에 예상조업률을 감안하여 결정되는 조업도로 원가계산, 성과평가, 조업률 산정 등에 가장 적합한 조업도이다.

(2) 고정제조간접비 원가차이분석

고정제조간접비 원가차이는 실제발생액과 예산과의 차이를 분석하는 '예산차이(budget variance)'와 예산과 표준배부액과의 차이를 분석하는 '조업도차이(volume variance)'로 나누어 분석한다. 한편, 조업도차이는 기준조업도와 허용표준조업도의 차이에 고정제조간접비 표준배부율을 곱하여 계산하기도 한다. 고정제조간접비 차이분석은 다음과 같다.

고정제조간접비 실제발생액	고정제조간접비예산 =표준배부율×기준조업도 =SP×기준조업도	고정제조간접비 표준배부액 =표준배부율×허용표준조업도 =SP×SQ
예산차이		조업도차이

- 예 산 차 이=고정제조간접비 실제발생액－고정제조간접비 예산
- 조업도 차이=고정제조간접비 예산－고정제조간접비 표준배부액
  =기준조업도×표준배부율－허용표준조업도×표준배부율
  =(기준조업도－허용표준조업도)×표준배부율

- **예산차이(budget variance)**

고정제조간접비 실제발생액과 고정제조간접비예산과의 차이를 말한다. 고정제조간접비 생산요소의 가격변동으로 인하여 발생한다. 외부 생산요소의 가격변동으로 인한

부분을 생산부서의 성과평가에 적용하기에는 무리가 있으므로 일반적으로 성과평가에 사용되지 않는다.

■ 조업도차이(volume variance)

기준조업도에 비하여 허용표준조업도가 작거나 큰 경우 이러한 조업도의 차이로 인한 고정제조간접비 원가차이를 말한다. 생산부서의 과다조업이나 과소조업을 측정하기 위하여 사용되며 이는 인원이나 설비의 유휴조업상태를 측정하게 되므로 매우 중요한 성과평가지표로 사용된다.

실무적으로 허용표준조업도(실제 생산량관련)가 기준조업도를 초과하는 경우는 극히 드문 경우인데 이는 대부분 기준조업도를 설정할 때 이론적 최대조업도에 가까운 조업도를 사용하기 때문이다. 따라서 일반적으로 기준조업도가 허용표준조업도보다 크며 이는 조업도차이가 대부분 불리한 차이로 계산된다는 것을 의미한다.

조업도차이가 불리한 차이라는 것은 실제생산량을 생산하기 위한 허용표준조업도가 기준조업도에 미치지 못한다는 것을 의미하므로 생산부문 내에 유휴조업도가 존재한다는 것을 의미한다. 따라서 이는 현재의 설비나 인원이 과다하므로 향후 어느 정도의 조정이 필요하다는 의미이기도 하다.

조업도차이가 유리한 차이라는 것은 실제생산량을 생산하기 위한 허용표준조업도가 기준조업도를 초과한다는 것을 의미하므로 생산부문 내에 유휴조업도가 존재하지 않고 조업가능수준을 초과하여 과다조업을 하고 있다는 것을 말한다. 따라서 이는 현재 설비나 인원이 부족하므로 향후 추가적인 설비투자나 인원충원이 필요하다는 의미이기도 하다.

- 불리한 조업도차이

  기준조업도 대비 과소조업상태를 말한다. 이는 유휴조업도가 존재한다는 의미이므로 경영진에서는 유휴설비와 유휴인원이 있다고 판단하게 된다.

- 유리한 조업도차이

  기준조업도 대비 과다조업상태를 말한다. 이는 생산부분의 초과조업상태 즉, 설비와 인원의 부족상태를 의미하므로 경영진에서는 추가적인 투자와 인원충원이 필요하다고 판단하게 된다.

그러나 이러한 조업도차이에 따른 해석은 기준조업도가 적절하게 설정되었다는 것을 전제로 한다. 만약 회사가 이론적 최대조업도에 가까운 조업도를 기준조업도로 설정하여 평가한다면 유리한 차이는 발생하지 않고 불리한 차이만 발생할 것이며, 경영진이 이러한 결과를 보고 생산부분에 유휴조업도가 존재한다고 판단하여 경영의사결정을 한다면 회사의 현실과는 동떨어진 상황판단일 뿐만 아니라 회사에 전혀 도움이 되지 않는 결과를 가져올 수도 있는 것이다.

예제 07 제조간접비 차이분석

㈜소백산이 생산하는 제품의 단위당 표준원가는 다음과 같이 설정되어 있다.

	표준가격	표준수량	표준원가
직접재료비	₩10	5kg	₩50
직접노무비	5	2hr	10
변동제조간접비	15	2hr	30
고정제조간접비	5	2hr	10
계			100

회사는 당기 중 3,000개의 제품을 생산하였고 5,400시간의 실제시간을 투입하였다. 변동제조간접비 실제발생액이 ₩87,000이고, 고정제조간접비 실제발생액이 ₩46,000이며 고정제조간접비예산이 ₩40,000이다. 회사는 제조간접비를 직접노동시간을 기준으로 배부한다.

요구사항

1. 변동제조간접비와 고정제조간접비 차이분석을 하시오.
2. 기준조업도를 구하시오.
3. 원가차이분석에 대한 회계처리를 하시오.

해설

1. 원가차이분석

① 변동제조간접비

$AP \times AQ$	$SP \times AQ$	$SP \times SQ$
	@15×5,400hr	@15×(3,000×2hr)
₩87,000	=₩81,000	=₩90,000

예산차이 ₩6,000U (AP×AQ – SP×AQ)

능률차이 ₩9,000F (SP×AQ – SP×SQ)

② 고정제조간접비

실제 발생액	고정비예산 $= SP \times$ 기준조업도	고정비 표준배부액 $= SP \times SQ$
₩46,000	₩40,000	@5×(3,000×2hr) =₩30,000

예산차이	조업도차이
₩6,000U	₩10,000U

2. 기준조업도 = ₩40,000 ÷ @5 = 8,000hr

3. 회계처리

• 사용시점

(차) 재 공 품	90,000	(대) 변동제조간접비	87,000
변동제조간접비 예산차이	6,000		
변동제조간접비 능률차이	9,000		
(차) 재 공 품	30,000	(대) 고정제조간접비	46,000
고정제조간접비 예산차이	6,000		
고정제조간접비 조업도차이	10,000		

(3) 조업률(가동율, operating ratio)

조업률의 측정은 조업도차이를 계산할 때 사용되는 기준조업도와 허용표준조업도를 이용하여 계산하며 기준생산량과 실제생산량을 이용하여 계산할 수도 있다.

앞의 예제에서 물량을 기준으로 조업률을 계산하면 기준생산량은 4,000단위 $\left(\frac{\text{제조간접비예산}}{\text{단위당고정제조간접비}} = \frac{40,000}{@10}\right)$이므로 조업률은 $\frac{\text{실제생산량}}{\text{기준생산량}} = \frac{3,000\text{단위}}{4,000\text{단위}} = 75\%$가 된다. 즉, 4,000단위를 생산할 수 있는 생산능력을 보유하고 있는데 실제생산은 75% 수준인 3,000단위를 생산한 것이다. 이는 기준조업도 대비 25%의 유휴조업도가 존재한다는 것을 의미한다.

조업도(노동시간)를 기준으로 조업률을 계산하면 허용표준조업도는 6,000시간이고 기준조업도는 8,000시간이므로 조업률은 물량으로 계산하는 경우와 동일하게 $\frac{6,000\text{시간}}{8,000\text{시간}} = 75\%$가 된다. 다만, 이 경우 주의해야 할 것은 조업도로 계산하는 경우 허용표준조업도와 기준조업도를 비교하지 않고 실제조업도와 기준조업도를 계산하게 되면 능률차이가 조업률 산정에 포함되어 조업률이 적정하게 산출되지 않는다는 점이다. 즉 $\frac{\text{실제조업도}}{\text{기준조업도}} = \frac{5,400\text{단위}}{8,000\text{단위}} = 67.5\%$로 계산한다면 허용표준시간 6,000시간에 비하여 실제시간 5,400시간을 투입하여 600시간의 능률성을 실현하였는데 능률적 생산으로 인하여 조업률이 하락하는 비논리적 계산이 되는 것이다. 이 점은 실무적으로 많이 실수하는 부분이므로 주의하여야 한다.

$$\text{조업률} = \frac{\text{허용표준조업도}}{\text{기준조업도}} = \frac{\text{실제생산량}}{\text{기준생산량}}$$

구 분	물량기준			조업시간기준		
조업률	실제생산량	3,000단위	=75%	허용표준조업도	6,000시간	=75%
	기준생산량	4,000단위		기준조업도	8,000시간	

(4) 기준조업도의 의의

기준조업도는 표준원가계산에서 다음과 같은 역할을 수행한다.

- 차년도 예정생산량의 역할
- 제조간접비 예산편성을 위한 예정조업도 역할
- 고정제조간접비 표준배부율 산정을 위한 기준
- 조업률 산정의 기준

6. 원가차이의 분류

(1) 원가차이의 성격별 구분

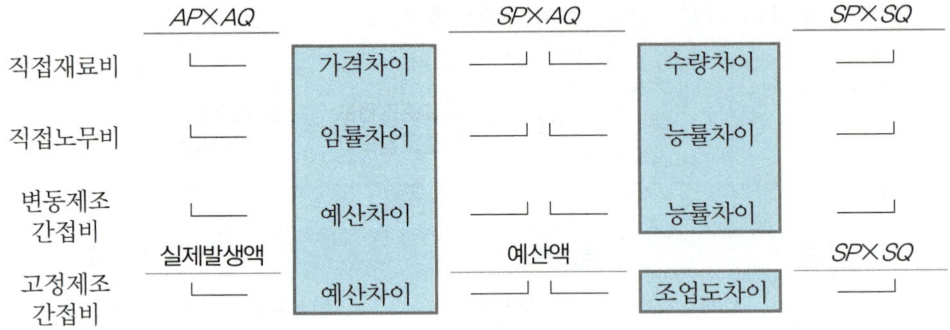

4가지 원가요소의 8가지 차이 중 왼쪽의 4가지는 모두 각 생산요소의 가격차이 성격을 갖는다. 반면, 직접재료비 수량차이, 직접노무비 능률차이, 변동제조간접비 능률차이는 모두 생산부의 생산성을 분석하는 '능률차이'의 성격을 갖는다. 고정제조간접비 조업도차이는 가격차이·능률차이와는 달리 과소(다)조업 여부를 판단하는 원가차이를 말한다.

(2) 원가차이의 성과평가 대상별 구분

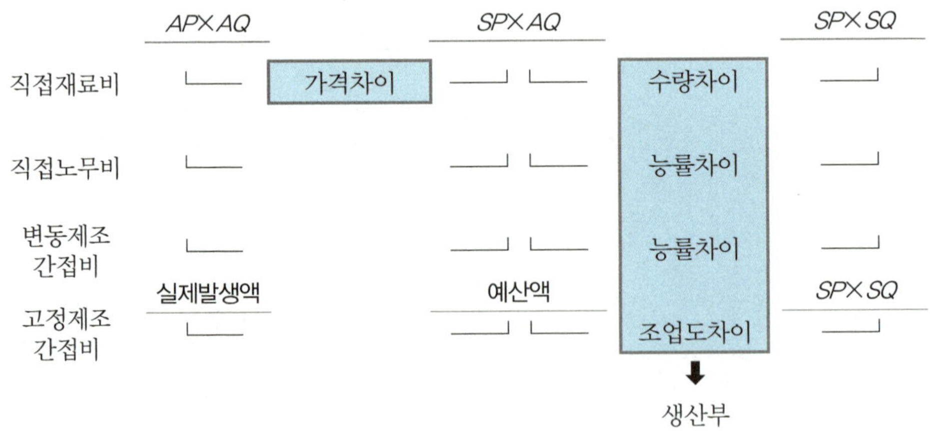

제3절 제조간접비 차이분석의 기타방법

앞에서 제조간접비를 변동제조간접비와 고정제조간접비로 나누어 각각 예산차이·능률차이와 예산차이·조업도차이로 분석하였다. 이렇게 제조간접비차이를 모두 4가지로 나누는 방법을 4분법이라고 하는데, 이는 변동제조간접비와 고정제조간접비의 실제발생액을 각각 구분할 수 있다는 기본 가정하에 성립된 분석방법이다.

1. 4분법

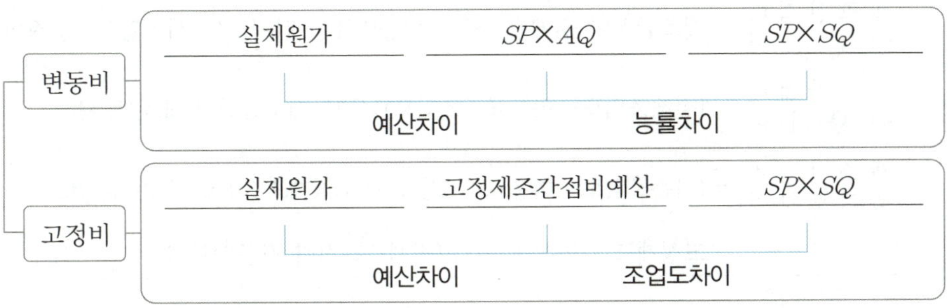

예 산 차 이	= 변동제조간접비 실제발생액 − (변동제조간접비 표준배부율×실제조업도)
능 률 차 이	= (실제조업도 − 허용표준조업도)×변동제조간접비 표준배부율
예 산 차 이	= 고정제조간접비 실제발생액 − 고정제조간접비예산
조 업 도 차 이	= 고정제조간접비예산 − 고정제조간접비 표준배부액 = (기준조업도 − 허용표준조업도)×고정제조간접비 표준배부율

2. 3분법

실무적으로 제조간접비를 변동비와 고정비로 정확하게 구분할 수 없는 경우 다음과 같은 방법으로 제조간접비 차이분석을 할 수 있다. 일명 3분법이라고도 한다.

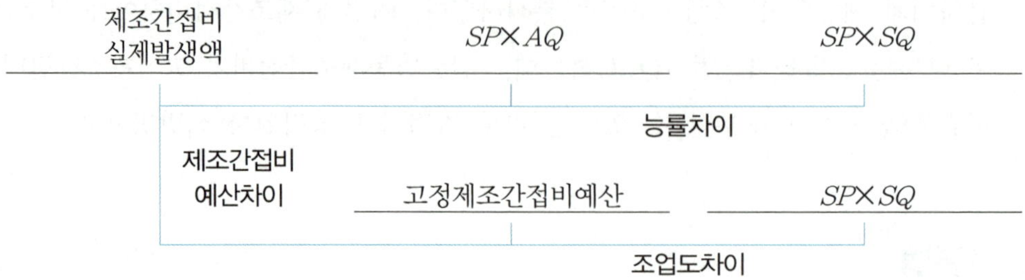

제조간접비 예산차이	= 제조간접비 실제발생액 − (변동비표준배부율 × 실제조업도 + 고정비예산)
제조간접비 능률차이	= (실제조업도 − 허용표준조업도) × 변동제조간접비 표준배부율
제조간접비 조업도차이	= (기준조업도 − 허용표준조업도) × 고정제조간접비 표준배부율
	= 고정제조간접비 예산 − 고정제조간접비 표준배부액

제4절 복수생산요소의 원가차이분석

제품생산에 2가지 이상의 원재료가 투입되는 경우 원가차이는 추가적인 분석의 절차를 거치게 된다. 직접재료비를 예로 들면 직접재료비의 원가차이는 가격차이와 수량차이로 구분되었는데 복수의 재료가 투입되는 경우에는 수량차이는 투입재료간의 배합비율로 인한 차이와 투입수량으로 인한 차이로 구분된다. 따라서 수량차이는 배합차이(mix variance)와 수율차이(yield variance)로 구분된다.

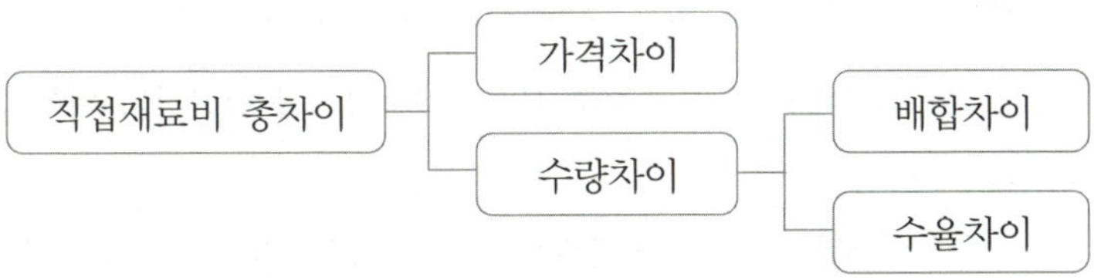

■ **배합차이**

여러 가지의 원재료를 투입할 때 회사에서 정한 표준배합비율과는 다른 배합비율을 적용하여 제품을 생산하는 경우에 발생하는 원가차이를 말한다. 즉 실제배합비율이 표준배합비율과 달라서 원가에 미치는 영향을 말하며 배합차이의 분석은 실제수량에 적용된 실제배합비율과 표준배합비율의 차이에 표준가격을 감안하여 계산한다.

■ **수율차이**

여러 가지의 원재료를 투입할 때 허용표준수량과는 다르게 원재료를 투입하는 경우에 발생하는 원가차이로서 순수한 수량차이의 의미를 갖는다. 즉 실제투입수량과 허용표준투입수량이 달라서 원가에 미치는 영향을 말하며 수율차이의 분석은 표준배합비율하에 실제투입수량과 허용표준투입수량의 차이에 표준가격을 감안하여 계산한다.

다만, 이러한 복수생산요소에 대한 배합차이와 수율차이의 분석은 조립생산업의 경우 적용 불가능하며, 화학제품 등과 같이 원재료간의 투입배합비율을 변경할 수 있는 업종의 경우에만 한정적으로 적용가능하다.

직접노무비의 경우도 제품을 생산할 때 숙련공과 미숙련공을 동시에 투입할 수 있으므로 직접재료비와 마찬가지로 능률차이를 배합차이와 수율차이로 구분할 수 있다.

따라서 배합차이와 수율차이를 감안한 원가차이의 분석은 다음과 같이 이루어진다.

$AP \times AQ$	$SP \times AQ$	$SP \times SQ$

가격차이 (APXAQ − SPXAQ) 수량차이 (SPXAQ − SPXSQ)

$SP \times AQ \times AM$	$SP \times AQ^* SM$	$SP \times SQ^* SM$

배합차이 (SPXAQXAM − SPXAQ*SM) 수율차이 (SPXAQ*SM − SPXSQ*SM)

(AM : 실제배합비율, SM : 표준배합비율)

예제 08 배합차이와 수율차이

표준원가계산을 적용하고 있는 ㈜표준산업의 제품 1ℓ를 생산하기 위한 단위당 표준원가는 다음과 같다.

재료	표준수량	표준가격	표준원가
X	0.3ℓ	₩30	₩9
Y	0.7ℓ	10	7
			₩16

당기 중 제품생산량은 10,000ℓ이며 제품생산을 위하여 당기에 발생한 직접재료비는 다음과 같다.

재료	실제사용량	실제가격	실제원가
X	2,750ℓ	₩35	₩96,250
Y	8,250ℓ	9	74,250
			₩170,500

요구사항

1. 가격차이와 수량차이를 분석하시오.
2. 배합차이와 수율차이를 분석하시오.

해설

1. 가격차이와 수량차이

	$AP \times AQ$		$SP \times AQ$		$SP \times SQ$	
X	₩35×2,750ℓ =	₩96,250	₩30×2,750ℓ =	₩82,500	₩30×3,000ℓ =	₩90,000
Y	₩9×8,250ℓ =	74,250	₩10×8,250ℓ =	82,500	₩10×7,000ℓ =	70,000
		₩170,500		₩165,000		₩160,000

가격차이 ₩5,500U 수량차이₩5,000U

2. 배합차이와 수율차이

	$SP\times AQ$		$SP\times AQ*SM$		$SP\times SQ$	
X	₩30×2,750ℓ =	₩82,500	₩30×3,300ℓ* =	₩99,000	₩30×3,000ℓ =	₩90,000
Y	₩10×8,250ℓ =	82,500	₩10×7,700ℓ** =	77,000	₩10×7,000ℓ =	70,000
	(11,000ℓ)	₩165,000	(11,000ℓ)	₩176,000	(10,000ℓ)	₩160,000

배합차이 ₩11,000F　　수율차이 ₩16,000U

* 3,300ℓ = 11,000ℓ×30%　** 7,700ℓ = 11,000ℓ×70%

배합차이는 표준배합비율이 X : Y = 30% : 70%이지만 실제배합비율이 25% : 75%로 변경됨으로써 발생한 원가차이이다.

수량차이는 제품 1단위의 생산에는 X, Y 각각 0.3ℓ, 0.7ℓ로 총 1ℓ가 투입되므로 10,000ℓ의 제품생산에는 허용표준투입수량은 10,000ℓ가 되는데 실제 투입량은 11,000ℓ가 되어 발생한 원가차이이다.

수율차이를 본래의 의미에 따라 해석하면 수율이란 산출량/투입량이므로 실제수율과 표준수율을 계산하면 다음과 같다.

$$표준수율 = \frac{1ℓ}{1ℓ} = 100\% \qquad 실제수율 = \frac{10,000ℓ}{11,000ℓ} = 90.91\%$$

한편, 수율차이는 배합차이가 배제된 순수한 수량차이로 해석할 수도 있으므로 다음과 같이 총실제수량에서 총허용표준수량을 차감하고 가중평균표준가격을 곱하여 계산할 수도 있다.

$$수율차이 = (AQ - SQ)\times ASP$$

ASP(average standard price, 가중평균표준가격)는 각 원재료의 표준가격을 표준배합비율로 가중평균하여 계산하는데 ₩30×0.3+₩10×0.7=₩16이므로 수율차이는 다음과 같이 계산된다.

$$(11,000ℓ - 10,000ℓ)\times ₩16 = ₩16,000U$$

제5절 원가차이의 조정

1. 결산기말의 원가차이 조정절차

관리회계목적으로는 원가계산의 정확성과 성과평가를 위하여 표준원가를 적용하지만 재무회계목적으로는 일반목적의 재무제표를 작성하기 위하여 실제원가를 적용하여야 한다. 따라서 원가차이는 표준원가로 계산된 재고자산이나 매출원가를 실제원가로 조정하기 위하여 회계기말에 다음과 같이 조정절차를 거치게 된다. 이러한 절차는 매출원가와 재고자산은 기본적으로 실제원가로 보고되어야 하기 때문이다.

불리한 차이(U) ⇒ 가산처리
유리한 차이(F) ⇒ 차감처리

■ 불리한 원가차이

불리한 차이는 실제원가에 비하여 표준원가가 적은 경우이므로 표준원가로 계산된 재고자산이나 매출원가는 과소계상되어 있는 상태이다. 따라서 불리한 원가차이를 재고자산이나 매출원가에 가산하여 재무회계목적의 실제원가로 표시한다.

예를 들어 실제원가는 ₩110이고 표준원가는 ₩100인 경우 원가차이는 ₩10 불리한 차이(U)로 분석되었을 것이다. 이 경우 재공품·제품 등 재고자산과 매출원가는 ₩100이라는 표준원가에 의하여 측정·표시되어 있다. 하지만 재고자산과 매출원가를 재무제표에 실제원가 ₩110으로 공시하기 위해서 불리한 차이 ₩10을 표준원가(₩100)로 표시된 재고자산과 매출원가에 가산하는 것이다.

■ 유리한 원가차이

유리한 차이는 실제원가에 비하여 표준원가가 큰 경우이므로 표준원가로 계산된 재고자산이나 매출원가는 과대계상되어 있는 상태이다. 따라서 유리한 원가차이를 재고자산이나 매출원가에 차감하여 재무회계목적의 실제원가로 표시한다.

예를 들어 실제원가는 ₩95이고 표준원가는 ₩100인 경우 원가차이는 ₩5 유리한 차이(F)로 분석되었을 것이다. 이 경우 재공품·제품 등 재고자산과 매출원가는 ₩100이라는 표준원가에 의하여 측정·표시되어 있다. 하지만 재고자산과 매출원가를 재무제표에 실제원가 ₩95으로 공시하기 위해서 유리한 차이 ₩5을 표준원가(₩100)로 표시된 재고자산과 매출원가에서 차감하는 것이다.

재무제표를 작성하기 위한 원가차이 조정방법으로는 다음의 방법들이 있다.

(1) 매출원가조정법(no proration method)

원가차이 전액을 매출원가에 가감시키는 방법으로 원가차이금액이 중요하지 않거나 매출원가에 비해 기말재고자산의 중요성이 상대적으로 적은 경우 사용할 수 있다. 매출원가조정법은 원가차이 전액을 매출원가에 가감하므로 원가차이 전액이 당기의 손익에 반영되는 효과가 있다. 또한 재고자산은 표준원가에 의하여 재무상태표에 표시된다.

(2) 비례배분법(proration method)

원가차이금액을 조정할 때에는 원가차이금액을 매출원가·제품·재공품에 비례배분하게 되는데 배분기준으로는 다음과 같이 2가지의 방법이 있다.

① 총원가기준 비례배분법

배부대상인 매출원가·제품·재공품의 총원가를 기준으로 모든 원가차이금액을 배분하는 방법이다.

② 원가요소기준 비례배분법

배부대상인 매출원가·제품·재공품의 각 원가요소에 따라 원가차이금액을 배분하는 방법이다. 즉 직접재료비 가격차이와 수량차이는 매출원가·제품·재공품의 표준직접재료비를 기준으로 배부하고, 직접노무비 임률차이와 능률차이는 매출원가·제품·재공품의 표준직접노무비를 기준으로 배부하며, 제조간접비 예산차이와 능률차이 및 조업도차이는 매출원가·제품·재공품의 제조간접비 표준배부액을 기준으로 배부하는 방법이다.

2. 재고자산 측정관련 기업회계기준 규정

기업회계기준에 의하면 재고자산은 취득원가로 측정되어야 한다. 그러므로 기업이 표준원가시스템을 적용하여도 매출원가와 재고자산은 재무제표에 실제원가로 표시되어야 한다. 따라서 실무적으로는 비례배분법을 적용하여 원가차이를 매출원가, 제품, 재공품에 배분하면 된다. 그러나 한국채택국제회계기준과 일반기업회계기준에서는 기업의 편의상 재고자산을 표준원가에 의하여 표시할 수 있도록 하였다.

한국채택국제회계기준	일반기업회계기준
• 문단 9 재고자산은 취득원가와 순실현가능가치 중 낮은 금액으로 측정한다.	• 문단 7.4 재고자산은 취득원가를 장부금액으로 한다. 다만, 시가가 취득원가보다 낮은 경우에는 시가를 장부금액으로 한다.
• 문단 10 재고자산의 취득원가는 매입원가, 전환원가 및 재고자산을 현재의 장소에 현재의 상태로 이르게 하는 데 발생한 기타 원가 모두를 포함한다.	• 문단 7.5 재고자산의 취득원가는 매입원가 또는 제조원가를 말한다. 재고자산의 취득원가에는 취득에 직접적으로 관련되어 있으며, 정상적으로 발생되는 기타원가를 포함한다.
• 문단 21 표준원가법이나 소매재고법 등의 원가측정 방법은 그러한 방법으로 평가한 결과가 실제 원가와 유사한 경우에 편의상 사용할 수 있다. 표준원가는 정상적인 재료원가, 소모품원가, 노무원가 및 효율성과 생산능력 활용도를 반영한다. 표준원가는 정기적으로 검토하여야 하며 필요한 경우 현재 상황에 맞게 조정하여야 한다.	• 문단 7.14 표준원가법이나 소매재고법 등의 원가측정 방법은 그러한 방법으로 평가한 결과가 실제 원가와 유사한 경우에 편의상 사용할 수 있다. 표준원가는 정상적인 재료원가, 소모품원가, 노무원가 및 효율성과 생산능력 활용도를 반영한다. 표준원가는 정기적으로 검토하여야 하며 필요한 경우 현재 상황에 맞게 조정하여야 한다.

이는 원가관리차원에서 표준원가법을 사용하는 기업이 공표용 재무제표를 작성하면서 조정하여야 하는 부담을 줄여주기 위한 조치라고 할 수 있다. 그러나 표준원가법을 사용하는 경우에도 표준원가가 실제원가를 반영하고 있는지에 대하여 정기적으로 검토하고 조정하여야 하므로, 실익이 낮아 실무적인 적용 가능성은 현저히 낮다고 볼 수 있다.

다만 기업이 재고자산을 표준원가로 표시하고자 하는 경우 표준원가가 실제원가와 유사하다는 전제하에 앞에서 설명한 방법 중 매출원가조정법(no proration method)을 적용하여 모든 원가차이가 매출원가에 반영되도록 하고 재고자산은 표준원가로 표시되도록 하면 된다.

예제 09 원가차이의 배분 및 회계처리

20×1년 영업을 개시한 ㈜소백산은 표준원가계산제도를 적용하고 있으며 20×1년 말 분석된 원가차이는 다음과 같다.

	가격차이	능률차이	조업도차이	총차이
직 접 재 료 비	₩32,000U	₩10,000U	–	₩42,000U
직 접 노 무 비	5,400U	3,000F	–	2,400U
변동제조간접비	16,000U	9,000F	–	7,000U
고정제조간접비	6,000U	–	10,000U	16,000U
계				₩67,400U

모든 원가차이는 사용시점에서 분리되었으며 20×1년 말 표준원가로 계산된 각 계정의 금액은 다음과 같다.

	재공품	제품	매출원가	합 계
직 접 재 료 비	₩80,000	₩120,000	₩200,000	₩400,000
직 접 노 무 비	60,000	60,000	80,000	200,000
제 조 간 접 비	60,000	60,000	80,000	200,000
계	₩200,000	₩240,000	₩360,000	₩800,000

당기 중 매출액은 ₩450,000이다.

요구사항

다음 각각의 사항에 대하여 회계처리를 하고 손익계산서를 작성하시오.

1. 매출원가조정법
2. 총원가기준 비례배분법
3. 원가요소기준 비례배분법

해설

1. 매출원가조정법

(1) 회계처리

(차) 매출원가	67,400	(대) 직접재료비 가격차이	32,000
직접노무비 능률차이	3,000	직접재료비 수량차이	10,000
변동제조간접비 능률차이	9,000	직접노무비 임률차이	5,400
		변동제조간접비 예산차이	16,000
		고정제조간접비 예산차이	6,000
		고정제조간접비 조업도차이	10,000

(2) 손익계산서

Ⅰ. 매출액		₩450,000
Ⅱ. 매출원가		
1. 표준매출원가	₩360,000	
2. 원가차이	67,400	427,400
Ⅲ. 매출총이익		₩22,600

2. 총원가기준 비례배분법

(1) 원가차이배분

	재공품	제품	매출원가	합 계
총원가	₩200,000	₩240,000	₩360,000	₩800,000
배분비율	25%	30%	45%	100%
직접재료비 가격차이	₩8,000	₩9,600	₩14,400	₩32,000U
직접재료비 수량차이	2,500	3,000	4,500	10,000U
직접노무비 임률차이	1,350	1,620	2,430	5,400U
직접노무비 능률차이	(750)	(900)	(1,350)	3,000F
변동제조간접비 예산차이	4,000	4,800	7,200	16,000U
변동제조간접비 능률차이	(2,250)	(2,700)	(4,050)	9,000F
고정제조간접비 예산차이	1,500	1,800	2,700	6,000U
고정제조간접비 조업도차이	2,500	3,000	4,500	10,000U
계	₩16,850	₩20,220	₩30,330	₩67,400U

(2) 회계처리

(차) 매출원가	30,330	(대) 직접재료비 가격차이	32,000
제 품	20,220	직접재료비 수량차이	10,000
재 공 품	16,850	직접노무비 임률차이	5,400
직접노무비 능률차이	3,000	변동제조간접비 예산차이	16,000
변동제조간접비 능률차이	9,000	고정제조간접비 예산차이	6,000
		고정제조간접비 조업도차이	10,000

(3) 손익계산서

Ⅰ. 매 출 액		₩450,000
Ⅱ. 매 출 원 가		
1. 표준매출원가	₩360,000	
2. 원 가 차 이	30,330	390,330
Ⅲ. 매 출 총 이 익		₩59,670

3. 원가요소기준 비례배분법

(1) 원가차이배분

	재공품	제품	매출원가	합 계
직 접 재 료 비	₩80,000	₩120,000	₩200,000	₩400,000
배 분 비 율	20%	30%	50%	100%
가 공 비	₩120,000	₩120,000	₩160,000	₩400,000
배 분 비 율	30%	30%	40%	100%
직접재료비 가격차이	₩6,400	₩9,600	₩16,000	₩32,000U
직접재료비 수량차이	2,000	3,000	5,000	10,000U
직접노무비 임률차이	1,620	1,620	2,160	5,400U
직접노무비 능률차이	(900)	(900)	(1,200)	3,000F
변동제조간접비 예산차이	4,800	4,800	6,400	16,000U
변동제조간접비 능률차이	(2,700)	(2,700)	(3,600)	9,000F
고정제조간접비 예산차이	1,800	1,800	2,400	6,000U
고정제조간접비 조업도차이	3,000	3,000	4,000	10,000U
계	₩16,020	₩20,220	₩31,160	₩67,400U

(2) 회계처리

(차) 매출원가	31,160	(대) 직접재료비 가격차이	32,000
제　　품	20,220	직접재료비 수량차이	10,000
재 공 품	16,020	직접노무비 임률차이	5,400
직접노무비 능률차이	3,000	변동제조간접비 예산차이	16,000
변동제조간접비 능률차이	9,000	고정제조간접비 예산차이	6,000
		고정제조간접비 조업도차이	10,000

(3) 손익계산서

Ⅰ. 매　출　액		₩450,000
Ⅱ. 매　출　원　가		
1. 표 준 매 출 원 가	₩360,000	
2. 원　가　차　이	31,160	391,160
Ⅲ. 매　출　총　이　익		₩58,840

제6절 표준종합원가계산

일반적으로 표준원가계산은 개별원가계산을 사용하는 회사보다는 종합원가계산을 사용하는 회사의 원가계산시스템에 적합하다. 즉, 다품종 소량생산에 적합한 개별원가계산은 생산의 특성상 표준설정이 매우 어렵기 때문이다. 반면 소품종 대량생산에 적합한 종합원가계산은 반복된 대량생산으로 인하여 표준설정이 비교적 용이한 편이라 할 수 있다.

종합원가계산을 적용되는 경우에도 앞에서 살펴본 표준원가계산의 내용과 절차는 동일하게 적용되지만 재공품으로 인하여 원가계산과 차이분석이 다소 복잡해질 수 있다. 즉, 재공품에도 직접재료 혹은 노동시간 등이 투입된 부분이 있으므로 표준종합원가계산제도에서는 허용표준수량(SQ)의 의미는 '완성품환산량에 허용된 표준투입수량(시간)'이 된다.

또한 기말재공품뿐만 아니라 기초재공품이 존재하므로 AQ(실제투입수량 혹은 실제투입시간)과 SQ(허용표준투입수량 혹은 허용표준투입시간)을 적절히 비교하기 위하여 완성품환산량은 선입선출법에 의한 완성품환산량으로 계산되어야 한다.

예제 10 표준종합원가계산

1. X제품 생산을 위하여 회사가 설정하고 있는 단위당 표준원가는 다음과 같다.

구 분	표준가격	표준수량	표준원가
직접재료비			
A재료	₩10	3kg	₩30
B재료	4	5kg	20
가공비			
직접노무비	5	2hr	10
변동제조간접비	15	2hr	30
고정제조간접비	5	2hr	10
계			₩100

2. 기초재공품은 없으며 당기 중 2,000단위의 생산에 착수하여 1,500단위를 완성하고 기말 현재 500단위는 가공 중이다.
3. 원재료는 공정 초에 투입되며 기말재공품의 가공완성도는 60%이다.
4. 기초제품은 없었으며 당기 중 완성된 1,500단위 중 1,200단위는 판매하였고 300단위는 기말제품재고로 남아 있다.
5. 제조간접비는 직접노동시간을 기준으로 배부한다.
6. 고정제조간접비 예산은 ₩24,000이다.
7. X제품의 단위당 판매가격은 ₩160이다.
8. 실제발생원가는 다음과 같다.

구 분	실제구입가격	실제사용수량	실제원가
직접재료비			
A재료	₩12	5,800kg	₩69,600
B재료	5	9,500kg	47,500
가공비			
직접노무비	6	3,500hr	21,000
변동제조간접비			56,000
고정제조간접비			20,000
계			₩214,100

요구사항

1. 표준원가에 의한 매출원가, 제품, 재공품을 계산하고 원가차이를 조정하기 전 추정손익을 구하시오.
2. 차이분석을 하시오.

3. 기준조업도를 계산하시오.
4. 조업률을 계산하시오.
5. 원가차이를 총원가기준으로 비례배분하고, 재무제표에 표시되는 매출원가, 제품, 재공품을 계산하시오.

해설

1. 표준원가에 의한 매출원가, 제품, 재공품 및 추정손익

(1) 표준원가에 의한 매출원가, 제품, 재공품

구분	수량	재료비			가공비			합계
		단위당 재료비	환산량	금액	단위당 가공비	환산량	금액	
매출원가	1,200	@50	1,200	60,000	@50	1,200	60,000	120,000
제 품	300	@50	300	15,000	@50	300	15,000	30,000
재 공 품	500	@50	500	25,000	@50	300	15,000	40,000
계				100,000			90,000	190,000

(2) 추정손익

매 출 액	@160×1,200=	₩192,000
매 출 원 가	@100×1,200=	120,000
매출총이익		₩72,000

2. 원가차이분석

(1) 직접재료비

A재료

AP×*AQ*	*SP*×*AQ*	*SP*×*SQ*
@12×5,800kg	@10×5,800kg	@10×2,000×3kg
=₩69,600	=₩58,000	=₩60,000

가격차이 11,600U　　수량차이 2,000F

B재료

AP×*AQ*	*SP*×*AQ*	*SP*×*SQ*
@5×9,500kg	@4×9,500kg	@4×2,000×5kg
=₩47,500	=₩38,000	=₩40,000

가격차이 9,500U　　수량차이 2,000F

(2) 직접노무비

$AP \times AQ$	$SP \times AQ$	$SP \times SQ$
@6×3,500kg =₩21,000	@5×3,500hr =₩17,500	@5×1,800*×2hr =₩18,000

임률차이 3,500U　　능률차이 500F

* 1,800 : 가공비 완성품환산량

(3) 변동제조간접비

$AP \times AQ$	$SP \times AQ$	$SP \times SQ$
₩56,000	@15×3,500hr =₩52,500	@15×1,800×2hr =₩54,000

예산차이 3,500U　　능률차이 1,500F

(4) 고정제조간접비

실제발생액	고정비예산	$SP \times SQ$
₩20,000	₩24,000	@5×1,800×2hr =₩18,000

예산차이 4,000F　　조업도차이 6,000U

3. 기준조업도

기준조업도=고정제조간접비 예산÷고정제조간접비 배부율
=₩24,000÷@5=4,800hr

4. 조업률

	기준조업도	허용표준조업도	조업률
시간단위	4,800hr	3,600hr	75%
물량단위	2,400	1,800	75%

5. 원가차이의 비례배분

(1) 원가차이 및 계산검증

구분	가격차이	능률차이 (조업도차이)	계
직접재료비 A	11,600U	2,000F	9,600U
B	9,500U	2,000F	7,500U
직접노무비	3,500U	500F	3,000U
변동제조간접비	3,500U	1,500F	2,000U
고정제조간접비	4,000F	6,000U	2,000U
계	24,100U	–	24,100U

실제원가		표준원가		총차이
구분	금액	구분	금액	
직접재료비	₩117,100	매출원가	₩120,000	
직접노무비	21,000	제품	30,000	
변동제조간접비	56,000	재공품	40,000	
고정제조간접비	20,000			
계	₩214,100	계	₩190,000	24,100U

(2) 총원가기준 비례배분

배분대상			원가차이	원가차이 배분	실제원가
구분	금액	비율			
매출원가	₩120,000	63.16%	₩24,100	₩15,222	₩135,222
제품	30,000	15.79%		3,805	33,805
재공품	40,000	21.05%		5,073	45,073
계	₩190,000	100.00%		₩24,100	₩214,100

(3) 손익계산서

매 출 액	@160×1,200=	₩192,000
매 출 원 가		135,222
매출총이익		₩56,778

CHAPTER 05

CVP분석

제1절 원가·조업도·이익분석의 의의

1. 원가·조업도·이익분석의 의의

원가·조업도·이익분석(CVP 분석, cost－volume－profit analysis)이란 판매량의 변화가 기업의 원가구조와 관련하여 이익에 미치는 영향을 분석하는 기법을 말한다. 원가·조업도·이익분석은 손익분기점분석, 단기이익계획, 목표매출이익률의 선정 등뿐만 아니라 제품구성의 결정, 제품가격 결정 등 수많은 의사결정분야에 이용되고 있다.

원가·조업도·이익분석은 기존에 사용하던 원가의 기능별 분류체계를 사용하지 않는다. 대신 의사결정에 위하여 더 유용한 변동비·고정비 분류체계를 사용하여 분석을 한다. 이에 따라 손익계산서도 기존의 공시용 손익계산서와는 다른 손익계산서를 사용하게 된다.

실무적으로 기업들은 원가·조업도·이익분석을 쉽게 하지 못하는데 이는 변동비와 고정비의 분석에 어려움을 겪기 때문이다. 변동비와 고정비의 분석은 조업도에 따른 분류체계로서 조업도에 관한 정의는 기업마다 다를 수 있으며 원가항목에 따라 다양하게 존재한다. 따라서 원가·조업도·이익분석을 적용하기 위해서는 먼저 원가에 대한 분석 즉, 변동비와 고정비에 대한 분석이 선행되어야 한다.

2. CVP분석을 위한 손익계산서와 기본개념

CVP분석에서는 원가를 재분류하여 다음과 같은 공헌접근법 손익계산서를 사용한다.

기능별 분류법 손익계산서		공헌접근법 손익계산서	
매출액		매출액	
(−) 매출원가	총원가	(−) 변동비	→ 변동제조원가, 변동판매관리비
매출총이익		공헌이익	
(−) 판매관리비	총원가	(−) 고정비	→ 고정제조원가, 고정판매관리비
영업이익		영업이익	

CVP분석은 모든 원가가 변동비와 고정비로 구분가능하다고 가정하므로 손익계산서는 변동원가계산에서 사용하는 공헌이익접근법 손익계산서를 이용한다.

공헌이익접근법 손익계산서가 영업이익을 중심으로 분석되므로 변동비는 변동제조원가와 변동판매관리비를 포함하며 고정비는 고정제조원가와 고정판매관리비를 포함한다.

매출액	$P \times Q$
− 변동비	$v \times Q$
공헌이익	$(P-v) \times Q$
− 고정비	F
영업이익	$(P-v) \times Q - F$

P : 단위당 판매가격
v : 단위당 변동비
Q : 판매량
F : 고정비

공헌이익접근법 손익계산서는 매출액에서 변동비를 차감하여 공헌이익(contribution margin)이라고 하며 공헌이익에서 고정비를 차감하여 영업이익을 계산한다.

재고자산에 변화만 없다면 공헌이익접근법 손익계산서에 의한 영업이익과 재무회계의 기능별 분류법 손익계산서의 영업이익은 정확하게 일치한다. 이는 제조원가와 판매관리비로 분류되었던 총원가가 변동비와 고정비로 재분류될 뿐 다른 변화는 없기 때문이다.

다만, 기초재고에 비하여 기말재고가 증가하거나 감소한 경우에는 재고자산의 증감분에 해당하는 고정제조간접비 배부액만큼 양 손익계산서의 영업이익에 차이가 발생한다. 하지만 실무적으로 재고자산의 증감이 중요하지 않다면 이러한 차이는 의사결정과정에 중요한 변수가 되지는 않는다.

CVP분석을 위한 기본용어로는 '단위당 공헌이익'과 '공헌이익률'이 있다.

(1) 단위당 공헌이익

단위당 공헌이익(UCM; unit contribution margin)은 단위당 판매가격에서 단위당 변동비를 차감한 금액으로 제품 한 단위의 판매가 변동비를 회수하고 이익을 창출하는 데 얼마나 공헌하는가를 나타내는 개념이다.

$$\text{단위당 공헌이익} = \text{단위당 판매가격} - \text{단위당 변동비} = P - v$$

(2) 공헌이익률

공헌이익률(CMR; contribution margin ratio)은 공헌이익이 매출액에서 차지하는 비율을 말한다.

$$\text{공헌이익률} = \frac{\text{공헌이익}}{\text{매출액}} = \frac{(P-v)\cdot Q}{P\cdot Q} = \frac{(P-v)}{P} = 1 - \frac{v}{P} = 1 - \text{변동비율}$$

CVP분석의 기본개념을 도표로 표현하면 다음과 같다.

〈CVP도표〉

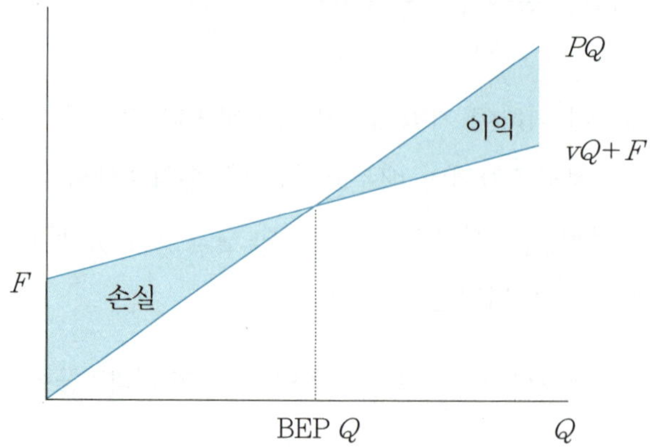

위의 그림에서 수익함수와 원가함수의 기울기의 차이는 P와 v의 차이이므로 단위당 공헌이익(P－v)을 말하며, y절편(F)은 고정비를 의미한다. 위의 그림처럼 회사는 일정한 판매량 이전에는 손실을 보이다가 일정한 판매량 이후에는 이익을 보이는데, 이와 같이 손실과 이익의 분기점이 되는 판매량을 손익분기점이라고 한다.

참고

실무에서는 간혹 공헌이익을 한계이익이라고 하는 경우가 있다. 본래 한계이익은 경제학적 용어로서 경제학에서는 분석 시 판매하는 재화의 판매가격이나 단위당 변동비 등이 빈번히 증감하는 경우를 전제로 하므로 일정기간 판매가격이나 단위당 변동비가 일정하다고 전제하는 회계분야와는 개념상 많은 차이가 발생한다. 실무적으로도 이론적으로도 회계분야는 "공헌이익"이라고 지칭하는 것이 옳다고 할 수 있다.

제2절 CVP분석

1. 손익분기점(BEP) 분석

손익분기점(BEP; break-even point)이란 총수익과 총원가가 일치하여 이익이 '0'(zero)이 되는 판매량(매출액)을 말한다. 영업이익이 0이므로 총공헌이익이 총고정비가 같아지는 판매량(매출액)으로 정의할 수도 있다. CVP분석은 '판매량(Q)'에 대한 접근과 '매출액(S)'에 대한 접근으로 나누어 분석되는데 기본적인 분석체계는 다음과 같다.

(1) 손익분기점 판매량(Q)

$$\text{수익} = \text{원가}$$

$$\text{수익} = \text{변동비} + \text{고정비}$$

$$PQ = vQ + F$$

$$(P - v)Q = F$$

$$Q = \frac{F}{P - v} = \frac{\text{고정비}}{\text{단위당 공헌이익}}$$

(2) 손익분기점 매출액(S)

$$\text{수익} = \text{변동비} + \text{고정비}$$

$$S = S \times \frac{v}{P} + F$$

$$S(1 - \frac{v}{P}) = F$$

$$S = \frac{F}{1 - \frac{v}{P}} = \frac{\text{고정비}}{\text{공헌이익률}}$$

> 손익분기점 판매량 $Q = \dfrac{F}{P - v} = \dfrac{\text{고정비}}{\text{단위당 공헌이익}}$
>
> 손익분기점 매출액 $S = \dfrac{F}{1 - \frac{v}{P}} = \dfrac{\text{고정비}}{\text{공헌이익률}}$

예제 01 손익분기점 분석

콜럼비아 커피전문점에서 판매하는 커피의 가격은 한 잔에 ₩4,000이며 변동비는 한 잔에 ₩1,000으로 예상되고 있다. 고정비는 임차료, 인건비 등 월 ₩3,000,000이 발생한다.

요구사항

1. 손익분기점 월판매량을 구하시오.
2. 손익분기점 월매출액을 구하시오.
3. 손익분기점의 손익계산서를 작성하시오.

해설

단위당 공헌이익＝₩4,000－1,000＝₩3,000

$$공헌이익률 = 1 - \frac{1,000}{4,000} = 75\%$$

$$1.\ 손익분기점\ 월판매량(Q) = \frac{F}{P-v} = \frac{₩3,000,000}{3,000} = 1,000$$

$$2.\ 손익분기점\ 월매출액(S) = \frac{F}{1-\frac{v}{P}} = \frac{₩3,000,000}{0.75} = ₩4,000,000$$

3. 손익계산서

매 출 액	@4,000×1,000＝	₩4,000,000
변 동 비	@1,000×1,000＝	1,000,000
공 헌 이 익	@3,000×1,000＝	3,000,000
고 정 비		3,000,000
영 업 이 익		₩ 0

2. 목표영업이익(TI; target income, 세전영업이익) 분석

일정액의 영업이익을 달성하기 위한 판매량과 매출액을 분석하는 것으로 다음과 같이 계산된다.

(1) 목표영업이익 판매량(Q)

수익 = 원가 + 목표영업이익

수익 = 변동비 + 고정비 + 목표영업이익

$$PQ = vQ + F + TI$$

$$(P - v)Q = F + TI$$

$$Q = \frac{F + TI}{P - v} = \frac{\text{고정비} + \text{목표영업이익}}{\text{단위당 공헌이익}}$$

(2) 목표영업이익 매출액(S)

수익 = 변동비 + 고정비 + 목표영업이익

$$S = S \times \frac{v}{P} + F + TI$$

$$S(1 - \frac{v}{P}) = F + TI$$

$$S = \frac{F + TI}{1 - \frac{v}{P}} = \frac{\text{고정비} + \text{목표영업이익}}{\text{공헌이익률}}$$

목표영업이익 판매량 $Q = \frac{F + TI}{P - v} = \frac{\text{고정원가} + \text{목표영업이익}}{\text{단위당 공헌이익}}$

목표영업이익 매출액 $S = \frac{F + TI}{1 - \frac{v}{P}} = \frac{\text{고정원가} + \text{목표영업이익}}{\text{공헌이익률}}$

예제 02 목표영업이익분석

위의 예제 1에서 목표영업이익이 월 ₩1,500,000인 경우 목표영업이익 월판매량과 목표영업이익 월매출액을 구하고 손익계산서를 작성하시오.

해설

1. 목표영업이익 월판매량(Q) $= \dfrac{F+TI}{P-v} = \dfrac{₩3,000,000+1,500,000}{3,000} = 1,500$

2. 목표영업이익 월매출액(S) $= \dfrac{F+TI}{1-\dfrac{v}{P}} = \dfrac{₩3,000,000+1,500,000}{0.75} = ₩6,000,000$

3. 손익계산서

매 출 액	@4,000×1,500=	₩6,000,000
변 동 비	@1,000×1,500=	1,500,000
공 헌 이 익	@3,000×1,500=	4,500,000
고 정 비		3,000,000
영 업 이 익		₩1,500,000

3. 목표영업이익률 분석

목표영업이익률분석은 매출에 대한 목표영업이익률을 달성할 수 있는 매출수량과 매출액을 분석하는 것을 말한다. 목표영업이익률을 k라 하면 다음과 같다.

(1) 목표영업이익률 판매량(Q)

수익＝원가＋목표영업이익

수익＝변동비＋고정비＋목표영업이익

$PQ=vQ+F+k\cdot PQ$

$\{(P-v)-kP\}Q=F$

$Q=\dfrac{F}{(P-v)-k\cdot P}=\dfrac{\text{고정비}}{\text{단위당 공헌이익}-\text{목표영업이익률}\times\text{판매가격}}$

(2) 목표영업이익률 매출액(S)

수익 = 변동비 + 고정비 + 목표영업이익

$$S = S \times \frac{V}{P} + F + k \cdot S$$

$$S(1 - \frac{V}{P} - k) = F$$

$$S = \frac{F}{(1 - \frac{V}{P}) - k} = \frac{\text{고정비}}{\text{공헌이익률} - \text{목표영업이익률}}$$

> 목표영업이익률 판매량 $Q = \frac{F}{(P-V) - k \cdot P} = \frac{\text{고정비}}{\text{단위당 공헌이익} - \text{목표영업이익률} \times \text{판매단가}}$
>
> 목표영업이익률 매출액 $S = \frac{F}{(1 - \frac{V}{P}) - k} = \frac{\text{고정비}}{\text{공헌이익률} - \text{목표영업이익률}}$

예제 03 목표영업이익률 분석

예제 1에서 커피전문점의 목표영업이익률이 35%인 경우 판매량과 매출액을 구하고 손익계산서를 작성하시오.

해설

1. 목표영업이익률 판매량(Q) $= \frac{F}{(P-V) - k \cdot P} = \frac{₩3,000,000}{3,000 - 35\% \times 4,000} = 1,875$

2. 목표영업이익률 매출액(S) $= \frac{F}{(1 - \frac{V}{P}) - k} = \frac{₩3,000,000}{75\% - 35\%} = ₩7,500,000$

3. 손익계산서

매출액	@4,000×1,875=	₩7,500,000	
변동비	@1,000×1,875=	1,875,000	
공헌이익	@3,000×1,875=	5,625,000	35%
고정비		3,000,000	
영업이익		₩2,625,000	

4. 세후목표이익(NI; net income) 분석

앞에서는 법인세가 없는 경우의 CVP분석을 살펴보았으나 이제 법인세가 존재하는 경우를 살펴보자. 편의상 세전목표이익을 앞에서 본 바와 같이 TI라 하면 세전목표이익과 세후목표이익의 관계는 다음과 같다(Tx : 세율).

세전목표이익 − 법인세비용 = 세후목표이익

$$TI - TI \cdot Tx = NI$$

$$TI(1 - Tx) = NI$$

$$TI = \frac{NI}{(1 - Tx)}$$

따라서 세후목표이익을 달성하기 위한 판매량과 매출액의 유도등식은 다음과 같다.

(1) 세후목표이익 판매량(Q)

수익 = 변동비 + 고정비 + 세전목표이익

$$PQ = vQ + F + TI$$

$$PQ = vQ + F + \frac{NI}{(1 - Tx)}$$

$$(P - v)Q = F + \frac{NI}{(1 - Tx)}$$

$$Q = \frac{F + \frac{NI}{(1 - Tx)}}{P - v}$$

(2) 세후목표이익 매출액(S)

수익 = 변동비 + 고정비 + 세전목표이익

$$S = S \times \frac{v}{P} + F + \frac{NI}{(1 - Tx)}$$

$$S(1 - \frac{v}{P}) = F + \frac{NI}{(1 - Tx)}$$

$$S = \frac{F + \frac{NI}{(1 - Tx)}}{1 - \frac{v}{P}}$$

$$\text{세후목표이익 판매량 } Q = \frac{F + \frac{NI}{(1-Tx)}}{P - v} = \frac{\text{고정비} + \frac{\text{세후이익}}{1-\text{세율}}}{\text{단위당 공헌이익}}$$

$$\text{세후목표이익 매출액 } S = \frac{F + \frac{NI}{(1-Tx)}}{1 - \frac{v}{P}} = \frac{\text{고정비} + \frac{\text{세후이익}}{1-\text{세율}}}{\text{공헌이익률}}$$

예제 04 세후목표이익 분석

예제 1에서 법인세율이 30%이고 세후목표이익이 ₩840,000인 경우 세후목표이익을 달성하기 위한 판매량과 매출액을 구하고 손익계산서를 작성하시오.

해설

1. $\text{세후목표이익 판매량}(Q) = \frac{F + \frac{NI}{(1-Tx)}}{P - v} = \frac{₩3,000,000 + \frac{840,000}{1-0.3}}{3,000} = 1,400$

2. $\text{세후목표이익 매출액}(S) = \frac{F + \frac{NI}{(1-Tx)}}{1 - \frac{v}{P}} = \frac{₩3,000,000 + \frac{840,000}{1-0.3}}{75\%} = ₩5,600,000$

3. 손익계산서

매출액	@4,000 ×1,400=	₩5,600,000
변동비	@1,000 ×1,400=	1,400,000
공헌이익	@3,000 ×1,400=	4,200,000
고정비		3,000,000
영업이익		1,200,000
법인세비용		360,000
당기순이익		₩840,000

5. 안전한계(MS; margin of safety)

안전한계(margin of safety)란 현재매출액이 손익분기매출액을 초과하는 금액을 말하는 것으로서 매출액 혹은 수량으로 표현이 가능하며 회사가 손실로부터 안전한 정도를 금액으로 표시하는 것이다. 또한 안전한계는 현재의 매출액에서 안전한계만큼 매출이 감소하면 그때부터 손실이 발생한다는 경고의 의미를 가지고 있다.

안전한계율(MSR; margin of safety ratio)은 안전한계매출액이 현재매출액에서 차지하는 비율을 말하는 것으로 이는 현재의 매출액 중 몇 %가 감소하면 손실이 발생하기 시작하는가를 보여주는 지표이다.

$$\text{안전한계} = \text{현재매출액} - \text{손익분기점 매출액}$$

$$\text{안전한계율} = \frac{\text{안전한계}}{\text{현재매출액}} = \frac{\text{현재매출액} - \text{손익분기점 매출액}}{\text{현재매출액}} = \frac{\text{영업이익}}{\text{공헌이익}}$$ [8]

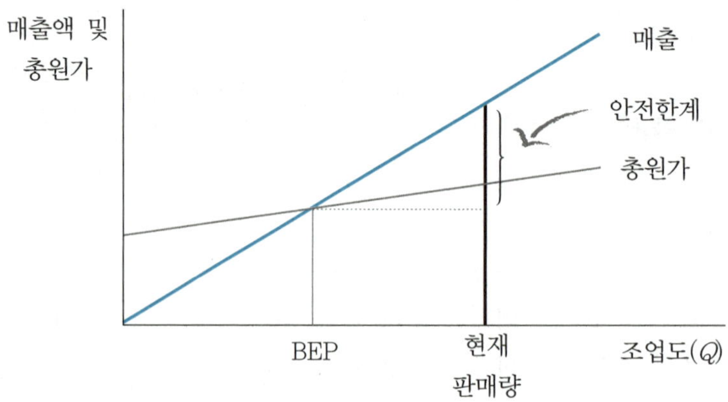

---

8) 안전한계율의 증명

$$\text{안전한계율} = \frac{\text{현재매출액} - \text{손익분기점 매출액}}{\text{현재매출액}} = \frac{PQ - \dfrac{F}{(P-v)/P}}{PQ} = \frac{PQ - \dfrac{FP}{P-v}}{PQ} = \frac{Q - \dfrac{F}{P-v}}{Q}$$

$$= \frac{\dfrac{(P-v)Q - F}{P-v}}{Q} = \frac{(P-v)Q - F}{(P-v)Q} = \frac{\text{영업이익}}{\text{공헌이익}}$$

예제 05 안전한계

콜롬비아 커피전문점의 20×1년 손익계산서는 다음과 같다. 안전한계매출액과 안전한계율을 구하시오.

매 출 액	₩6,000,000
변 동 비	1,500,000
공 헌 이 익	4,500,000
고 정 비	3,000,000
영 업 이 익	₩1,500,000

해설

$$\text{손익분기점 매출액} = \frac{₩3,000,000}{0.75} = ₩4,000,000$$

1. 안전한계매출액 = 현재 매출액 − 손익분기점 매출액
   = ₩6,000,000 − 4,000,000 = ₩2,000,000

2. $$\text{안전한계율} = \frac{\text{안전한계매출액}}{\text{현재 매출액}} = \frac{₩2,000,000}{6,000,000} = 33.33\%$$

$$= \frac{\text{영업이익}}{\text{공헌이익}} = \frac{₩1,500,000}{4,500,000} = 33.33\%$$

그렇다면 MSR은 기업의 매출수준의 변화와 관계없이 항상 일정한 것일까? 아니면 매출수준의 변화에 따라 MSR도 변하는 것일까? 위의 사례에서 매출액이 ₩8,000,000, ₩10,000,000으로 증가하는 경우 손익계산서를 작성하면 다음과 같다(원가구조에는 변화가 없는 것으로 가정한다).

매 출 액	₩6,000,000	₩8,000,000	₩10,000,000
변 동 비	1,500,000	2,000,000	2,500,000
공 헌 이 익	4,500,000	6,000,000	7,500,000
고 정 비	3,000,000	3,000,000	3,000,000
영 업 이 익	₩1,500,000	₩3,000,000	₩4,500,000
MSR	33.33%	50%	60%

이를 그림으로 표현하면 다음과 같다.

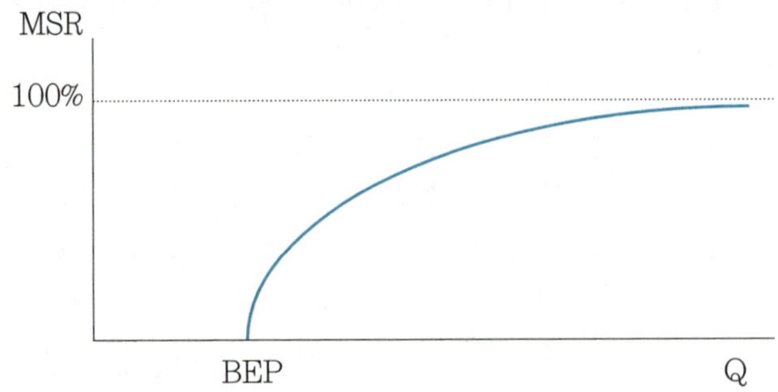

위의 그림은 기업의 매출액이 증가함에 따라 MSR이 증가하여 손실로부터 안전해진다는 것을 의미한다. MSR을 일종의 안전성의 지표라고 한다면 매출액이 증가함에 따라 기업의 안전성이 높아진다는 의미이기도 하다.

6. 이자비용을 고려한 현실적인 손익분기점

앞에서 살펴본 손익분기점은 영업이익이 '0'이 되는 판매량이나 매출액을 손익분기점으로 정의하였다. 이는 손익분기점을 총수익(매출액)과 총원가(변동비와 고정비)가 일치하는 판매량·매출액으로 정의하고 총원가는 제조원가와 판매관리비로 국한하였기 때문이다. 하지만 실무적으로는 기업의 영업활동에서 발생하는 총원가(제조원가와 판매관리비) 외에 중요한 비용항목으로 이자비용도 매우 중요한 역할을 하고 있다. 물론 지분법이익·지분법손실, 각종 자산의 처분이익·처분손실, 각종 자산의 평가이익·평가손실 등도 손익에 영향을 미치고 있지만 이자비용은 그 중에서도 어느 정도 예측이 가능하며 중요한 고정비의 역할을 한다는 측면에서 실무적 손익분기점을 계산하려면 이자비용의 역할을 고려하는 것은 매우 중요한 과정이라 할 수 있다. 결국 실무적 손익분기점은 이자비용까지 고려한 세전이익이 '0'이 되는 판매량이나 매출액이라고 정의할 수 있을 것이다.

이자비용을 I라 하면 이자비용을 고려한 손익분기점은 다음과 같이 분석된다.

(1) 손익분기점 판매량(Q)

수익 = 비용

수익 = 변동비 + 고정비 + 이자비용

$PQ = vQ + F + I$

$(P - v)Q = F + I$

$$Q = \frac{F+I}{P-v} = \frac{\text{고정비} + \text{이자비용}}{\text{단위당 공헌이익}}$$

(2) 손익분기점 매출액(S)

수익 = 변동비 + 고정비 + 이자비용

$$S = S \times \frac{v}{P} + F + I$$

$$S\left(1 - \frac{v}{P}\right) = F + I$$

$$S = \frac{F+I}{1 - \frac{v}{p}} = \frac{\text{고정비} + \text{이자비용}}{\text{공헌이익률}}$$

정리하면 다음과 같다.

$$\text{손익분기점 판매량 } Q = \frac{F+I}{P-v} = \frac{\text{고정비} + \text{이자비용}}{\text{단위당 공헌이익}}$$

$$\text{손익분기점 매출액 } S = \frac{F+I}{1 - \frac{v}{p}} = \frac{\text{고정비} + \text{이자비용}}{\text{공헌이익률}}$$

예제 06 손익분기분석

콜롬비아 커피전문점에서 판매하는 커피의 가격은 한 잔에 ₩4,000이며 변동비는 한 잔에 ₩1,000으로 예상되고 있다. 고정비는 임차료, 인건비 등 월 ₩3,000,000이 발생한다. 또한 매월 이자비용으로 ₩300,000이 발생하고 있다.

요구사항

1. 이자비용을 고려한 손익분기점 월판매량을 구하시오.
2. 이자비용을 고려한 손익분기점 월매출액을 구하시오.
3. 손익분기점의 손익계산서를 작성하시오.

해설

단위당 공헌이익 = ₩4,000 − 1,000 = ₩3,000

$$\text{공헌이익률} = 1 - \frac{1,000}{4,000} = 75\%$$

$$1.\ \text{손익분기점 월판매량}(Q) = \frac{F+I}{P-v} = \frac{₩3,000,000+300,000}{3,000} = 1,100$$

$$2.\ \text{손익분기점 월매출액}(S) = \frac{F+I}{1-\frac{v}{p}} = \frac{₩3,000,000+300,000}{0.75} = ₩4,400,000$$

3. 손익계산서

매출액	@4,000×1,100=	₩4,400,000
변동비	@1,000×1,100=	1,100,000
공헌이익	@3,000×1,100=	3,300,000
고정비		3,000,000
영업이익		300,000
이자비용		300,000
세전이익		0
법인세비용		0
당기순이익		₩ 0

7. 복수제품의 CVP분석

앞에서 CVP분석은 단일제품하의 분석이었다. 하지만 좀 더 현실적인 상황은 기업이 여러 종류의 제품을 판매하는 경우이므로 복수제품의 CVP분석을 살펴보도록 한다.

복수제품의 CVP분석은 여러 가지의 방법이 있으나 본서에서는 가중평균공헌이익법으로 설명하도록 한다. 복수제품의 CVP분석은 제1절의 기본가정에서 설명한 것처럼 판매량의 증감에 관계없이 복수제품 간의 매출배합비율이 항상 일정하다는 가정하에 진행된다. CVP분석은 단기모형으로서 단기간 내에는 기업에서 생산·판매하는 제품들의 판매비율에 큰 변화가 없다고 가정하는 것이고 이는 그다지 비현실적인 가정은 아닐 것이다. 물론 몇 년간의 상황을 분석하는 장기모형이라면 소비자 소득수준의 향상, 신제품 개발, 유행의 변화 등에 따라 제품의 구성비율이 달라질 수 있겠지만, 단기모형에서는 제품 간 판매비율에 급격한 변화는 없다고 가정하고 분석하는 것이다.

복수제품의 CVP분석에서 사용하는 매출배합비율은 판매량비율과 매출액비율이 있는데 양자는 개념상 차이가 나므로 주의하여 계산하여야 한다. 예를 들어 A, B제품을 판매한다고 가정하자. A제품 2,000단위와 B제품 1,000단위를 판매하고 있다면 판매량에 의한 비율은 2,000단위 : 1,000단위 = 2 : 1이 된다. 그런데 판매가격이 각각 ₩15과 ₩10이라면 매출액비율은 ₩30,000 : ₩10,000 = 3 : 1이 된다.

복수제품의 손익분기점은 다음과 같이 분석한다.

(1) 손익분기 판매량 분석

① 단위당 공헌이익을 판매량비율로 가중평균하여 가중평균 단위당 공헌이익(weighted average unit contribution margin)을 계산한다.

② 총고정비를 가중평균 단위당 공헌이익으로 나누어서 총판매량을 구한다.

③ 위에서 구한 총판매량에 각 제품의 판매량비율을 곱해서 각 제품별 판매량을 구한다.

(2) 손익분기 매출액 분석

매출액을 분석할 때에는 가중평균공헌이익률(weighted average contribution margin ratio)을 계산할 때 판매수량비율이 아닌 매출액의 비율로 계산한다는 점을 유의해야 한다.

예제 07 복수제품의 CVP분석

회사는 A, B 두 가지의 제품을 생산·판매하고 있다. 생산관련자료는 다음과 같다.

	A	B
판매가격	₩15	₩10
단위당변동비	9	7
단위당공헌이익	6	3
판매량비율	1	2
고정비	₩120,000	

요구사항

1. 손익분기점 판매량을 구하시오.
2. 손익분기점 매출액을 구하시오.
3. 손익분기점의 손익계산서를 작성하시오.

해설

1. 손익분기점 판매량

① 가중평균 단위당 공헌이익

$$\frac{₩6 \times 1 + ₩3 \times 2}{3} = ₩4$$

② 손익분기점 판매량

₩120,000÷4=30,000단위

③ 제품별 판매량

$$A : 30,000단위 \times \frac{1}{3} = 10,000단위,\ B : 30,000단위 \times \frac{2}{3} = 20,000단위$$

2. 손익분기점 매출액

① 가중평균공헌이익률

	A	B
P	₩15	₩10
v	9	7
$P-v$	6	3
공헌이익률	40%	30%

매출액비율=A : B=₩15×1 : ₩10×2=3 : 4

$$가중평균공헌이익률 = 40\% \times \frac{3}{7} + 30\% \times \frac{4}{7} = 34.29\%$$

② 손익분기점 매출액

₩120,000÷34.29%=₩350,000

A : ₩350,000× $\frac{3}{7}$ =₩150,000, B : ₩350,000× $\frac{4}{7}$ =₩200,000

3. 손익계산서

매 출 액	10,000×@15 + 20,000×@10=	₩350,000
변 동 비	10,000×@9 + 20,000×@7=	230,000
공 헌 이 익		120,000
고 정 비		120,000
영 업 이 익		0

8. 현금흐름분기점(cash break-even point)

위에서 살펴본 각종 CVP분석은 이익흐름에 의한 분석이었다. 하지만 기업경영상 이익뿐만 아니라 현금흐름도 상당한 중요성을 가지므로 이익흐름 CVP분석뿐 아니라 현금흐름 CVP분석도 필요하다. 이익흐름과 현금흐름의 차이를 가져오는 것은 감가상각비와 같은 '비현금지출비용'(non-cash item)이 주요한 원인이므로 현금흐름분기점 분석에서는 현금흐름을 수반하지 않는 감가상각비는 제외하고 분석하게 된다.

따라서 현금흐름분기점 분석이란 '현금유입액'과 '현금유출액'이 일치되는 판매량이나 매출액을 말하게 되며, 이는 법인세가 없는 경우와 법인세가 있는 경우로 나누어 접근한다.

(1) 법인세가 없는 경우

법인세가 없는 경우에는 법인세로 인한 현금유출을 고려할 필요가 없으므로 다음과 같이 현금유입액과 현금유출액을 일치시키는 판매량을 구하게 된다.

현금유입액=현금지출액

매　　출=변동비+현금고정비

$P \cdot Q = v \cdot Q + (F - Dep)$ (Dep : 감가상각비)

$$\text{현금흐름분기점 판매량}(Q) = \frac{F - Dep}{P - v} = \frac{\text{고정비} - \text{감가상각비}}{\text{단위당 공헌이익}}$$

(2) 법인세가 있는 경우

법인세가 있는 경우에는 법인세라는 새로운 현금흐름이 나타나므로 법인세를 현금흐름에 포함시켜 계산하여야 한다. 다만, 법인세가 있는 현금흐름분기점을 계산할 때 주의해야 할 점은 법인세는 현금흐름이 아닌 이익흐름에 의하여 결정된다는 점이다.

현금유입액 = 현금지출액

매　　출 = 변동비 + 현금고정비 + 법인세

$$PQ = vQ + (F - Dep) + (PQ - vQ - F) \times Tx$$

$$\text{세후현금흐름분기점 판매량}(Q) = \frac{F - \dfrac{Dep}{(1 - Tx)}}{P - v}$$

예제 08 현금흐름분기점

제품 단위당 판매가격이 ₩40, 단위당 변동비가 ₩30이며 총고정비는 ₩70,000이다. 그런데 회사의 고정비에는 ₩8,000의 기계감가상각비(제조원가)와 ₩12,000의 건물감가상각비(판매관리비)가 포함되어 있다.

요구사항

1. 손익분기점 판매량을 구하시오.
2. 법인세가 없는 경우 현금흐름분기점 판매량을 구하시오.
3. 법인세율이 40%인 경우 현금흐름분기점 판매량을 구하시오.
4. 법인세가 있는 경우 현금흐름분기점 판매량의 손익계산서를 작성하시오.

해설

1. 손익분기점 판매량(Q)

$$Q = \frac{F}{P - v} = \frac{₩70,000}{40 - 30} = 7,000\text{단위}$$

2. 현금흐름분기점 판매량(Q)

$$Q=\frac{F-Dep}{P-v}=\frac{₩70,000-20,000}{40-30}=5,000\text{단위}$$

3. 법인세가 있는 현금흐름분기점

$PQ=vQ+(F-Dep)+(PQ-vQ-F)\times Tx$

$40Q=30Q+(70,000-20,000)+(40Q-30Q-70,000)\times 0.4$

$\therefore\ Q=3,667$단위

4. 손익계산서

		손익계산서	현금흐름
매출액	3,667×@40=	₩146,680	(+)146,680
변동비	3,667×@30=	110,010	(−)110,010
공헌이익	3,667×@10=	36,670	
고정비			
현금고정비		50,000	(−)50,000
감가상각비		20,000	
영업이익		(−)33,330	
법인세비용		13,330	(+)13,330
당기순이익		(−)₩20,000	₩ 0

※ 법인세환급효과를 감안하여 계산한다.

9. 이익과 현금흐름에 대한 이해

앞서 현금흐름분기점에 대하여 살펴보았다. 현금흐름분기점은 기업의 생존을 위한 현금흐름에 문제를 발생시키지 않는 최소한의 판매량 혹은 매출액을 의미한다.

그렇다면 이익흐름과 현금흐름의 차이는 무엇이며 양자의 차이에 대하여 살펴보도록 한다.

예를 들어 제품 판매가격이 ₩4,000이고 단위당 변동비는 ₩1,000이며 총고정비는 ₩3,600,000이다. 한편 고정비에는 감가상각비 ₩600,000이 포함되어 있다. 법인세는 없다고 가정한다.

이 경우 손익분기점과 현금흐름분기점을 계산하고 각각의 경우 현금흐름에 대하여 살펴보면 다음과 같다.

1) 손익분기점 판매량$(Q) = \dfrac{F}{P-v} = \dfrac{₩3,600,000}{3,000} = 1,200$

2) 현금흐름분기점 판매량$(Q) = \dfrac{F - Dep}{P-v} = \dfrac{₩3,600,000 - 600,000}{3,000} = 1,000$

3) 손익분기점 손익계산서 및 현금흐름

		손익계산서	현금흐름
매출액	@4,000×1,200=	₩4,800,000	(+)4,800,000
변동비	@1,000×1,200=	1,200,000	(−)1,200,000
공헌이익		3,600,000	
고정비			
현금고정비		3,000,000	(−)3,000,000
감가상각비		600,000	−
영업이익		₩ 0	₩ 600,000

4) 현금흐름분기점 손익계산서 및 현금흐름

		손익계산서	현금흐름
매 출 액	@4,000×1,000=	₩4,000,000	(+)4,000,000
변 동 비	@1,000×1,000=	1,000,000	(−)1,000,000
공 헌 이 익		3,000,000	
고 정 비			
현 금 고 정 비		3,000,000	(−)3,000,000
감 가 상 각 비		600,000	−
영 업 이 익		₩(−)600,000	₩ 0

앞서 설명한 바와 같이 두 경우 모두 이익과 현금흐름의 차이가 ₩600,000이 발생하며 이는 감가상각비와 같은 non−cash item으로 인하여 발생한다.

손익분기점 판매량 1,200단위의 경우를 그림으로 표현하면 다음과 같이 이해할 수 있다.

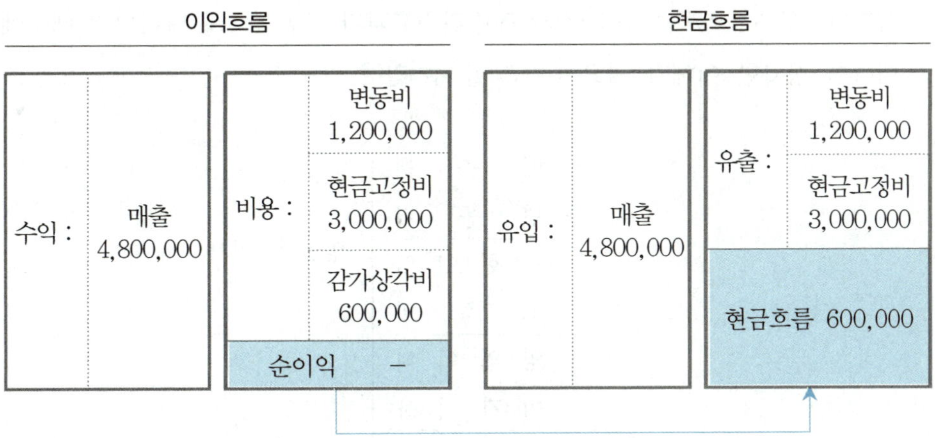

그렇다면 손익분기점의 경우 매기 남는 현금흐름 ₩600,000의 의미는 무엇일까?

이는 최초 사업투자시점에 상당금액을 투자한 기업이 매기 손익분기 판매량을 판매한 경우 매 기간 ₩600,000의 현금흐름이 남게 되므로 이를 보유하였다가, 재투자시점, 즉 기존설비가 상각완료되어 신규설비에 투자를 해야 하는 시점에는 누적된 현금흐름으로 신규차입 없이 투자할 수 있다는 의미가 된다.

따라서 이익흐름과 현금흐름의 차이를 이해하여 기업경영에 정확한 판단을 하여야 할 것이다.

제3절 레버리지

레버리지효과(leverage effect)는 손익계산서에서 매출의 증감률보다 이익의 증감률이 크게 나타나는 현상을 말하는데, 예를 들어 경기호황으로 인하여 매출이 10% 증가하였으나 이익은 30% 혹은 40% 등으로 매출증가율보다 크게 증가하는 현상을 말한다. 물론 매출이 10% 감소할 때 이익은 30% 감소할 수도 있다. 이러한 레버리지효과에 대하여 정확하게 이해하면 기업이 경영계획을 수립하거나 각종 의사결정을 할 때 매우 유용한 분석도구가 될 것이다.

레버리지는 그 원인에 따라 영업레버리지(operating leverage)와 재무레버리지(finan-cial leverage)로 나누어지는데, 영업레버리지는 매출증감률보다 영업이익증감률이 크게 나타나는 효과를 말하며, 재무레버리지는 영업이익증감률보다 순이익증감률이 크게 나타나는 효과를 말한다. 영업레버리지는 고정비와 변동비로 구분되는 원가구조 중에서 고정비로 인하여 발생하며, 재무레버리지는 차입금의 이자비용으로 인하여 발생한다. 실무적으로는 두 가지의 레버리지효과가 복합적으로 나타나기 때문에 각각에 대하여 정확한 이해가 필요하다고 할 수 있다.

매출액	영업레버리지 (매출액 ~ 영업이익)
− 변동비	
공헌이익	
− 고정비	
영업이익	재무레버리지 (영업이익 ~ 순이익)
− 이자비용	
세전이익	
− 법인세	
순이익	

위에서 저자는 레버리지를 손익의 확대효과로 정의하였으나 이론적으로는 레버리지를 위험의 개념에 포함시키는 접근방법도 있다. 이러한 접근방법에서는 기업의 위험을 영업이익의 변동가능성을 의미하는 경영위험(business risk)과 타인자본의 조달

에 따른 순이익(이자 및 법인세 차감후 이익)의 변동가능성을 의미하는 재무위험(financial risk)으로 구분한다.

경영위험은 기업 영업비용의 고정화 정도(固定化 程度)에 따른 영업이익의 변동가능성을 의미하므로 위에서 언급한 영업레버리지를 말한다. 반면, 재무위험은 타인자본에서 나타나는 이자비용이라는 고정비로 인한 순이익의 변동가능성을 의미하므로 재무레버리지를 말한다고 할 수 있다.

이러한 경영위험과 재무위험은 결합된 형태로 나타나 총위험을 구성하게 된다. 즉 매출의 증감이 영업이익의 증감을 가져오고, 영업이익의 증감이 순이익의 증감을 가져오는 것이다. 따라서 기업의 총위험은 원가구조와 재무구조에 따라 결정된다고 할 수 있다.

1. 영업레버리지

판매량이 증가할 때 변동비는 매출과 동일한 비율로 증가하기 때문에 공헌이익은 항상 매출과 동일한 비율로 증감하지만 고정비는 매출과 관계없이 일정하게 발생하므로 영업이익의 증가율은 매출의 증가율보다 큰 폭으로 증가하게 된다. 반면, 판매량이 감소하는 경우 변동비는 매출과 같은 비율로 감소하지만 고정비는 변화가 없으므로 전체의 원가는 매출의 감소보다 적게 줄어들게 되어 영업이익의 감소율이 크게 나타나는 것이다. 결국 매출의 증감률보다 영업이익의 증감률이 크게 나타나는 효과가 생기게 되며 이를 영업레버리지라 한다. 결국 영업레버리지는 매출의 증감률이 고정비로 인하여 확대되어 영업이익에 반영되는 효과를 말한다.

영업레버리지는 변동비와 고정비의 상대적 비율에 따라 결정되므로 기업의 원가구조와 관련이 있으며, 결국 원가구성에 있어 변동비와 고정비의 상대적 비율을 어떻게 설정하는가에 따라 이익의 민감도도 달라진다고 할 수 있다.

영업레버리지효과를 이용하여 미래 이익계획이나 민감도분석에 사용하기 위하여 영업레버리지도(DOL; degree of operating leverage)를 구하는데, 영업레버리지도는 영업레버리지의 효과를 수치화한 것으로 영업이익증감률을 매출증감률로 나누어 계산한다.

영업레버리지가 크다는 것은 매출액의 변동에 따른 영업이익의 변동폭이 크다는 것을 의미하는 것으로 기업의 이익이 그만큼 외부환경변화에 민감하게 반응한다는 것을 의미한다.

$$\text{영업레버리지도}(DOL) = \frac{\text{영업이익증감률}}{\text{매출액증감률}} = \frac{\text{공헌이익}}{\text{영업이익}}\text{[9]}$$

$$\text{영업이익증감률} = DOL \times \text{매출액증감률}$$

예제 09 영업레버리지

다음은 동종 산업에서 유사한 제품을 생산하는 A회사와 B회사의 20×1년 손익계산서이다.

	A회사	B회사
매 출 액	₩400,000	₩400,000
변 동 비	280,000	160,000
공 헌 이 익	120,000	240,000
고 정 비	90,000	210,000
영 업 이 익	₩30,000	₩30,000

20×2년의 원가구조는 20×1년과 동일하다고 가정한다.

요구사항

1. 20×2년 A사와 B사가 속해 있는 산업의 호황으로 매출이 10% 증가하는 경우와 산업의 불황으로 매출이 20% 감소하는 경우의 손익계산서를 각각 작성하시오.
2. 각 회사의 영업레버리지도를 계산하시오.

9) DOL의 증명

$$DOL = \frac{\text{영업이익증감률}}{\text{매출액증감률}} = \frac{\dfrac{\{(P-v)Q'-F\}-\{(P-v)Q-F\}}{(P-v)Q-F}}{\dfrac{PQ'-PQ}{PQ}} = \frac{\dfrac{(P-v)(Q'-Q)}{(P-v)Q-F}}{\dfrac{Q'-Q}{Q}}$$

$$= \frac{(P-v)Q}{(P-v)Q-F} = \frac{\text{공헌이익}}{\text{영업이익}}$$

해설

1. 매출이 10% 증가하는 경우와 20% 감소하는 경우

(1) A회사

	20×2년 (20% 감소)	20×1년	20×2년 (10% 증가)
매출액	₩320,000	₩400,000	₩440,000
변동비	224,000	280,000	308,000
공헌이익	96,000	120,000	132,000
고정비	90,000	90,000	90,000
영업이익	₩6,000	₩30,000	₩42,000
	80% 감소		40% 증가

(2) B회사

	20×2년 (20% 감소)	20×1년	20×2년 (10% 증가)
매출액	₩320,000	₩400,000	₩440,000
변동비	128,000	160,000	176,000
공헌이익	192,000	240,000	264,000
고정비	210,000	210,000	210,000
영업이익	(−)₩18,000	₩30,000	₩54,000
	적자전환		80% 증가

2. 영업레버리지도의 계산

(1) A회사

매출 증가하는 경우 $DOL = \frac{\text{영업이익증감률}}{\text{매출액증감률}} = \frac{40\%}{10\%} = 4$

매출 감소하는 경우 $DOL = \frac{\text{영업이익증감률}}{\text{매출액증감률}} = \frac{80\%}{20\%} = 4$

(2) B회사

매출 증가하는 경우 $DOL = \frac{\text{영업이익증감률}}{\text{매출액증감률}} = \frac{80\%}{10\%} = 8$

앞의 예제에서 A회사에 비하여 B회사는 고정비의 상대적 비중이 높아 DOL이 커지게 된다. B회사는 DOL이 크므로 매출이 증가하는 호황기에는 A회사보다 높은 영업이익의 증가를 기대할 수 있다. 그렇다면 DOL이 높은 회사가 항상 유리하기만 할까?

매출이 감소하는 경우를 살펴보면 A회사는 영업이익이 80% 감소하여 ₩6,000이 되지만 B회사는 적자전환되어 영업이익이 (−)₩18,000이 되었다. 이는 B회사의 DOL이 크기 때문에 불황기에는 A회사보다 영업이익의 감소가 훨씬 커서 오히려 적자상태가 된 것이다.

이는 경기호황기에는 DOL이 큰 것이 유리하고 경기불황기에는 DOL이 작은 것이 유리하다는 것을 의미한다. 따라서 DOL의 대소에 따라 유·불리를 판단하는 것은 적절하지 않다고 할 수 있다. 다만, DOL이 작은 회사는 경기변화에 대해 이익의 변화가 크지 않지만, DOL이 큰 회사는 경기변화에 이익이 민감하게 변하므로 DOL이 크다는 것은 기업의 이익이 경기변화에 민감하게 반응한다는 것을 의미한다. 이는 기업의 안정성을 저해하는 요인으로 작용하므로 그만큼 경영위험이 존재한다는 의미이다.

앞서 영업레버리지효과가 고정비로 인하여 나타난다고 하였다. 고정비는 대부분 감가상각비와 같은 설비자산 관련원가인 경우가 많다. 따라서 원가구조 중에서 고정비의 비중이 어느 정도인가는 설비자산에 대한 투자와도 연결되는 문제이므로 설비자산에 대한 투자에 따라 영업레버리지의 효과가 달라진다고 할 수 있다. 따라서 경영자는 미래 경제상황에 대한 예측과 판단에 따라 기업의 원가구조를 어떻게 유지할 것인가를 결정하여야 하는 것이다. 즉 경기가 향후 호황기에 접어들 것으로 예상된다면 적극적인 설비투자로 인한 긍정적 영업레버리지효과로 많은 이익을 낼 수 있지만, 경기가 향후 침체기에 접어들 것으로 예상된다면 적극적인 설비투자를 피하는 것이 기업의 재무구조를 안정적으로 유지할 수 있는 것이다. 결국 적절한 DOL 수준은 회사의 원가구조와 장기경제예측과의 관련성하에 경영자의 판단에 따라 결정할 사항이라 할 수 있다.

앞의 예제에서 A회사와 B회사의 상황을 그림으로 표현하면 다음과 같다.

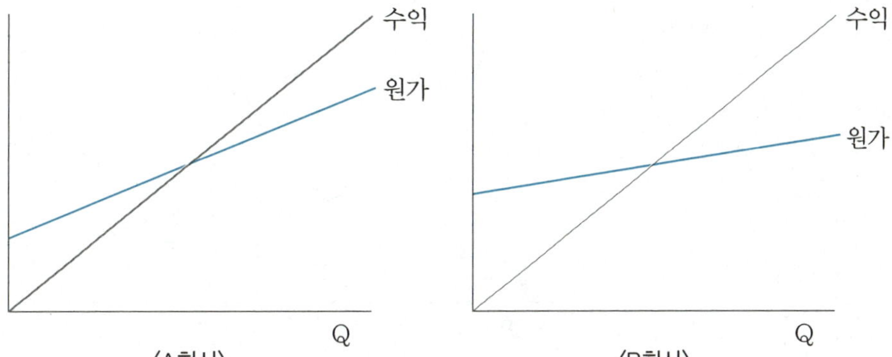

〈A회사〉 〈B회사〉

B회사는 A회사에 비하여 고정비의 비중이 상대적으로 높아 y절편의 값이 크다. 반면, 변동비의 비중이 상대적으로 작아 원가함수의 기울기가 완만하다. 따라서 수익함수와 원가함수의 기울기 차이가 큰 B회사는 A회사에 비하여 동일한 규모의 매출증가에도 이익이 크게 변하는 것을 알 수 있다. 물론 손실도 B회사가 A회사보다 더 크게 변하는 것을 알 수 있다.

한편, 앞서 DOL은 $\frac{\text{공헌이익}}{\text{영업이익}}$으로 계산하므로 DOL은 매출이 증가함에 따라 감소하는 것을 알 수 있다. A회사의 사례를 살펴보면 다음과 같다.

매출액	₩320,000	₩400,000	₩440,000
변동비	224,000	280,000	308,000
공헌이익	96,000	120,000	132,000
고정비	90,000	90,000	90,000
영업이익	₩6,000	₩30,000	₩42,000
DOL	16	4	3.14

이는 매출이 증가함에 따라 DOL이 낮아지고 기업의 이익이 경기변화에 쉽게 영향을 받지 않게 되므로 재무적 안정성이 높아진다는 것을 의미한다.

이를 그림으로 표현하면 다음과 같다.

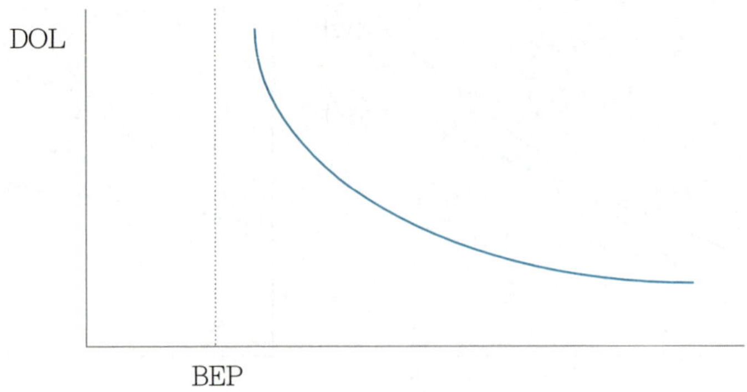

2. 재무레버리지

재무레버리지는 타인자본의 조달에 따른 이자비용으로 인하여 순이익의 증감률이 영업이익의 증감률보다 크게 나타나는 효과를 말한다. 위에서 언급한 순이익의 변동성을 말하므로 재무위험을 뜻한다.

이자비용은 조업도와는 관계없이 일정액이 발생하므로 고정비로 볼 수 있다. 따라서 영업이익이 증가하여도 이자비용은 고정비이므로 금액의 변화가 없고 따라서 세후순이익의 증감률은 영업이익의 증감률보다 크게 나타나는 것이다. 예를 들어 매출액이 ₩400,000, 변동비율이 60%, 고정비가 ₩80,000이며 이자비용이 ₩60,000인 회사의 매출이 10% 증가하였다고 가정하자(법인세율 30%).

	손 익 계 산 서		증감률		
매 출 액	₩400,000	₩440,000	10%		
변 동 비	240,000	264,000			
공 헌 이 익	160,000	176,000		DOL = 2	
고 정 비	80,000	80,000			
영 업 이 익	80,000	96,000	20%		DTL = 8
이 자 비 용	60,000	60,000			
세 전 이 익	20,000	36,000		DFL = 4	
법 인 세 비 용	6,000	10,800			
당 기 순 이 익	₩14,000	₩25,200	80%		

매출액 10% 증가로 인하여 영업이익이 ₩80,000에서 ₩96,000으로 20% 증가하였다. 또한 영업이익 20% 증가로 인하여 당기순이익이 ₩14,000에서 ₩25,200으로 80% 증가하였다. 영업이익의 증가율이 매출액 증가율보다 커진 것은 영업레버리지로 인한 것이며, 당기순이익 증가율이 영업이익 증가율보다 커진 것은 재무레버리지로 인한 것이다.

재무레버리지효과를 수치화하기 위하여 재무레버리지도(DFL; degree of financial leverage)를 구하는데, 이는 당기순이익의 증감률을 영업이익의 증감률로 나누어 계산한다. 재무레버리지도가 높다는 것은 영업이익의 변동에 따른 당기순이익의 변동성이 커진다는 것을 의미하며, 또한 기업의 외부상황변화에 따른 민감도가 높아 기업의 재무적 안정성이 낮다는 것을 의미한다.

재무레버리지는 다음과 같이 계산한다.

$$\text{재무레버리지도}(DFL) = \frac{\text{순이익증감률}}{\text{영업이익증감률}}$$

앞의 사례에서 DOL과 DFL은 각각 다음과 같이 계산된다.

$$\text{DOL} = \frac{\text{공헌이익}}{\text{영업이익}} = \frac{160{,}000}{80{,}000} = \frac{\text{영업이익증감률}}{\text{매출액증감률}} = \frac{20\%}{10\%} = 2$$

$$\text{DFL} = \frac{\text{영업이익}}{\text{세전이익}} = \frac{80{,}000}{20{,}000} = \frac{\text{순이익증감률}}{\text{영업이익증감률}} = \frac{80\%}{20\%} = 4$$

영업레버리지와 재무레버리지는 동시에 나타나게 되는데 이를 결합레버리지(combined leverage) 또는 총레버리지(total leverage)라고 한다. 총레버리지효과를 수치화하기 위하여 총레버리지도(DTL : degree of total leverage)를 다음과 같이 계산한다.

$$\begin{aligned}\text{총레버리지도}(DTL) &= \frac{\text{순이익증감률}}{\text{매출액증감률}} \\ &= \text{영업레버리지도} \times \text{재무레버리지도}\end{aligned}$$

앞의 사례에서 결합레버리지효과를 분석하면 다음과 같다.

DTL = DOL × DFL = 2 × 4 = 8

총레버리지도 8은 매출이 10% 증가하였을 때 세전이익이나 세후순이익이 80% 증가하는 것에서 확인할 수 있다.

상당수의 회사들이 금융기관 차입금으로 시설투자를 하고 있다. 시설투자로 인하여 고정비를 증가시켜 영업레버리지가 발생하며, 차입금으로 인하여 이자비용을 증가시켜 재무레버리지가 발생하게 된다. 따라서 영업레버리지와 재무레버리지는 결합하여 발생하게 되고 그만큼 순이익의 변동성이 높아지게 되는 것이다. 이는 주주에게 돌아가는 최종적인 순이익의 변동성이 원가구조뿐만 아니라 타인자본과 자기자본의 재무구조로부터도 기인한다는 것을 의미한다. 따라서 기업의 최고경영자는 향후 경기변화에 대한 예측과 판단에 따라 결합레버리지효과를 감안하여 최적의 원가구조와 재무구조를 구축하여 기업의 안정성을 높일 수 있도록 하여야 할 것이다.

현실적으로는 영업외비용에 이자비용 외에도 지분법손실, 투자자산처분손실, 유형자산처분손실 등 많은 항목들뿐만 아니라 영업외수익도 발생한다. 따라서 위에서 언급한 레버리지효과가 정확하게 재무제표에 반영되는 것은 아니다. 하지만 이러한 레버리지효과는 기업경영에서 분명히 고려하여야 할 재무적 특성임에는 틀림이 없다.

<table>
<tr><th colspan="2">구 분</th><th>영업레버리지</th><th>재무레버리지</th></tr>
<tr><td colspan="2">의 미</td><td>매출증감률보다 영업이익증감률이 크게 나타나는 효과</td><td>영업이익증감률보다 순이익증감률이 크게 나타나는 효과</td></tr>
<tr><td colspan="2">민 감 도</td><td>$DOL = \frac{영업이익증감률}{매출액증감률}$</td><td>$DFL = \frac{순이익증감률}{영업이익증감률}$</td></tr>
<tr><td colspan="2">원 인</td><td>설비관련원가와 인건비 등으로 구성되는 고정비</td><td>이자비용</td></tr>
<tr><td rowspan="2">보수적 경영 시각</td><td rowspan="2">레버리지 =risk</td><td>영업레버리지=경영위험</td><td>재무레버리지=재무위험</td></tr>
<tr><td>고정비의 비중을 줄여 안정성 위주의 경영정책을 선택한다.
분사, 아웃소싱 등이 한 예라 할 수 있다. 즉, 고정비의 부담이 되는 인원들을 아웃소싱의 형태로 전환하여 변동비화 하는 것이다.</td><td>기업이 자금의 여유가 있는 상황에서 차입금을 상환하여 차입금 의존도를 낮출 것인지 아니면 신규 투자를 할지 등에서 중요한 시사점을 제시한다.
보수적 경영시각에서는 차입금상환정책을 선택하여 이자비용을 줄일 것이다.</td></tr>
<tr><td rowspan="2">공격적 경영 시각</td><td rowspan="2">레버리지 =opportunity</td><td>영업레버리지=경영기회</td><td>재무레버리지=재무기회</td></tr>
<tr><td>적극적인 설비투자를 통하여 생산능력을 증가시키고 향후 경기회복 시 매출증가에 따른 이익의 증가를 기대한다. 즉 성장성 위주의 경영정책을 선택한다.</td><td>투자수익률이 차입금의 이자율을 초과하는 조건하에서 자기자본뿐 아니라 타인자본을 조달하여 투자규모를 늘리며, 차입금의 조달에 따른 신규사업의 가능성을 타진하고 이로 인한 새로운 수익창출의 가능성 기대한다.</td></tr>
</table>

Profile

/저/자/약/력/

오 세 훈

- 공인회계사
- 삼덕회계법인 근무
- 한국생산성본부 강사
- 이나우스아카데미 강사
- 서울대학교 경제학과 졸업
- (전) 국방부 조달본부 근무
  세동회계법인 근무

● photo by 오세훈

〈저서〉
원가관리회계실무
재무제표분석과 경영관리
원가관리회계(탐진출판사)

재무제표분석과 경영관리

저　　자 오세훈
발 행 인 서원진
편집 · 교정 류현수, 박가온, 김영림
편집디자인 이은희, 방영미, 황자애
발 행 처 ㈜조세통람
펴 낸 날 2006년 2월 24일 초판 발행
2024년 5월 31일 개정5판 발행

저자와의 협의하에 인지생략

주　　소 서울특별시 중구 동호로 14길 5-6(신당동)
등　　록 1976. 11. 5. 제9-81호
대표전화 02) 2231-7027
F A X 02) 2234-1754
구입문의 02) 2231-7027~9
I S B N 979-11-6064-310-7 13320
정　　가 **55,000원**

(주)조세통람은 좋은 책을 만들기 위해 독자 여러분의 의견을 기다립니다.
E·mail(josetop@inaus.co.kr)과 홈페이지(www.taxnet.co.kr)의 고객지원센터 "고객의 소리" 코너